中央民族大学"985工程"三期工程建设项目

语言学及应用语言学学科博士文库

中国西南民族杂居地区语言关系与多语和谐研究

—— 以滇黔桂毗邻民族杂居地区为研究个案

周国炎 主编

中国社会科学出版社

图书在版编目（CIP）数据

中国西南民族杂居地区语言关系与多语和谐研究：以滇
黔桂毗邻民族杂居地区为研究个案/周国炎主编. —北京：
中国社会科学出版社，2013.10
ISBN 978 - 7 - 5161 - 1985 - 3

Ⅰ. ①中⋯　Ⅱ. ①周⋯　Ⅲ. ①少数民族 - 民族语言学
- 西南地区　Ⅳ. ①H2

中国版本图书馆 CIP 数据核字（2013）第 310845 号

出 版 人　赵剑英
责任编辑　任　明
特约编辑　李晓丽
责任校对　林福国
责任印制　李　建

出　　　版　中国社会科学出版社
社　　　址　北京鼓楼西大街甲 158 号（邮编 100720）
网　　　址　http://www.csspw.cn
　　　　　　中文域名：中国社科网　　　010 - 64070619
发 行 部　010 - 84083685
门 市 部　010 - 84029450
经　　　销　新华书店及其他书店

印　　　刷　北京奥隆印刷厂
装　　　订　北京市兴怀印刷厂
版　　　次　2013 年 10 月第 1 版
印　　　次　2013 年 10 月第 1 次印刷

开　　　本　710 × 1000　1/16
印　　　张　25.5
字　　　数　463 千字
定　　　价　88.00 元

致　　谢

　　本课题于 2010 年 7 月初至 2011 年 7 月中旬先后三次赴云南省罗平县、贵州省从江县和荔波县以及广西壮族自治区的环江毛南族自治县和南丹县进行调研，其间得到了如下单位和个人的热情帮助和大力支持，在此谨表示衷心的感谢。

云南省：

云南省民族事务委员会　　　　　　　罗平县民族宗教局
罗平县长底乡政府　　　　　　　　　罗平县鲁布革乡政府
罗平县鲁布革乡多依村委会　　　　　罗平县民族宗教局喻朝贤副局长

贵州省：

黔东南州民族宗教局　　　　　　　　黔东南州从江县民族宗教局
从江县翠里乡政府　　　　　　　　　荔波县政协文史委
荔波县民族宗教局　　　　　　　　　荔波县检察院
荔波县瑶学会　　　　　　　　　　　荔波县布依学会
荔波县瑶山乡人民政府　　　　　　　荔波县瑶麓乡人民政府
荔波县甲良镇人民政府　　　　　　　荔波县方村乡人民政府
荔波县方村乡双江村村委会　　　　　荔波县甲良镇新场村村委会
黔南布依族苗族自治州民族研究所　　荔波县政协文史委主任何羡坤
荔波县瑶学会会长卢付银　　　　　　荔波县布依学会会长何建飞
荔波县检察院干部黎宪鑫　　　　　　荔波县人大原副主任莫绍基
荔波县民宗局原局长龙霜　　　　　　荔波县史志办干部姚海宁
荔波县瑶学会副主席何吉勇　　　　　荔波县瑶山乡乡长何正光
荔波县瑶山乡副乡长谢文丽　　　　　荔波县茂兰小学老师韦明强
黔南州审计局干部郭秀斌

广西壮族自治区：

环江县毛南族自治县政协　　　　　　环江县下南乡政府
南丹县人民法院　　　　　　　　　　南丹县里湖瑶族乡政府

目　录

上编　贵州省荔波县少数民族语言使用现状及
多民族杂居地区语言生活调查

中编　云南省罗平县布依族语言使用现状及其与周边民族语言关系调查

下编　贵州省从江县翠里乡
各族语言生活调查

导　论

一、课题研究的理论依据及相关研究动态

语言关系是民族关系的重要组成部分。我国是一个由 56 个民族组成的多民族国家，除主体民族——汉族以外，还有 55 个少数民族，共同构成一个和谐融洽的多民族大家庭。我国少数民族主要分布在东北、西北和西南各省区。长期以来，在少数民族地区，各民族的分布呈"小聚居，大杂居"，"你中有我，我中有你"的交错状态。这种分布格局造成了错综复杂的民族接触和交流关系。语言是民族的重要特征，我国除个别少数民族主要以汉语作为交际工具以外，绝大多数少数民族都有自己的民族语言。多民族杂居的分布格局使得各民族之间语言的接触不可避免地发生，从而形成复杂的语言关系。本课题从语言关系入手，以滇黔桂毗邻的多民族杂居地区为考察对象，对这些地区少数民族母语使用现状、语言兼用及转用情况、语言态度等进行全面调查，在此基础上探讨民族关系、语言关系对民族杂居地区语言生活和谐和社会和谐的影响。

国外关于语言关系的研究可追溯到 W.D.Whitney 1881 年对语言变化中借词作用进行的探讨；19 世纪 80 年代，德国语言学家 Hugo Schuchardt 发表了以《克里奥尔语研究》为题的系列论文，研究语言接触中出现的众多问题；荷兰的 D.C.Hesseling，丹麦的 O.Jesperson 等也写了不少文章讨论混合语的生成、发展与消亡。20 世纪以来，语言关系的研究主要涉及语言接触论题，成果如 50 年代 Weinreich 的《接触中的语言》，Haugen 的《挪威语在美洲》等，标志着真正意义上从语言接触的角度探讨语言关系的开始。60 年代至 70 年代，研究内容又转为以本国语言为主，如美国语言学家开始研究美国黑人和印第安人的语言接触和语言关系。70 年代和 80 年代是语言关系研究大发展的时代，90 年代，国际上还成立了"语言接触研究协会"，对世界各地的语言接触和语言关系新问题进行讨论。从 20 世纪 80 年代以来，讨论的焦点集中到了双语问题的研究，较有影响的是 Appel 与 Maysken 合著的《语言接触与双语》。

国内方面，20 世纪 50 年代后连续出版的"中国少数民族语言简志丛

书", 都提到了有关语言接触和语言关系的具体事实。1984 年, 喻世长发表了《应该重视语言互相影响的研究》, 比较全面地阐述了开展语言相互影响研究的重要性和研究方法。中央民族学院"语言关系问题学术讨论会"会议论文集《语言关系与语言工作》(1990) 论述了语言关系的概念、内容及我国语言关系的特点, 同时还出版了《汉语和少数民族语言关系研究》(论文集) 和《汉语与少数民族语言关系概论》, 对我国汉语和少数民族语言相互关系中的许多现象作了分析, 并从理论上进行了探讨。80 年代以前的研究, 偏重于对语言接触事实的发掘, 并未从理论与方法上进行探讨, 直到 80 年代以后才开始重视进行理论、方法的研究, 出现了一些专著和论文, 如陈保亚的《论语言接触与语言联盟》、徐思益的《语言接触与影响》、袁焱的《语言接触与语言演变》等等, 这些都是国内语言关系研究的最新成果。

重视和关注多民族的语言关系, 构建多民族和谐的语言关系和语言生活, 是应用语言学研究的一个新课题。国外方面, 早在 18 世纪初期, 德国哲学家和语言学家 Humboldt 就提出了语言多样化的问题。后来, 人们开始从语言多样性的角度关注语言关系的研究, 如 Harald Haarmann (1986) 研究了社会关系是如何控制语言使用者的行为及语言变异的, 指出语言存在于国家的每个层次之中, 即① 个体使用者的语言行为; ② 群体关系中的语言; ③ 同一社会中不同语言的作用; ④ 一个国家的语言政治。R.J.Alexandar、Alwin Fill 等对语言多样性、持续性和社会和谐问题及保护濒危语言、语言人权等问题进行了研究, 认为语言多样性的持续能促进和谐社会的形成和维持。国内方面, 黄行 (1997) 指出了构成民族语言关系状态的两个基本范畴, 即语言功能和语言权利, 认为复杂的语言关系有良性状态和非良性状态的区别, 涉及了语言和谐的论题。戴庆厦 (2008) 对语言和谐的概念及定性作了分析, 认为构建语言和谐是解决我国语言关系的最佳途径, 语言互补是构建语言和谐的重要途径。冯广艺 (2008) 在《语言和谐论》中指出"和谐"应包含"语际——平等互惠", 并探讨了语言和谐的基础以及和谐社会与和谐语言建构的问题。姜瑾 (2007) 将经济持续性与语言持续性进行了类比, 指出多元文化中的可持续性也是和谐稳定世界的重要标志之一。周庆生提出"语言和谐追求的是多语言多方言的共存与共荣"。范俊军指出, 语言文化多样性的社会更趋向和谐稳定。郭龙生指出, 语言规划中, 既要坚持主流语言为普通话的主体化原则, 又要尊重我国多语、多言、多文的多元化客观现实, 以促进我国当代语言生活的全面协调可持续发展。李宇明 (2006) 提出应有意识地调整语言政策, 使我们的语言生活更和谐, 从而促进多民族地区的人民更好地和睦相处等。个案方面，王远新（2008）论述了湖南城步苗族自治县长安营乡大寨村不同语言和方言和谐共处、三分天下的语言使用格局；邝永辉（1998）等描述了石陂村通行三种方言的特殊的语言生活；等等。

综上，由于研究历史尚短，国内外关于语言关系的研究，相关的理论、方法研究较多，但结合少数民族地区实际，深入的个案调查尚少。在构建社会主义和谐社会的今天，语言和谐问题不容忽视，而构建良好的语言关系的目的是语言生活和谐。以特定的民族杂居区域为对象研究语言关系与语言生活和谐，将有大量的课题可做。

二、课题研究的理论意义与实践意义及主要观点

本课题拟以语言作为切入点，以几个多民族杂居地区语言关系、语言接触和语言交际为个案，全面、系统地阐释语言关系的和谐发展是多民族社会和谐发展的基本前提这一论点。我国西南地区，尤其是滇黔桂毗邻地带是比较典型的民族杂居区域之一，民族种类支系繁多，语言、方言分布密集，一个民族使用、兼用两种、三种甚至更多种语言的情况极为常见，形成较为复杂的语言关系。西部大开发既是西南民族杂居地区社会发展的机遇期，也是各种社会矛盾的凸显期。这一时期，语言冲突会逐渐显现出来。研究这一地区社会发展中多民族的语言关系和语言生活和谐，具有重要的理论意义和实践意义：

第一，研究西南民族杂居地区语言关系与语言和谐，有助于认识当今民族杂居地区的语言国情和语言演变规律，揭示多民族在语言和文化上的互动关系，为正确处理社会发展中多民族的语言关系，促进少数民族母语的保持和发展、双语（多语）关系和语言接触研究，探讨发展和谐语言关系的基本策略等问题提供材料和实证依据。

第二，研究成果可为政府部门制定正确的语言政策、教育政策，科学地解决语言及其使用所带来的各种社会问题，保护和开发国家的语言资源，实现宪法赋予公民的语言权利等提供一定的理论依据，为民族杂居地区少数民族语言使用与发展，构建和谐的语言生活，促进民族关系健康发展，构建社会主义和谐社会等问题提供理论和方法上的参考。

第三，在研究方法体系和学科建设上。首先，本课题主要通过田野调查、数据分析、文献研究等多种方法，全面系统地分析研究西南民族杂居地区的语言关系和语言生活，揭示特殊社会背景下语言应用的动态发展规律，为社会语言学、应用语言学的理论研究提供材料和依据；其次，国家语言规划对语言关系和公众的语言生活有很强的导向作用，因而宏观决策必须由微观研究提供依据。本课题将美国著名社会学家 Robert King Merton

的中层理论运用到多民族杂居地区语言研究中，把理论研究与经验分析结合起来，透过微观社会语言关系和语言生活的考察，窥见宏观语言政策和法规的实施效应，探索建立适合我国国情的中观社会语言学研究体系，为民族杂居地区社会语言关系的良性发展服务，为中国社会语言学学科建设服务。

本课题通过对滇黔桂毗邻的多民族杂居地区 50 多个少数民族村寨语言使用现状及民族间语言文化接触关系进行全面深入的调查，在对调查数据进行系统分析的基础上，提出了如下主要观点：

（1）民族关系（包括语言关系）的和谐发展是多民族杂居地区构建和谐的语言生活和社会生活的基本前提。

（2）和谐的民族关系往往带来频繁的语言接触，使语言之间的影响范围加大，程度加深，速度加快，自然的语言兼用、转用现象增多。

（3）在民族杂居地区，汉语方言与少数民族语言之间、少数民族语言之间、汉语方言与普通话之间以及少数民族语言与普通话之间可以形成良性的功能互补关系，正确地处理好这种互补关系是促进民族杂居地区语言生活和谐和构建社会主义和谐社会的关键。

（4）文字是语言的载体，是书面语言发展的必备条件，也是民族教育发展的必备条件。民族语言的发展离不开文字，各民族语言与文字协同发展是构建和谐多语生活的重要基础。

三、课题调查点的选择与确定

本课题的田野调查先后共分三次进行。

第一次田野调查于 2010 年 7 月上旬到中旬开展，调查点选择在云南省罗平县长底布依族乡、鲁布革布依族苗族乡。云南是我国的民族大省，世居民族有 23 个，分布在全省各市、州，罗平地处滇黔桂三省区接合部，以"鸡鸣三省"而闻名，与其他地区相比，是云南省少数民族人口相对较少的地区，主要分布有彝、苗、布依、壮、傣等少数民族。全县总人口 56 万余人，少数民族人口仅有 75800 多人（2006 年年末数据），之所以选择该县进行调研也主要考虑到多民族杂居这一因素。本课题以布依族分布相对集中，同时又有汉、苗、彝等民族杂居的长底布依族乡和鲁布革布依族苗族乡作为调查点，就当地布依族语言的使用现状，布依族与当地其他民族之间语言文化接触的状况进行调查。其中长底乡共调查了一个行政村，即长底办事处的 8 个自然村，鲁布革乡调查了 3 个行政村的 5 个村民组。

第二次田野调查于 2010 年 7 月下旬开展，调查点选在贵州省的从江县翠里壮族瑶族乡。从江位于贵州省黔东南苗族侗族自治州东南部，处黔桂交界地，东、南、西三面分别与该省的黎平、广西壮族自治区的三江、融水、环江和该省的荔波县相邻，北面为榕江县。全县总人口 32 万余人，少数民族人口占 94.09%（2010 年 8 月数据），主要为苗族和侗族，此外还有瑶、壮、水等民族杂居。翠里壮族瑶族乡地处从江县南部，与广西壮族自治区的融水县相连。全乡总人口 13400 余人，其中少数民族人口占 95% 以上，分布有苗、瑶、壮、侗等少数民族。本次调研主要选择了该乡的摆翁、高文、宰转和翠里 4 个行政村，调查对象涉及上述 4 个少数民族和少量汉族。

第三次田野调查于 2011 年 7 月上、中旬开展，调查点选在贵州省的荔波县。荔波位于贵州省黔南布依族苗族自治州南部的黔桂毗邻地带，东、南、西三面分别与该省的从江县、广西壮族自治区的环江县、南丹县以及该省的独山县相邻，全县总人口 16.68 万人，其中，少数民族人口 14.51 万人，人口较多的少数民族有布依族、水族、瑶族、苗族等。此次调研以当地瑶族、水族和布依族（莫家）的语言使用现状及相互间的接触关系为主要对象，选取了瑶山、捞村、瑶麓、洞塘、甲良、方村和播尧 7 个乡镇的 10 多个行政村 20 多个自然村寨作为调查点进行全面深入的调查。此外还走访了广西壮族自治区环江毛南族自治县的下南和南丹县的里湖两个乡，对当地瑶族、毛南族以及莫姓壮族的语言使用情况及其与贵州少数民族之间的关系进行了初步的了解。

四、调查过程

2010 年 7 月 8 日至 15 日，本课题负责人周国炎带领中央民族大学少数民族语言文学系语言学及应用语言学专业硕士、博士研究生一行 8 人对云南省罗平县长底布依族乡长底办事处的 8 个村寨和鲁布革乡 3 个行政村 10 个村民组进行了为期 8 天的调查，共发放问卷 495 份，回收有效问卷 491 分，进行重点访谈 12 人次。

2010 年 7 月 21 日至 27 日，本课题负责人周国炎带领中央民族大学少数民族语言文学系 2008 级语言学及应用语言学专业硕士研究生 2 人，2009 级南方少数民族语言文学专业本科生 7 人前往贵州省从江县翠里瑶族壮族乡进行为期 5 天的田野调查，共走访该乡摆翁、高文、宰转、翠里 4 个行政村 10 余个村民组，发放问卷 360 余份，重点访谈 6 人次。

2011 年 7 月 5 日至 17 日，本课题负责人周国炎带领中央民族大学少数民族语言文学系语言学及应用语言学专业 2010 级硕士研究生 4 人，2011 级博士研究生 2 人以及南方少数民族语言文学专业本科生 7 人赴贵州荔波县进行为期 2 周的调查，走访了该县 10 个乡镇 20 多行政村 30 余个村民组（自然村），共发放问卷 1150 余份，回收 1147 份，重点访谈 15 人次。荔波调研结束后，课题组由负责人带队，一行 3 人对与荔波县相邻的广西壮族自治区环江毛南族自治县和南丹县进行了走访。

五、调查内容

本课题调查的内容主要包括两个方面：一是语言本体的调查；二是语言文字使用情况、语言态度、语言关系的调查。语言本体的调查以词汇调查为主。在云南省罗平县的长底乡、贵州省从江县的翠里乡以及荔波县的瑶麓、瑶寨、播尧、双江和甲良镇的新场，我们使用了一个 600 词的词汇表，向该民族语言比较熟悉的受访者了解当地少数民族语言的基本词汇，并向不同年龄段的受访者进行简单的母语能力和第二语言能力测试。在从江县的翠里村，语言本体调查的重点是后者，同时还辅以少量的句子。通过对照词表逐词提问和发音人对一些日常用语（句子）的表达，了解具有一定代表性的语言使用者母语掌握的熟练程度。在云南省罗平的鲁布革乡和贵州荔波的瑶山乡及甲良镇，我们调查了一个 3500 词的词表，近 100 个具有一定句法结构代表性的语句和 1 则民间故事，全面了解具有一定代表性的发音人对母语掌握的深度和广度。语言使用情况的调查主要了解当地少数民族语言使用者母语的具体掌握情况，兼用语的掌握情况，文字的掌握情况（主要是指汉文的掌握情况），对母语交际功能的认同和情感认同，语言关系等，对布依族莫话和锦话的调查则主要涉及母语的使用和语言态度两个部分，语言关系部分比较简略。

六、调查方法

对语言本体的调查主要采用词表调查，即通过预先准备好的词表向发音人逐词提问。对语言使用情况的调查主要有问卷调查法、实地观察法和访谈法。问卷调查包括两个部分，一是随机问卷调查，二是入户问卷调查。调查员对所碰到的任何人进行随机抽样调查，以了解其语言使用情况、文字掌握情况、语言态度等。调查员还对所调查的村落进行了逐户问卷调查，每户按年龄层次抽取至少两人作为调查对象。返乡农民工是一个特殊的群体，曾经经历过城市生活的洗礼，在语言使用方面有不同于留守家乡的村民的地方。本课题在问卷中设计了专门的问题，用于调查返乡农民工的语言使用情况。在问卷调查过程中，调查人员一方面与调查对象进行交流，另一方面还留心观察调查对象之间语言交流的情况。访谈法在本次调查中针对性较强，语言本体的调查基本上都是重点访谈，在调查过程中，调查员以所调查的词汇为线索，了解与该词相关的一些生活内容。在 2011 年暑期对荔波县瑶山和瑶麓的调查过程中，课题组就当地学校教育的情况对乡中心学校的校长进行了访谈，此外，还通过对瑶山乡乡长的访谈，全面了解该乡瑶族的社会历史以及瑶族社会生活和语言生活详细情况，与周边各族的关系等。座谈会是我们获取调查地各民族语言使用总体情况和基本数据的重要途径。前后三次调查过程中，我们与相关乡镇和行政村的领导干部及村民代表共召开四次座谈会，对我们从整体上掌握调查点的详细情况和重要数据起到了非常关键的作用。

七、问卷设计

本课题语言使用部分的调查涉及两个方面：一是语言使用现状及其与周边语言的关系，侧重在与周边语言的关系，对从江县翠里乡和荔波县瑶山、瑶麓、洞塘乡的瑶寨等地的调查主要是这一方面；二是侧重语言使用现状的调查，云南省罗平县和贵州省荔波县的甲良、播尧、双江等地的调查主要是这一方面。因此，问卷除受访者基本信息和语言文字使用现状三个部分相同以外，第四和第五部分第一种情况的问卷较为详细，针对罗平县长底乡、鲁布革乡布依族和荔波县甲良、播尧、方村布依族莫家的问卷则比较简略。第一套问卷涵盖了第二套问卷的内容，以下对第一套问卷的设计情况作一个简要的说明。

（一）受访者基本信息

基本信息包括如下几项：

1. 调查地点：要求受访者提供本人所在的村、组名称。

2. 姓名：要求受访者提供姓名，受访者不愿意提供，也不强求。

3. 性别：由调查员根据具体情况填写。

4. 年龄：要求受访者如实提供。

5. 民族成分：在从江的翠里，民族成分包括苗族、瑶族、侗族和壮族，在荔波的瑶山、瑶麓和洞塘乡的瑶寨，主要以瑶族作为调查对象，同时也抽查瑶族村寨周边其他民族，因此，调查过程中要求受访者如实提供。

6. 有无外地打工经历：是否有外出打工经历会影响受访者的语言使用和语言态度，因此也要求受访者如实提供。

7. 外出打工时间：指受访者在外打工时间的长短，选项为一年以下和一年以上。与外界接触时间的长短对语言人的语言使用和语言态度也会产生影响，要求受访者如实提供。

8. 现在从事的职业：包括在家务农、教师、机关干部、当兵、学生、常年外出务工、农闲时外出务工、在外经商。不同职业者由于涉足的领域不同，接触的人员不同，思想观念也会有所不同，从而也会形成不同的母语价值观。

9. 受教育程度：包括从未上过学、扫盲班、小学、初中、高中（包括中专）、大专以上。不同的受教育程度也会影响人们对母语的价值取向。

10. 受访者母语：指受访者首先掌握的语言，如在瑶族地区出生的受访者基本上都是瑶语，受访者当中，只有极个别人因为出生在城镇，先学会汉语，后跟父母或同伴学会瑶语。甲良镇新场村（场坝上）的布依族大多数年轻人已经放弃本民族语，以汉语作为母语。

11. 第二语言：第二语言指受访者在学会母语之后所掌握的另外一门语言。如在瑶山乡和洞塘乡瑶寨的瑶族大多都以布依语作为第二语言，也有一部分以汉语作为第二语言，汉语是当地各族之间相互交流的工具，因此，瑶族当中兼通布依语者，大多也都兼通汉语方言。

（二）语言使用情况及相关问题

这一部分主要了解受访者母语的熟练程度、受访者在各种场合与不同交际对象之间经常使用的语言等一系列相关问题。

1. 关于母语熟练程度的界定：关于母语的熟练程度，我们给受访者提供了六个选项，即非常流利、比较流利、一般、会说日常用语、听得懂但不会说、听不懂，由受访者根据自己的实际情况如实提供合适的选项，调查者通过观察，根据受访者在与其他母语人的交际过程中的表现情况作出判断。我们在问卷上提供了 17 个词作为判断受访者母语是否流利的标准，但在实际调查过程中并不适用，原因在于调查者基本上不懂受访者的语言，无法对其所提供的语言材料的准确性作出判断。

2. 最先学会的语言，即母语：主要目的是验证受访者在基本信息“母语”一栏中所提供的信息是否准确。

3. 关于受访者所掌握的语言：这一题主要了解受访者是否为多语人。

4. 关于家庭交际语言：问卷中共有 3 个问题涉及家庭交际语言。在从江县翠里村的各个调查点以及荔波县的瑶山、瑶麓和洞塘的瑶寨，本民族语言都是家庭中唯一的交际语言，不存在选择的问题，但是对于云南罗平长底乡和荔波甲良镇一带的布依族莫家来说，家庭双语制已经存在，布依语、汉语或布依语和莫话是家庭中经常使用的语言，个别地区，汉语甚至已经成为家庭主要的交际语言，因此，要求受访者将自己所掌握的语言全部列举出，最好能按使用频率进行排序。

5. 关于社区和跨社区语言：有 4 个问题（后来合并成两个）涉及社区内部和跨社区语言交际，主要目的是了解受访者在本村、邻村与认识和不认识的本民族或其他民族成员交流时经常使用的语言。

6. 关于集贸市场、医院等公共场合的语言使用：主要目的是了解受访者在潜在的多语环境中与本族人和其他民族的人交流时经常使用的语言。

7. 关于学校的交流语言：针对在小学生和在学校工作的老师，主要目的是了解学生和教师在学校课后是否经常使用本民族语言进行交际。

8. 关于外出打工时与本民族同胞交流时使用的语言：主要目的是了解外出打工者是否存在与本民族同胞使用母语进行交流的情况。

（三）关于文字使用问题

主要了解受访者汉文的掌握程度。此前，我们在对苗、布、侗等民族文字使用情况进行调研时，所提的问题大多是关于受访者本民族文字的了解、掌握和使用程度的，但经验表明，类似的问题与调查目的相去甚远。由于我们的调查对象大多是在家务农的农民，多数人对本民族是否有文字并不了解，见到过甚至掌握和使用本民族文字的人更是少之又少，因此在本课题的调查问卷中，我们对这类问题作了大幅压缩。

（四）关于语言态度

语言态度是指语言人对自己所掌握使用以及接触到的语言在交际功能方面的一种价值判断，即从功能和情感上对语言的认同。语言态度是本次调研的重要方面，在问卷中共有 25 个问题涉及受访者的语言态度。

（五）关于语言关系和民族关系

问卷中共有 10 个题目涉及语言关系和民族关系方面的问题，主要目的是了解受访者对在多语环境中使用母语遇到阻力以及接触到不同语言的使用时心理上的一些感受，并通过受访者对这些问题的回答了解该地区语言竞争以及多语生活方面的一些情况。

八、调查数据的整理与利用

（一）语言本体材料的整理

本课题调查过程中，我们用 600 词的词表调查了罗平县长底乡、从江县翠里乡和荔波县瑶麓、洞塘乡瑶寨、甲良镇金对村、播尧地莪村、方村乡双江村板平 5 个点的词汇材料。由于时间仓促，我们没有采用现场记音的方法，而是用录音笔将发音人的语音录下，回到北京后再听辨记录，整理出几个语言点的音系，通过这些音系对这些语言的语音特征进行分析和描写。罗平鲁布革乡和荔波县瑶山乡的瑶语材料我们采用 3500 词的词表和比较详细的语法提纲进行调查。主要是为日后对该语言进行详细的描写研究时使用。

（二）调查问卷数据的整理

我们将问卷调查的数据录入《语言使用情况调查数据库》（从江县翠里乡各族、荔波县瑶族）和《语言使用情况数据库》（云南罗平县布依族和贵州荔波布依族莫家以及荔波水族）两个数据库。该数据库基于 Access 数据库软件设计，首先根据调查问卷的内容，设计出相应的数据关系，列出相应的字段，然后将其分别做成几个表单，每个表单包含一类数据内容，将每一份调查问卷数据依次输入表单，最后将表单内容相应的转成窗体对象。在窗体中可以完成查看、查询统计等功能，这样不仅可以保存问卷调查数据，还能够快捷地对其进行查询统计。在对各调查点具体语言使用情况分析时，该数据库发挥了重要作用。

上　编

贵州省荔波县少数民族语言使用现状及
多民族杂居地区语言生活调查

第一章　荔波县各族语言及其研究综述

第一节　荔波县各民族及语言概况

荔波县位于贵州省黔南布依族苗族自治州东南部，东北与黔东南苗族侗族自治州的从江、榕江县接壤，西南与广西壮族自治州的环江、南丹县毗邻。西与独山相连，北与三都水族自治县交界。全县总面积2431.8平方公里，辖6个镇，11个乡，170个村民委员会，4个居民委员会。总人口16.68万人。其中，少数民族人口14.51万人，人口较多的少数民族有布依族、水族、瑶族、苗族等。各民族在这块土地长期和睦相处共同创造丰富多彩的民族文化和古朴浓郁的民族风情。长期以来，民族的花灯表演、山歌对唱、吹笔管、打刷把、赛龙舟、爬刀山、跳芦笙舞、陀螺赛、打猎舞等，至今仍很好地传承。热烈诙谐的布依族婚礼中的唱"朗外"，盛大非凡的水族"卯坡"对歌，自由纯朴的苗族婚恋，古朴神秘的瑶族凿壁谈婚和抢腰带等民间风俗和娱乐活动，令人倍感新奇。

布依族是荔波人口最多的少数民族，据2008年统计数据，全县共有布依族12万多人，占总人口的70%以上，各乡镇都有分布，主要居住在县境内的方村河、漳江河和三岔河流域。荔波县布依族仍完整地保存了该民族的语言——布依语，属布依语的第一土语，县境内各地布依族之间基本上能用本民族语言进行交际。除布依语以外，分布在县境甲良、方村、播尧等乡镇的部分莫姓布依族还使用一种属于侗台语族侗水语支的语言——莫语，当地人习惯称之为"莫话"。莫话在语音系统上比较接近侗水语，但词汇多来自布依语，或与布依语同源的成分较多，因此，使用这种语言的人绝大多数同时兼通布依语。荔波布依族地区民间至今仍通行一种方块文字，主要源自汉字或借用汉字字元重新组合而成，布依族宗教职业者用这种文字记录本民族经文或民间习俗规程，代代相传。

水族也是荔波县人口较多的少数民族之一，据2008年统计数据，全县共有水族37000多人，占人口总数的23.39%，主要聚居在水利、水尧和永康三个水族乡，此外，佳荣、茂兰、玉屏、朝阳等乡镇也有分布。荔波县水族有自己的本民族语言——水语，属汉藏语系侗台语族侗水语支，与仫佬、毛南、侗等语言比较接近。水语内部一致性较强,荔波县境内水族基本上能用水语进行交流。荔波水族有自己古老的文字——水书,目前在民间的一些生活领域(主要是宗教领域)仍在通行。

苗族也是荔波县世居少数民族之一,据2008年统计数据,全县共有8365人,占总人口的4.92%。主要分布在月亮山脚的水维、大土;洞塘乡的三河、懂朋、塘边;朝阳镇岜马村;播尧、驾欧和瑶山等乡也有零星分布,但多数地区的苗族都已同化于当地汉族,只有分布在水维、大土等较偏远地区的苗族仍保留有该民族的传统习俗和语言。荔波县的苗族所使用的苗语分别属于湘西和黔东,是两种不同的方言,两种方言差别较大,来自不同方言的苗族之间无法用本民族语言进行交流。

荔波的瑶族分属三种不同的支系,即白裤瑶、青瑶和长衫瑶,是荔波古老的世居民族之一,据2008年统计数据,全县共有5802人,其中白裤瑶3501人,分布在瑶山乡和捞村乡;青瑶1553人,主要聚居在瑶麓乡;长衫瑶748人,散居在翁昂、洞塘等乡镇。这三个支系的瑶族都有自己的语言,属苗瑶语族的苗语支,相互之间关系比较密切,与分布在广西的瑶族布努语也很接近。瑶族各支系内部以本民族语言进行交流,但不同支系之间只能使用汉语。

本族语是荔波县各民族内部或支系内部主要的交际语言,在家庭、社区和邻近村寨本民族成员之间的交流中,各民族语言发挥着极其重要的交际功能。

当地汉语方言[①]不仅是汉民族的母语,也是全县各族之间通行的交际工具,少数民族除掌握本民族语言之外,绝大多数都兼通当地汉语。在县城和乡镇政府所在地的绝大多数场合,当地汉语方言是人们工作、生活的主要交流语言。不同民族之间交流主要使用当地汉语方言,即使是同一民族,但如果来自不同支系,也需要用汉语进行沟通。

布依族是县内人口最多的民族,在布依族聚居的地区,布依语除了作为布依族的母语以外,还作为当地其他少数民族的兼用语,其通行程度有时甚至超过汉语。如居住在瑶山乡和洞塘乡板寨一带的瑶族,除熟练掌握本民族语言以外,还能用布依语与当地布依族进行交流。

---

① 属汉语北方方言西南次方言,与桂北土语,即桂柳话比较接近,当地人称"荔波话"。

第二节　荔波县布依族莫话和瑶族语言
及其使用现状的调查

一、关于荔波县布依族莫话的调查与研究

莫话是分布在荔波及其邻县独山县一部分莫姓布依族使用的语言。该语言从音系特征上看比较接近侗水语支语言，比如，塞音有清浊对立，塞音腭化现象比较突出，部分地区鼻音有清浊对立现象等，但从词汇上看，与布依语有关系的成分较多，其中包括不少借自布依语的词汇和与布依语同源的成分，也有人认为该语言是一种受布依语影响较深的侗水语支语言，甚至有人认为是一种混合了布依语和水语成分的语言。

早在 20 世纪 40 年代，著名语言学家李方桂先生就对该语言进行过调查，记录了大量的词汇和一些长篇话语材料，并著有《莫话纪略》一书传世。20 世纪 80 年代初期，中央民族学院（中央民族大学前身）倪大白教授先后两次对荔波莫话及其地域变体"甲姆话"进行调查，[1]相关成果见于倪先生的专著《侗台语概论》一书中。南开大学石林、崔建新也于同一时期对荔波县播尧一带的锦话（即甲姆话）进行了调查，成果《锦话调查》载于 1988 年美国暑期语言学院、得克萨斯州立大学阿林顿校区编辑出版的《卡岱语比较研究》。此后，中国社会科学院民族学和人类学研究所杨通银先生[2]也于 20 世纪 90 年代中期对播尧乡的莫话和锦话进行了全面的调查，并著有《莫语研究》一书。除以上成果以外，莫话调查和研究的主要成果还有南开大学崔建新《汉锦语调查与研究》（内蒙古大学出版社 1999 年版），贵州民族学院吴启禄教授的《莫话语音研究》（《贵州民族学院学报》2004 年第 1 期），天津大学文法学院王宇枫副教授《方村莫话六十年音变》（《民族语文》2004 年第 5 期），《语言接触中的莫语颜色词》（《民族语文》2008 年第 2 期），佛山大学伍文义教授《布依族"莫家话"与土语及相关语言比较研究》（《贵州民族研究》2005 年第 5 期）等。

笔者 20 世纪 80 年代中期也曾随导师王伟教授对荔波县阳凤、方村、地莪等地的莫话和锦话进行过调查，记录了 2000 词汇和一些长篇话语材料，

---

① 荔波播尧乡地莪一带的布依族使用的一种语言，与莫话较近。使用这种语言的人自称ʔai³³tɕam⁵⁵，李方桂先生也曾接触过这种语言，他称之为"锦话"。

② 杨通银先生现为江苏师范大学教授。

相关成果《莫话与布依语声母对比研究》一文载于 1998 年出版的《布依学研究》之五。

二、关于荔波县瑶族语言的调查与研究

据 2010 年第六次全国人口普查统计，全国瑶族人口总计 279.6 万人，全国的 31 个省、自治区、直辖市中均有分布，其中 50%以上集中聚居在广西壮族自治区。另外，瑶族人口在 19 万以上的地区还有云南、广东和湖南。贵州瑶族人口相对较少，1990 年第四次全国人口普查时仅 3 万余人，据此推测，发展到今天，贵州瑶族人口不足 4 万，因此，学术界对贵州荔波瑶族语言的调查和研究起步较晚，相关成果也比较少。20 世纪 80 年代初，为了配合民族识别工作，贵州省社会科学院、省民族研究所和贵州民族学院等单位组织对贵州月亮山民族地区进行综合考察，这里是贵州省瑶族的主要聚居区，当时在考察瑶族的社会经济、历史、文化教育的同时，也调查了瑶族语言及其使用状况，其中包括对荔波三个支系瑶族语言的调查，调查组成员在此基础上撰写了两篇有关瑶族语言的文章，是这一时期瑶族语言调查研究方面的代表性成果。贵州民族研究所李珏伟发表于《贵州民族研究》1983 年第 3 期的《贵州瑶麓瑶语音位系统》对当时瑶麓乡（当时属茂兰区瑶麓公社）瑶语的使用现状进行了简要的介绍。无论男女老幼均掌握本民族语，此外，中老年男子都会讲布依语、汉语和水语，青年人会讲汉语和少量布依语。中老年妇女 30%会讲汉语，20%会讲布依语，少部分人会讲水语，青年妇女 80%会讲汉语。未上学的儿童只会讲瑶语，入学后开始学习汉语，随着年级的升高，汉语水平也不断提高。文章重点分析了瑶麓瑶语的音位系统。瑶麓瑶语的音位系统包括声母、韵母和声调几个部分，其中声母 44 个，韵母 37 个，声调 7 个。贵州民族研究所张济民、徐志淼、李珏伟发表在《贵州民族研究》同年同期的《贵州瑶族的语言》一文对包括荔波在内的全省瑶族的基本情况进行了介绍，涉及了荔波瑶山、茂兰和瑶麓三个点的瑶语音系。其中瑶山瑶语共有声母 40 个，韵母 33 个，声调 6 个；茂兰瑶语共有声母 44 个，韵母 47 个，声调 8 个；瑶麓瑶语共有声母 43 个，韵母 38 个，声调 7 个。文章对所涉及的 6 个点的瑶语词汇进行了对比，其中瑶山和茂兰两个点 770 个词中，形同、相近和同源的词有 493 个，占 64.03%，不同的词 277 个，占 35.94%；瑶麓和茂兰两个点 757 个词中，相同、相近和同源的词 480 个，占 63.41%，不同的词 277 个，占 36.58%。文章根据所掌握的语言材料进行分析和研究，认为荔波三个支系的瑶族语言应属于苗语系统，是苗瑶语族苗语支语言中的荔波方言或称"斗睦"方言，下分瑶山土语、茂兰土语和瑶麓土语。原广西壮族自治区民

委副主任盘朝月发表于《贵州民族研究》1988 年第 1 期的《瑶族支系及其分布浅谈》一文也将白裤瑶以及贵州荔波独有的青瑶和长衫瑶划入苗瑶语族的苗语支。出版于 1993 年的《黔南布依族苗族自治州志·民族志》瑶族语言部分称，"荔波县境内的瑶山、瑶麓、茂兰等地的布努话属于苗瑶语族苗语支，它们同属于一个方言的三个土语，虽有部分词汇相同相近，但由于三地瑶族互不通婚往来，语音有差异，声调有变化，因此它们相互通话有困难"。1997 年出版的《荔波县志》的瑶族语言部分称，"县内瑶族语言属汉藏语系苗瑶语族苗语支荔波方言组，下分瑶麓土语、瑶山土语和瑶埃土语。三个土语间声母差异不很大，瑶麓语声母 44 个，韵母 38 个；瑶山语声母 40 个，韵母 34 个；瑶埃语声母 44 个，韵母 47 个，而且三种语言间，同源词较多。由于长期各居一方，极少往来，各操着本支乡音土语，故而不能通话，交际时借助布依语、汉语来交谈"。

第二章 荔波县瑶族及其语言

第一节 荔波县瑶族的族源、族称及语言

一、族源

在调查过程中，我们对荔波三个支系的瑶族族源都做了一定的了解。三个支系对各自的来源有不同的说法。瑶山白裤瑶支系传说他们的先民最早居住在广西，后来才向北迁至贵州境内的独山，几经辗转，才定居在今天的瑶山一带。我们在广西南丹县的里湖乡调查时，当地白裤瑶也说他们的祖先在明清以前，最晚不超过清乾隆末年就已经在那里居住了，至于从哪儿搬来，有不同的说法。民间认为是从海南岛搬来的，考古学家则认为来自湖南长沙一带，据说在湖南长沙一带民间至今还沿袭着瑶族古老的丧葬习俗。贵州荔波瑶山一带的白裤瑶是后来才从广西迁过去的，现在还有亲戚来往。这一说法似乎也验证了我们在瑶山调查到的资料。广西环江县政协文史委谭主任也说，白裤瑶历史上曾与环江上南、中南和下南一带的毛南族有过接触，后来不知道什么原因迁至打狗河一带居住。瑶麓乡的青瑶由几大姓氏构成，每个姓氏对自己的来源也是说法不一。其中欧姓传说自己的祖先由广西的都安前来，卢姓则认为自己的祖先先从浙江迁至广西，后来又从广西迁至贵州。茂兰、洞塘一带的长衫瑶也传说自己的祖先从外地迁至广西，再从广西迁至贵州境内。

由于没有文字，瑶族民间对自己本民族历史大多是靠口耳相传，常常有误传讹传的情况出现。贵州南部的独山、荔波一带与广西地域相连，历史上行政区划的界限就不是十分明显，因此，即使存在从广西向贵州迁徙的历史事实，也只是人们对历史的一种短时记忆，关于瑶族先民更久远的历史来源，需要作更进一步的考证和研究。详细资料可参考《荔波县志》、《黔南布依族苗族自治州志·民族志》以及近期出版的《荔波瑶族》等著作。

二、族称

荔波县境内三个支系的瑶族有各自的族称，对周边其他民族也有相应的称谓。其中瑶山的瑶族自称为 $təu^{51}m̥o^{33}$，称分布在广西的白裤瑶为 $təu^{33}nau^{24}$，称瑶麓一带的青瑶为 $nau^{31}tθaŋ^{33}$，称当地的汉族为 $khai^{33}$，称布依族为 $tɕoŋ^{33}$，称苗族为 $khai^{33}kun^{55}to^{31}$，称水族为 $kə^{31}tshaɯ^{31}$。瑶麓的瑶族自称为 $mu^{51}m̥ɑu^{33}$，称当地的汉族为 $tjo^{24}kha^{33}$，称布依族为 $tjo^{24}ʐai^{24}$，称苗族为 $kəu^{24}ntɑu^{31}$，称水族为 $kəu^{24}ɕi^{51}$。长衫瑶自称为 $tən^{33}m̥o^{55}$，称汉族为 kha^{24}，称布依族为 $kjɔŋ^{33}$、$kə^{33}ka^{24}ʐəi^{33}$，称苗族为 $ku^{33}ɕəu^{31}$，称壮族为 $kə^{33}kha^{24}lu^{24}$，称水族为 $kə^{33}ɕəu^{31}$。从自称来看，三个支系非常相近，因此，应该是从同一个支系分化而来的。

三、语言

由于贵州境内的瑶族属于散居，与广西、湖南、云南等省区相比，人口相对较少，因此，有关荔波瑶族语言的调查和研究成果较少，目前所能见到的两篇有关荔波瑶族语言的论文均发表于 20 世纪 80 年代。根据相关专家研究，荔波瑶族语言属于苗瑶语族的苗语支，具体语言名称未定。张济民、徐志淼、李珏伟的《贵州瑶族语言》(《贵州民族研究》1983 年第 1 期）一文认为，贵州"荔波三个瑶语点之间，共同性很多，虽然通话困难，但也只能看成是同一方言中不通过土语的差别"。并将荔波瑶语称为荔波方言或"斗睦（即本民族自称 $təu^{51}m̥o^{33}$）"方言，将荔波瑶语直接称为"瑶语"，未提"布努话"。具体划分如下：

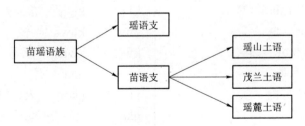

出版于 90 年代末的《荔波县志》沿用了这一观点。

1993 年出版的《黔南布依族苗族自治州志·民族志》在介绍瑶山瑶族语言时，时而称之为布努话，时而又称之为瑶语。

中国社会科学院瑶语专家蒙朝吉研究员所著《瑶族布努语方言研究》，毛宗武、蒙朝吉、郑宗泽所著《瑶族语言简志》均把荔波瑶族语言列入布努语下属的方言土语，分别称为璐格劳土语和努茂土语。

第二节　荔波县瑶族语言三个点的语音系统

一、瑶山乡瑶族语言音系

（一）声母

瑶山乡瑶族语言一共有声母 50 个，其中单辅音声母 35 个，复辅音声母 15 个。声母及例字如下：

p	pɔŋ^{24} 遇		nth	nthai^{51} 骂	
ph	phie^{33} 家		tl	tlɔŋ^{24} 叶子	
pj	pjɔŋ^{31} 簸		tlh	tlhau^{33} 姜	
mp	mpəi^{51} 名字		ntl	ntlæ^{55} 闻	
mph	su^{51}mphai^{33} 反刍		tɕ	tɕəu^{31} 筷子	
mpj	mpjai^{33} 贵		tɕh	tɕho^{33} 酸	
m	məi^{51} 母亲		ȵ	ȵo^{24} 水牛	
m̥	ʔo^{33}m̥a^{51} 后天		ȵ̊	ȵ̊a^{213} 稻草	
m̩	m̩^{33} 去		ȵtɕ	ȵtɕe^{24} 柱子	
f	fən^{33} 棵		ȵtɕh	ȵtɕhia^{33} 血	
v	vən^{21}ɬa^{31} 月亮		ɕ	ɕiŋ^{51} 想	
ts	tsəi^{51} （刀）快		ʑ	ʑəu^{513} 八	
tsh	tshæi^{33} 熟		k	kæ^{33} 舔	
nts	ntsau^{51} 梳		kh	khæ^{33} 蚊帐	
ntsh	ka^{33}ntshai^{51} 瓣儿		kj	kjɔŋ^{33} 布依族	
s	səu^{31} 少		khw	khwæ^{33} 轻	
ʐ	ʐu^{31}ɣai^{31} 邻居		kw	kwæn^{33} 烟雾	
n	no^{31} 吃		ŋ	ŋəu^{33} 瓦	
n̥	n̥au^{33} 枪		ŋk	ŋkəu^{24} 天、日	
l	ləu^{33} 短		ŋkh	tɕɯ^{24}ŋkha^{33} 铅笔	
ɬ	ɬæŋ^{33} 孙子		ŋw	ŋwæ^{51} （坛子）破	
ɬj	ɬjɯ^{31} 走		ʔ	ʔəi^{33} 我们	
t	tæ^{51} 踢		h	ha^{55} 煮	
th	tho^{33} 雷		ɣ	ɣəi^{33} 石头	
nt	ntɔŋ^{51} 树		w	wəi^{33} 祖母	

说明：

A. 塞音和塞擦音声母都有送气和不送气的对立，没有清浊对立，只有极个别塞音出现在低降调和低平调时音值接近浊音。

　　B. 塞音和塞擦音都有一套带前鼻音成分的声母形成严整的对应,称之为"鼻冠音",鼻冠音有浊音成分,但音值与全浊音不同,即发塞音前有较突出的鼻音特征,因此可看成复辅音。在部分音节中,擦音/s/的发音近似/θ/,塞擦音/ts/、/tsh/的发音分别近似于/tθ/和/tθh/,但不稳定。

　　C. 除鼻冠音以外,该声母系统中还有塞音和边音组成的复辅音,即/tl/、/tlh/和/ntl/,发音时,塞音和边音之间过渡较快,/t/舌位稍靠后,因此,整体听起来更像是一个舌面中音。

　　D. 部分辅音有腭化现象存在,如双唇音/p/——/pj/,鼻冠音/mp/——/mpj/,边擦音/ɬ/——/ɬj/,舌根音/k/——/kj/,除腭化以外,舌根音还有唇化现象,如/k/——/kw/、/kh/——/khw/、/ŋ/——/ŋw/,但个别腭化和唇化音的出现频率较低。

　　E. 鼻音共有四套,除/ŋ/外,都有浊鼻音和清化鼻音的对立。

　　F. 擦音也有四套,都有清浊的对立,其中双唇浊擦音/v/与半元音/w/常常可以自由变读,但多数词读作/v/。

　　G. 双唇鼻音/m/可自成音节,但使用频率不高,从目前掌握的材料来看,自成音节的/m/只出现在两个词中。

　　(二)韵母

　　该音系共有韵母 53 个,其中,单元音韵母 8 个,复合元音韵母 15 个,带鼻音韵尾的韵母 18 个,带塞音韵尾的韵母 12 个。韵母及例字如下:

æ	ŋkhæ³³	(衣服)干	aŋ	vaŋ³³	万
æi	tshæi³³	熟	ap	tap³³	折(纸)
æu	tæu⁵¹	做	ak	lɯk²¹tak²¹	打架
æm	kæm³³	敢	e	tɕe³³	说
æn	væn³³	半	en	tɕen³³tɕi⁵¹	爬
æŋ	tæŋ³¹	猜	eŋ	ʔeŋ³³	靠
æp	tæp⁵⁵	贴	et	tɕet⁵⁵	凝结
æt	ho²¹qæt³³	衣领	i	ʔi³³	一
æk	pæk⁵¹	百	ia	ȵtɕhia³³	血
a	ɣa⁵¹	藏	ian	lian³³	兵
ai	tshai³³	新	iaŋ	tɕiaŋ⁵¹	胖
aɯ	ɬaɯ²¹³	吐	ie	phie³³	房子
au	nau²⁴	人	in	phin⁵¹	瓶
am	ham²⁴	问	iŋ	ɕiŋ⁵¹	想
an	pan²⁴	转	io	ɕio³¹	学

iu	mpiu⁵¹ 辣		ui	lji³¹kui³³ 摇

iu   mpiu⁵¹ 辣   ui   lji³¹kui³³ 摇
it   tɕit⁵⁵ 添   uŋ   tɕi³³ʑuŋ²¹ 蚊子
iet   siet²¹ 尺子   ə   sə³¹ 七
ik   tɕik⁵⁵ra³³ 种菜   əi   ʔəi³³ 我们
o   wo³¹ 力气   əu   ŋkəu²⁴ 天
oŋ   ɲi²¹hoŋ³³ 马   ən   wən³³ 换（衣服）
ɔŋ   kɔŋ⁵¹ 祖父   əŋ   mən³¹ （好）极了
u   wu³³ 黄牛   ək   lək⁵⁵kəu³³ 上午
ua   kua³¹ 锄头   ɯ   tɕɯ²⁴ 笔
uai   ko³¹kuai⁵¹ 跛   ɯt   tɯk²¹ 扔
uaŋ   tsuaŋ³³ 装   ɯk   tɯk⁵⁵ʔi⁵¹ 第一
uə   ʔuə³³ 二

说明：

A. 主要元音有 8 个，其中/æ/和/a/的对立是舌位高低的不同，没有长短元音的区分。央元音/ə/单独做韵母时出现频率极低，多数情况下作为名词词头音节的韵母，如"kə³¹tshaɯ³¹ 水族"、"kə³³phau³³ 汗"、"kə⁵⁵tɕai³³ 事情"等等，也出现在实词音节中，但频率较低。

B. 元音韵尾有/i/、/u/和/ɯ/三个，复元音韵母/ia/、/ie/、/ua/、/io/、/uə/等是后响复元音，其中的后一个元音是韵母的主要元音，不是韵尾。

C. 鼻音韵尾有/m/、/n/和/ŋ/三套，其中的/m/尾韵只出现在a行和æ行韵母，是随着布依语借词的出现而产生的。

D. 在苗瑶语中，尤其是苗语支语言，塞音韵尾极为罕见，但在该音系中却出现了/-p/、/t/和/-k/ 3 个塞音韵尾，这也可能是受到周边布依语影响的结果。

（三）声调

该音系共有声调 8 个，详见下表：

调型	调值	例　词
高平	55	ha⁵⁵ 煮、tsə³³ɬio⁵⁵ 蒸、tu⁵⁵啃、pai⁵⁵ 叫（什么名字）
中平	33	thəŋ³³ 凉快、wən³³ 换、kəi³³ 鹅、fən³³ 棵
中降	31	ɬjɯ³¹ 走、tɕəu³¹ 筷子、ɣəi³¹ 梳子、wo³¹ 力气
低降	21	kə²¹ 名词词头、lɯk²¹tak²¹ 打架、hau²¹ 喊、ɲi²¹（小孩）闹
中升	24	tɕɯ²⁴ 笔、ŋkəu²⁴ 天、zoŋ²⁴ 包谷、pan²⁴ 转
高降	51	kuə⁵¹ 干净、khuai⁵¹（一）块、kɔŋ⁵¹ 祖父、tɕiaŋ⁵¹ 胖
低降升	213	ɲe²¹³ 哭、təi³³zəŋ²¹³ 脱粒、hua²¹³ 头、ɬaɯ²¹³ 吐
高降升	513	kjaŋ⁵¹³ 追、tɕo³¹ʔen⁵¹³ 梯子、zəu⁵¹³ 八、thæn⁵¹³劝架

说明：

A. 该音系共有声调 8 个，其中平调 2 个，降调 3 个，升调 1 个，曲折调 2 个。

B. 低降调 21 调不稳定，有时近似低平调 11 调。

C. 在单音节词或多音节词的末尾音节中，曲折调 213 和 513 都有较明显的先降后升过程，但当出现在多音节词中，其后跟有别的音节时，则只有降调的特征。

D. 塞音韵尾读音短促，从目前掌握的材料看，主要跟低降 21 或 31、高降 51 和高平 55 等调结合。

二、瑶麓乡瑶族语言音系

（一）声母

瑶麓乡瑶语一共有声母 51 个，其中单辅音声母 42 个，复辅音声母 9 个。声母及例字如下：

p	$p\alpha\eta^{11}$ 肺		tj	$tj\alpha\eta^{11}$ 直	
ph	$ph\alpha u^{213}$ 线		thj	$thj\alpha\eta^{24}$ 牵	
pj	$pj\alpha i^{24}$ 家		nt	$nt\alpha\eta^{55}$ 年轻	
phj	$phjai^{55}$ 桃子		nth	$nth\vartheta^{33}$ 月亮	
m	$m\alpha i^{33}$ 母亲		n	$n\alpha\eta^{11}$ 雨	
mj	$mj\alpha i^{55}$ 耳朵		ņ	$ņ\alpha\eta^{11}$ 天、日	
mp	$mp\alpha i^{24}$ 爬		l	$l\alpha i^{513}$ 脏	
mph	$mphai^{24}$ 牙齿		lj	$lj\alpha^{24}kj\alpha i^{24}$ 洗澡	
m̥	$m̥^{21}ņ\alpha\eta^{33}$ 太阳		ɬ	$ɬ\alpha^{24}kj\alpha\eta^{33}$ 狗叫	
m̥	$m̥\alpha u^{33}$ 衣服		tl	tli^{33} 皮肤	
f	fan^{513} 万		tɕ	$tɕ\alpha\eta^{51}$ 赢	
v	$v\alpha i^{513}$ 锅		tɕh	$tɕhan^{24}$ 血	
ts	$ts\alpha\eta^{51}$ 床		ņtɕ	$ņtɕ\alpha i^{24}$ 盐巴	
tsh	$tsh\alpha i^{24}$ 细		ņtɕh	$ņtɕh\alpha i^{33}$ 害怕	
nts	$nts\alpha\eta^{24}$ 遇		ņ	$ņ\alpha\eta^{33}$ 玩	
tʂ	$tʂ\alpha u^{11}$ 说		ņ̊	$ņ̊\alpha\eta^{33}$ 摇	
tʂh	$tʂh\vartheta u^{33}$ 找		ɕ	$ɕ\alpha\eta^{11}$ 七	
s	san^{24} 骨头		ʑ	$ʑ\alpha\eta^{24}$ 小	
ʐ	$ʐu^{33}mi^{24}$ 哪个		k	$k\alpha u^{33}$ 炒	
t	$t\alpha i^{24}$ 握		kh	$kh\alpha i^{51}tso^{33}$ 明年	
th	thu^{33} 炭		kj	$kj\alpha u^{55}$ 敢	

khj	khjɑu³³ 搓	h	həi²⁴ 河
kw	kwɑu⁵⁵ 过	ɣ	ɣɑi⁵⁵ 藏
ŋ	ŋɑi³³ 苦	ʔ	ʔɑu³³ 水
ŋʲ	kuŋ⁵¹ŋʲ³³ 后天	w	wɑi⁵¹ 到
ŋk	ŋkɑi¹¹ 渴		

说明：

A. 塞音和塞擦音声母都区分送气和不送气，除极个别塞音在低降调和低平调音节中音值接近浊音以外，没有出现清浊对立的情况。

B. 塞音和塞擦音都有对应的鼻冠音声母，但部分鼻冠音声母的出现频率极低，从目前掌握的语料来看，鼻冠音声母/mph/、/nth/、/ȵtɕ/、/ȵtɕh/都分别只出现了一个例词。

C. 舌尖塞擦音和擦音有平舌和卷舌的对立。

D. 复辅音/tl/发音时，塞音和边音之间过渡较快，/t/舌位稍靠后，因此，整体听起来更像是一个舌面中音。

E. 部分辅音有腭化现象存在，如双唇音/p/、/ph/、/m/，舌尖音/t/、/th/、边音/l/和舌根音/k/、/kh/都分别有相对应的腭化音声母/p/、/ph/、/m/、/t/、/th/、/l/、/k/和/kh/，此外，舌根音/k/还有相对应的唇化音/kw/。但个别腭化和唇化音的出现频率较低。

F. 鼻音共有四套，除/ŋ/外，都有浊鼻音和清化鼻音的对立。

G. 擦音也有四套，都有清浊的对立，其中双唇浊擦音/v/与半元音/w/常常可以自由变读，但多数词读作/v/。

H. 鼻音/m/和/ŋ/可自成音节，但出现频率不高，从目前掌握的材料来看，自成音节的/m/只出现在一个词中，/ŋ/只出现在两个词中。

（二）韵母

该音系共有韵母 36 个，其中，单元音韵母 10 个，复合元音韵母 12 个，带鼻音韵尾的韵母 14 个。韵母及例字如下：

a	tsa⁵⁵ 借	en	ȵen²⁴ 闭
ɒ	lɒ¹¹ 打	i	mpi³¹ 风
ai	ʐai³³ 飞	ɿ	sɿ¹¹ 做
ɑi	ȵtɕhɑi³³ 害怕	iɑu	ŋiau⁵⁵ 疯子
ɑu	kwɑu⁵⁵ 过	ie	nie⁵⁵ 草
an	ɣan¹¹ 山	iu	phiu³³ 唢呐
ɑŋ	fɑŋ³³ 棵	ian	nian¹¹ 抬
ɒŋ	mɒŋ¹¹ 买	iɑŋ	wu³¹tɕiɑŋ⁵⁵ 葱
e	ke⁵¹³ 集市	in	pin⁵⁵ 变

iŋ	ɕiŋ³¹tjɑu⁵¹ 桌子			ə	ɣə²⁴ 紧	
o	ko⁵¹ 矮			əi	həi²⁴ 河	
oŋ	kjoŋ³³ 暗			əu	kjəu¹¹ 走	
ɔŋ	tɔŋ⁵¹³ 桶			ən	ku¹¹nən⁵¹ 这里	
u	fu⁵⁵ 喝			əŋ	m̩əŋ³³ 跳蚤	
uɑi	kuɑi²⁴ 犁			ɚ	kjɚ³³ 拿	
uɚ	kuɚ²⁴ 给			ɚi	tɚi³³ 多	
ui	kui⁵⁵ 你			ɚn	hɚn³³ 问	
uŋ	ŋuŋ⁵⁵ 天			y	tɕhy²⁴ 跪	

说明:

A. 主要元音有 10 个,元音/a/单独做韵母时舌位较低,音值近似/ʌ/,带韵尾时舌位较靠前,略高,近似于/æ/;元音/ɑ/不单独做韵母,而只作为主要元音出现在带韵尾的音节中,是个后元音。元音/ɒ/有圆唇的特征,但无论单独做韵母还是带韵尾,出现频率都较低。舌尖元音/ɿ/只单独做韵母,不带韵尾。/ɚ/有明显的卷舌特征,出现频率较高,既可单独做韵母,也可以带韵尾,或与别的元音组合成复合元音。

B. 元音韵尾有/i/、/u/两个,韵尾/i/出现在a、u、ə、ɚ行韵母中,/u/出现在 a、i、ə行韵母中。韵母ie、uɚ是复合元音,其中的/e/和/ɚ/是主要元音,不是韵尾。

C. 鼻音韵尾有/n/和/ŋ/两套。韵尾在各行韵母中的分布不均匀,其中a、ə行韵母/n/、/ŋ/两套鼻音韵尾都有分布,其他行韵母中都只有/n/或只有/ŋ/。

(三)声调

该套音系共有声调 8 个,详见下表。

调型	调值	例 词
高平	55	ŋuŋ⁵⁵ 天、kui⁵⁵ 你、ŋiau⁵⁵ 疯子、kwɑu⁵⁵ 过
中平	33	tɚ³³ 脚、kjɚ³³ 拿、n̩tɕhɑi³³ 害怕、phiu³³ 唢呐
低平	11	ʔɚi¹¹ 二、kjəu¹¹ 走、ɣan¹¹ 山、ŋkɑi¹¹ 渴
中升	24	ntuɚ²⁴ 读、həi²⁴ 河、kəi²⁴ 路、tən²⁴ 含
高降平	511	tian⁵¹¹ 箭、mən⁵¹¹ 脸、tɕu⁵¹¹膝盖、kjoŋ⁵¹¹松
高降升	513	tɔŋ⁵¹³ 桶、lian⁵¹³ 镰刀、mɒŋ⁵¹³ 卖、pəu⁵¹³ 坏
中降	31	tɕɑu³¹ 答、ɕa³¹ 少、n̩au³¹ 湿
低降升	213	tɕɚ²¹³ 尺、phɑu²¹³线、ta²¹³他们、tso²⁴n̩an²¹³ 米

说明:

A. 该音系共有声调 8 个,其中平调 3 个,降平调 1 个,降调 1 个,升调1个，曲折调2个。

B. 低平降调511调在高降调51调的基础上拉长而成，但仅出现在该音节单独出现或出现在多音节词末尾的情况，一旦后面跟上别的音节，拉长的部分即消失，变成51调。

C. 在单音节词或多音节词的末尾音节中，曲折调213和513都有较明显的先降后升过程，但当出现在多音节词中，其后跟有别的音节时，则只有降调的特征。

三、洞塘乡瑶族语言音系

（一）声母

洞塘乡瑶语一共有声母40个，其中单辅音声母35个，复辅音声母5个。声母及例字如下：

p	puŋ³³ 给	lj	ljəi³¹ 锣
ph	phəu²⁴ 杏子	ł	łɯ²⁴ 枯
pj	pjɔŋ⁵¹ 竹子	tɕ	tɕəi²⁴ 鼓
m	mɔŋ⁵⁵ 拿	tɕh	tɕhi³¹ 还
mj	mjæi³³ 一个碗	n̥tɕ	n̥tɕai³³ 盐巴
m̥	m̥æi⁵¹ 闻	tl	tləu⁵¹ 孙
f	fɔŋ²⁴ 缝	tlh	tlhəu⁵⁵ 侄儿
v	væi⁵¹ 簸箕	ɕ	ɕæn³¹ 擦
ts	tsɔŋ²⁴ 种（地）	ʑ	ʑæn⁵¹ 筛子
tsh	tshe³³pəi³¹ 扫地	ɲ	ɲæŋ⁵⁵ 坐
s	sæŋ³¹ 衣服	ɲ̥	ɲ̥ɔŋ⁵⁵ 种子
z	zɔŋ³¹ （坛子）破	k	kæi⁵¹ 推
ʐ	kə³³ka²⁴ʐəi³³ 布依族	kh	kha²⁴ 汉族
t	tæm⁵⁵ 贴	kw	kwæi²⁴ 黄
th	thiu⁵⁵ 吹	ʔ	ʔæŋ⁵⁵ 亮
tj	tjɔŋ⁵¹ 腰	ŋ	ŋəi³¹ 数
nt	ntɔŋ⁵⁵ 贵	ŋk	ŋkəu³³ 下（去）
n	næi⁵¹ 蛇	h	həi⁵⁵ 高
n̥	n̥aŋ³³ 日	ɣ	ɣa⁵⁵ 扁担
l	læi³³ 红	w	wəi²⁴ 醉

说明：

A. 塞音和塞擦音声母都只有送气和不送气的对立，没有清浊的区分。

B. 塞音和塞擦音有带鼻冠音的情况，但鼻冠音不发达，只有/t/、/tɕ/

和/k/有对应的鼻冠音声母/nt/、/n̠tɕ/和/ŋk/，而且出现频率都比较低。

C. 复辅音/tl/发音时，塞音和边音之间过渡较快，/t/舌位稍靠后，因此，整体听起来更像是一个舌面中音。/tl/有与之对应的送气音，但从掌握的材料来看，只有一个例词。

D. 双唇音/p/、/m/，舌尖音/t/和边音/l/有腭化现象存在，舌根音/k/还有相对应的唇化音/kw/。

E. 鼻音共有四套，除/ŋ/外，都有浊鼻音和清化鼻音的对立。

F. 擦音也有四套，都有清浊的对立，舌尖浊擦音除平舌的/z/以外，还有卷舌的/ʐ/，但/ʐ/的发音不太稳定。双唇浊擦音/v/与半元音/w/常常可以自由变读，但多数词读作/v/。

G. 目前掌握的材料中没有发现鼻音自成音节的情况。

（二）韵母

共有韵母 39 个，其中单元音韵母 8 个，复合元音韵母 14 个，带鼻音韵尾的韵母 16 个，带塞音韵尾的韵母 3 个。韵母及例字如下：

æi	pæi⁵⁵ 花		æm	kæm⁵⁵ 敢

æi   pæi⁵⁵ 花   æm   kæm⁵⁵ 敢
æn   væn⁵¹ 件（衣）   æŋ   sæŋ³¹ 衣服
æp   tæp⁵⁵ 烤（火）   æt   mæt²⁴ 袜子
a   la³³ 席子   ai   zai⁵¹ 尖
au   ljau²⁴ 跳   aɯ   paɯ⁵⁵ 埋
am   ham⁵⁵ 问   an   kan³³ 头巾
aŋ   taŋ¹¹ 桶   e   ɣe²⁴ 牙齿
eu   keu³¹ 桌子   i   pi³¹ 笔
ɿ   tsɿ³¹ 做   iau   tiau³¹ 笋子
iam   liam¹¹ 镰刀   iaŋ   liaŋ⁵¹ 高粱
ian   pian⁵⁵ 变   in   ɕin²⁴ 便宜
iŋ   ʔəi⁵¹n̠iŋ²⁴ 恨   io   phio²⁴ 雪
iu   viu³¹ 肝   o   to²⁴ 点（灯）
oi   tɕoi⁵¹ 芭蕉   ɔŋ   pɔŋ²⁴ 遇
u   ʔu⁵¹ 二   uæi   huæi⁵¹ 歌
uai   kuai³³ 犁   uan   ntuan³³ 圆
un   kə³³tsun³³ 灶   uŋ   muŋ¹¹ 去
ə   kə³³ɕəu³¹ 水族①   əi   həi²⁴ 穷
əɯ   li³¹məɯ²⁴ 蜜蜂   əu   ɕəu⁵¹ 少

---

① kə³³部分为名词词头。

ən	pən³³ 搬		əŋ	tshəŋ²⁴ 姓	
ək	lək¹¹mæn³¹ 辣椒		y	kə⁵⁵tɕy⁵¹lu²⁴ 胆子	

说明:

A. 主要元音有 8 个,其中/æ/和/a/的对立是舌位高低的不同,没有长短元音的区分。央元音/ə/单独做韵母时出现频率极低,多数情况下作为名词词头音节的韵母,如"kə³³m̥əu⁵⁵ 跳蚤"、"kə³³tɕauɯ³¹ 男人"、"kə³³kha²⁴lu²⁴ 壮族"、"kə³³va³³ 女人"等等,也出现在实词音节中,但频率较低。央元音/ə/单独做韵母出现在实词中时,舌位靠后,略高,音值近似/ɯ/,如"tɕɯ³³ 糍粑"、"n̥ɯ⁵⁵ 水牛"、"ɬɯ²⁴ 枯"。

B. 舌尖元音/ʅ/主要出现在现代汉语借词中,只单独作为韵母,不带韵尾,也不与其他元音组成复合元音韵母。

C. 元音韵尾有/i/、/u/和/ɯ/三个,复元音韵母/io/是后响复元音,后一个元音是韵母的主要成分,不是韵尾。

D. 鼻音韵尾有/m/、/n/和/ŋ/三套,其中的/m/尾韵只出现在a行和æ行韵母,是由于布依语词的借入而产生的。

E. 塞音韵尾有/p/、/t/和/k/三个,目前掌握的语料中各有一个例词,均为布依语借词,显然是受到周边布依语影响的结果。

(三)声调

该音系共有声调 6 个,详见下表:

调型	调值	例 词
高平	55	n̥ɯ⁵⁵ 水牛、nuŋ⁵⁵ 人、ham⁵⁵ 问、tæp⁵⁵ 烤(火)
中平	33	kuai³³ 犁、ntuan³³ 圆、kəi³³汤、la³³ 席子
低平	11	muŋ¹¹ 去、liam¹¹ 镰刀、væn¹¹ 万、n̥aŋ¹¹ 薄
中升	24	ɬɯ²⁴ 枯、phio²⁴ 雪、nəŋ²⁴ 吃、tshəŋ²⁴ 姓
高降	51	liaŋ⁵¹ 高粱、tɕəi⁵¹ 柴刀、zæn⁵¹ 筛子、zai⁵¹ 尖
中降	31	kən³¹ 盘子、tsʅ³¹ 织布、ljəu³¹ 玩、pun³¹ 盆

说明:

A. 该音系共有声调 6 个,其中平调 3 个,降调 2 个,升调 1 个。

B. 现有的语料中未发现变调现象。

C. 塞音韵尾读音短促,从目前掌握的材料看,主要跟高平 55、中升 24 和低平 11 三个调结合。

第三节　荔波县三个支系瑶族语言之间的关系

荔波县三个支系瑶族从自称上来看都非常接近，瑶山乡白裤瑶自称təu^{51}m̥o^{33}，瑶麓乡青瑶自称mu^{51}m̥au^{33}，洞塘乡长衫瑶自称tən^{33}m̥o^{55}。前人关于瑶族语言研究方面的成果也都将这三个支系的语言看成是同一个方言之下的不同土语。本文在此次调查材料的基础上，拟通过语音和词汇的对比，揭示这三个点之间的异同情况。

一、音系对比

（一）声母方面

（1）关于声母的数量。瑶山乡白裤瑶瑶语共有50个声母，其中单辅音声母35个，复辅音声母15个；瑶麓乡青瑶瑶语共有声母51个，其中单辅音声母42个，复辅音声母9个；长衫瑶瑶语声母40个，其中单辅音声母35个，复辅音声母5个。长衫瑶瑶语复辅音系统相对简单。

（2）关于塞音和塞擦音的送气和不送气对立。三个点都有双唇、舌尖中和舌面后（舌根）三套塞音和舌尖前、舌面前两套塞擦音的送气与不送气的对立，但由于所收集到的材料有限，送气塞擦音的例词较少。瑶麓乡瑶语比另外两个点多出一套舌尖中塞擦音。

（3）关于鼻冠音声母。瑶山和瑶麓两个点的鼻冠音声母与相应的塞音和塞擦音对应比较整齐，尤其是瑶山，所有塞音和塞擦音，无论送气与不送气都有相应的鼻冠音，由塞音/t/和流音/l/组成的复辅音也有鼻冠音和非鼻冠音的对立；瑶麓乡的舌面后（舌根）塞音和舌尖前塞擦音只有不送气音/k/和/ts/有相应的鼻冠音，舌尖中塞擦音没有对应的鼻冠音。长衫瑶只有舌尖中塞音、舌根舌音和舌面前塞擦音有鼻冠音，而且只出现在不送气音。

（4）关于鼻辅音系统。三个点的鼻辅音系统对应非常整齐，都有浊鼻音/m/、/n/、/n̠/、/ŋ/，其中/m/、/n/、/n̠/都有对应的清化鼻音/m̥/、/n̥/和/n̠̥/。

（5）关于鼻音自成音节。瑶山的/m/，瑶麓的/m/、/ŋ/都能自成音节，但出现频率较低，由于所掌握的材料有限，目前长衫瑶语中还没有发现自成音节的鼻音。

（6）关于复辅音声母。除了鼻冠音以外，三个点都有塞音加边音（流音）构成的复辅音，即/tl/。瑶山和洞塘瑶寨有送气的/thl/，瑶山的/tl/还带鼻冠音，即/ntl/。瑶麓只有/tl/。

（7）擦音清浊的对立。三个点都有唇齿擦音/f/和/v/，舌尖擦音/s/和/z/，舌面擦音/ç/和/ʑ/，舌根擦音/h/和/r/，其中瑶山的/ʑ/有卷舌成分，即近似于/ʐ/。

（8）都有边擦音/ɬ/。

三个点声母对照表：

	塞音和半元音	塞擦音	鼻音、边音、边擦音	鼻冠音和复辅音	擦音
三个点共有	p、ph、pj、t、th、k、kh、kw、ʔ、w	ts、tsh、tç、tçh	m、m̥、n、n̥、ȵ、ȵ̥、ŋ、l、ɬ	nt、ntç、ŋk、tl	f、v、s、z、ç、ʑ、h、ɣ
瑶山与瑶麓共有			m'	mp、mph、nts、nth	
瑶山与瑶寨共有				tlh	
瑶麓和瑶寨共有	tj		mj、lj		
瑶山独有	khw		ɬj	mpj、ntsh、ntl、ŋkh、ŋw	
瑶麓独有	phj、thj、kj、khj	tʂ、tʂh	ŋ'		
瑶寨独有					z

（二）韵母方面

（1）关于韵母的数量。瑶山乡瑶语共有韵母 53 个，其中单元音韵母 8 个，复合元音韵母 15 个，带鼻音韵尾的韵母 18 个，带塞音韵尾的韵母 12 个；瑶麓乡瑶语有韵母 36 个，其中单元音韵母 10 个，复合元音韵母 12 个，带鼻音韵尾的韵母 14 个；洞塘瑶寨瑶语共有韵母 42 个，其中单元音韵母 9 个，复合元音韵母 14 个，带鼻音韵尾的韵母 16 个，带塞音韵尾的韵母 3 个。相比于瑶山和洞塘瑶寨，瑶麓乡瑶语的韵母数量略少。原因在于，从目前掌握的语料来看，瑶麓韵母系统中的鼻音韵尾只有/n/和/ŋ/，没有/m/，而且没有塞音韵尾。

（2）关于主要元音。主要元音的数量也很接近，瑶山和洞塘瑶寨瑶语都有主要元音 8 个，瑶麓有主要元音 10 个；瑶山和瑶寨的主要元音/a/和/æ/是舌位高低的差别，瑶麓的/a/则有/a/、/ɑ/、/ɒ/三个变体。/ə/在瑶山和瑶寨可以作为单元音韵母，也可以带韵尾，而在瑶麓，只能带韵尾，不能单独做韵母。瑶麓有单元音/ɚ/，其他两个点没有。

（3）关于元音韵尾。三个点共有的元音韵尾是/i/和/u/，此外，瑶山和瑶寨还有元音韵尾/ɯ/，瑶麓没有。

（4）关于鼻音韵尾。三个点都有的鼻音韵尾是/n/和/ŋ/，瑶山和瑶寨还有/m/，从目前掌握的语料来看，瑶麓没有出现这个韵尾。

（5）关于塞音韵尾。塞音韵尾不是苗语语族语言的典型特征，但由于受布依语的影响，在瑶山和洞塘瑶寨的韵母系统中，出现了塞音韵尾。这两个点都分别有/p/、/t/和/k/三个塞音韵尾。从目前所掌握的材料看，瑶麓瑶语中没有发现塞音韵尾。

（三）声调方面

（1）关于声调的数量。瑶山和瑶麓两个点分别有 8 个声调，洞塘瑶寨有 6 个声调。

（2）关于调型。瑶山瑶语有 3 个平调，2 个降调，1 个升调，2 个降升调；瑶麓瑶语有 4 个平调，1 个升调，1 个降调，2 个降升调；洞塘瑶寨瑶语有 3 个平调，2 个降调，1 个升调。

（3）关于变调。三个点都有较明显的变调现象，其中降升调的变调较为突出，即当降升调作为双音节词的第一个音节时，其调型常常会缩短，变成一个短促的降调，其他调型的变调现象也很普遍，有待于进一步的研究。

二、词汇对比

（一）构词方面

三个点在构词上基本相同，单音节是词语的主要形式，例如：

汉语	瑶山	瑶麓	瑶寨
黄牛	wu^{33}	ʑəu^{51}	ʑəu^{11}
水牛	ȵo^{24}	ȵuŋ^{55}	ȵɯ^{55}
手	pi^{33}	pa^{513}	pa^{31}
人	nau^{24}	nu^{55}	nuŋ^{55}
吃	no^{31}	nɑu^{55}	nəŋ^{24}
坐	ȵa^{33}	ȵe^{33}	ȵæŋ^{55}
挖	mpaŋ^{513}	mpəi^{24}	ko^{24}
大	ɬio^{33}	lo^{513}	lu^{11}
小	ʑo^{51}	ʑɑŋ^{24}	ve^{33}
高	hai^{33}	hy^{33}	həi^{55}
矮	kəu^{33}	ko^{51}	ku^{11}

单音节词中，各种词类都占一定的比例，但以动词、形容词居多。

合成词由两个或两个以上音节构成，包括附加式和复合式两种。从目前所掌握的材料来看，附加式合成词主要是名词或动词加前缀这种形式。

定中式合成词的中心语通常前置，只有极个别例外。例如瑶麓瑶语的

ŋe513是"凳子"，ŋe513ɕoŋ31ku51是"椅子"，是"凳子"的一种，其中ŋe513是中心语，ɕoŋ31ku51是修饰语，属于正偏式；瑶山瑶语的nau24是"人"的意思，nau24ɣəi51"客人"、nau24phie33"主人"、nau31təu33mə33"瞎子"、nau31lɔŋ33mpi24"聋子"等都是中心语在前，修饰语在后的正偏式修饰式合成词。

动宾式合成词顺序与汉语基本相同，例如瑶寨瑶语的"na24sæŋ31穿衣"、"lo24sæŋ31脱衣"、"ze31sæŋ31洗衣"，其中的sæŋ31义为"衣服"，作为宾语置于动词"na241穿"、"lo24脱"、"ze31洗"之后。瑶麓瑶语的"sɿ11kɑŋ24做饭"、"sɿ11kɑu33干活"、"tɕəi33tɕhɑu24放牛"、"ntɑu55nu33织布"等动宾式合成词也是动词在前，宾语在后。

常见的前缀语素有，瑶山瑶语的名词前缀tɕi21，例如："tɕi21ntɕo21发芽"、"tɕi21kau33扁担"、"tɕi31pɯ31肩膀"、"tɕi31tau33身体"，名词前缀ku31，例如："ku31khɯ33弓"、"ku31ntso55甘蔗"、"ku31pa33腿"、"ku31tho33骨头"；瑶麓的名词前缀tɕi51，例如："tɕi33pən33东西"、"tɕi51mphjɑi33鞭子"、"tɕi51no24笔"、"tɕi55pjan31病"；瑶寨的名词前缀kə24，例如："kə24tɕi33撮箕"、"kə24mə31脸"、"kə31ʐo33蚊子"、"kə31vu51井"、"kə33tɕɑɯ31男人"、"kə33tsun33灶"等等。

（二）词汇来源方面

三个点同属于苗语支布努语之下同一方言的不同土语，自然有不少来源相同的词，但也有些是属于不同来源的词，详见以下例词。

（1）三个点来源都相同的词。

汉语	瑶山	瑶麓	瑶寨
水	ʔɔŋ33	ʔɑu33	ʔɔŋ51
井	vu51	wəi33	kə31vu51
水牛	ȵo24	ȵuŋ55	ȵɯ55
猫	mio31	mjɑu51	mjeu33
鸭	ʔo51	ʔɑu55	ʔau55
蚊子	tɕi33ʐuŋ21	ʐɑu24	kə31ʐo33
蔬菜	ɣa33	ɣe24	ʐɑŋ33vəi51
手	pi33	pa513	pa31
人	nau24	nu55	nuŋ55
花	pæ24	pan55	pæi55
父亲	po33	po24	po33
母亲	məi51	mɑi33	me33
寨子	ɣaŋ33	ɣe51	ʐæŋ31

席子	lai³¹	la²⁴	la³³
肉	ŋka²⁴	ŋa⁵⁵	ŋka⁵⁵
糍粑	n̠tɕo²¹	tɕu²⁴	tɕɯ³³
锯子	tɕo⁵¹	tɕu³³	tɕəu⁵¹
撮箕	tɕi²¹tɕi⁵¹	kji³³	kə²⁴tɕi³³
碓	tɕu³³	tɕɑu⁵¹³	tɕəu¹¹
盆	pən³¹	pən¹¹	pun³¹
梳子	ɣəi³¹	ɣi¹¹	ʑi⁵¹
书	ntau³¹	təu³³no²⁴	nto³³（近ʔdo³³）
名字	mpəi⁵¹	mpa³³	ku⁵⁵mpa⁵¹
吃	no³¹	nɑu⁵⁵	nəŋ²⁴
说	tɕe³³	tʂɑu¹¹	tɕɔŋ³¹
坐	n̠a³³	n̠e³³	n̠æŋ⁵⁵
买	maɯ³³	mɒŋ¹¹	maŋ³¹
捆	khæ³³	kha³³	kha⁵⁵
偷	tu³¹n̠i³¹	n̠i¹¹	n̠i⁵¹
会	pa³³	pu³³	po⁵¹
有	n̠au³³	nje³³	n̠əu²⁴
来	lo³³	lɑu⁵¹	lau¹¹
去	m³³	muŋ⁵¹	muŋ¹¹
在	n̠a³³	n̠e³³	niaŋ³³
死	tu³¹	tɑu¹¹	tau³¹
大	ɬio³³	lo⁵¹³	lu¹¹
矮	kəu³³	ko⁵¹	ku¹¹
长	tai³³	nta²⁴	nta³³
远	kwai³³	kwa¹¹	kwa⁵⁵
近	ɣəi⁵¹	ɣɑi³³	ʑai⁵¹
多	to⁵¹	təi³³	tu⁵¹
红	læ³³	lan³³	læi³³
黄	kwa²⁴	kwan⁵⁵	kwæi²⁴
便宜	sen³³	tɕen⁵¹³	ɕin²⁴
一	ʔi³³	tɕi³³	ʔi⁵¹
二	ʔuə³³	ʔəi¹¹	ʔu⁵¹
三	pəi³³	pa²⁴	pa⁵¹
四	ɬa³³	tlo³³	tlo⁵¹

| 五 | phiu^{33} | pja^{33} | piu^{51} |

（2）三个点来源不同的词。

汉语	瑶山	瑶麓	瑶寨
太阳	vən^{21}ho^{33}	m̩^{21}ȵaŋ^{33}	kəi^{55}ta^{51}
河	po^{33}	həi^{24}	hæn^{24}
猴子	tɕo^{33}	lan^{11}	kə^{33}lai^{51}
辣椒	mpiu^{51}	ʑiaŋ^{55}	lək^{11}mæn^{31}（借布依）
桃子	phi^{31}sa^{24}	phjai^{55}	vəi^{31}ke^{24}
鼻子	kam^{31}tɕɯ^{31}	mpi^{511}	lə^{55}viu^{51}
肝	tɕi^{33}mpjɯ^{31}	mi^{11}	viu^{31}
兵	nau^{31}vəi^{51}lien^{33}	tuŋ^{31}pjan^{33}	naŋ^{55}kə^{31}li^{24}
儿子	təu^{33}	ŋo^{31}tɕan^{11}	toŋ^{51}
袜子	li^{31}tɕhau^{51}	ȵɑu^{31}ma^{31}	mæt^{24}（借布依）
米	tshəu^{51}	tso^{24}ȵan^{213}	tsuŋ^{24}
枪	ŋ̥au^{33}	tan^{513}	tsu̇ŋ^{55}
筛子	sai^{24}mə^{33}	he^{33}	ʑæŋ^{51}
盘子	pæ^{31}	ɬje^{55}	pə^{11}kən^{31}
歌	tshau^{31}	ŋuŋ^{11}ti^{11}	huæi^{51}
话	tɕe^{33}tha^{21}	tɕo^{11}lau^{33}	wu^{33}
声音	ho^{33}	noŋ^{31}lau^{33}	ku^{55}ɕiu^{55}
姓	thæ^{51}	ɕiŋ^{55}	ku^{24}tshəŋ^{24}
梦	mpa^{31}	mu^{55}	ku^{24}fæŋ^{31}
鬼	ɬjai^{33}	kjan^{33}	lian^{24}to^{31}
闻	ntlæ^{55}	ȵan^{33}	m̥æi^{51}
握	tæ^{31}	ɬio^{21}tɑi^{24}	ke^{33}
拉	ɬi^{33}	mjan^{11}	lo^{31}
靠	ʔeŋ^{33}	ɕiəŋ^{511}	tsai^{31}
修	səi^{33}	li^{51}	tuŋ^{33}
搬	ɬja^{31}	nan^{33}	pən^{31}
砍	pəu^{55}	muə^{31}	toŋ^{51}
煮	ha^{55}	sɿ^{11}（做）	nau^{11}
杀	to^{513}	puŋ^{11}	kuŋ^{31}
答	tai^{33}	tɕɑu^{31}	ʔɑɯ^{31}
想	ɕiŋ^{51}	khu^{33}	nai^{31}
给	ho^{51}ntau^{33}	kuə^{24}	puŋ^{33}

漏	ɬo²⁴	kjoŋ⁵⁵	laɯ³¹
枯	kwa²¹	tɑu³¹	ɬɯ²⁴
细	ʑo⁵¹	tshai²⁴	ve³³
绿	mpio²⁴	miu⁵⁵	hɑi¹¹tɕɯ²⁴
黑	ɬo³³	kjoŋ³³	tluŋ³³
慢	tuaŋ³³	wɑi¹¹	mo²⁴
贵	mpjai³³	mjan¹¹	ntɔŋ⁵⁵
松	ma³¹man³³	kjoŋ⁵¹¹	soŋ²⁴
冷	ŋkəu³¹no⁵¹	san⁵¹³	nəu³¹
醉	tlio³¹tɕəu⁵¹	tɑu¹¹	wəi²⁴
富	ɬjaŋ⁵¹	kja¹¹	ʑoŋ⁵¹
尺	siak³¹	tɕə²¹³	tsaɯ²⁴
你们	na³³man⁵⁵	ta¹¹	ti³³m̥o⁵¹
哪	laɯ⁵¹	ʐu³³mi²⁴	lu⁵¹khæŋ⁵⁵

（3）瑶山瑶麓同源，瑶寨不同源的词。

汉语	瑶山	瑶麓	瑶寨
石头	ɣəi³³	vəi⁵¹³	ʑai⁵¹
乌鸦	ʔau⁵¹	ʔɚ⁵⁵	tlai¹¹
蛇	ŋa³³	ŋan³³	næi⁵¹
蔬菜	ɣa³³	ɣe²⁴	ʑaŋ³³vəi⁵¹
耳朵	mie²⁴	mjɑi⁵⁵	kə³³pai⁵⁵
牙齿	m̥ai³³	mphai²⁴	ɣe²⁴
脚	tau⁵¹	tɚ³³	zəu⁵¹（zəu⁵¹）
墙	pəu⁵¹	phu³³	tɕai⁵⁵tɕai³¹
斧头	ta⁵¹	tu³³	tɕo³¹
铜鼓	ŋau²⁴	ŋu⁵⁵	ljɔŋ⁵⁵
钱	tsai²⁴	tsɑi²⁴	phiau²⁴
笔	tɕɯ²⁴	tɕi⁵¹no²⁴	pi³¹
挂	kwæi²⁴	kwai⁵⁵	ve²⁴
藏	ɣa⁵¹	ɣɑi⁵⁵	ɕiaŋ⁵¹
飞	ʑai⁵¹	ʑai³³	ʑaŋ⁵¹
找	tɕhau³³	tʂhəu³³	la⁵¹
近	ɣəi⁵¹	ɣɑi³³	ʑai⁵¹
亮	kwæ²⁴	kwan⁵⁵	ʔæŋ⁵⁵
好	ɣɔŋ⁵¹	ɣo³³	ʑo⁵¹

（4）瑶山瑶寨同源，瑶麓不同源的词。

汉语	瑶山	瑶寨	瑶麓
风	tɕi^{51}	ka^{51}tɕi^{51}	mpi^{31}
地	lɔŋ^{51}kha^{33}	lɔŋ^{51}	lɑu^{33}
年	sɔŋ^{51}	tsɔŋ^{51}	tso^{33}
官	to^{51}	tsɿ^{24}tau^{31}	nu^{55}mɑi^{51}
衣服	tshaŋ^{51}	sæŋ^{31}	m̥ɑu^{33}
蚂蟥	tɕin^{33}ɬi^{33}	kə^{31}li^{31}	tɕi^{51}
床	to^{31}tɕhau^{51}	tɕo^{31}	tsɑŋ^{51}
针	tɕɔŋ^{33}	tɕɔŋ^{55}	tɕɑu^{33}
箱子	lɔŋ^{33}	lɔŋ^{11}	tɑu^{51}
看	hai^{51}	ku^{24}huai^{31}	məi^{11}
拿	mo^{33}	mɔŋ^{55}	kjɚ^{33}
吐	ɬaɯ^{213}	ljo^{24}	ntu^{24}
钻	kəu^{33}	khiu^{55}	phi^{55}
跑	tɕi^{31}lja^{55}	lai^{51}	çɑu^{55}
挑	tæ^{51}	tai^{51}	ŋan^{33}
埋	po^{213}	paɯ^{55}	tu^{55}
缝	fɔŋ^{33}	fɔŋ^{24}	mo^{24}
笑	tɕu^{51}	tɕau^{51}	təu^{55}
敢	kæm^{33}	kæm^{55}	kjɑu^{55}
深	tu^{55}	tau^{55}	kɑu^{33}
硬	tæi^{33}	te^{33}	kjəu^{55}
甜	ka^{33}	ka^{33}	kan^{33}
八	ʑəu^{513}	ʑo^{11}	tja^{51}
九	tɕo^{24}	tɕo^{55}	tju^{55}
十	tɕəu^{55}	tɕaɯ^{33}	tju^{31}

（5）瑶麓与瑶寨同源，瑶山不同源的词。

汉语	瑶山	瑶麓	瑶寨
雷	tho^{33}	phɑu^{33}	pau^{51}
日	ŋkəu^{21}	ŋɑŋ^{11}	ŋaŋ^{33}
黄牛	wu^{33}	ʑəu^{51}	ʑəu^{11}
马	n̠i^{21}hoŋ^{33}	mu^{51}	mo^{11}
狗	ɬai^{33}	kja^{24}	ka^{33}
鹅	kəi^{33}	ʔɑu^{55}ŋan^{11}	hæŋ^{24}

姜	tlhau^{33}	kju^{24}	kiu^{24}
头	hua^{213}	khan^{33}	khæi^{33}
嘴巴	kə^{33}ȵtɕo^{24}	kə^{31}lɑu^{33}	kə^{33}ləu^{51}
肺	tɕe^{51}tsau^{33}	pɑŋ^{11}	pə^{31}
肚子	tɕhia^{33}	ŋaŋ^{24}	ȵaɯ^{24}
骨头	ku^{31}tho^{33}	sɑŋ^{24}	kə^{33}tshaŋ^{24}
门	ka^{51}tɕɔŋ^{33}	tjo^{51}	tjo^{55}
盐	zəi^{31}	ȵtɕai^{24}	ȵtɕai^{33}
姓	thæ^{51}	ɕiŋ^{55}	ku^{24}tshəŋ^{24}
咬	ɬjaɯ^{51}	tɑu^{51}	tau^{24}
啃	tu^{55}	ȵu^{55}	nəu^{55}
踩	z̩əu^{24}	tɑi^{51}	te^{51}
睡	ɬau^{33}	pəi^{33}	pu^{51}
犁	tɕhi^{33}lɔŋ^{51}	kuɑi^{24}	kuai^{33}
数（东西）	hai^{33}	njɑi^{11}	ŋəi^{31}
蒸	tsə^{33}ɬio^{55}	tɕəŋ^{33}	tɕɔŋ^{33}
磨（刀）	phuə^{33}	ha^{24}	hau^{24}
还	thai^{55}ntau^{51}	tɕhi^{33}	tɕhi^{31}
赔	waŋ^{31}	tɕhi^{33}	tɕhi^{31}
哭	ȵe^{213}	kɒi^{55}	ke^{55}
掉	sæ^{21}	pɑu^{33}	po^{33}
长	tai^{33}	nta^{24}	nta^{33}
宽	ɬio^{33}	kwan^{24}	kwæi^{33}
窄	zʑio^{51}	ŋa^{51}	ŋa^{33}
这	na^{31}	ku^{11}nən^{51}	kə^{51}nəŋ^{51}
那	ʔo^{31}	ku^{11}zʑi^{51}	kə^{51}zʑi^{31}

第四节　瑶语与布依语之间的关系

　　荔波的瑶族长期与布依族杂居在一起，而且在瑶族分布的地区，布依族在人口上都占有相对多数，布依族语言在当地较为通行，很多场合，人们都以布依语作为交际工具。因此，很多瑶族在与布依族的交往过程中渐渐掌握了布依语，以布依语作为第二语言。我们在瑶山乡和洞塘乡瑶寨调查的过程中发现，当地的妇女，尤其是 40 岁以上的妇女，很多人用汉语交流起来都很困难，但却都能说一口流利的布依语。20 世纪 80 年代初，贵州社会科学院和贵州民族研究所等部门组织的对瑶山一带的调查发现，16 岁以上的男性成年人有 90%掌握布依语，而同一年龄段掌握汉语的只有 80%；16 岁以下的少年儿童（男性）60%掌握布依语，而掌握汉语的只有 30%；16 岁以上的女性成年人掌握布依语的有 10%，而同一年龄段掌握汉语的只有 5%；16 岁以下少年儿童（女性）5%掌握布依语，而掌握汉语的只有 3%。[①]可见，当时在瑶山一带经常外出的男性绝大多数都能用布依语进行交流，而很少外出的女性掌握布依语的则比较少，但其比例仍大于掌握汉语的人数。说明布依语在当地的通行程度高于汉语。

此次调查距离 20 世纪 80 年代的调查已将近 30 年，随着社会的不断发展，瑶族地区比 30 年前更加开放，与外界交往越加频繁，汉语已经取代布依族成为该地区最通行的语言，青少年大多入学前就已经掌握汉语。在学校，课堂上用普通话进行教学，课后用母语或地方汉语进行交流，布依语只有在布依族社区或布依族较多的公共场合才使用。尽管如此，我们的调查结果显示，仍有不少瑶族同胞在日常生活中广泛接触布依语，以布依语作为第二语言。详见下表：

瑶山乡红光村董保组和菇类村久加组以
布依语作为第二语言的情况

语言 村组	母语		布依语	
	人数（人）	比例（%）	人数（人）	比例（%）
董保	36	100	17	47
久加	11	100	7	63.64

由于长期的语言接触，使荔波三个点的瑶语在语音、词汇、语法几个层面都不同程度地受到了布依语的影响。以下根据所掌握的材料，从语音和词汇两个层面简要分析布依语对荔波瑶语的影响。

一、语音方面的影响

布依语对瑶语语音方面的影响主要表现韵母上。

（一）增加主要元音

苗瑶语的主要元音很少有长短元音对立的情况存在。在布依语中，主要元音/a/在后接韵尾的情况下常常有长短对立，这种尤其在布依语第一土语中比较普遍。但通常情况下，布依语中元音的长短对立并不表现为元音

---

① 张济民、徐志森、李珏伟：《贵州瑶族的语言》，载《贵州民族研究》1983 年第 3 期。

发音时长的差别，而是长元音舌位的升高，即长/a/读作/æ/。这种现象也对荔波瑶语产生了影响，在瑶山和瑶寨的瑶语中，都存在/a/和/æ/的对立，在瑶山的瑶语中，/æ/不仅作为主要元音，而且还可以单独做韵母。瑶麓的/a/音位有/a/、/ɑ/、/ɒ/三个变体，但都是舌位高低的不同。例如：

瑶山 /æ/——/a/

kæ⁵¹ 推	tæi³³ 硬	tæu⁵¹ 做	ȵæn³ 剁

kæ⁵¹推　　　　tæi³³硬　　　　tæu⁵¹做　　　　ȵæn³剁

łæŋ³³孙子　　　ɣa⁵¹藏　　　　lai³¹席子　　　mau³要

han²⁴很　　　　vaŋ³³万

瑶寨/æ/——/a/

pæi⁵⁵花　　　　kæm³¹含　　　　væn⁵¹件（衣）　zæŋ³¹寨子

zai⁵¹尖　　　　ham⁵⁵问　　　　kan³³头巾　　　paŋ³¹平

（二）增加辅音韵尾

瑶语固有语音系统的韵尾非常简单，通常只有元音系统/-i/、/-u/，瑶山和瑶寨还有/-ɯ/，鼻音韵尾只有/-n/和/-ŋ/，没有塞音韵尾。但瑶山和瑶寨的韵母系统中都出现了鼻音韵尾/-m/和塞音韵尾/-p/、/-t/、/-k/，这是受布依语影响的结果。实际上，这几个韵尾均出现在布依语借词中，瑶语本族语固有词没有出现类似的韵尾。例如：

1. -m 尾韵

瑶山

vam³³犯法、犯罪　　　kjam³³凑钱　　　　səm³³减少

kam³³tu²¹捻　　　　　həm⁵⁵围　　　　　ʑam²¹呲嘴

ham²⁴问　　　　　　　ləm³³na²¹高兴　　　kham³³mie²⁴耳孔

tam³³捧（掬）　　　　kam³¹mə³¹眼镜　　kuam³³谷耙

瑶寨

tsam⁵¹沉　　　　　　　ham⁵⁵问　　　　　kæm³¹含

kæm⁵⁵敢　　　　　　　liam¹¹镰刀　　　　tæm⁵⁵贴

zim⁵¹包谷

由于所掌握的材料有限，目前瑶寨瑶语中所发现的-m尾韵词只有这些。

2. -p 尾韵

瑶山

kap³³tɕhio³³袋子　　　tap³¹折（纸）　　　kap³¹（一）捧（米）

tæp²¹贴　　　　　　　kap⁵⁵tai²⁴原来　　khap⁵⁵thæ³³楼梯

瑶寨

tæp⁵⁵烤（衣服）

3. -t 尾韵

瑶山

ho²¹ɬæt³³ 衣领　　　　　　vet³⁵tɕai³³ 事情　　　　siet²¹ 尺子

tɕet²¹ 凝结　　　　　　　tiet²¹ʔɔŋ³³ 潜水　　　huɯt²¹ 扔

tɕet⁵⁵pɯ³¹ 戴（项圈）　　tæt⁵⁵pi³³ 拍手　　　tɕet⁵⁵tθæp³¹ 涂漆

tɕit⁵⁵ 添　　　　　　　　tɕet⁵⁵n̩tɕho³³ 留心　tɕet⁵⁵tɕo³³ 医治

瑶寨

mæt²⁴ 袜子

（4）-k 尾韵

瑶山

n̩ak²¹ 连（连词）　　　luɯk²¹tak²¹ 打架　　tɕak³⁵kwa³³ 干旱

tuɯk⁵⁵ʔi⁵¹ 第一　　　　tuɯk⁵⁵kəu³³ 星星　　tak⁵⁵ʔɔŋ³³ 云

tək⁵⁵kəu³³ 上午　　　　tɕik⁵⁵ɣa³³ 种菜

瑶寨

lək¹¹mæn³¹ 辣椒

洞塘瑶寨瑶语中-t 和-k 尾韵的词目前都只发现一个。瑶麓瑶语中目前没有发现-m、-p、-t 和-k。

二、词汇的借用

通过对所调查到的词汇材料进行初步的梳理和分析，我们发现，荔波瑶语中借入了不少布依语词汇，这些词汇涉及人们日常生活的各个方面。由于各个点所调查到的语言材料不均衡，①这里以材料较多的瑶山点为例，简要分析瑶语中布依语借词的情况。

瑶山瑶语中借入布依语的词汇包括名词、形容词、动词等词类。

（1）名词

汉语	瑶山瑶语	布依语②
棉花	fai⁵¹	fa:i⁵
稗子	faŋ⁵¹	hɔŋ¹
高粱	ʑiaŋ⁵¹	ja:ŋ²
豇豆	to⁵¹kau³³	luɯk⁸kau¹
头旋	pan²¹³fa³³	ʔdan¹pan⁵

---

① 调查瑶麓和瑶寨用的是做语言测试的 600 词词表，调查瑶山瑶语使用的是 3500 词词表。

② 这里参照的是布依语标准音点望谟复兴镇的读音，荔波当地的发音与瑶语中的布依语借词应该更接近一些。

孙子	ɬæŋ³³	la:n¹
匠人	nau³¹sæŋ³³	pu⁴ça:ŋ⁶
犯人	nau³¹wam³³	pu⁴va:m³
斗笠	tço⁵¹	tçop⁷
桌子	tçɔŋ²⁴	çɔŋ²
灯芯	mən³¹	mən²taŋ¹
纺车	sa³³	ʔdan¹sa⁵
木马	kam³¹ma⁵¹	ka¹ma⁴
火钳	tçim³¹	fa⁶tçim²
尺子	siet²¹	çik⁷
陀螺	tçæŋ²⁴	ʔdan¹tça:ŋ⁵

（2）动词

汉语	瑶山瑶语	布依语
阉	tuan²¹	ton¹
膨胀	kɯ³³	kɯ⁶
旋转	pan²⁴	pan⁵
下蛋	tau⁵⁵	tau³
问	ham²⁴	ham⁵
停	taŋ⁵¹³	taŋ⁴
倚靠	ʔeŋ³³	ʔiŋ¹
遇见	pɔŋ²⁴	puŋ²
饶、让	z̧aŋ²⁴	za:ŋ⁶
包围、围	həm⁵⁵	hum⁴
分家	pan³³phi³³	pan¹
竖起	taŋ³³	taŋ³
贴	tæp²¹	ta:p⁷
扔	hɯt²¹	çit⁷
拍（桌子）	ta⁵¹	ta³
搧、掴	tæt⁵⁵	ta:t⁷
换	lɯ³³	lɯ⁶
用	z̧uŋ³³	juŋ⁶
犯法	vam³³	va:m³

（3）形容词

汉语	瑶山瑶语	布依语
紧、牢固、稳	man³³	man⁶

（4）量词

汉语	瑶山瑶语	布依语
（一）间（房）	hɔŋ²⁴	hɔŋ⁵
（一）口（饭）	kam³¹	ʔa:m⁵
（一）捧（水）	kap³¹	kɔp⁷

瑶寨瑶语中也有相当一部分布依族借词，例如：

汉语	瑶寨瑶语	布依语①
高粱	liaŋ⁵¹	hau⁴liaŋ²
芭蕉	tɕoi⁵¹	tɕɔi⁵
肺	pə³¹	pət⁷
帕子、头巾	kan³³	kan¹
袜子	mæt²⁴	ma:t⁸
糍粑	tɕɯ³³	ɕi²
镰刀	liam¹¹	liəm²
枪	tsuŋ⁵⁵	ɕuŋ⁵
筛子	ʑæŋ⁵¹	zaŋ¹
含	kæm³¹	ka:m³
拍（桌子）	va³³	va³
问	ham⁵⁵	ham⁵
遇见	pɔŋ²⁴	puŋ²
敢	kæm⁵⁵	ka:m³
沉（到底）	tsam⁵¹	ɕam¹

从目前所掌握的词汇材料来看，瑶麓瑶语中布依语借词比较少。现有材料中只发现"拍（桌子）puŋ¹¹"一词疑借自布依语，试比较布依语"pɔŋ⁴（拍）"。

瑶语在词汇方面受到当地布依语影响比较深，除词汇的借用以外，在词汇的构造、词义的搭配等方面都有所变化。此外，在漫长的语言接触过程中，除了语音和词汇以外，语法方面也会受到一定的影响。限于目前所掌握的材料，这里仅对词汇借用的情况作简要介绍。

---

① 这里参照的是布依语标准音点望谟复兴镇的读音，荔波当地的发音与瑶语中的布依语借词应该更接近一些。

第三章　荔波县瑶族语言使用现状个案研究

第一节　瑶山乡瑶族语言使用
现状个案研究

一、调查总概

（一）调查点的自然和人文生态环境

瑶山瑶族乡位于荔波县西南部，地处中国南方喀斯特世界自然遗产地腹地，是贵州"两山"（麻山、瑶山）深度贫困山区之一，距离县城 35 公里。周边分别与该县的捞村、翁昂、驾欧、朝阳三乡一镇和广西里湖瑶族乡接壤，居住着瑶、布依、苗、水等少数民族。全乡区域面积 110 平方公里，年平均降雨量 1650 毫米，平均气温 18.3 摄氏度，辖 4 个行政村，46 个村民小组，总户数 1484 户，总人口 6096 人（其中瑶族人口 2847 人，占全乡人口的 46.7%），主要以种养殖业、外出务工和旅游业为主。

瑶山旅游资源十分丰富，乡境内拥有大小七孔景区两个国家级风景区和懂蒙民族村寨（瑶族村寨）、拉片民族民族团结进步示范村（瑶族村寨）、拉柳民族村寨（布依族村寨）三个民族村寨。拉片、菇类两个瑶族聚居村至今仍然保存完整的"白裤瑶"民风民俗。他们的婚丧喜庆等民风民俗丰富多彩，拥有自己独具一格的建筑文化（禾仓、吊脚楼）、服饰文化（蜡染、刺绣已列为国家级非物质文化遗产）、铜鼓文化（猴鼓舞已列为省非物质文化保护）、陀螺文化等为世人所惊叹，是发展民族旅游、乡村旅游，体验少数民族风情的理想之地。

（二）调查内容、时间和调查方式

贵州省是少数民族成分较多的省份之一。根据全国第五次人口普查资料显示，贵州总人口中，汉族人口为 2219 万人，占总人口的 63.89%；少数民族人口为 1254 万人，占总人口的 36.11%。其中苗族、布依族、侗族和土家族均为人口超过百万的少数民族。由于此次调查需要被调查地各村寨具有民族成分相对单一、本民族语保留程度较高的特点，因此我们选择了单一民族聚居程度较高且瑶语保留程度较高的荔波县瑶山乡作为本次的调查点之一。

　　本次调查的主要内容是瑶山乡瑶族语言的使用，并通过调研结果分析得出的瑶山乡的瑶族语言使用现状，针对当今的形势提出一些保护瑶语的措施。此次在瑶山乡的调查为期 4 天，涉及瑶山乡的 8 个组，被调查人数为 255 人，其中瑶族人口 251 人。下面是 8 个小组的被调查的瑶族人数分布图：

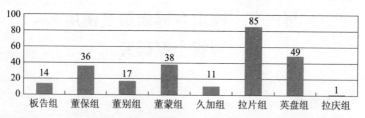

图 3-1　瑶山乡被调查的 8 个小组瑶语人数分布图

　　调查主要采取深入走访进行问卷调查和对村干部、教师以及部分村民进行提问或访谈式的方法。调查结束后，将所得数据录入数据库，获取相关方面的结果。通过表格统计和文献查阅等方法对调查材料进行了分析研究。

二、语言使用情况特点

（一）语言使用的总体特征

　　据此次调查，瑶山乡的瑶族同胞之间的交流几乎全部都是使用瑶语，但是在面对不同的场合以及不同的交际对象时，他们则又会选择不同的语言进行交流与沟通，呈现了双语和多语使用的特点，语言使用环境的层次较为清晰和分明。

　　据调查统计，瑶山乡调查人数总计有 255 人，其中 251 人为瑶族，而这些瑶族同胞中只有 1 人不会说瑶语。因此，大多数当地人的母语均为本村的民族语，但是因瑶山乡各村之间距离不远，且交流往来较多，所以大多数村民除了掌握本民族语言之外，同时还会使用邻村其他民族的语言。在下文中的数据都是以 251 作为总人数算出的数据及比例。下图则为受访者语言掌握情况的百分比。

　　从图 3-2 可以分析得出被调查者中，248 位受访村民会讲瑶语，占总人数的 99%。这说明了瑶语的普遍运用，瑶语的保存比较完整、流传程度比较高。图中反映，既会瑶语又会汉语的人所占比例最大为 65%，有 163 人。说明了汉语在当地的影响非常大，也说明了在当今经济、政治、文化等因

素的影响下，本地村民与外界的交往日益密切。由于瑶山乡的瑶族村寨与
布依族村寨的距离很近并且他们之间存在通婚的情况，调查显示有 68 位村
民既会使用瑶语又会使用布依语，占总人数的 27%。

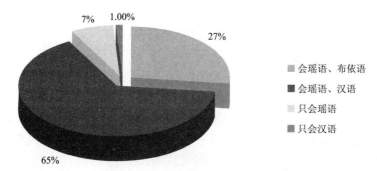

图 3-2　瑶山乡瑶族语言使用情况图

　　这个总表反映了瑶山乡瑶语的保存较为完整，并且与外界的交流较为
频繁，语言的使用环境较好。

　　（二）语言在家庭、社区、跨社区及公共场合的使用特征

　　1. 语言在家庭、社区的使用特征

　　瑶山乡的瑶族村寨基本上居住的都是瑶族，因此村民在村里或家里都
是使用瑶语进行交流，仅有 3 位少年会在村里和家里使用汉语进行交流，
占总人数的 1%。有小部分村民在家庭语言使用中会根据不同的说话对象选
择使用不同的语言，而这部分的村民多为青年。例如，在面对父母长辈的
时候，他们会选择使用民族语，而在面对自己晚辈的时候，既能使用民族
语又能使用汉语，还有一小部分还能使用普通话。在村子里，有 236 位受
访村民之间全部选择用瑶语进行交流，剩下的 15 人会选择使用其他语言。
而在村子里与外来的本民族朋友交流时只有 83 位受访村民选择使用瑶语，
占总人数的 33%，103 位会选择使用汉语或者其他语言进行交流，占总人数
的 41%。这就说明了瑶语在家庭的使用非常频繁与广泛，在村子里，本村
村民之间互相交流时瑶语仍然占据着主导地位，而与其他外来民族交流时，
汉语则发挥了重要的作用。

　　2. 跨社区及公共场合语言使用特征

　　在调查问卷中，我们通过两个问题来了解跨社区及其他公共场合瑶族
语言的使用情况，分别是：你在别的村寨里和本民族人交流时经常使用的
语言是什么；你在别的村寨里和其他民族的人交流时经常使用的语言是什
么。我们通过下表对调查数据进行分析。

表 3-1　　　　　　　跨社区不同情况下各语言使用统计表

条件 语言	与本民族朋友交流		与其他民族朋友交流	
	人数（人）	比例（%）	人数（人）	比例（%）
本民族语	211	84	45	18
汉语方言	15	6	103	41
普通话	5	2	33	13
其他语言	20	8	70	28

从表 3-1 可以看出，当在其他民族村寨与本民族交际时，有 211 位受访村民会选择使用本民族语，而只有 18%会选择本民族语和其他民族进行交流。说明在跨社区的场合中瑶族村民与其他民族交流时，本民族语的地位没有汉语方言的高。综合分析得出，跨社区的语言使用情况可以分为两种，一是与本民族同胞进行交流，二是与其他民族同胞进行交流。在与本民族同胞进行交流时，他们大都选择本民族语，说明在跨社区的交际场合中，本民族语在不同村寨瑶族同胞当中仍然占据主导地位；与其他民族的人交流时，则以汉语方言为主。

其他公共场合的语言使用情况是，在集市上，183 位受访村民会选择非本民族语进行交流，占总人数的 73%；看医生时，146 位受访者会选择非本民族语进行交流，占总人数的 58%。这就说明了瑶语在公共场合的使用频率没有汉语方言等语言的使用频率高，不再占据主导地位。

3. 不同职业和身份人群的语言使用特征

语言使用者职业和身份的不同可以把人群划分为学生、在家务农者和在外打工三个群体，下面就逐一分析不同群体的语言使用特征。

学生人群是语言使用环境较为广阔的人群，除了家庭，他们还有学校等多种语言使用环境，因此他们大多会根据不同的环境选择使用不同的语言。据调查发现，绝大多数学生在同本村人包括家人说话的时候会选择使用本民族语。而在学校，多数情况下要使用普通话，尤其是在课堂上，但课后也有使用本民族语的时候。调查数据显示，有 136 位受访学生在与本村小伙伴交流时会改用民族语，占总人数的 54%。这是因为他们认为民族语是自己的母语，相互交流起来更为方便。

在家务农者因常年不出远门，多在本村或者邻村活动，因此他们的语言使用缺乏多元素的环境，因而除了去赶场时会依据交流对象的语言而变更使用语言，在家庭和本村的语言环境中基本上均使用本民族语。

在外打工者同学生有类似的特点，即他们的语言使用环境具有多元素的特点，这是由于工作地点决定的。他们多数在广东、深圳等地打工，有的也就在附近的县城打工。在外地他们必须选择当地人能够听得懂的语言来进行交流与沟通，通常使用普通话，但是如果遇见本村或者本民族且民族语言相通的人，他们则仍旧会选择使用本民族语。

三、语言态度分析

语言态度包括语言使用者语言功能认同和语言情感认同两大部分。此次田野调查的数据显示，调查对象对本民族语有着强烈的民族情结，同时对汉语以及其他语言又持较为开放的语言态度。

（一）语言功能认同

语言是人们进行交流与沟通的桥梁，是一种必不可少的"社会工具"。瑶山乡的瑶族村寨居住的基本上都是瑶族，大部分的村民都会用民族语进行交流，只有少部分的人由于受到客观因素的影响会采用汉语进行交流。

我们通过这一问题来了解调查对象掌握最熟练的语言，即：你觉得自己最熟练的语言是？选项有本民族语、汉语方言、普通话、其他语言。调查数据详见下表：

表 3-2　　　　　　　　当地村民自我感觉最熟练语言数据表

本民族语		汉语方言		普通话		其他语言	
人数（人）	比例（%）	人数（人）	比例（%）	人数（人）	比例（%）	人数（人）	比例（%）
226	90	3	1	5	2	—	—

说明：另有 25 人没有回答这个问题，所以人数不满 251 人。

从上表的数据可以得知，90%的受访村民觉得自己最熟练的语言是本民族语，在村里同本民族朋友交流抑或是在家里同家人交流他们都选择使用本民族语，说明他们对本民族语功能的认同感是很强烈的。但是，语言的使用是分场合的，在不同的场合村民则又会选择与该场合相适应的语言进行交流。如在本地赶场的时候使用最多的语言是本民族语，有118 位受访村民选择使用本民族语，占总人数的 47%；去政府机关办事的时候使用最多的语言是汉语方言，有 88 人，占总人数的 35%；去县城与本民族同胞交流时，有 173 位受访村民选择使用本民族语，占总人数的 69%。充分说明了在不同的场合村民可以随意地选择自己熟练的语言进行交流。

（二）语言情感认同

情感是态度中的一部分，它与态度中的内心感受、意向具有协调一致性，是态度在生理上一种较复杂而又稳定的评价和体验。语言情感则是在一定环境中通过长时间形成的，对某种语言特定的心理热爱和依恋的一种情感。

1. 语言人自身的情感认同

语言是民族的重要标志之一，本族母语是一个民族的语言人从小习得的表达思想、交流感情的最直接、最方便、最有效的工具，因此，各民族语言人都对本族母语有着天然的、浓厚的感情。

村民在生活学习工作中都使用民族语交流，在调查中发现有 208 位受访村民觉得自己讲民族语最流利，占总人数的 83%；在县城倘若听到有人用本民族语与自己进行交谈的话，有 181 位受访村民觉得很亲切，占总人数的 72%；有 223 人在外打工回到家后会马上改用民族语与家人进行交流，占总人数的 89%。这些数据反映了他们对本民族语的一种热爱与依恋。在调查中也发现了有 108 位受访村民觉得普通话是最好听的，占总人数的 43%。因此，说明他们对外来语言持有一种积极的肯定的情感认同。

随着汉语方言在瑶山地区使用范围的扩大以及汉语普通话的普及，越来越多的人也能够主动地去学习外来语言。受访村民中几乎所有的人都能用汉语进行交流，不少人还能听懂甚至使用普通话。与此同时，民族语的使用频率也逐渐降低，但是它的主体地位是其他语言无法比拟的。这就是语言人自身对于语言的情感认同，即是在坚持本民族语的主体地位之下，能够很好地接受和使用其他语言进行交流。

2. 语言人对群体中其他成员的语言情感认同

语言是社会成员之间用来交流的工具，因此，语言的使用不是一个人的事情。在语言的使用过程中，常常会出现一种语言和另一种语言之间的碰撞，这时，对于语言人本身来说，在母语和兼用语的选用方面就面临着挑战。接受外来的语言就需要一定的时间与一种语言的情感认同。

据调查，由于说话者本身对于母语具有极其强烈的感情，因此，对于非母语的其他语言形式，受访者显现出了两种截然不同的态度。一种是积极向上的广泛接受态度。此种态度主要出现在青壮年人群当中。因其与外界接触的机会较多，了解和接触的语言类型也不止一种，并且此类人群有一定的文化基础，受现代思想的影响较为明显，因此他们会希望自己及下一代多接触外来语，特别是用途广泛的现代汉语方言和普通话。但对外来语言的广泛接受并不影响其对母语深厚的情感，母语在他们心目中仍旧占有举足轻重的地位。另一种则是年龄偏大的中老年人群。调查得知，此类人群对母语有很强的唯一认知感，他们不会反对年轻人或者自己的子女接触和学习新语言，但是，在家庭、社区等语言使用环境中，却不希望他们使用除本民族语之外的其他语言。因为他们担心新语言会动摇母语在人们心目中的地位，最重要的还有担心新一代的年轻人会因此忘本。

尽管这个问题出现了两种较为对立的态度和立场，但是我们调查数据整理发现，有 183 位受访村民都希望家人能够用本民族语和他们进行交流，占总人数的 73%，但是，他们也并不排斥家人使用外来语。下表反映了当孩子外出打工回家后用汉语进行交流时受访村民的态度：

表 3-3　　　　　　　　村民对与孩子说汉语的态度

痛骂他一顿		不搭理他		用本民族语跟他讲		用汉语跟他讲		觉得无所谓		觉得很高兴	
人数（人）	比例（%）	人数（人）	比例（%）	人数（人）	比例（%）	人数（人）	比例（%）	人数（人）	比例（%）	人数（人）	比例（%）
3	3	1	1	33	28	23	20	17	15	40	34

说明：表 3-3 中显示了 117 位当地中年人对孩子打工回家后说汉语的态度。由于不搭理的人数只有一人，实际上占了总人数的 0.85%，故将其比例约等于 1%，所以导致了各项的比例相加后大于 100%。

表 3-3 数据显示，村民们对于家里人用汉语与他们进行交流感到很高兴，在这些态度中所占的百分比是最大的。由此可见，村民们对群体中其他成员的语言情感认同是积极的，他们能够接受其他成员使用本民族语或者是其他语言进行交流。

3. 语言人对本民族语作为第二语言使用的态度

一种语言能作为跨民族交际的工具是该语言功能强大的表现，人们都希望自己的母语成为一种功能强大的语言。在调查过程中，我们发现，79%（198 人）的受访村民都非常高兴其他民族的人来学习本民族语，也很热心地与其他人进行交流和学习。并且当其他民族的朋友用语言人的本民族语进行交谈的时候，同样也有 79%（198 人）的村民感到很高兴。这就说明了语言人对本民族语作为第二语言的态度也是积极的认可和支持的。

四、语言兼用情况

由于现代社会的开放以及发展，人们之间的交流非常频繁和广泛，而为了相互的交流，有时候就不得不学习对方的语言。因此，在瑶山乡的瑶族村寨就存在着部分人不仅会本民族语还会其他几种语言的现象，下表反映了村民的语言兼用的情况：

表 3-4　　　　　　　当地村民懂得的语言种类数量的比例示意表

（有效问卷：239 份）

懂得的语言种数 人数及百分比	一种	两种	三种	四种	五种
人数（人）	29	46	143	17	4
百分比（%）	12	19	60	7	2

表 3-4 数据显示，在村民中，懂得两种以上语言的人很多，占了 88%，而在这些村民中，懂得三种语言的人最多，占据了 60%，只有 12%的村民是单语人，即只掌握本民族语。多数村民除了会本民族语之外，还会布依语、苗语、水语、汉语方言、普通话这几种语言，由此可以看出，村民的语言兼用比较好，不仅能够使用本民族语，还能很好地使用其他语言进行交流。

五、民族关系及语言关系

（一）关于民族关系

瑶山乡的瑶族村寨里居住的不仅仅是瑶族同胞，同样也居住了部分的布依族、苗族等其他民族。通过调查发现，63%的村民觉得这一地区各民族之间的关系很好，非常和谐，并且来往较多。另外有一些村民认为，虽然他们与周边地区民族的交往不是很频繁，但是一旦相互之间有了交集，村民们的关系都比较和谐，这说明该地区的民族关系呈现出一个良好的状态。

下表将从村民对待不同民族相互通婚的态度，由此可进一步剖析各相邻民族的民族关系。

表 3-5　　　　　　　当地村民对待不同民族相互通婚的态度

态度 人数 百分比	鼓励，可以增强民族团结	很自然，社会发展趋势	不应该，会影响家庭语言交流	反对，会影响家庭和谐	不表态
人数（人）	88	113	20	15	15
百分比（%）	35	45	8	6	6

族际通婚在各民族传统社会中都是比较少的，有些民族甚至比较排斥族际婚姻。但是，上表数据显示，80%的瑶族受访村民对于民族间通婚是持理解或者赞同态度的，只有少数几个村民认为族际通婚会造成语言沟通上的不便和家庭不和。据分析，有 6%的村民不赞同族际通婚，原因有两个方

面：一方面，有超过一半比例的人年龄超过了 50 岁，受传统观念的影响，认为只有本民族才能通婚，族际通婚是不允许的；另一方面，则是把关注点较多地放在了语言沟通上，担心会因为语言的使用问题影响家庭生活。但是当地村民大多数都认为民族间的通婚不仅能够加强各民族之间的联系、加强民族团结，同时还是社会发展的一种不可逆的趋势。族际婚姻的发展便是民族之间关系融洽和谐的一种体现。既然民族通婚有利于促进民族和谐，那么从反面来论证，即良好的民族关系也有利于促成族际婚姻的发展。

（二）关于语言关系

之前的数据分析得知，在家庭、社区等语言使用环境中，本民族语的使用频率较高，村民之间的频繁交流与往来使得他们除了拥有一个本民族语使用的优良环境之外，还拥有一个与外界沟通交流的良好平台，因此自然而然地也会建立起双语乃至多语的语言环境。下表从村民对掌握多种语言的态度来分析当地的语言关系。

表 3-6　　　　　　　　　当地村民对掌握多种语言的态度

态度 人数 百分比	很好，跟别人 交流起来方便	很自然，多民族杂居 在一起就是这样	不过如此， 交流需要而已	不好， 很麻烦	不表态
百分比（%）	83	11	2	2	2
人数（人）	208	28	5	5	5

从上表可以看出，83%的受访村民认为掌握多种语言能够跟其他民族同胞有更为方便的交流，认为这种做法不仅可以增加自己了解的语言数目、增进不同民族之间的交流，还能够促进不同民族之间的相互认知度和民族和谐度。这个结果显示了当地的语言关系良好，大家都觉得懂得多种语言是有好处的。

另外，我们对掌握多民族语言的人数情况也做了一个调查，其中，178 位受访村民认为现今能够了解并掌握多种语言的人数越来越多，占总人数的 71%；而 13 人认为这类人不仅没有增多，反而有了减少的趋势，占总人数的 5%；其余 45 人则认为此类人数的增长和减少趋势均不明显，故认为其与以往没有什么大的变化，占总人数的 18%；还有部分受访村民没有回答这个问题。而当村民们使用本民族语交流时，倘若在场有人表示反对的话，75%的受访村民都会尊重对方，立刻改用别人听得懂的语言。这些数据充分说明当地的语言关系是非常和谐的，大家都能够根据自身的情况对使用的语言进行调整。

六、结语

通过这次对瑶山乡瑶族的语言使用调查发现，当地的瑶语保存得比较完好，仍然有大部分的村民在日常生活中使用瑶语进行交流，这说明瑶语的使用在当地占据了日常生活学习的主导地位。同时，他们也并不排斥接受外来语言，反而能更好地利用外来语言进行必要的交流，这就说明当地语言兼用情况良好。但同时也存在着不可避免的问题，由于外出务工或进城上学等原因，青少年一代会说瑶语的人正在逐渐地减少。长此以往，将严重影响瑶语的传承，因此，在发展少数民族地区经济的前提下，有效地保护少数民族语言以及其他非物质文化遗产是我们新面临的一个大问题。

第二节　瑶山乡拉片村瑶族语言
使用现状个案研究

一、基本情况介绍

荔波县瑶山乡辖高桥村、红光村、拉片村、英盘村、菇类村、懂别村6个村，46个村民组，共1127户，5294人，土地总面积16.5万亩，其中耕地面积3900亩，田2400亩，土1500亩。瑶族人口2463人，占总人口46.52%，苗族人口占5.6%；布依族2384人，占45%；水族人口85人，占16.9%；汉族、壮族约占4%。瑶族主要聚居于拉片、英盘、姑类、董别四个村。

拉片村是瑶山乡政府所在地，距荔波县城32公里，全村区域面积30.5平方公里，耕地面积712亩（田322亩，土390亩），全村共辖12个村民小组，357户，总人口1539人。主要居住瑶族、苗族、水族等少数民族，以瑶族中的白裤瑶为主要民族。拉片村地处南方喀斯特地区，属岩溶地貌，特殊的地貌与周围美丽迷人的田野融为一体，形成了独具一格的山村风光。该村紧靠大七孔和小七孔两个国家风景区，环境优美。村内至今仍然保存完整的"白裤瑶"民风民俗，特别是婚丧嫁娶等风俗习惯，并拥有自己独具一格的建筑文化、服饰文化、铜鼓文化、陀螺文化等。拉片村地理位置见下图：

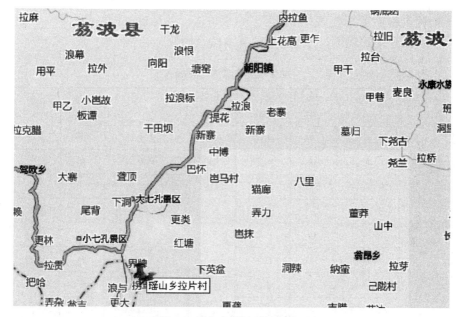

图 3-3　瑶山乡拉片村地理位置

二、调查过程

2011 年 7 月 6 日到 17 日，由 3 名硕士生、2 名博士生、7 名本科生组成的"中国西南民族杂居地区语言关系与语言和谐研究"课题组跟随导师周国炎教授来到贵州省荔波县，对瑶山乡、捞村乡、瑶麓乡、洞塘乡、甲良镇、播尧乡和方村乡进行了为期十多天的语言使用情况以及语言态度等方面的调查。本次调研主要采用了一对一的问卷调查法，发放了"瑶族地区语言使用情况调查问卷"和"布依族、水族调查问卷"两种问卷。共收回问卷 1052 份，其中有效问卷 1000 份。①随后，调查组成员分别从不同角度撰写调查报告。本文选取了荔波县瑶山乡拉片村为调查点，对其语言使用情况、语言态度等方面进行详细分析。

调查组在拉片村共收回问卷 149 份，其中瑶族问卷 135 份，布依族问卷 10 份，苗族问卷 3 份，水族问卷 1 份。本文旨在研究瑶族语言的使用现状及其与周边语言的关系，所以其他民族的问卷均未列入分析的范围内。在选择受访对象时，分别考虑到了受访者的年龄、性别、职业、文化程度等因素。除入户填写问卷以外，调查过程中还对瑶山乡的乡长以及贵州人

---

① 1052 份调查问卷中有苗族问卷 20 份，汉族问卷 14 份，水族问卷 13 份，侗族问卷 3 份，壮族问卷 2 份不在研究范围内，为无效问卷。

保财险希望小学的教导主任进行了重点访谈，并对该村村民的语言生活进行了较为仔细的观察。村受访者的基本信息如下：

表 3-7 拉片村受访者信息总表

基本信息		人数（人）	比例（%）	基本信息		人数（人）	比例（%）
性别（135）	男	67	49.63	文化程度（135）	夜校	3	2.22
	女	68	50.37		初中	30	22.22
年龄段（135）	20 岁以下	36	26.67		高中（含中专）	3	2.22
	20-29 岁	33	24.44		高中以上	3	2.22
	30-39 岁	34	25.19	职业（135）	在家务农	92	68.15
	40-49 岁	16	11.85		学生	34	25.19
	50-59 岁	7	5.19		老师	2	1.48
	60 岁以上	9	6.67		经商	3	2.22
文化程度	文盲	37	27.4		干部	2	1.48
	小学	59	43.7		外出打工	2	1.48

说明：括号内为回答本问题的人数。

　　135 位受访者中男性 67 人，占总数的 49.63%；女性 68 人，占总数的 50.37%，男女比例均衡。我们把年龄分为 6 个不同的阶段。20 岁以上、60 岁以下的青壮年共 90 人，比例为 66.67%，占受访者的半数以上。从文化程度上看，受访者大多数没有读过书或只读过小学，占受访者总人数的 71.11%；其次是初中，占 22.22%；高中及高中以上学历的人比较少。可见，该村的教育还有待进一步提高。从职业上看，受访者的职业具有多样性，但是最主要的职业还是在家务农，占受访者的 68.15%。据统计，在 135 位受访者中，有外出打工经历的共 30 人，全部为青壮年，占 20 岁以上、60 岁以下青壮年受访者的 33.33%。其中，在外打工一年以上的有 21 人，只占 20 岁以上、60 岁以下青壮年受访者的 23.33%，比起其他调查点，该村受访者的外出打工率较低。可见，拉片村的人们目前仍主要以在家从事农业劳动为主。据了解，随着该村白裤瑶族文化旅游资源的开发，一部分人开始干起了民俗表演的职业，有游客时就进行民俗表演，没有游客时从事农业劳动，外出打工的人不多。这大概也是拉片村瑶语保存良好的一个重要原因。

三、语言使用的总体情况

（一）性别特征

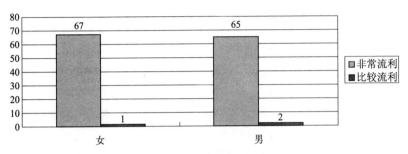

图 3-4　拉片村男、女受访者的母语水平

从上图中我们可以看到拉片村男、女受访者的母语水平都很高，98.53%的女性受访者的母语非常流利，只有个别女孩因为上学读书的原因，长期使用汉语，自认为母语水平略低。

男性受访者母语非常流利的占 97.01%，比例也比较高，母语水平略低的也主要是一些在校的学生，如一名罗姓男孩幼年时同时习得母语和汉语，而且两种语言同时使用，在校时汉语使用频率要高一些。

综上，当地无论男女，本民族语水平普遍较高。

我们用"你现在能用哪几种语言与人交流"这一问题测试了受访者的语言掌握情况，有 98 人作了回答。

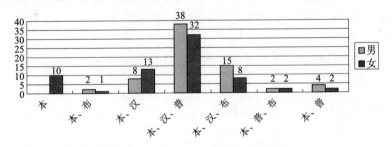

图 3-5　拉片村受访者语言掌握情况

我们把语言掌握情况分为 7 类：（1）只会说本民族语的，10 人，均为女性，瑶族，年龄分别在 24 岁到 71 岁之间，其中 8 人为文盲，2 人上过夜校；（2）会说本民族语和布依语的有 3 人，其中男 2 人，女 1 人，三人的第二语言都是布依语；（3）会说本民族语和汉语方言的共 21 人，其中男 8 人（占男性受访者的 11.94%），女 13 人（占女性受访者的 19.12%）；（4）会说本民族语、汉语方言和普通话的共 70 人，其中男 38 人（占男性受访者的 56.72%），女 32 人（占女性受访者的 47.06%）；（5）会说本民族语、汉语方言和布依语共有 23 人，其中男 15 人（占男性受访者的 22.39%），女 8 人（占女性受访者的 11.77%）；（6）会说本民族语、普通话和布依语的有 4 人，男 2 人（占男性受访者的 2.99%），女 2 人（占女性受访者的 2.94%）；（7）会说本民族语和普通话的有 6 人，女 2 人（占女性受访者的 2.94%），男 4 人（占男性受访者的 5.97%）。女性受访者中，有两人为在校小学生，上学前只会说瑶语，不会说汉语方言和普通话。进入学校后，在学前班时，老师用瑶语和普通话进行双语教学。从一年级开始，老师就只采用普通话教学了。两人在课后跟本民族小朋友交流时使用瑶语，跟其他民族的小朋友交流时用普通话，根本没有机会接触到汉语方言或其他语言，所以，只会说本民族语和普通话比较好理解。男性受访者中，33 岁的何思雄没有上过学，也从来没有出去打过工，在家跟父母、妻子、子女都用瑶语进行交流，所以他称自己会说本民族语和普通话可能是出于对普通话的喜爱。当我们问到"你会说的语言中哪种最好听"和"你接触到的语言中哪种最好听"时，他的回答都是普通话，这也证明了他对普通话的喜爱。

　　总体来说，拉片村男性的语言掌握情况比女性要好一点。受访的 67 位男性中没有单语人，个别人甚至能用普通话进行基本的交流。女性受访者的单语人有 10 个，占 14.71%。这跟当地女性不常出门、接触到的语言远远少于男性有关。男性受访者中的三语人的数量明显比女性受访者多。受访者中，有 19 名男性会说布依语，占 28.36%；9 名女性会说布依语，占 16.18%。这也反映了该村的瑶族跟附近的布依族来往比较频繁。

　　（二）年龄特征

　　瑶山乡拉片村的 135 位受访者的年龄分布如下图：

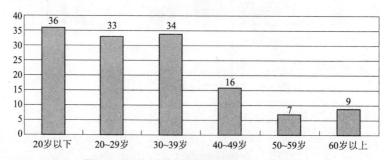

图 3-6　拉片村受访者的年龄分布（N=135）

　　在 135 位受访者中，20 岁以下的有 36 人，占 26.67%；20-29 岁的有 33 人，占 24.44%；30-39 岁的有 34 人，占 25.19%；40-49 岁的有 16 人，

占 11.85%；50-59 岁的有 7 人，占 5.19%；60 岁以上的有 9 人，占 6.67%。该村不同年龄段的受访者的本民族语水平见下表：

表 3-8　　　　　　　拉片村不同年龄段的受访者的本民族语水平

语言水平 \ 年龄段		20 岁以下（35）	20-29 岁（33）	30-39 岁（34）	40-49 岁（16）	50-59 岁（7）	60 岁以上（9）	合计（135）
非常流利	人数（人）	32	33	34	16	7	9	132
	比例（%）	91.43	100	100	100	100	100	97.78
比较流利	人数（人）	3	—	—	—	—	—	—
	比例（%）	8.57	—	—	—	—	—	—

说明：括号内为回答本问题的人数。

本民族语非常流利的有 132 人，20 岁以下的有 32 人，占 91.43%；20 岁以上的受访者的本民族语水平都非常流利。总之，瑶山乡拉片村的民族语保存状况良好，除个别特殊情况外，各个年龄段的人都能非常流利地运用民族语。

（三）文化程度

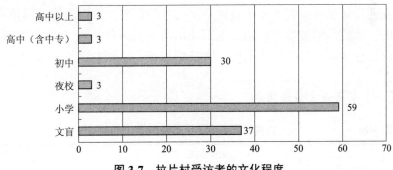

图 3-7　拉片村受访者的文化程度

135 位受访者中，从未上过学的有 37 人，占 27.41%；小学文化水平的有 59 人，占 43.7%；上过夜校的 3 人，占 2.22%；初中文化水平的有 30 人，占 22.22%；高中及中专文化水平的有 3 人，占 2.22%；高中以上文化水平的有 3 人，占 2.22%。不同文化程度的受访者的本民族语掌握情况的数据统计见下表：

表 3-9　　　　拉片村不同文化程度的受访者的本民族语掌握情况

语言水平 ＼ 文化程度		文盲（37）	小学（59）	夜校（3）	初中（30）	高中、中专（3）	高中以上（3）	合计（135）
非常流利	人数（人）	37	58	3	28	3	3	132
	比例（%）	100	98.31	100	93.33	100	100	97.78
比较流利	人数（人）	—	1	—	2	—	—	—
	比例（%）		1.69	—	6.67			—

说明：括号内为回答本问题的人数。

根据表中的数据，我们可以分析受访者的文化程度和民族语水平之间的关系。135 位受访者中，本民族语水平没有达到非常流利的有 3 个人，都分布在小学和初中这两种文化程度中。并且都是在校的学生。以上数据表明，拉片村各种文化程度的人对自己的本民族语水平普遍很自信。但是个别中小学生由于受到汉语的影响比较深，表现出对民族语水平上的不自信。

四、语言使用特征

我们设计了一系列关于家庭内部语言使用情况、社区语言使用情况以及集市、医院、学校等其他场合语言使用情况的问题，对受访者的语言使用情况进行调查，分析了人们的语言选用情况。以期发现拉片村的语言使用特点。

（一）家庭语言使用情况

表 3-10　　　　　　　　拉片村家庭内部语言使用情况

交际对象 ＼ 语言	本民族语		本民族语、汉语方言		汉语方言		普通话	
	人数（人）	比例（%）	人数（人）	比例（%）	人数（人）	比例（%）	人数（人）	比例（%）
父亲（127）	126	99.21	—	—	1	0.79	—	—
母亲（128）	127	99.22	1	0.78	—	—	—	—
配偶（93）	89	95.7	1	1.08	2	2.15	1	1.08
子女（90）	82	91.11	2	2.22	5	5.56	1	1.11

说明：括号内为回答本问题的人数。

从上表中我们可以看出，与父亲交流时，使用本民族语的有 126 人，占 99.21%；使用汉语方言的有 1 人，占 0.79%。与母亲交流时，使用本民族语的有 127 人，占 99.22%；既使用本族语也使用汉语方言的有 1 人，占 0.78%。与配偶交流时，使用本民族语的有 89 人，占 95.7%；使用汉语方言的有 1 人，占 1.08%；使用汉语方言的有 2 人，占 2.15%；使用普通话的有 1 人，占 1.08%。与子女交流时，使用本民族语的有 82 人，占 91.11%；既使用本民族语又使用汉语方言的有 2 人，占 2.22%；使用汉语方言的有 5 人，占 5.56%；使用普通话的有 1 人，占 1.11%。

上表显示，拉片村在家庭内部使用本民族语的比例非常高。在一定程度上反映了该地区民族语在家庭中保存得非常好。跟父母、配偶交流时，更多的人选择使用瑶语可能跟受访者的年龄和习惯等因素有关。同时，我们也可以看出，家长在与子女交流时使用本民族语的比例有所下降，而使用汉语方言或普通话的比例有所上升。这也说明家长希望孩子能学好汉语方言或普通话。据了解，部分家长认为孩子学好汉语方言或普通话比学好本民族语更重要，因为学好汉语方言或普通话的孩子将来走出村寨后与别人交流就会更方便。这也是家长盼望子女将来能走出村寨的一个体现。

（二）社区语言使用情况

表 3-11　　　　　　　　　拉片村村寨内部语言使用情况

场合	语种	本民族语	本、汉	汉语方言	本、布	布依语	普通话[①]	本、普	汉、布	汉、普
本村寨	本族人（135）	124	5	5	—	—	—	—	—	—
	其他民族的人（134）	43	4	48	2	11	20	1	4	1

说明：括号内为回答本问题的人数。

从上表我们可以看出，135 位受访者中，在本村内碰到本民族的人说本民族语的人有 124 人。也就是说绝大部分人在本村内碰到本族人都说本族语。说汉语方言的有 5 人。既说本民族语又说汉语方言的有 5 人。表中数据还显示，在本村内碰到其他民族的人，48 人选择使用汉语方言；43 人选择本民族语；20 人选择普通话；11 人选择布依语；选择本、汉和汉、布双语的各有 4 人；2 人选择本、布双语；1 人选择汉、普双语。

---

　　① 选择在本村内遇到本族人说普通话的有 1 人，名叫谢桂花，14 岁，小学在读，会说瑶语、汉语方言和普通话。笔者估计她回答"普通话"应该只是对普通话的一种喜爱。据调查小组观察，在村内碰到本族人说普通话的情况不存在。

表 3-12　　　　　　　　　　拉片村村外的语言使用情况

场合	语种	本民族语	汉语方言	本、布	汉、布	汉、普	本、汉	普通话	布依语
其他村寨	本族人（134）	115	13	—	—	—	2	3	1
	其他民族的人（129）	30	54	3	4	3	1	20	14

说明：括号内为回答本问题的人数。

表 3-12 显示，在其他村寨中如果碰到本民族的人，115 人依然选择使用本族语进行交流，13 人选择使用汉语方言，2 人选择既使用本民族语也使用汉语方言，3 人选择使用普通话，还有 1 人选择使用布依语。但是，如果在其他村寨中碰到其他民族的人，30 人选择本民族语，54 人会选择汉语方言作为交流工具，选择本、布和汉、普双语的各有 3 人，选择汉、布双语的有 4 人，选择本、汉双语的有 1 人，选择普通话的 20 人，选择布依语的 14 人。

这些数据显示，受访者在本村和在其他村的语言使用情况没有太大差别，但是在对待本民族人和其他民族人的语言使用上差异比较大。无论是在本村还是在其他村，只要碰到本族人，大部分人都会选择本族语作为交流工具，尤其是在本村内，使用本民族语的比例达到 85.82%；如果碰到其他民族的人，选择汉语方言的比例则会增加。这说明该村人的民族意识是比较强的。另外，碰到本族人时，语言选择比较单一，碰到其他民族的人时，语言选择比较复杂，选择双语交际的人数有所增加。

（三）其他场合的语言使用情况

表 3-13　　　　拉片村集市、医院、学校等场合的语言使用情况

场合	语种	集市		医院（129）	学校（34）
		本族人（133）	其他民族的人（133）		
本民族语	人数（人）	94	18	25	—
	比例（%）	70.68	13.53	19.39	—
本、布	人数（人）	—	2	2	—
	比例（%）	—	1.5	1.55	—
本、汉	人数（人）	7	8	14	—
	比例（%）	5.26	6.02	10.85	—
本、汉、布	人数（人）	1	2	6	—
	比例（%）	0.75	1.5	4.65	—

续表

语种\场合		集市		医院（129）	学校（34）
		本族人（133）	其他民族的人（133）		
本、普	人数（人）	1	—	2	—
	比例（%）	0.75		1.55	
汉、布	人数（人）	1	4	—	—
	比例（%）	0.75	3	—	—
汉、普	人数（人）	2	3	2	
	比例（%）	1.5	2.26	1.55	
普通话	人数（人）	10	26	24	21
	比例（%）	7.52	19.55	18.6	61.76
汉语方言	人数（人）	16	61	54	—
	比例（%）	12.03	45.86	41.86	—
布依语	人数（人）	1	9	—	—
	比例（%）	0.75	6.77	—	—

说明：括号内为回答本问题的人数。

    表 3-13 显示，当受访者在集市上碰到本族人时，有 94 人选择用本族语交流，占 70.68%；7 人既用本民族语也用汉语方言，占 5.26%；选择本、汉、布三语，本、普，汉、布双语的以及布依语单语的各有 1 人；选择汉、普双语的有 2 人；选择普通话的有 10 人，占 7.52%，除 33 岁的谢吉龚外，其他 9 人都为 7-14 岁的小学生；选择汉语方言的有 16 人，占 12.03%。当受访者在集市上碰到其他民族的人时，有 18 人选择使用本民族语，占 13.53%；选择本、布双语和本、汉、布三语的各有 2 人；选择本、汉双语的有 8 人，占 6.02%；选择汉、布双语和汉、普双语的分别有 4 人和 3 人，各占 3%和 2.26%；选择普通话的有 26 人，占 19.55%；选择汉语方言的有 61 人，占 45.86%；选择布依语的有 9 人，占 6.77%。总之，在集市上遇到本民族的人，大部分人都会选择用本民族语交流，遇到其他民族的人时，大部分人则选择使用汉语方言或普通话进行交流。这反映了当地人具有较强的民族认同感。

    到本地医院时，25 人选择使用本民族语，占 19.39%；选择本、布，本、普，汉、普双语的各有 2 人；选择本、汉双语的有 14 人，占 10.85%；选择本、汉、布三语的有 6 人，占 4.65%；选择普通话的有 24 人，占 18.6%；

选择汉语方言的有 54 人，占 41.86%。也就是说，拉片村的受访者到本地医院里使用汉语方言或普通话的比例是非常高的。这反映了受访者在公共场所更倾向于使用大多数人都能听懂的通用语言。

我们通过"你在学校上学时课后跟本民族伙伴是否用民族语交谈"这一问题来考查学生在学校下课后的语言使用情况，发现 34 位受访者中有 21 位在学校采用普通话与同学、老师进行交流，占 61.76%。他们认为普通话比民族语好听，在学校里普通话应该作为唯一的交际工具。但是，也有 38.24% 的学生使用民族语。据了解，拉片村的孩子在上学前一般只会说民族语，不会说汉语。入学后，学前班一年老师用民族语辅助教学，用来解决孩子们的语言障碍。但是孩子们的普通话水平远远没有民族语水平高。加之该村的唯一一所小学里大部分学生是瑶族。课后使用民族语使他们交流起来更方便，心理上也更舒服。

五、语言态度

（一）自我评价

我们设计了"您觉得自己最熟练的是哪种语言"这一问题来考察受访者对自己语言使用情况的自我评价，共有 129 人作了回答。如下图：

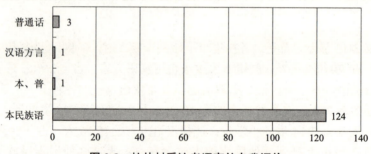

图 3-8　拉片村受访者语言的自我评价

从图中我们可以看到，认为自己最熟练的语言是本民族语的有 124 人，占 96.12%；认为自己最熟练的语言是本民族语和普通话的有 1 人；认为自己最熟练的语言是汉语方言的有 1 人；认为自己最熟练的语言是普通话的有 3 人，都是 20 岁以下的学生。受访者对自己的瑶语水平都非常自信，也从一个侧面反映了当地的民族语保存得非常好。

（二）自身情感认同

我们通过问题"你在县城听到有人讲你自己民族的话，你会＿＿＿"和"在县城别人用本民族语跟你交谈时你会＿＿＿"来考察受访者对自己本民族语的情感认同。

表3-14　　　　　　　拉片村受访者对自己本民族语的情感认同

问题项	语言态度	很亲切	有点亲切	无所谓	没什么特殊感觉	很不舒服	不想跟他交谈
听到有人讲你自己民族的话（N=128）	人数（人）	96	6	11	14	1	—
	比例（%）	75	4.68	8.59	10.94	0.78	
有人用你们民族的语言跟你交谈（N=128）	人数（人）	101	18	1	3	3	2
	比例（%）	78.91	14.06	0.78	2.34	2.34	1.56

说明：括号内是百分比。

从上表我们可以看到，当受访者在县城听到有人讲自己的民族语时，有75%的人感到很亲切；有4.68%的人感觉有点亲切；8.59%的人感觉无所谓；10.94%的人没什么特殊感觉；还有1人感觉很不舒服。当受访者在县城遇到有人用他的民族语跟他交谈时，亲切感的比例有所上升，达到78.91%；感觉有点亲切的人占14.06%；感觉无所谓的有1人；没什么特殊感觉的和感觉很不舒服的分别有3人；2人感觉不想跟他交谈。总体来看，拉片村受访者对自己的民族语言感情是比较深的。

（三）家庭语言态度

在考察受访者的家庭语言态度时，我们设计了"在家中你最希望家里人跟你用什么语言交谈？""如果你孩子上学回家跟你讲汉语，你会_____"以及"孩子外出打工回到家用汉语跟你讲话你会_____"三个问题。分别有130位、72位、62位受访者回答了以上三个问题。数据统计详见下列图表：

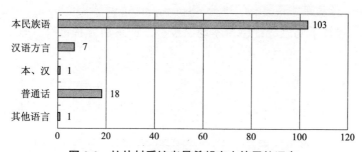

图3-9　拉片村受访者最希望家人使用的语言

通过上图的数据我们可以看出，130人中有103人希望家人说本民族语，可见拉片村的受访者是非常热爱自己的母语的。但是也分别有18人和7人选择普通话和汉语方言，这也说明汉语方言和普通话在当地也是有一席之地的。尤其是随着当地经济的发展以及汉语教育的推广使得一些人甚至过分推崇汉语的地位。不过从数据来看，这些人在受访者中毕竟是占少数的，大多数人还是偏向对本民族语的认同。

下面，看一下家长对子女语言使用的态度：

表 3-15   拉片村受访者对子女语言使用的态度

问题项 \ 语言态度		很高兴	无所谓	痛骂他/她一顿	也跟着改用汉语	用民族语跟他/她讲	不搭理他/她
孩子放学回家跟你讲汉语（74）	人数（人）	30	13	2	13	15	1
	比例（%）	40.54	17.57	2.7	17.57	20.27	1.35
孩子外出打工回家跟你讲汉语（66）	人数（人）	27	8	1	11	18	1
	比例（%）	40.91	12.12	1.52	16.67	27.27	1.52

说明：括号内为有效问卷数。

从上表我们可以看出，强烈反对子女放学回家后讲汉话的有 3 人，占 4.05%。听到孩子放学回家讲汉语非常高兴的受访者有 30 人，占 40.54%。其余的都持默许态度。当问到受访者为什么听到孩子讲汉语感到很高兴时，他们说听到自己孩子讲汉语会觉得孩子很有出息。这反映了拉片村在母语保存情况良好的同时，也受到了汉语的巨大影响。许多人意识到汉语的交际范围更广，学好汉语更有用，于是鼓励孩子说汉语。有的家长甚至认为说好汉语比说好民族语要重要得多。这种思想也使我们对拉片村瑶语的未来发展趋势多了一份担心。

（四）学校语言态度

我们设计了问题"你觉得本地学校教学应该用哪种语言"来考察学校语言的态度。127 位受访者回答了这一问题。

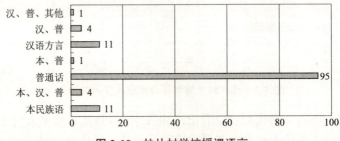

图 3-10   拉片村学校授课语言

通过上图可以看出，有 95 人选择普通话，占 74.8%；选择汉语方言和本民族语的都是 11 人，各占 8.66%；选择本、普双语教学和汉、普、其他三语教学的都是 1 人，各占 0.79%；选择汉、普双语教学和本、汉、普三语教学都是 4 人，各占 3.15%。这些数据再次表明了该村的家长希望孩子学好汉语的美好愿望。

六、结语

综上，此次调查的瑶山乡拉片村属于母语强势型双语地区。主要表现在以下几个方面；

1. 95% 以上的人认为自己最熟练的语言是自己的母语。

2. 在 90% 以上的家庭中，瑶语是唯一的交际语言。尽管家长对子女的语言使用持比较宽容的态度，但是子女在家中与父母交流时，通常只使用瑶语。外出上学或打工的年轻人回到家中也都马上改说瑶语。

3. 无论在社区内部还是社区之间，瑶语是瑶族人最主要的交际语言。由于拉片村是个瑶族的聚居村，所以人们在村内很少能接触到其他民族。这就使得村民之间见面都用瑶语进行交流。调查显示，受访者在跨社区交际遇到本族人时也倾向于用本族语交流。

4. 在当地学校，汉语尤其是普通话是最主要的交际语言。据了解，在当地小学，只有学前班采用民族语辅助教学，小学各年级的老师只采用普通话单语教学。大部分学生在课下采用普通话交流。

第三节　瑶麓乡瑶族语言使用现状个案研究

一、基本情况

瑶麓乡是瑶族聚居程度最高的民族乡，位于荔波县东部，距荔波县城 38 公里，西部和东部与茂兰共界，北与佳荣镇紧邻，辖 1 个行政村即打里村，分为打里一组、打里二组、卢家一组、卢家二组、下韦一组、下韦二组、欧家组、上韦组、覃家一组、覃家二组、覃家三组、洞干组、洞闷组 13 个村民小组，辖区内世代居住的全部是瑶族，共 365 户，1601 人。全乡有茂佳公路贯穿全乡，2001 年已达到村村通。

打里村是瑶麓乡下属的唯一一个行政村，也是乡政府所在地。各村组居民主要是瑶族，也有部分来自其他地方的民族群众，如从别的地方嫁到瑶麓、在瑶麓长期工作定居下来的人们。所以，瑶麓乡民族分布是：以瑶族为主，也分布有个别布依、水、汉等其他民族。

二、调查过程介绍

为了了解瑶麓乡瑶族语言的使用情况，2011 年 7 月 5 日至 20 日，中央民族大学"211"子项目"中国西南民族杂居地区语言关系和语言和谐研究"课题组对该乡进行调查。该次调查中，课题组在瑶麓乡的打里村以问卷的形式对全村的 13 个村民小组进行了访问，发放问卷 210 份，收回 210 份，回收率 100%。另外，调查组还对该乡的相关工作人员进行采访，详细了解了该乡瑶族的生产生活、文化教育、风俗习惯等方面的情况。

三、语言使用基本情况

（一）受访者信息介绍

调查地打里村是瑶麓乡唯一的一个行政村，当地世居村民全部为瑶族，受访者性别、年龄、职业、文化程度等信息详见下表：

表 3-16　　　　　　　　瑶麓乡受访者信息表（N = 210）

基本信息项	被调查者人数（人）	比例（%）	基本信息项	被调查者人数（人）	比例（%）
有效问卷	210	100	文盲	48	22.86
男	84	40	小学	83	39.52
女	126	60	初中	59	28.09
19 岁之下	67	31.90	高中及中专	12	5.71
20—29 岁	32	15.24	大专以上	8	3.81
30—39 岁	43	20.48	在家务农	125	59.52
40—49 岁	27	12.86	学生	66	31.43
50—59 岁	12	5.71	在外打工	8	3.81
60 岁之上	29	13.82	经商	2	0.95
瑶族	210	100	干部或教师	8	3.81

从上表可以看出，本次调查中瑶麓乡男女比例分别为 40%和 60%，（2:3），19 岁之下占总调查人数的 31.90%，20—39 岁的 35.71%，40 岁之上的 32.38%，所以，老、壮、青比例基本相当。从受教育程度上看，小学以下者占 62.38%，这有利于其母语的保存及本次调查的数据整理；初中文化水平以上者占 37.62%。从职业来看，在家务农者最多，占调查总人数的一半以上（59.52%），其次是学生居多，还有少部分的在外打工者、经商者、干部或教师，所以调查人群的职业类别比较丰富。

另外，从收回的所有问卷还可以看出，在 210 位受访者中，除 2 个小学生回答母语是汉语外，其余有 208 人都回答自己的母语是瑶语；在第二语言方面，有 201 人回答是汉语，2 人为布依语，6 人只会讲瑶语不会其他语言；在外打工的 8 人，有长期、短期两类，但打工时间都超过 2 年，由于受打工环境影响，大部分都会讲普通话。

（二）语言使用特征简述

从所调查的问卷可以看出，瑶语是瑶麓乡瑶族的母语，是人们日常生活的重要交际用语。在调查中发现，除了短暂居住在此地的外来居民，当地男女老少都可以很流利地使用瑶语交流。瑶语是瑶麓乡瑶族与周边村寨的本族人交流使用的主要语言，有时甚至与附近村寨的布依族、水族同胞也用瑶语进行交流。在瑶语不通的情况下，个别瑶族人会使用布依语、水语进行交流。当然，在瑶语、布依语、水语等几种民族语言不通的情况下，汉语方言则成为大家的首选交流工具。另外，打里村作为瑶麓乡瑶族唯一的村寨，也是当地赶集或赶场的地方，周边村寨的人们也会来这里做生意，由于瑶族是当地的主体民族，所以在市场上瑶语的使用频率相对较高，外地来的商贩为了与当地群众沟通方便，也会临时学一些简单的瑶语。

除了瑶语，汉语是当地居民选择使用的另一种语言，但是使用场合较少。近几年，一些家庭为了孩子上学方便或其他原因，尤其是年轻的父母，在孩子开始学说话的时候就教孩子说汉话，在进入学校后，面对普通话教学，这些孩子学起来会相对快一些。但是，通过调查发现在课余孩子们选择说瑶语的还是占很大比例。对于 20 世纪五六十年代没受过正规学校教育的人（女性占大多数）或很少出门的妇女来讲，汉语是一门较生疏的语言，有需要时也只能是家人或邻居帮忙翻译才能进行交流。

另外，布依语、水语对当地一些村民来讲不是很陌生，因为接触较多的就是跟周边布依族、水族群众，所以这里的个别瑶族村民还会讲布依语或者说一些日常用语进行简单交流。

根据上表所统计的基本信息，可以看出瑶麓乡瑶族群众日常生活中使用语言进行交流的一些特征，特别是在年龄、性别等方面：

1. 年龄特征

表 3-17　　　不同年龄层次掌握瑶语的情况统计表（N=210）

母语水平 年龄段	非常流利		比较流利		一般		听不懂	
	人数（人）	比例（%）	人数（人）	比例（%）	人数（人）	比例（%）	人数（人）	比例（%）
19 岁以下	65/67	97.01	1/67	1.49	—	—	1/67	1.49
20—29 岁	31/32	96.88	—	—	1	3.12	—	—
30—39 岁	43/43	100	—	—	—	—	—	—
40—49 岁	27/27	100	—	—	—	—	—	—

续表

母语水平 年龄段	非常流利		比较流利		一般		听不懂	
	人数（人）	比例（%）	人数（人）	比例（%）	人数（人）	比例（%）	人数（人）	比例（%）
50—59 岁	12/12	100	—	—	—	—	—	—
60 岁以上	29/29	100	—	—	—	—	—	—
合计	207	98.57	1	0.48	1	0.48	1	0.48

以上数据表明，瑶麓乡的瑶语至今都保存得比较好，是当地居民使用的主要语言，无论家庭还是社区，瑶语都是首选的交流语言。其中 30 岁以上的所有受访者瑶语讲得都非常流利，在 29 岁以下的受访者中，有 3 人分别认为自己的瑶语水平"一般、比较流利、听不懂"，这在一定程度上反映了学校、家庭语言的变化，主要是汉语的使用。

另外，通过对当地居民掌握语言种类的了解，我们发现当地瑶族的语言使用能力都比较高。参看表 3，瑶语、汉语、普通话都会讲的人数最多，共有 60%（包括瑶普其他）的居民会讲 3 种语言，即瑶语、普通话和其他某种语言，语言能力比较强。从年龄上看，40 岁以下的人除了会讲瑶语外，大部分都会讲汉语方言和普通话，有的还会讲其他民族语言，而 40 岁以上会讲 2 种语言的人中，除瑶语外，主要是会讲汉语或者其他民族的语言。

表 3-18　　　　　　不同年龄阶段语言能力统计表：（N=210）

名称	瑶 （人）	瑶、汉 （人）	瑶、汉、普 （人）	瑶、普 （人）	瑶、普、其 他（人）	普 （人）	汉 （人）
19 岁以下	2	1	51	10	1	1	1
20—29 岁	1	2	23	1	4	1	—
30—39 岁	6	11	24	—	2	—	—
40—49 岁	8	11	5	—	3	—	—
50—59 岁	2	6	1	—	1	—	—
60 岁以上	7	13	—	—	11	—	—
合计	26	44	104	11	22	2	1

2. 性别特征

从瑶语掌握的情况看，男性和女性在瑶语熟练程度的比例上并没有体现出太大的差距。图 11 显示，在 210 个调查对象（男女分别为 84 人、126 人，比例为 2:3）中，能自如运用民族语进行交流（瑶语非常流利）的有 207 人，男性 83 人，女性 123 人，分别占男女人数的 98.81%和 97.62%，男女水平相当。其余 3 人（2 个小学生，1 个年轻小伙子）分别回答"一般、比较流利、听不懂”，其中“听不懂”瑶语的学生从小母语为汉语方言，在学校学习普通话，在家讲汉语方言，所以不懂瑶语。

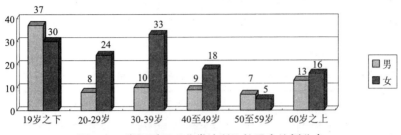

图 3-11　掌握瑶语“非常流利”的男女比例分布

参照下表，从语言能力的强弱（掌握两种语言以上）看，瑶麓乡男性（90.48%）的语言能力略强于女性（83.33%）。在我们的调查问卷中设计了这样一道题“你现在能使用几种语言与人交谈”，用于了解调查对象的语言能力。210 个调查对象都作了回答（男性 84 人，女性 126 人）：同时掌握瑶汉、瑶普及其他语言的，男性比女性占各自总调查人数的比例略高，而同时掌握的瑶汉普、瑶普的女性比例比男性略高。综合起来可以看出，女性在掌握普通话的能力上略强于男性，但是男性在掌握布依语、水语等其他语言的能力上略强于女性，这反映了男性在日常生活中经常奔走于其他村寨，跟其他民族接触较多，自然就学会了对方的语言，而女性在过去多在家干活，活动范围较小，在村里经常使用的就是瑶语，现在，随着社会的发展、义务教育的普及，女性学习汉语、普通话的机会也逐渐增多，所以普通话的使用能力要略强于男性，详见下表：

表 3-19　　　　　　　　　不同性别语言能力统计表

名　　称		瑶	瑶汉	瑶汉普	瑶普	瑶普其他	普	汉
男 84 人	人数（人）	6	18	38	7	13	1	1
	比例（%）	7.14	21.43	45.24	8.33	15.48	1.19	1.19
女 126 人	人数（人）	20	19	61	20	5	1	—
	比例（%）	15.87	15.08	48.41	15.87	3.97	0.79	—

3. 不同文化水平人使用语言的特征

通过调查走访，我们发现，在瑶麓乡无论文化水平如何，大部分人瑶语说得都非常流利。但是，从语言能力即掌握多种语言上来看，文化水平的高低影响语言能力的强弱。从下表来看，初中文化水平以上的人中只会讲 1 种语言的人很少，94.94%的人都会 2 种或 2 种以上的语言，且大部分人都会讲普通话，这跟长期的学校教育有很大关系。在小学或者未上过学的 131 位受访者中，19.08%的只会讲瑶语或者汉语，但是这不影响他们学习汉语的能力，并且这部分人在掌握除瑶汉普以外的民族语言的比例（约68.18%）上要明显高于其他受访者，这说明了村寨之间、不同民族之间的交流还是比较多的。

表 3-20　　　　　　　　　不同文化水平人的语言能力统计表

名称	瑶（人）	瑶、汉（人）	瑶、汉、普（人）	瑶、普（人）	瑶、普、其他（人）	普（人）	汉（人）
文盲48（人）	16	20	7	—	5	—	—
小学83（人）	8	17	38	9	10	—	1
初中59（人）	—	6	46	1	4	2	—
高中中专12（人）	1	1	8	—	2	—	—
大专以上8（人）	1	—	5	1	1	—	—

四、语言在不同场合的使用

（一）家庭用语

在瑶麓乡，瑶语是绝大多数家庭唯一的交际语言。从语言功能的大小来看，在瑶族家庭内部，瑶语的功能最强，汉语方言次之，普通话最弱，即"瑶语＞汉语方言＞普通话"。下表数据可以看出，在家里除了讲瑶语外，有极少部分人同时讲两种以上的语言，如瑶语和普通话，瑶语和汉语方言，还有一些人跟家人只讲汉语或者普通话。在符合条件的所有受访者中，选择跟父亲、母亲即长辈讲瑶语的达 96%以上，而选择跟家人讲汉语方言、普通话或者混合讲多种语言的 7 个人中有 6 个是在校的小学生，由于在学校学的、用的是普通话，加之年纪小语言转换会比较慢，所以在家里会跟父母亲讲汉语或普通话。在跟配偶、子女交流的所有符合条件的受访者（各134 人）中，瑶语也是使用频率最高的语言，但是跟子女讲汉语方言的比例要略大于跟父母亲的受访者。另外，从家长的角度来说，不少人认为汉语更有用，也愿意在家里讲汉语，为孩子创造一个良好的语言环境。

表 3-21　　　　　　　　　瑶麓乡居民家庭语言使用情况表

语种 ＼ 对象		父亲193 人	母亲193 人	配偶134 人	子女134 人
瑶	人数（人）	186	186	127	118
	比例（%）	96.37	96.37	94.77	88.06

续表

对象 语种		父亲 193 人	母亲 193 人	配偶 134 人	子女 134 人
瑶汉	人数（人）	3	3	3	9
	比例（%）	1.55	1.55	2.24	6.72
瑶普	人数（人）	—	—	—	1
	比例（%）	—	—	—	1
普	人数（人）	2	2	1	1
	比例（%）	1.04	1.04	0.75	0.75
汉	人数（人）	2	2	3	5
	比例（%）	1.04	1.04	2.24	3.73

（二）社区用语

为了了解瑶麓乡社区内部语言使用状况，我们设计了两个问题："在村里和本民族人交流时经常使用的语言"和"在村里与其他民族的人交流时经常使用的语言"，并对收集到的问卷做了统计，共收回有效问卷 210 份，其中回答前一问题者 210 人，而回答后一问题者为 197 人，13 人未回答，相关数据见下表：

表 3-22　　　　　　　瑶麓乡居民社区语言使用情况表

使用的语言		与瑶族	与其他民族	使用的语言		与瑶族	与其他民族
瑶语	人数（人）	200	27	瑶 其他	人数（人）	—	8
	比例（%）	95.24	13.71		比例（%）	—	4.06
汉语	人数（人）	2	112	瑶汉 其他	人数（人）	—	1
	比例（%）	0.95	56.85		比例（%）	—	0.51
瑶汉	人数（人）	7	4	汉普 其他	人数（人）	—	4
	比例（%）	3.33	2.03		比例（%）	—	2.03
汉普	人数（人）	—	9	汉 其他	人数（人）	—	8
	比例（%）	—	4.57		比例（%）	—	4.06
普	人数（人）	1	23	其他 语言	人数（人）	—	1
	比例（%）	0.47	11.68		比例（%）	—	0.51

说明："其他"包括水语、布依语。

从表 22 调查到的有效数据看，瑶语是瑶麓乡社区居民之间主要的交际用语，汉语是偶尔使用的兼用语言。在村里与本族人交谈时，有 95.24% 的受访者使用瑶语，3.33% 的人同时使用瑶语和汉语，0.95% 的人使用汉语，1 人使用普通话。在村里碰到其他族的人交谈时，56.85%的人选择汉语，13.71%的人选择瑶语，11.68%的人选择使用普通话，同时使用瑶语和汉语，或者瑶语和普通话，或者汉语跟普通话的也有少部分人（占16.75%），有 1 人跟其他族的人讲瑶语、汉语及其他语言，1 人跟其他族的人只讲其他语言，他们分别是一位小学生和一位在家务农的村民。其中那位小学生是因为只接触过水族的同胞，而那位在家务农的老人由于接触的人比较多，有布依族也有水族，所以很自然地学会了讲布依语和水语。另外，从调查的实际情况看，村里上了年纪的人尤其是男性，会讲布依语或水语的比较多，这方面的原因跟前面"性别特征"里的男性语言能力强有相通之处。

（三）跨社区用语

跨社区交际也是人们日常生活的一个重要部分，本次调查，为了了解瑶麓乡瑶族群众的跨社区语言使用情况，我们设计了两个问题，即"在别的村寨里和本民族人交流时经常使用的语言"和"在别村寨里与其他民族的人交流时经常使用的语言"，根据受访者回答的情况得到表 23 中的数据。

表 3-23　　　　　　　　　瑶麓乡居民跨社区语言使用情况表

民族 ＼ 语言	瑶	汉	瑶、汉	汉、普	普	瑶、其他	瑶、汉、其他	汉、普、其他	汉、其他	其他
本民族（人）	180	15	7	1	1	1	—	—	—	1
其他族（人）	14	131	4	9	32	—	1	2	9	4
合计（人）	194	146	11	10	33	1	1	2	9	5

从上表可以看出，在跨社区交际中人们使用的主要语言是比较清晰的，瑶语和汉语是两种使用频率很高的语言；即使在别的村寨跟本民族的同胞交际时大部分人还是选择讲瑶语，206 份有效回答中有 180 人选择讲瑶语（占87.38%），而在跟其他族人交流时多数人选择了汉语（占65.59%）。根据上面的统计数据发现，跟本族人除了偶尔讲汉语、普通话外，没有只讲其他民族语言的情况，但是跟别的民族交流的情况就不一样，只有 6.79%的人讲瑶语，大多数人讲汉语，个别人讲普通话或者其他语言，也有人几种语言同时讲。

从这组数据可以看出，瑶语是瑶族人之间的重要交流工具，而汉语在跨社区交流中起着非常重要的沟通作用，帮助并促进不同民族之间的交往。

（四）其他场合的语言选用情况

1. 学校

由于瑶麓乡只有一个行政村——打里村，在乡政府旁边就有一所学校，打里村的各个村民组分布比较集中，方便这里的孩子上学。在学校中，教学语言基本上都是用汉语和普通话，但是老师和学生大部分都是瑶族人，所以课中与课后的语言使用状况会有所不同。在随机调查的 210 位受访者中，有 66 名学生，其中 64 名学生对课后是否使用瑶语的问题作了回答：40 人回答"是"，21 回答"不是"，3 人选择"其他情况"，具体选用情况详见下图：

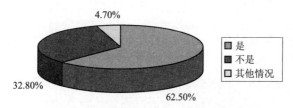

4.70%

32.80%

62.50%

是
不是
其他情况

图 3-12　同民族学生下课后是否讲瑶语情况

普通话是课堂教学用语，但课后交流很少有人使用，这种情况在贵州各地，包括汉族聚居地区甚至大、中型城市情况基本相同。通过调查了解到，多数人觉得瑶语在本民族同学之间、本民族师生之间可以起到沟通感情的作用，但在谈学习情况时，不如讲汉语方便，因此有相当一部分人在大多数情况下不说瑶语。从总体来看，在学校这个特定场合中，倾向于选择本民族语的在比例上还是比较大的，占 62.50%

2. 集市

瑶麓乡政府所在的村组也是该乡赶集或赶场的地方，每到这个时候周围几个村组的人都会来这里买卖东西，当然也会有临近乡镇的其他民族来这里赶集，如布依族、水族、汉族等，在集市语言使用上，综合看汉语占有相对大的优势，因为汉语方言在各民族之间都是通用的。但是，在集市上面对不同的对象，人们在语言使用上还是有选择的，从表 24 中可以看出，与本民族的同胞交流时多数人还是讲瑶语，占 72.33%，甚至有人在交流中发现对方是瑶族人时会选择改说瑶语；讲普通话的受访者中多数为在校学生，习惯了在陌生人面前讲普通话，或者是因为不了解对方是不是瑶族同胞直接选择讲汉语、普通话，有的人会同时讲两种语言。在集市上跟其他民族的同胞交流时，66.50%的人选择讲汉语，另外也有 21.84%的人讲普通话（包括普、汉普、汉普其他），直接讲其他语言的人一般是认识对方或者知道对方的民族成分。

表 3-24　　　　　　　　　集市语言使用情况表（N=206）

民族 ＼ 类型	瑶	汉	瑶汉	汉普	普	瑶汉其他	汉普其他	汉其他	其他
本民族（人）	149	33	10	3	10	1	—	—	—
其他族（人）	12	137	5	8	35	2	2	3	2
合计（人）	161	170	15	11	45	3	2	3	2

综合来看，在集市这个人群比较集中的地方，瑶语和汉语是大家首选的语言，其次是普通话，或者几种语言同时使用。

3. 医院

医院也是人群比较集中的一个公共场所，我们本次调查主要是对当地医院里语言的使用情况做了一些了解，其中汉语是使用人数最多的语言，体现了汉语在公众场合的用处。在所有受访者中，共 202 人对这个问题作了有效回答，其中 63.37% 的人认为讲汉语会比较方便，理由是公共场合汉语比较好沟通，便于医生与病人之间的交流、理解；有 20.30% 的人讲普通话，这部分人全都上过学，且 35 人（共 41 人，占 85.37%）为在校学生；在 16 个讲瑶语的人中，15 人为文盲或只上过小学，除 1 个学生外，其余 15 人（其中年龄在 40 岁以上者有 13 人）均在家务农，这反映了受教育程度会影响人们在公共场合的语言使用。

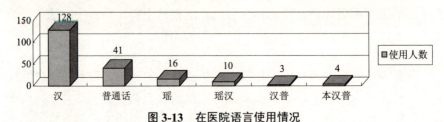

图 3-13　在医院语言使用情况

4. 外地打工

随着社会的发展，各民族地区与外界的交流也日益增多，无论是民族地区的人们走出去还是外面的人走进来，都会促进人们之间的交往。通过本次调查发现，瑶麓乡现在有很多外出打工者，或短期或长期，我们了解到有打工经历者 47 人，现在外打工者 8 人，对"在外打工时本民族同伴是否讲本民族语？"的回答中，有效问卷 41 份，其中 27 人回答"是"，11 人回答"不是"，3 人为"其他情况"。可以看出，65.90% 的人在外打工时仍然会讲瑶语，这反映了瑶语对瑶族人有着非常重要的作用；26.80% 的人选择"不是"，受访者给出了不同的理由，有的是因为打工的地方没有本族同胞，有的是因为工作场合要求使用普通话，只有少部分人自愿讲其他语言。具体参看下图：

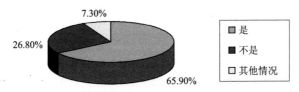

图 3-14　在外打工时同民族之间是否讲瑶语

五、语言态度

（一）语言功能认同上

我们通过"你觉着自己最熟练的语言是什么？"这个问题来了解调查对象语言功能的自我评价，其中有 210 人作了有效回答，详见下表：

表 3-25　　　　　　　　　　最熟练语言比例统计表

语种比例	瑶语	汉语	普通话	瑶汉	瑶普	瑶汉普
人数（人）	180	15	7	3	2	3
比例（%）	85.71	7.14	3.33	1.43	0.95	1.43

从上表可以看出，瑶麓乡瑶族对自己所使用语言的熟练程度。其中，85.71%的人对自己的瑶语水平很有信心，这部分人在各个年龄层次都有分布，也是瑶语作为母语从小习得的体现。有 7.14%的人对自己讲汉语的水平很有信心，这部分人跟外界接触、交往较多，男女比例相当，他们的年龄都在 60 岁以下。认为自己的普通话最流利的（包括瑶普、瑶汉普）有 12 人，合起来不到 6%，分别有在校学生、学历在中专之上及有在外打工经历者，长期的学校教育及外界交流对象的影响使得他们对自己讲普通话的水平很有信心。另外，有 3 人认为自己瑶语跟汉语讲得都熟练，其中 1 人为在读初中生，1 人大专毕业，1 人有两年以上的打工经历，学校教育以及长期与讲汉语的人群接触对汉语的熟练程度有很大关系。

为了了解瑶麓乡瑶族在语言功能认同的状况，我们根据他们日常可能出入的场所及交流的对象，设计了 5 个问题，即与家人交流、与本族最好的朋友、跟本族一般的朋友、跟本族长辈、去赶场及政府机关办事时使用什么语言，分别回收有效问卷 210 份、203 份、205 份、206 份、204 份、175 份。具体数据如下：

表 3-26　　　　　　　　　　　不同场合语言选用情况表

交谈对象 ＼ 语种	瑶语	汉语	普通话	瑶汉	瑶普	汉普	其他
跟家人（210）	203	5	1	—	—	1	—
跟本族最好的朋友（203）	189	8	4	2	—	—	—
跟本族一般的朋友（205）	132	49	10	12	—	2	—
跟本族长辈（206）	202	2	2	—	—	—	—
本地赶场时（204）	48	121	24	8	1	—	2
去政府机关办事（175）	21	109	29	12	—	3	1

　　通过对上面的数据进行分析，我们可以知道，无论是与家人还是与社区成员（包括朋友、长辈），瑶语的使用比例都是最高的，其次是汉语，再是普通话。尤其是跟家人、本族长辈交流时认为讲瑶语是最方便的，比例都高达96%之上，少部分（共占比例不到5%）选汉语、普通话的人多为学生、有打工经历者。另外，从统计数据可以看出，在集市、政府部门等公共场合，只讲瑶语的人少了，主要原因是一般在这些场合，汉语是最主要的交际工具，使用比例均占 60%左右，另有少部分人认为讲瑶语、普通话比较方便，瑶语的选用说明这里是瑶族聚居地区，其他民族、其他语言使用相对较少，而会讲瑶语的人又比较多，分别有多于11%的人认为普通话方便，这些人里除2位教师、2位初中毕业且有外出打工经历者外其他均为在校学生，这主要反映了学校教育的影响。

　　学校是对语言态度产生影响的又一重要场所，文化教育的作用会直接影响受教育者的语言选用倾向，对学校教学语言的评价也能反映出调查对象的语言态度。为了解当地学校教学语言的选用情况，我们专门设计了一道题"你觉得本地学校教学应该用哪种语言（可选多项）？"具体数据见下面的图表：

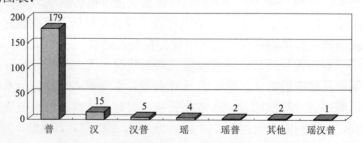

图 3-15　学校应该用什么语言进行教学（N=208）

对于使用哪种语言上课，大部分受访者（86.06%）坚定地认为应该用普通话，只有小部分人认为应该用汉语方言教学，更少部分人选择用汉语、瑶语进行辅助（如汉普、瑶普、瑶汉普）教学。这一结果突显了普通话在瑶麓乡群众心目中的重要地位及对普通话语言功能上的认同。虽然只有少部分人（瑶、瑶普、瑶汉普共占 3.36%）选择瑶语辅助教学，这也体现了对自己民族语功能的认同。

表 3-27　"孩子放学回家应该讲什么话"数据统计表（N=171）

比例 ＼ 语种	瑶语	汉语	普通话	瑶汉	瑶普
人数（人）	102	18	45	5	1
比例（%）	59.7	10.5	26.3	2.9	0.6

在家庭语言选用的问题上，父母希望孩子在家里讲瑶语的还是比较多，占符合条件总人数的 59.7%，赞成孩子讲汉语方言或者普通话的父母分别占 10.5%和 26.3%，另外，还有一部分父母希望孩子在家里同时讲两种语言（瑶语和汉语或瑶语和普通话），可以看出父母希望孩子在掌握瑶语的前提下也可以熟练使用汉语或者普通话。综合起来看，大部分父母对本民族语言有着强烈的认同感，希望自己的孩子可以掌握，但同时又希望孩子学好汉语，这样才能方便学习文化知识，在孩子回家讲什么语言的问题上，大多数父母持宽容的态度。

（二）语言情感态度认同上

1. 语言人自身的语言情感认同

针对会母语者"与汉语相比，你觉得自己讲哪种语言更流利？"的相关调查数据详见下表：（N=198）

表 3-28　　　　受访者对各种语言熟练程度的自我评价

比例 ＼ 语种	瑶语	普通话	汉语	瑶汉	瑶汉普	其他
人数（人）	169	13	11	3	1	1
比例（%）	85.4	6.6	5.5	1.5	0.5	0.5

"你在县城听到有人讲你自己本民族的话，你会＿＿＿＿"共 209 份有效问卷，151 人选择"很亲切"，占有效问卷总数的 72%，表明大部分人对本民族语言有着很强的亲切感。"你与别人用本民族语交谈时，对方改用汉语，你会＿＿＿＿"共 207 份有效问卷，有 123 人选择"也马上改用汉语"，

约占全部问卷的 59%，改用汉语一方面说明该瑶族聚居区跟汉族接触比较多，群众汉语水平较高，另一方面也说明瑶麓瑶族乡居民在交际场合对语言使用的开放态度，也有 18 人"感觉不舒服"，29 人会"坚持讲本民族语"，还有 10 人选择会"劝对方讲本民族语"，这三种情况占总数的 27.54%，说明这个地区瑶族群众对本民族语有着强烈的情感认同。

在"哪种语言最好听"的问题上，受访者选择普通话、瑶语和汉语方言的比较多，参看下表：（N=209）

表 3-29　　　　　　　　　受访者对各种语言的情感倾向

语种＼比例	普通话	汉语	瑶语	其他语言	都好听	瑶汉	汉普
人数（人）	101	35	52	6	10	3	2
比例（%）	48.32	16.75	24.88	2.87	4.78	1.43	0.96

这里的"其他语言"指除瑶语、汉语方言、普通话之外的其他少数民族语言。上面数据显示，普通话的比例最大，其次是瑶语、汉语，其他情况比例较少。反映了家长对孩子学习普通话比较赞成，也体现出了现代社会学校推广普通话的影响，24.88%的受访者认为自己本民族的瑶语最好听，说明瑶麓瑶族乡群众对自己民族的语言还是有着强烈的自我认同。

2. 语言人对群体中其他成员的语言情感认同

在对群体中其他成员的语言情感认同上，我们主要了解了家庭语言的认同及中老年人对年轻人语言选择的态度。

在家庭语言选用上，绝大多数人倾向于本民族语言，210 人中有 156 人希望家人对自己讲瑶语，占受访者总数的 74.28%；有 25 人希望家人讲普通话，23 人希望家人讲汉语方言，共占受访者总数的 22.85%，但是其中 50 岁之上的只有 5 人，大部分为在校学生或者打工者。之所以选择汉语或者普通话可能出于对学习的考虑或在外打工的需要，我们也了解到年长者做此选择的理由，也是希望孩子在外面学习、生活方便，普通话跟汉语方言使用范围相对比较广。另外，有 3 人希望家人讲瑶语、汉语，仅占总数的 1.42%；1 人选择讲汉普，1 人选择讲布依语、水语等其他语言，但合起来仅占总数的 0.95%；还有 1 人认为讲什么话都可以。

在对待子女转用汉语这个问题上，瑶麓乡的家长们普遍持宽容的态度。在对"孩子放学回家跟家长讲汉语"这一问题作出回答的 111 位受访者中，46 人对子女用汉语交际"感到很高兴"，占选答该问题总人数的 41.44%；41 人选择"跟子女讲汉语"，占 36.95%；20 人选择"用本民族语讲"，占

18.02%；2 人觉得使用什么语言都"无所谓"，占 1.80%；只有 2 人对此感到不高兴选择了"不搭理"，占 1.80%。在子女因为外出打工而放弃母语这个问题上，持包容态度的也占多数，符合条件的 99 位受访者当中，35 人会跟子女讲汉语，感到"很高兴"，占 31.53%。

对待社区村民因外出回来讲汉语或普通话的问题上，大多数人也是持开放的态度，在 112 位回答者中，有 46 人感觉"无所谓"，对方讲什么话就跟他讲什么话，占回答者总数的 41.07%，还有 33 人对别人讲普通话感觉"很高兴"，认为普通话很好听，占回答者总数的 29.46%。

3. 语言人对瑶语作为第二语言使用的态度

瑶麓乡的瑶族对本民族语作为第二语言都非常高兴，在回答"有其他民族想学习瑶语"时，大多数人非常愿意教学习者，在回答这个问题的 206 人中，有 185 人选择"很高兴教"，占总数的 89.81%；有 17 人选择"只教一些简单词语"，占 8.25%；有 4 人不愿意教别人。从当时采访的情况看，这 4 个人多是因为害羞、汉语讲得不好的原因。所以，总体而言，瑶麓乡的瑶族居民很高兴别人来学习瑶语，对瑶语作为第二语言上，态度、思想都比较开放。

六、语言关系和民族关系

瑶麓乡是一个瑶族最集中的乡，平时接触较多的是周边相邻的布依族、水族。所以在这里语言关系和民族关系是两个非常值得关注的问题。当然，语言关系如何与各民族之间的相处是否融洽有很大的关系，可以说是相互联系、相互影响的，因此，多民族居住的地方，各民族之间的相处是一个重要方面，同时语言也是一个关键的沟通环节。

在对待民族关系的态度上，瑶麓乡的居民大部分认为这里的各民族之间关系和谐，正常交往。对于"你觉得这一地区各民族之间的关系怎么样？"这一问题的回答，210 人中有 2 人回答不知道，剩余 208 人的回答情况如下表所示：

表 3-30　　　　　　　受访者对当地民族关系的看法

问题 \ 比例	人数（人）	比例（%）
很好，非常和谐	153	73.56
很正常，没有出现过大的问题	41	19.71
一般，相互间往来不多	13	6.25
不好，经常闹矛盾	1	0.48

从上表的数据中可以看出,在对当地各民族之间关系的问题上,大多数人都认为很正常,其中有 73.56%的人认为"很好,非常和谐";在 6.25%认为"往来不多"的人中,大多数为出门较少、很少接触其他民族的家庭妇女;而回答"不好,经常闹矛盾"的是一名 12 岁的小学生,可能是在学校或者别的地方偶尔碰见过闹矛盾才作出的回答,只是一个小孩的理解,这不能代表大多数人的看法。

在对待不同民族之间互相通婚的问题上,瑶麓乡有 129 人持开放态度,"鼓励民族之间通婚",认为可以增强民族团结,占回答问卷有效总人数(208人)的 62.12%;有 62 人认为民族之间结婚"很自然",顺应社会发展;另外有 17 人持反对态度,认为会"影响家庭语言交流、家庭和谐",这部分人占总数的 8.17%,这 17 人中有 1 个初中文化水平,其余都是小学与文盲,持反对意见可能跟一个人受教育的程度有一定关系。另外,历史上瑶族不跟其他民族甚至瑶族几个分支之间都互不通婚,加上受教育程度低,才使部分人心中有"不应该互相通婚"的思想。综合起来可以看出,这只是少部分人的理解,不能代表整体人群在通婚问题上的态度,瑶麓瑶族乡的大多数人在通婚问题上是比较开放的。

七、小结

作为一个瑶族聚居集中的乡,瑶语是瑶麓乡瑶族日常生活最主要的一门交际语言。在这里,我们通过对 210 位受访者的问卷调查,除了了解当地瑶族的语言使用现状,还对村民的语言态度及该地区的语言关系、民族关系做了了解,具体表现为以下几个方面:1. 无论年龄大小、受教育程度如何及职业是什么,人们都能讲一口非常流利的瑶语;2. 汉语方言、普通话是这里的瑶族与其他民族交流的主要语言。有 70.95%的人会讲汉语方言,66.19%的人可以讲普通话,85.24%的人希望学校用普通话教学;3. 瑶麓乡瑶族自身的语言认同感很强,对瑶语作为第二语言使用都非常乐意,调查中 89.81%的人愿意教别人瑶语;4. 这里的语言关系、民族关系很和谐,73.56%的人认为这里的几个民族之间关系很好,还有 62.12%的人鼓励各民族之间互相通婚,认为这样可以增进民族团结。

第四节　瑶山乡瑶麓乡瑶族语言态度对比研究

瑶山乡和瑶麓乡分别是荔波县瑶族人口分布最集中的两个地区,两地相距 50 余公里,分布着两个不同的瑶族支系。本节在调查数据基础上,对两个乡瑶族的语言态度进行对比,并分析其异同及成因。

一、语言使用总体情况

（一）瑶山乡瑶族语言使用情况

瑶山瑶族乡主要是白裤瑶的分布地区，瑶语是人们日常生活中最主要且最重要的交际语言，少数 60 岁以上的老人只会讲瑶语，但大多数村民除了通用瑶语之外，还会说荔波话（当地方言）、普通话，一部分村民还不同程度地掌握了布依语。瑶语是家庭唯一的交际语言，只有极少数家庭由于存在族际婚姻的关系而使用双语。在本村寨内部，也基本上使用瑶语，在跨村寨的交际中，与本民族交往时绝大多数使用瑶语，与其他民族交往时则多用汉语方言，有时，懂其他少数民族语言的人同熟人交往时也会使用对方的语言。近年来，由于外出打工的人数日益攀升，许多村民在熟悉了普通话之后，也将普通话带入了日常的交际中来，另外，由于当地具有民族文化特色的旅游资源被逐步开发，外来旅游人数的增多，使得当地村民同外部的联系增强，普通话的应用也得到提高。

（二）瑶麓乡瑶族语言使用情况

瑶麓瑶族乡是荔波县另一个瑶族支系——青瑶的聚居地，瑶语也是这里的瑶族村民日常主要的交际用语，同瑶山乡一样，大多数人除通用瑶语之外，还兼用汉语方言和普通话，另外一部分村民还不同程度掌握布依语和水语。瑶语仍旧是家庭以及社区的主要交际用语，只是同其他民族的人以及乡政府人员交流时才会用汉语方言和普通话。与瑶山乡相比，瑶麓乡多语使用者所占比例较大。

二、语言态度对比研究

我们通过问卷的形式分别对瑶山乡和瑶麓乡的语言使用和语言态度进行了调查，其中瑶山乡有效问卷为 251 份，瑶麓乡的有效问卷为 247 份。本节将从语言功能认同和语言情感认同两个方面对这两个调查点瑶族群众的语言态度进行对比。

（一）语言功能认同的对比

语言交际功能认同主要考察语言人对待不同场合和交际对象对母语和兼用语交际功能强弱的认同情况。

1. 瑶山瑶族乡村民语言功能的认同

语言交际场合包括了家庭、社区以及跨社区，其交际对象包括了家庭成员、社区本民族成员、社区非本民族成员、跨社区其他民族成员等。语言功能认同情况考察了语言人自身对使用语言的自信度和认可度和在不同交际场合对语言的掌握程度、语言使用的便捷程度。下面将从家庭—社区以及跨社区两种情况来加以分析。

（1）家庭社区语言功能认同

表 3-31　　瑶山瑶族乡受访者家庭—社区语言便捷度认同表（N=251）

使用语言 考察项	本民族语		汉语方言		普通话		其他	
	人数 （人）	比例 （%）	人数 （人）	比例 （%）	人数 （人）	比例 （%）	人数 （人）	比例 （%）
自己最熟悉的语言	243	96.8	3	1.2	5	2.0	0	0
跟家人交流 最方便的语言	248	98.8	2	0.8	0	0	1	0.4
跟本民族长辈交流 时最方便的语言	249	99.2	2	0.8	0	0	0	0
跟一般朋友交流时 最方便的语言	212	84.5	27	10.7	9	3.6	3	1.2
本地赶场交流 最方便的语言	158	63.0	64	25.5	26	10.3	3	1.2

从上表的数据可以看出，瑶山瑶族乡村民对母语的自信度以及认可度都非常高，96.8%的受访村民均认为自己最熟悉的语言是本民族语，只有个别的村民认为自己说汉语方言和普通话较之民族语更为熟练，通过这类人的基本信息情况我们得知，此类村民均为年龄低于 15 岁的在校学生，平时在校主要使用汉语，本民族语使用得较少。超过 98%的受访村民认为在与家庭成员以及本民族长辈交流时，本民族语最为便捷，仅不足 2%的受访者认为非本民族语的使用便捷度高于本民族语。另外，84.5%的受访者认为与一般朋友交流时本民族语较之非本民族语更为方便，63%的受访村民还认为在本地赶场最为方便的语言是本民族语。

总之，在家庭和社区的语言使用环境中，绝大多数的受访者在语言交际功能的认同上倾向于本民族语，而家庭—社区内部的对比来看，受访者在家庭中对本民族语的自信度和认可度超过在社区环境中。

（2）跨社区语言功能认同

表 3-32　　瑶山瑶族乡受访者跨社区语言便捷度认同表（N=251）

使用语言 考察项	本民族语		汉语方言		普通话		其他	
	人数 （人）	比例 （%）	人数 （人）	比例 （%）	人数 （人）	比例 （%）	人数 （人）	比例 （%）
到政府机关办事与干 部交流时最方便的是	133	53.0	87	34.6	30	12.0	1	0.4
县城与本民族同胞交 流时最方便的是	209	83.3	25	1.0	17	15.7	0	0

从调查数据可知，在离开本社区的交际场合中，人们对本民族语的交际功能认同度远远低于在本村，即便是在县城同本民族同胞交流，也仅有83.3%的受访者选择了本民族语。部分受访者认为使用汉语方言或普通话更为便捷，尤其到政府机关办事与干部交流时，仅有 53%的受访者选择了本民族语，这说明了环境不同受访者对语言的功能认同也就不同，本社区的认同度远远高于跨社区。

2. 瑶麓瑶族乡村民语言功能的认同

（1）家庭社区语言功能认同

表 3-33　　瑶麓瑶族乡受访者家庭—社区语言便捷度认同表（N=247）

使用语言 考察项	本民族语		汉语方言		普通话		其他	
	人数 （人）	比例 （%）	人数 （人）	比例 （%）	人数 （人）	比例 （%）	人数 （人）	比例 （%）
自己最熟悉的语言	225	91.1	15	6.1	7	2.8	0	0
跟家人交流 最方便的语言	237	96.0	7	2.8	1	0.4	2	0.8
跟本民族长辈交流 时最方便的语言	242	98.0	3	1.2	2	0.8	0	0
跟一般朋友交流时 最方便的语言	177	71.6	56	22.7	11	4.5	3	1.2
本地赶场交流 最方便的语言	79	40.0	138	55.9	26	10.5	4	1.6

调查数据显示，同瑶山乡一样，绝大多数村民对自己的母语存在很高的自信度，91.1%的受访者在"自己最熟悉的语言"这一问题中选择了本民族语，9%的受访村民则认为兼用语的熟悉程度高于本民族语，我们通过对这部分村民的基本情况进行调查之后得出了与瑶山乡同样的结论，即此类村民均为在校学生，因学校课堂教学以普通话为主，本民族语的使用范围变窄，使得语言人的语言功能认同也发生了改变。超过 96%的受访村民在家庭语言使用便捷度中选择了本民族语，这个数据低于瑶山乡，但因本族长辈世代使用本民族语，甚至有些只懂本民族语，因此在跟他们交流时，两个乡选择本民族语的人都占绝大多数。

在社区环境中，瑶麓乡瑶族在语言便捷度上呈现出多样化的选择。在跟一般朋友交流时仍有超过半数的受访村民选择了本民族语，但是在本地赶场时选择使用本民族语的竟不足 50%。这是由于瑶麓乡族际通婚、多民族聚居以及地区开发程度高所造成的。

（2）跨社区语言功能认同

表3-34　　　瑶麓瑶族乡受访者跨社区语言便捷度认同表（N=247）

使用语言 考察项	本民族语		汉语方言		普通话		其他	
	人数 （人）	比例 （%）	人数 （人）	比例 （%）	人数 （人）	比例 （%）	人数 （人）	比例 （%）
到政府机关办事与 干部交流时 最方便的是	85	34.4	131	53.1	30	12.1	1	0.4
县城与本民族同胞 交流时最方便的是	184	74.5	49	19.8	14	5.7	0	0

较之瑶山乡，瑶麓乡瑶族在跨社区语言便捷度认同方面、认同本民族语的情况都要低一些。尤其是与政府机关干部交流时，一半以上的受访村民都选择了汉语方言，这是因为当地政府机关干部大多数都是从其他乡镇到瑶麓乡任职的，几乎不会说瑶语，只有极少数为本民族乡干部，而瑶山乡乡政府干部许多都是本民族的人担任，瑶语沟通起来较为便利。值得注意的一点是，两个乡的村民在县城遇见本民族同胞时，更多的人倾向于使用本民族语，这其中除了人们对语言功能认同的便捷度以及对母语的认可度之外，也有语言情感因素的影响，下一节我们将对此展开分析。

（二）语言情感认同的对比

语言情感认同包括了语言人自身的情感认同以及语言人对群体中其他成员的语言情感认同。主要考察了语言人对母语的情感认同度、语言人对交际对象语言选择的情感认同度、语言人对本民族语作为第二语言使用的态度。下面将从两个乡的语言情感认同来分析语言人的态度选择。

1. 语言人对母语的情感认同度

（1）瑶山瑶族乡村民语言情感的认同

下表是我们通过问卷调查所获取的瑶山乡瑶族村民语言情感认同方面的数据。

表3-35　　　瑶山乡村民自身对母语的情感认同（N=251）

语言态度 考察项	很亲切		有点亲切		无所谓		没什么特殊感觉		很不舒服	
	人数 （人）	比例 （%）	人数 （人）	比例 （%）	人数 （人）	比例 （%）	人数 （人）	比例 （%）	人数 （人）	比例 （%）
在县城有人用你 自己的民族语跟 你交谈时你会	188	74.8	13	5.2	20	8.0	28	11.2	2	0.8

续表

使用语言 考察项	本民族语		汉语方言		普通话		其他	
	人数（人）	比例（%）	人数（人）	比例（%）	人数（人）	比例（%）	人数（人）	比例（%）
与汉语相比，你觉得自己讲哪种语言更流利	231	92	5	2.0	15	6.0	0	0

数据显示，瑶山乡村民自身对母语的情感认同度比较高，民族情感强烈。在对母语的认可问题上，92%的受访村民都选择了本民族语作为日常交际用语更为流利，这说明本民族语的使用频率很高，使用范围较为广泛；而在县城听到别人用瑶语进行交谈时，74.8%的受访者会认可这种行为，并且感到亲切，这是民族情感的强烈体现，而0.8%的人认为不舒服主要是因为瑶语相比布依语、苗语稍难一些，很少有别的民族的人会说，通常非本民族的人说瑶语都发音不准确，容易出现歧义。这一点也从侧面说明了瑶山乡瑶族村民对自身母语有着很强的情感认同和文化认同，同时这也与我们上面所论述的语言功能认同相关。

（2）瑶麓瑶族乡村民语言情感的认同

同瑶山乡相似，瑶麓乡瑶族村民对母语的情感也非常强烈。接近90%的受访村民在语言流利程度中选择了本民族语，这很大程度上是由于语言环境和语言受众者影响所致。同时，在面对别的民族使用本民族语的问题上，大多数受访者选择了感觉很亲切，只有少数人认为"无所谓"或者"没什么特殊感觉"。详细数据见下表。

表3-36　　　　瑶麓乡村民自身对母语的情感认同（N=247）

语言态度 考察项	很亲切		有点亲切		无所谓		没什么特殊感觉		很不舒服	
	人数（人）	比例（%）	人数（人）	比例（%）	人数（人）	比例（%）	人数（人）	比例（%）	人数（人）	比例（%）
在县城有人用你自己的民族语跟你交谈时你会	178	72.1	24	9.7	20	8.1	23	9.3	2	0.8

使用语言 考察项	本民族语		汉语方言		普通话		其他	
	人数（人）	比例（%）	人数（人）	比例（%）	人数（人）	比例（%）	人数（人）	比例（%）
与汉语相比，你觉得自己讲哪种语言更流利	222	89.9	11	4.4	13	5.3	1	0.4

2. 语言人对群体中其他成员的语言情感认同

（1）瑶山瑶族乡村民语言情感的认同

表3-37　　瑶山乡村民对家庭成员语言选择的情感认同（N=251）

使用语言 考察项	本民族语		汉语方言		普通话		其他	
	人数 （人）	比例 （%）	人数 （人）	比例 （%）	人数 （人）	比例 （%）	人数 （人）	比例 （%）
在家中你最希望家里人跟你用什么语言交谈	200	79.7	18	7.2	33	13.1	0	0

表3-38　　　对待外出打工者背叛母语行为的态度（N=132）

语言态度 考察项	痛骂他一顿		不搭理他		用本民族语跟他讲		用汉语跟他讲		无所谓		很高兴	
	人数 （人）	比例 （%）	人数 （人）	比例 （%）	人数 （人）	比例 （%）	人数 （人）	比例 （%）	人数 （人）	比例 （%）	人数 （人）	比例 （%）
A	1	0.8	14	10.6	26	19.7	28	21.2	38	28.8	25	18.9

说明：表中A代表"在村里有人外出回家后只讲汉语，不讲本民族语，你会……"，此项针对中老年调查对象。

通过对上文表中数据进行分析，我们发现瑶山乡村民对群体中其他成员的语言情感认同方面存在以下特征：（1）在家庭成员语言选择方面，人们对母语的忠诚度比较高。79.7%的受访者表示希望家庭成员用本民族语进行交流，这表明受访者对母语存在很强的主体地位意识。但与此同时，家长对子女的语言使用存在不同的选择，13.1%的受访者选择了在家庭语言环境中希望家人使用普通话，这表明一方面希望稳固本民族语的主题地位不变，另一方面又希望子女更多地掌握全民统一的语言，即普通话。（2）在针对中老年受访者所提出对待外出打工者背叛母语行为的问题中，我们可以看到，数据相对分散，受访者的态度差异较大，28.8%的受访村民对此感到无所谓，21.2%的村民坚持用汉语进行交流，而19.7%和18.9%的村民分别选择了用本民族语交流和感到很高兴。这表明了，中老年群体对于年轻人母语的背叛行为表现出了多元的态度，一方面受访者认为多语言的习得对母语人更好地适应现代社会具有重要作用，但另一方面，受访者也为母语的使用频率及人群下降而感到担忧。

（2）瑶麓瑶族乡村民语言情感的认同

表3-39　　瑶麓乡村民对家庭成员语言选择的情感认同（N=247）

使用语言 考察项	本民族语		汉语方言		普通话		其他	
	人数 （人）	比例 （%）	人数 （人）	比例 （%）	人数 （人）	比例 （%）	人数 （人）	比例 （%）
在家中你最希望家里人跟你用什么语言交谈	189	76.6	28	11.3	28	11.3	2	0.8

表3-40　　对待外出打工者背叛母语行为的态度（N=132）

语言态度 考察项	痛骂他一顿		不搭理他		用本民族语 跟他讲		用汉语 跟他讲		无所谓		很高兴	
	人数 （人）	比例 （%）	人数 （人）	比例 （%）	人数 （人）	比例 （%）	人数 （人）	比例 （%）	人数 （人）	比例 （%）	人数 （人）	比例 （%）
A	2	0.8	11	8.3	34	25.6	48	36.3	16	12.1	21	15.9

说明：表中 A 代表"在村里有人外出回家后只讲汉语，不讲本民族语，你会……"，此项针对中老年调查对象。

通过对上述数据的分析，我们发现：（1）在家庭成员语言选择上，两个乡绝大多数受访者均以本民族语作为首选语言，并且对汉语方言和普通话并不排斥，反而希望在与子女的交流中使用汉语方言或普通话。（2）在对待背叛母语的行为态度上，36.3%的瑶麓乡中老年受访者选择了用汉语跟他们交流，这说明，中老年人对年轻人语言选择的态度是兼容并包的，但是也有25.6%的受访者坚持用本民族语进行交流。采访中发现，在语言竞争条件下，非母语对母语造成的冲击是存在的，但是，少部分年纪较大的老人因从小只会说本民族语，因此他们反对年轻人在家庭环境、本族村寨中使用非民族语，认为这种现象是忘本，是不能容忍的。除此之外，大多数村民对非母语介入造成的母语危机仍旧保持着乐观、辩证的态度。

三、结论及建议

（一）本文结论

通过上文对瑶山乡及瑶麓乡在语言态度上的对比分析，我们得出以下结论：

1. 地区经济发展影响了语言人对母语的自信程度，较为开放的地区母语自信程度较低，反之则较高。从第二项语言功能认同中对母语的自信程度调查中，我们可以发现，经济发展相对较慢，开放程度较低的瑶山乡村民的母语自信程度高于经济发展较好的瑶麓乡。原因在于瑶山乡较为闭塞，并且经济水平较低，是荔波县的贫困乡，①瑶族语言和文化保留较为完整，还有语言环境和群体较为固定，因此对母语的自信度较高。

2. 政府对地区语言文化的政策偏向对语言人的语言态度有着重要的影响。瑶山乡政府着力当地民族旅游和文化保护，修建有瑶族展览厅同时有专门的民族歌舞表演团体，打造当地瑶文化。政府的政策支撑使当地村民的民族认同感和自豪感上升，语言情感强烈，这相比瑶麓乡有很大的优势。

3. 地区开放程度与语言多元化的发展有很大的关联。瑶麓乡的领导干部大多从县城或者其他乡镇调去任职，本民族乡干部较少，再加上瑶麓乡地理位置位于公路周边，与邻近的乡镇联系方便，地区的开放程度在一定程度上比瑶山乡优越，在语言的选择上也表现为多元性，而瑶山乡却相对闭塞。

（二）建议

语言使用和语言态度是一对紧密联系的共同体。语言态度在主观上决定了语言使用者的对象和受众范围，而语言的发展受到了语言使用和语言态度二者的叠加影响。根据上述结论，提出以下两点建议：

1. 政府部门应当制定相关的民族语言文化保护政策，提升母语人的民族自信度，同时对非民族语的介入应持辩证态度，即在保护原有民族语言和文化的前提下，推进少数民族地区普通话的发展。任何事物都不可能在一个封闭的环境中生长，语言和文化亦如此，脱离了整个社会的轨道，就不可能有好的发展空间。

2. 地区经济的发展应该与当地民族语言文化相协调。地区的经济发展可以有多种形式，但是民族文化的传承却只有一种行径。重视经济发展不强调文化保护的发展模式是不平衡的，我们民族地区应该充分利用各民族文化的优势，以自身的特色为发展基础，在保护的前提下发展，这样经济发展同文化保护才能相辅相成。

四、结语

本文基于社会调研所得数据，对贵州省荔波县瑶山瑶族乡和瑶麓瑶族乡瑶族的语言使用情况和语言态度进行了对比，比较分析了因地区开放程度和政府政策偏向的不同所表现出来的语言态度差异。结论部分指出，同一民族的不同地区因地区开放程度的不同以及当地政府对民族文化政策偏向的不同都会对民族地区语言的使用和语言态度造成影响。

---

① 数据由瑶山乡政府提供。

第五节　洞塘乡瑶寨瑶族语言使用现状个案研究

一、瑶寨基本概况

洞塘乡是荔波县的南大门，与茂兰镇、立化镇、永康水族乡、翁昂乡毗邻，与广西环江县川山镇、驯乐苗族乡接壤，距离荔波县城30公里。洞塘乡辖新街、老场、木朝、三合、懂朋、尧所、计才、板寨、久安、洞腊10个行政村，74个村民小组。洞塘瑶寨是荔波县境内长衫瑶族中居住最早、人口最多的一处瑶族山寨。它位于洞塘板寨西南部，相距板寨和黎明关均为1公里。洞塘乡的瑶族属于瑶族家族中的一个支系叫"长衫瑶"。顾名思义，衣衫较长，女人们通常外面穿中长裙，里面穿超短裙，超短裙的数量为7条、9条、11条不等，各人穿的数量多寡视家境而定，但必须是单数。目前在我国，长衫瑶人数已不多，不过五百人左右，多住在贵州荔波县洞塘乡板寨村瑶寨组，有少部分在翁昂乡洞常和茂兰镇瑶埃。

二、调查情况概述

2011年7月12–13日，中央民族大学"西南民族杂居地区语言关系与语言和谐研究"课题组在负责人周国炎教授带领下，赴荔波县洞塘乡瑶寨就该村瑶族的语言使用情况进行调查。调查以入户填写问卷为主，并结合采用重点访谈，实地观察等方法。

共发放问卷35份，回收35份，有效问卷比例为100%，对不同年龄段语言掌握母语程度和兼用情况进行调查。调查对象相关信息详见下表。

表3-41　　　　洞塘乡瑶寨瑶族调查对象基本信息（N=35）

基本信息项		受访人数（人）	比例（%）	基本信息项		受访人数（人）	比例（%）
问卷数	有效问卷	35/35	100	第二语言	汉语	33	94
性别	男	15	43		布依语	2	6
	女	20	57	文化程度	文盲	9	25.7
年龄段	10—19	14	40		小学	9	257
	20—39	5	14		初中	16	46.8
	40以上	16	46		中专	1	3
母语	瑶语	35	100	职业	在家务农	20	57
	汉语	0	0		学生	15	43
	布依语	0	0		外出打工	0	0

说明：表中"母语"一项的比例为选择该语言的人数与瑶族被试总人数之比；"第二语言"一项，"汉语"、"布依语"项为选择汉语或者布依语的人数与瑶族被试总人数之比。

此次调查涉及语言使用的各个方面，包括不同场合瑶族的语言使用（母语的使用情况）、语言兼用情况、语言兼用的条件、各民族对待母语和兼用语言的态度、双语生活中反映出来的民族关系、语言关系等。由于瑶寨是瑶族的一个聚居村寨，调查对象也都是瑶族。当地的瑶族主要掌握两到三种语言，即本民族语、汉语方言和布依语，母语保存完好，同时当地的瑶族几乎都会讲汉语，语言兼用的现象较为普遍，调查对象绝大多数为在家务农的村民和学生，文化程度普遍较低，75.56%在小学文化程度以下。

除问卷调查以外，我们还对包括村干部在内的多名村民进行了重点访谈。通过访谈，一方面了解到了该村各民族相互交往的现状和历史，对该村民族关系、语言关系以及民族间和谐相处的情况有较为全面的掌握，另一方面也间接地了解到外出务工人员在外打工期间以及返乡后的语言使用情况和在语言使用、语言态度方面的变化。

三、瑶寨语言的使用特征

我们所调查的洞塘乡瑶寨是瑶族聚居地，瑶语是瑶寨瑶族日常生活中的主要用语，不仅语言保存完好，而且通行范围较广，与此同时，当地瑶族除极个别兼用布依语外，都兼通汉语，汉语在很多场合都起到族际语的作用。但是瑶寨的少数瑶族由于与附近的布依族经常往来，也能够用布依语交流，所以洞塘乡瑶寨的瑶族语言使用情况是在家庭内部或社区内主要使用瑶语，在赶场等社区间的活动则大多使用汉语/布依语，而汉语主要用于学校教育、政府机关以及商店、医院等场合。总体而言，瑶寨瑶族都熟练掌握本民族的语言，在传统的生活领域中，家庭成员和本民族成员之间主要以母语作为交际工具，与其他民族交际时则主要使用汉语，极少用布依语。

（一）民汉型双语使用特征明显

在同一社区，两种或两种以上语言同时使用，一个语言群体在使用母语的同时又兼用别的语言的情况称为双语现象（bilingualism）。在瑶寨，真正意义上的单语人是不存在的，当地的瑶族几乎每个人都在熟练掌握瑶语的同时，不同程度地兼用汉语。根据本族语和兼用语的社会交际功能不同，瑶寨的双语属于民汉型双语类。①洞塘乡瑶寨的瑶族居住相对集中，在家庭和本村内部交流中主要使用本民族语交流，近年来由于和外界接触的需要和教育的普及，瑶寨的瑶族除少数懂布依语外，都能熟练地用汉语与外界交流。在 89 位受访者当中，94.3%是掌握母语和汉语的双语人，所占比例

---

① 民汉型双语指某一少数民族以本民族语作为主要交际语，同时又兼通汉语的双语类型。

很大，在当地非常具有代表性。

（二）语言兼用普遍

语言兼用是我国少数民族地区普遍存在的一种语言现象。瑶寨作为典型的民族聚居地区，当地的瑶族需要准确地传递信息，进行有效地交际活动，在日常生活中不可避免地需要根据交际环境或交际对象的不同，使用两种或两种以上的语言。在瑶寨瑶族的语言生活中，语言兼用是非常频繁的事，毫不夸张地说，只要有使用两种以上语言的人出现在同一交际场景中，并发生了语言交际行为，就必然会出现语言兼用。根据交际场景的不同，我们把瑶寨各民族之间（有时也包括本民族在内）相互交际时出现的语言兼用现象分为如下几种：

1. 家庭内语言兼用

在瑶寨，民族间通婚的现象并不多，而且属于同一民族的家庭成员之间往往更习惯用母语进行交际，但以下情形常常会导致家庭内部语言交际过程中出现语言兼用现象。

随着民族地区经济的发展，在瑶寨的各个自然村寨中，越来越多家庭配备有电视机，它成为家庭成员的一个重要娱乐方式。家庭成员之间在谈论电视内容或接触到的其他新鲜事物，往往会先用瑶语，而涉及一些用母语无法表达的概念或内容时，常常需要转用汉语，或部分转用汉语，如子女用夹杂着汉语的母语向汉语程度较低的长辈讲述感兴趣的电视剧情。在有学龄儿童的家庭中，家长在与孩子谈论学习内容或学校中发生的一些与学习有关的内容时，常常需要进行兼用汉语。当地的瑶族孩子都在乡里的学校就读，接受的是汉语文教学，课本为全国统一编写，课堂教学语言为汉语，多数课程采用普通话授课，因此，孩子放学回家后谈学校的事情或在学校里所学的东西时，通常使用的都是汉语，或夹杂着汉语的瑶语，即交谈中通常要在句间或句内进行语码转换。家长指导孩子做功课或询问学校中与学习相关的事情时也常常需要兼用汉语。

通过入户调查，我们了解到寨子里的孩子很多从学龄时期开始，家长多出于保证孩子完成九年义务教育的需要，在家就有意识地培养孩子的汉语听说能力，用汉语询问孩子学习和生活上的情况，常常需要进行语言兼用。有少数家庭的孩子因为父母过早地开始对孩子进行汉语教育，随着年龄的增长和学校汉语文教育，他们在家只听得懂父母或长辈说的民族语，回答父母的询问或与家里的长辈交谈用汉语的现象。

随着外出打工人员的不断增多，尤其是20世纪90年代以后，瑶寨的瑶族青年有机会接触到外面的新鲜事物，他们的思想意识以及价值观开始发生变化，对一些事物的认识往往需要借助汉语才能准确地表达，很多外出打工返乡的青年和家里的长辈在交流都可能会需要进行词语和语句的语言兼用。随着社会开放程度的进一步加深，民族地区与外界的交往也日益广泛，少数瑶族家庭中有外地、外民族客人来访已经是很平常的事情了。如果是本地的外民族来访，来访者精通所访对象的民族语或是能用该语言进行交流时，主人无需进行语言兼用，或语言兼用的频率低；如果来访者不懂该语言，主人则需要转用来访者的语言或某种中介语。在这种场合，瑶族家庭成员之间也可以继续使用母语进行交流，或为了便于来客知道所交谈的内容，也可转用客人所熟悉的语言。

2. 社区内语言兼用

社区内语言兼用主要指村民在本村内各种场合交际时进行语言兼用的情况。

在瑶寨，瑶族都以汉语作为主要的兼用语言，除少数年长的瑶族老人外，一般都能不同程度地用汉语交流。在村寨内，瑶族老人在村中相遇，如无特殊情况，一般都用瑶语交流，很少转用汉语或别的民族语言；老人与青年人在无外民族的情况下，交谈通常也不转用汉语或其他语言，而青年人与本族长辈交谈出于尊敬对方，一般都用瑶语交流，很少转用汉语或别的民族语言，不需要进行语言转用；但在遇到其他民族的长辈，往往会转用汉语进行简单的寒暄，如懂对方民族的语言，也会转用对方的民族语进行交流，表示尊敬。同一民族的青年人之间简单的寒暄，始终用母语交流，不需要进行语言转用，但如果谈话内容无法用母语表达或不方便对方的理解，这时往往借助汉语达到准确表达、方便双方交流的目的；而两个同一民族的外出打工青年，回到村寨中，往往是在有长辈在场的情况下用民族语交流，而私下的交流，会转用汉语。

3. 跨社区语言兼用

定期贸易的集市不仅方便了边远地区群众的日常生活需要，加快商品流通的速度，促进经济的发展，而且是当地各个民族跨社区交流的主要场所，因此，集市上语言的选用和兼用情况比较复杂。

瑶寨的瑶族属于"长衫瑶"。顾名思义，衣衫较长，女人们通常外面穿中长裙，里面穿超短裙，超短裙的数量为 7 条、9 条、11 条不等，各人穿的数量多寡视家境而定，但必须是单数。瑶寨长衫瑶族服饰，标志最为明显的是男性，长衫瑶男子用很长一匹青布包头，包裹起来像尖塔形，身穿长衫（因此得名），穿藏青色长裤，布料为土纺织棉布，用兰靛青染色自缝衣裤。妇女头发盘挽成结，所穿衣裤用上述布料一样制作，唯独对臀部用多层包裹着，外观上看上去很肥大，妇女用同样青布包头，外套背牌只当做打办使，但包头略矮，头髻插银簪，胸前佩戴银项圈。在集市交流时，部分瑶寨的瑶族完全可以通过民族服装和服饰来判断是否为同一民族，然后决定语言的选用。

通常，和自己着装明显不同的少数民族交流，首先选用汉语，如果在交流的过程中，发现自己懂对方的民族语，或是对方会说自己的民族语，出于贸易或其他方面的动机，想和对方拉近沟通的距离，往往会专用对方熟悉的民族语进行深入的交谈。但在集市贸易场所，和未着民族服装、不熟悉的同族初次交流首先选用汉语，而且在交际过程中，随着交流内容的深入，出现语言兼用的概率非常高。在语言交际方面，陌生人之间通常都选用汉语，尤其是男性，在交际过程中知道对方是同族（少数民族），经常也会转用本民族语，但不同支系的瑶族之间即使知道对方是同族，也只能用汉语。不同民族之间交流时，如果在场没有汉族或其他不认识的外人，通常会选用权威语言，在瑶寨是瑶语。

四、语言态度调查分析

对洞塘乡瑶寨语言态度的调查，我们主要关注以下几个方面：语言人母语能力的自信度、语言人对当地主要少数民族语言交际功能的认同、语言人自身的语言情感认同、语言人对群体中其他成员的语言情感认同、语言人对本民族语作为第二语言使用的态度。语言人语言态度方面的数据资料主要通过问卷调查获得，一部分则来自重点访谈。本节主要从语言的社会交际功能和情感认同两个主要方面来对瑶寨瑶族的语言态度进行调查和研究。

（一）语言的社会交际功能认同

语言的社会交际功能认同主要考查了语言人对于使用母语交际的自信心，与不同交际对象和在不同交际场合语言的选用和使用的倾向性。

1. 语言人母语能力的自信度

在本次调查中，我们发现瑶寨是一个相对封闭的全瑶族村寨，相对于周边村寨，人口较少，同时由于瑶寨地处山区，与外界接触较少，很多不方便外出的老人也都只会讲当地的瑶话，无法与人交流。全瑶寨均是以瑶语为母语的瑶族，且瑶族几乎都能在家庭、村寨和本民族成员内部讲一口流利的本民族语。而我们从问卷数据也可以看出，瑶寨91.4%的瑶族受访者认为自己最熟练的语言和交流最方便的语言都是本民族语，这在很大程度上表明当地的瑶族对自己的母语交际能力普遍感到自信。在瑶寨的传统生活领域中，瑶语不仅能准确地表达思想，有效地达成交际，而且，对于瑶族来说，母语更能充分地表达他们的情感。因此，在大多数人的心目中，母语在瑶寨的作用自然要比汉语大。

2. 交际对象与语言交际功能的认同

根据不同的交际对象选用不同的语言，这是双语社团普遍存在的语言使用特征，一方面与语言使用习惯有关，另一方面也反映出双语社团中语言人对特定语言社会交际功能的价值认同。在瑶寨，瑶族是当地唯一的民族，因此在家庭成员之间，关系较近的朋友之间以及晚辈对长辈之间的交流，几乎都倾向于使用母语，只有在与一般朋友（包括其他民族）交际时，倾向于使用汉语或其他少数民族语言的人多一些。

在瑶寨，瑶族与本民族成员之间的交际主要使用母语，而在跨社区的情况下，与本民族成员之间以及与其他民族之间的交际则面临语言选用的问题。与其他民族成员之间交际选用汉语或其他少数民族语言往往出于方便交流的考虑。瑶语在瑶寨尽管使用范围广，但其作为族际语的程度远不及汉语，瑶族在不确定对方民族身份的情况下，往往以当地汉语方言作为交际的首选用语。洞塘瑶寨是荔波县境内长衫瑶族的唯一聚居地，走出了瑶寨，交际语言的选用通常都只能是当地汉语方言，略通当地其他少数民族语言（如布依语）的人则视交际对象的情况而定。此外，在调查中，我们也发现在跨社区的许多场合，不少瑶族也存在着轻视本民族语言文化的心理而选用汉语的现象，认为自己的民族发展落后，自己民族语言难听，在公共场合选用本民族语言担心会让自己丢脸，别人会看不起；在对和自己不同的民族进行交流时，也常常要考虑在场的其他民族听到自己用本民族语言交流后的反应，为了不引起别人反感，有时在可以使用母语交际的地方也选用汉语。可以说，在很多场合，汉语仍充当主要的族际语。

3. 交际场合与语言交际功能的认同

本民族成员之间在本社区之外的其他场合也会选用汉语或其他民族语言进行交际。瑶寨到荔波县城相距遥远，由于交通不便，人们经常会赶洞塘乡场。赶场时人们与本民族相遇时，更愿意用本民族语言进行交际。到本地集市做买卖或者去政府机关办事，大多数人选择使用汉语作为主要交际语言。瑶寨瑶族在社区以外其他场合选用交际语的情况详见下表：

表 3-42   瑶寨各族受访者认为社区外各种场合交谈时最方便的语言

民族语言	交际场合	本地集市		政府机关①		县城②	
		人数（人）	比例（%）	人数（人）	比例（%）	人数（人）	比例（%）
瑶族	母语	22	63	15	43	21	60
	汉语	13	37	20	57	14	40

① 指到乡政府办事时的语言选用。

② 指到县城办事，遇到本民族成员时的语言选用。

此外，从语言交际功能的角度来看，瑶寨越来越多的人能充分认识到普通话的重要性，对普通话的评价普遍高于自己的方言。在推广普通话的大前提下，说普通话的瑶族学生越来越多，使用普通话的场合也越来越多，甚至在与家族内部的长辈交流也会使用普通话。整个普通话使用的情况是：与外地人交往或正式的场合用普通话；居家、乡党聚会等较为亲近随意的场合用当地汉语方言，普通话与方言各有分工，并存并用，各得其所。任何一种语言或方言，只要能满足该交际社团的需要，从它自身的结构来说，就无所谓好坏。学生普遍地认为普通话好听，喜欢普通话，他们的评判标准不是语言标准，而是社会标准，是社会价值观念在他们头脑中反映的结果（刘红，1993）。

（二）语言情感认同

语言情感认同主要考查语言人在不同环境中语言选用方面的情感倾向以及对不同语言（语言人所能接触到的语言）的情感价值判断。我们通过语言人自身的语言情感认同、语言人对群体中其他成员的语言情感认同、语言人对本民族语作为第二语言使用的态度来考察这一问题。情感认同更多的是一种个体和集体的自然心理认同，具有与生俱来的性质，它与语言使用者一种天然的、难以割舍的内在联系。

1. 语言人自身的情感认同

人是家庭和社会的一分子，其行为总是要受到家庭和社会一定的约束，语言行为也是其中的一个方面。在民族地区的传统家庭和社区中，对母语的忠诚是家庭和社会对本民族语言人的基本要求，被视为认同本民族的一个重要标准，而对放弃母语的本民族成员意味着背叛自己的民族，其行为必然会受到家庭成员和社区成员的严厉谴责，并会排斥其参与到本民族的集体活动或是集会中来。所以，在很大程度上，语言人在家庭和社区内使用什么语言进行交际要受到家庭和社会对民族文化情感的影响。我们对瑶寨瑶族在家庭和社区语言行为方面的情感因素进行了调查，结果发现，在所有 35 位受访者中，有 31 位希望在家里用本民族语交流，占 88.57%；有 2 位希望用汉语交流，占 5.71%；此外 1 位希望用布依话交流和 1 位希望用瑶语和汉语两种语言交流，分别仅占 2.86%，他们大多是在校学生，主要是由于长期在学校接受普通话教学的缘故。而和汉语相比，94.29% 受访者毫不犹豫地认为是民族语说得更为流利，在调查中发现有 1 位的受访者的瑶语和汉语说得一样熟练，有 1 位瑶寨的男性受访者因为和附近村寨的布依族经常来往，他的汉语、布依语和瑶语说得一样流利。

在家庭和社区的语言氛围之外，大多数受访者表示：听到讲自己的民族语言都会有一种亲切感。瑶寨主要是瑶族，并以汉语为主要兼用语，但听到有人说自己本民族语言，大多都觉得很亲切。在本次访问的 35 位受访者中，65.71% 的人表示在县城、单位听到别人用自己的民族语言讲话时，会"感到很亲切"，20% 表示会"有点亲切感"。多数受访者对别人的语言使用习惯表示尊重，在用民族语与人交谈时，如果对方用汉语回答，68.57% 的受访者会"马上改用汉语"，17.14% 的受访者会"坚持使用本民族语"，只有极少数人会觉得"不舒服"，认为对方这样做是不尊重自己的民族语使用习惯。在外打工的青年回到家也往往会在遇到长辈时马上用本民族语与他们交流，表示尊重。而在村里和伙伴或一起打工的朋友交流时，大家更会用汉语聊一些外面新鲜的事情。

　　而在"关于哪种语言讲得最好听"这一问题的调查中，只有 10 位受访者对自己讲本民族语非常自信，认为自己的民族语讲得最好听；18 位认为自己的汉语讲得好听，其中 10 位认为自己的普通话讲得更好听；8 位认为自己的汉语方言讲得好听，仅有 3 位认为自己的民族语与汉语或普通话都讲得好听。而涉及"接触过的语言哪种最好听"的调查中，只有 10 位受访者认为本民族语最好听，9 认为普通话最好听，7 位觉得当地汉语方言好听。

　　2. 语言人对家庭和社区内其他成员的语言情感认同

　　随着民族地区经济和社会文化的发展，人们对待家庭和社区内语言选用的态度也发生了一些转变。尤其是在 20 世纪 80 年代开始出现的打工潮，瑶寨的外流人口逐年增多，绝大多数的年轻人都有外出打工的经历，少数民族双语的发展进入到了一个全新的时期。一个显著的变化：在家庭和本村的范围内，外出打工的年轻人每到年关大量返乡，回到家乡后说汉语，人们也只是议论一下，不再痛骂和指责。

　　本次瑶寨的调查显示，几乎所有人都对从外回来的年轻人讲汉语的现象无所谓了，觉得社会正在改变，一部分会讲汉语的长辈还会用汉语和他们交流。其中，32% 的受访者对于子女打工回家使用汉语甚至觉得很高兴，认为这是一种外出打工、融入社会的需要，但在家也多和子女讲本民族语。有 14.67% 的受访者更表示会用汉语和他们直接交流，要多了解外面的世界，另有 5.33% 家长表示对于子女回乡使用何种语言持无所谓的态度，一切顺其自然。只有 2.67% 的年老的长辈对外出打工者回乡后只讲汉语不讲本民族语的现象很生气，认为是对自己民族的背离，表示会不搭理他/她。

　　此外，在入户调查中，有 28% 的受访者反映子女打工回来只要一进村都会用民族语与人交流，甚至村里的一些长辈反映子女从外地会定期打电话回家，都是用民族语和他们交流。而对于有其他民族的成员向他们学习民族语的情况，80% 的受访者都会很高兴地教他/她，但这其中的一部分受访者也表示听到其他民族的人讲自己民族的语言很生硬，听起来有些别扭。

五、发现的主要问题及解决措施

在调查中，我们发现瑶寨语言使用中出现的突出问题主要表现在瑶族文字意识淡薄。瑶寨作为一个瑶族聚居的村寨，瑶语不仅保存完好，而且在瑶寨中通行范围较广。但在调查中，我们发现很多瑶族的青少年并不知道瑶文，他们对瑶语的掌握往往是只会说，不会写、认。

这种现象的产生不是偶然的，而是有社会、经济、文化、教育等多方面的因素。家长迫于学校义务教育的压力，往往是重视孩子对汉语的学习，而忽视了孩子对母语文字的学习，认为只要会说母语就可以了。甚至很多家长都是只会说瑶语，不识瑶文。当地学校的双语教学也因升学的压力受到影响，瑶族对汉语学习的愿望强烈，在同龄人中以讲一口流利的普通话为荣，学生往往也认为瑶语会说就可以了，忽视了瑶文的学习。这都在很大程度上影响了瑶族传统文化在社会发展新时期的传承和发展。而随着瑶寨越来越多的年轻人不满足现状外出打工，他们普遍认为汉语不仅能够让瑶族人更好地与外界接触和交流，而且是一种谋求生存和发展的语言资源，也在一定程度上影响了瑶寨的同龄人对汉语的看法，他们片面地认为现在学好汉语更重要。

针对以上问题，我们需要从社会、家庭、学校三个方面来加强对瑶族语言文字学习的重视。在社会方面，主要是建议当地政府的相关部门通过思想的引导，让瑶族人充分意识到瑶族的语言文字在瑶族文化传承中发挥的重要作用。在家庭方面，建议在培养汉语听说读写等能力的同时，家长能在家里与孩子沟通时和在社区内用瑶语交流的过程中，有意识地重视对瑶语文字的学习。在学校方面，重视双语教学中瑶族语言听说读写的全面学习。

第六节　瑶山乡瑶族母语与基础教育现状

一、概述

瑶山瑶族乡位于贵州省荔波县西南部，是贵州少有的几个瑶族乡之一。全乡有 46 个村民小组，1538 户 6106 人，是一个瑶族、布依族、水族、苗族等多民族杂居的地方。各民族都保持着独特的文化，民族间频繁地交往促进了各民族语言和文化的相互影响。为了了解瑶山瑶族乡瑶族、布依族语言使用情况及各民族语言的和谐与关系，2011 年 7 月，由中央民族大学少数民族语言文学系老师、博士生、硕士生以及本科生一行人组成的"中国西南民族杂居地区语言和谐与关系"课题组深入该地区进行了为期 11 天的田野调查。课题组采用了重点访谈、入户随机抽样调查、实地观察、母语熟练程度测试以及深度访问等方法获取丰富的第一手资料，详细了解了瑶山乡瑶族、布依族语言使用和语言关系及语言和谐的情况。少数民族地区基础教育情况也是本次调查的主要内容之一，本文将以收集的数据资料为基础，对瑶山瑶族乡少数民族基础教育及其与少数民族母语的关系进行简要的介绍。

二、瑶族母语现状

（一）受访者基本信息

表 3-43　　　　　　　　　受访者基本信息表

背景	性别		年龄				文化程度					
	男	女	<20	20-40	40-60	>60	文盲	小学	初中	高中	中专	大专以上
样本	133	118	58	130	49	14	71	127	47	2	0	4
%	53.0	47.0	23.1	51.8	19.5	5.6	28.3	50.6	18.7	0.8	0	1.6

共回收瑶族有效调查问卷 251 份。在 251 位受访者中，27.5%的人有过打工经历。就从事职业来看，有 72.5%的人在家务农，21.9%的学生，其他职业占 5.6%。

（二）母语使用情况

1. 母语使用及使用水平基本情况

表 3-44　　　　　　　瑶山乡瑶族母语水平统计表

本民族语水平[①]	非常流利	比较流利	一般	会说日常用语	听得懂但不会说	听不懂
人数（人）	239	4	1	1	0	0
比例（%）	97.6	1.6	0.4	0.4	—	—

从回收问卷来看 251 位受访者中，有 250 人表示自己母语为瑶语，仅 1 名 14 岁学生表示自己母语为汉语，同家人均使用汉语方言交流。在母语为瑶语的 250 人当中，97.6%的人认为自己的母语非常流利，1.6%的人则表示母语比较流利，各有 0.4%的人分别表示自己母语水平一般或达到日常用语水平。由此可见，瑶山乡瑶族母语水平较高。

---

① 该项问题有 6 人未做选择。

2. 家庭中母语使用情况

表 3-45 　　　　　　　　　　**家庭中语言使用情况表**

	本民族语	汉语方言	普通话	其他语言
在家和母亲经常使用的语言（人数，%）[1]	237，99.6	1，0.4	0，—	0，—
在家和父亲经常使用的语言（人数，%）[2]	236，99.2	2，0.8	0，—	0，—
在家和爷爷奶奶经常使用的语言（人数，%）[3]	222，99.6	1，0.4	0，—	0，—
在家和丈夫/妻子经常使用的语言（人数，%）	170，97.7	3，1.7	1，0.6	0，—
在家和子女经常使用的语言（人数，%）	154，93.9	9，5.5	1，0.6	0，—

由表 45 可以看出，在家庭中与不同对象交流使用母语的人均占 90%以上，其中父母同子女使用母语的人数比例与其他 4 项相比要低一些，只有6.1%的父母在家与子女沟通时常用汉语方言或普通话。

3. 社区中母语使用情况

表 3-46 　　　　　　　　　　**社区中语言使用情况**

	本民族语	汉语方言	普通话	其他语言
在村里和本民族人经常使用的语言（%）[4]	96.7	4.5	0.8	0
在村里与其他民族的人经常使用的语言（%）[5]	36.8	40.8	16.6	14.3

在本社区中，大多数人倾向于使用母语，只有当其他民族进入社区后，为了能够顺利地交流，大部分人倾向于使用本地通用的汉语方言。而选择在社区中使用普通话的人中，84.2%都为 20 岁以下的学生，他们在入学之后才开始接触汉语，并且习得了母语之外的第二语言—普通话，所以当其他民族进入社区后，他们通常都使用普通话与之交流。

---

① 该项问题有 13 人未做选择。

② 该项问题有 13 人未做选择。

③ 该项问题有 28 人未做选择。

④ 该问题为交叉选项，其中有 9 人未做选择。

⑤ 该问题为交叉选项，其中有 16 人未做选择。

4. 跨社区母语使用情况

表 3-47　　　　　　　　　跨社区语言使用情况[①]

	本民族语	汉语方言	普通话	其他语言
其他村寨里和本族人经常使用的语言（%）	89.3	0.8	0.3	0.3
其他村寨里和其他民族的人经常使用的语言（%）	25.6	51.7	1.7	18.8
集市上和本民族的人经常使用的语言（%）	84.4	12.7	0.7	0.2
集市上和其他民族的人经常使用的语言（%）	0.4	49.0	21.2	14.5
	是		不是	其他情况
课后和本民族伙伴用民族语交谈（%）	68.4		31.6	—
打工时和本民族同伴用本民族语交谈（%）	75.0		25.0	—

通过上表可以看出，即使是在跨社区的情况下，受访者仍倾向于使用母语与本民族同胞进行交流，多数受访者表示使用母语交流感觉更亲切。只有当母语不能顺利达成交流目的时，如在其他村寨和赶场时与其他民族交流时，汉语方言才体现了它作为族际交流工具的作用。

综上所述，我们认为，瑶山乡瑶族的母语应用能力普遍较强，数据显示，绝大多数人母语非常流利，只有少部分在校学生由于经常接触普通话或汉语言，母语水平较之成人相对较低。总体看来，瑶族母语交际功能保存较为完整，语言使用范围较广，在多数场合中依然发挥着重要作用。

三、瑶族基础教育现状
　　——以瑶山乡拉片村贵州人保财险希望小学为例

为了提高中华民族整体素质，培养社会主义接班人，促进社会主义现代化的建设，我国一直以来都实行科教兴国的战略。教育是立国之本，基础教育是教育的基石，特别是在农村地区，基础教育显得尤为重要，它对新农村建设和社会主义和谐社会的建设具有极其重要的意义。为了解瑶山乡瑶族地区基础教育的相关情况，我们在此次调研的同时，对瑶山乡拉片村贵州人保财险希望小学教导处杨主任进行深度访谈并对该校实地考察，初步了解了瑶山乡瑶族基础教育现状。

（一）瑶山乡基础教育概况

1. 学校概况

瑶山乡现有两所小学，一所名为贵州人保财险希望小学，位于瑶山乡

---

① 前 4 项问题均为交叉选项，第 5 及第 6 项问题分别针对学生和有打工经历者。

乡政府所在地拉片村，而另一所则位于该乡王蒙村。

瑶山乡拉片村贵州人保财险希望小学于 2008 年修建，2009 年开始投入使用，其前身为瑶山民族小学。2008 年 1 月，瑶山小学教学楼因发生严重地裂灾害成为危房，被迫拆除，造成学生无处上课。经学校领导反映，政府部门的重视和引荐，2008 年 11 月，省委、省政府批示划拨瑶山民族小学建设专项资金 490 万元，贵州人保财险公司职工捐资 30 万元，共计 520 万元，用于建设瑶山民族小学新校园。学校教学服务半径向内覆盖瑶山乡的 4 个村（即拉片村、姑类村、高桥村和红光村），以及捞村乡、水利乡的一些村寨，向外及广西的桥头等地。[①]

2. 硬件设施概况

学校硬件设施完善，教学、办公、宿舍、食堂等各种房舍俱全，同时修建了水泥球场方便学生课余活动，除此之外还配备了专门的实验室，为教学活动提供教具的同时，也为学生进行劳动实践提供了场所。

3. 师资概况

学校现共有 22 名教师，大部分来自本县外乡，从民族成分来看，有瑶族、布依族、水族和汉族，其中布依族老师居多。从学历来看，除两名教师为中专学历外，其余都为大专学历，并且大多数教师都在岗进行了进修深造。学校音、体、美课程均配备专业教师，但教师兼任多门课程的现象较为常见。

4. 学生概况

全校总共有学生 362 人，其中 332 人为小学生，30 人为学前班学生。从民族成分来看，有瑶族、布依族、水族、苗族和汉族，其中瑶族学生人数最多，汉族最少。为方便附近学生就学，学校实行寄宿制，住校生达全校学生总人数的 85% 左右。

5. 教学概况

学校开设有一年级至六年级共 9 个班进行六年小学教育，与此同时，还开设了学前班，对学生进行学前教育，以帮助儿童适应语言环境的转换。

课程上，学校在设置了国家规定的语、数、外（三年级以上开设）、科学等相关课程的同时还开设了具有民族特色的体育课——打陀螺，以教授学生民族特色的体育活动，达到传承民族特色文化的目的。

国家为保证各少数民族使用和发展本民族语言文字的权利，保护和传承少数民族特色文化，一直以来大力提倡在民族地区进行双语教学。瑶山希望小学针对少数民族学生难以适应语言环境转换的问题，特别在学期班

---

① 资料来源于西南民族教育与心理研究中心《社区变迁与白裤瑶学校教育的文化选择——来自贵州荔波县瑶山乡的考察报告》。

实行双语教学，以帮助学生解决语言问题。

（二）存在问题

1. 经济、文化发展的滞后，阻碍教育事业发展。访谈中我们了解到，由于瑶山地区经济、文化发展相对于当地其他乡镇来说较为滞后，所以基础教育事业发展相对来说比较落后，教育质量偏低，这直接导致了学生成绩偏差，与其他乡镇学生比较起来缺乏竞争力。

2. 师资力量薄弱。师资短缺一直是偏远地区普遍存在的问题，这极大地限制了少数民族地区教育事业的发展。瑶山乡贵州人保财险希望小学总共有学生 362 名，而教师人数不到学生人数的 1/18，该校教导主任表示自 2003 年以来就一直没有新教师分配到校。同时由于当地环境较艰苦，教师待遇较低，一直以来无法吸引高校的毕业生在当地就业和长期发展，所以教师与学生的人数比例严重失调。虽然从 2009 年开始，一直有高校大学生利用假期来支教，但也只能在短时期内缓解这一矛盾，并不能从根本上解决师资薄弱的问题。同时，普遍存在的教师兼任多门课程的现象导致学生无法受到专业的、系统的学科教育，从而阻碍了民族地区教学质量的提高。

3. 双语教育未能受到相关部门重视，无法全面开展。我国一直以来十分提倡保护少数民族语言文字，在很多民族地区都开展双语教育，进行汉语教育的同时也进行民族语教育。这项特色教学方法也在很多民族地区得到了很好的发展，如新疆、广西等。然而在瑶山乡，双语教育并未引起相关部门的重视，没有专业人员编写教材，也没有针对教师开展相关的民族语培训，所以一直无法开展真正意义上的、全面的双语教育，而是仅仅在学前班由任课教师就学生提出的一些简单的问题进行"普通话—民族语"的翻译。

（三）结论及建议

改革开放以来，瑶山地区教育贫困状况已经得到很大改善，在生源状况、学校硬件设施、课程设置等方面已经向中东部地区靠拢，逐渐向城市的教育模式看齐。特别是 2005 年当地学校完成"两基"验收之后，教育事业发展迅速，成效较为显著，适龄儿童入学率达到 99.5%左右，升学率也高达 90%，大龄儿童现象和学生辍学现象相对以前不再普遍。然而从学校师资等软实力来说依旧相对较弱，与当地其他乡镇比较尚有一定差距。

瑶山地区基础教育存在的问题，不仅会限制该地区基础教育整体水平的进一步提升，而且也制约了经济、文化的建设。为此，我们提出以下建议：

1. 加大教育经费投入，提高教师待遇，提升教师队伍整体水平。人才是一切资源的核心，在 21 世纪，人才尤为重要。加大教育经费投入，一方面要提高教师待遇以吸引高校优秀人才到当地就业，缓解师资短缺的压力；

另一方面要增加教师培训经费，开展相关培训活动对教师教学方式进行科学指导，以提升教师队伍的整体素质。

2. 加强对双语教育重视，进一步完善本地区的双语教学模式。双语教育是民族地区的特色教育模式，一方面它是少数民族维护自身权利、使用和发展本民族语言文字的体现，另一方面它能够加强学生对本民族文化的认识和了解，达到传承少数民族优秀文化的目的。当地政府应加强对双语教育教学的重视，进行合理规划，解决双语教材、双语教师短缺的困难，以促进当地双语教育的发展。

第七节　瑶麓乡瑶族基础教育现状
——以瑶麓乡瑶麓民族小学为例

基础教育，作为造就人才和提高国民素质的奠基工程，在中国面向 21 世纪的教育改革中占有重要地位。自新中国成立以来，中央十分重视教育的发展，历来都以科教兴国作为国家发展策略之一，从各个方面加大对教育事业的扶持力度，最终在 2000 年基本实现了九年义务教育的普及。农村教育的发展对农村社会和经济的发展具有重要作用，它直接服务于农村社会经济，对其起着积极的引导作用。正因为如此，农村基础教育现状一直受到各界的广泛关注。

2011 年 7 月，由中央民族大学少数民族语言文学系周教授带领的博士生、研究生、本科生组成的"中国西南民族杂居地区语言关系与和谐"调研团队来到贵州省荔波县进行为期 11 天的田野调查，在调查当地瑶族、布依族语言使用情况的同时，对当地基础教育现状进行了考察。通过实地考察、深度访谈等方式，掌握了瑶麓乡民族小学及当地基础教育发展情况的相关资料，对乡内的基础教育情况有了初步认识。

一、基础教育概况

（一）学校概况

瑶麓民族小学原名瑶麓小学，于 1938 年由爱国华侨胡文虎兄弟捐资修建，距今已有 73 年历史。在建立之初名为贵州省立荔波水庆乡初级小学校，后由于时代的动乱，1949 年年底学校因土匪暴乱停办。在平息匪患后，1951 年人民政府接管了立荔波水庆乡初级小学校，并将其改名为瑶麓小学。在十年动荡时期，学校正常的教学工作受到影响，教学秩序混乱，陷于半停顿状态，直到 1976 年粉碎"四人帮"后，政府采取了一系列措施恢复教学秩序并翻修了在"文化大革命"中被破坏的校舍，1980 年将其改名为荔波县瑶麓民族小学，沿用至今。[①]

（二）学生概况

学校现有学生 120 余人，平均每班 20 多个学生。瑶麓乡是瑶族聚居乡，所以瑶麓民族小学多吸收当地的瑶族学生就读，此外，邻近乡镇一些水族村寨也有部分学生过来就读。

（三）师资概况

瑶麓民族小学现今包括校长在内共有 7 名教师，其中 5 名为瑶族，还有两名分别为布依族和水族，均为大专学历。除数学和语文配备了专业教师之外，其余课程均无专业教师，多由其他专业教师兼任。

由于学校开设了学前班，所以还聘请了当地初中或高中毕业生来学校任课，对于这部分教师，学校对其学历没有硬性要求，而把是否能歌善舞作为他们受聘的考核标准。

（四）教学概况

学校现有学前班至六年级共 7 个年级，每个年级下设一个班。在课程设置上，除英语之外，学校开设了国家规定的小学基本课程，如语文、数学、体育、音乐等。同时还在此基础上增设具有民族特色的民族语讲故事课和"民族歌舞进校园"学生课外活动。

因为民族地区学生对"民族语—普通话"语言环境的转换需要时间适应，所以教师在教学过程中偶尔会使用双语教学的方式，但学校没有开设相关双语课程。

二、存在问题

（一）师资力量薄弱

学校现有 7 名老师，除数学和语文为专业老师之外，其余课程都没有配备专业教师，教师兼任课程的现象较为普遍。教师专业和任课课程之间的严重不对口，反映了当地师资短缺的问题。由于教育队伍建设跟不上教育形势发展，这在一定程度上限制了当地基础教育事业的发展。同时，由于某些兼任课程的非专业教师对学科的专业知识储备不够，这必定会导致学生接受到的学科教育不够全面、系统，在一定程度上阻碍了学生个人能力的提升。

（二）课程设置不全面

随着经济全球化的发展，英语在国际上的地位越来越高，个人英语能

---

① 资料来源于中国人民政治协商会议荔波县委员会官方网站。

力已经成为社会上衡量人才的标准之一，所以如今掌握一口流利的英语对个人未来的发展有着关键作用。小学的英语教育是初中英语教育的基础，城市一般在小学三年级时就开设了英语课，帮助学生打好基础，让他们在升学后更好地适应初中的英语教育。而通过了解我们得知，由于学校英语教师短缺，瑶麓民族小学现今并没有开设英语课程，这在很大程度上限制了学生英语能力的发展。据当地老师反映，由于学校没有设置英语课，该校的学生英语基础基本为零，在升入初中之后英语落后了其他学生一大截，只能从英文字母开始学习，这对学生适应初中的英语教育有很大的影响。

（三）对双语教学的重视度不够

双语教学是国家针对少数民族地区提出的一项特色教学方法，一方面实行双语教学是少数民族使用和发展本民族语言文字权利的体现，另一方面也起到帮助汉语基础较差的少数民族学生适应语言环境转换的作用，同时还能够在一定程度上达到宣扬民族文化，保护民族特色的效果。据了解，瑶麓民族小学一直使用普通话进行教学，对于从小使用民族语的少数民族学生来说，由于语言环境突然变化，一时间接受不了，常有听不懂老师说话的情况发生，使学生丧失学习兴趣并导致教学水平下降。但至今学校还没有开设相关的双语教学课程，只能依靠会民族语的教师在课堂上给学生偶尔做些基本翻译，无法从根本上解决学生适应语言环境的问题。

（四）留守儿童教育问题较为突出

随着中国社会政治经济的快速发展，近年来瑶麓乡越来越多的农村青壮年走入城市，当地留守儿童的现象越来越普遍。据当地老师介绍，学校学习成绩较差的孩子中留守儿童占了很大的比例。由于缺乏父母的关爱和管教监督，这些孩子对学习的兴趣较低，学习态度也不认真，所以学习成绩较差。虽然校方采取了一些措施帮助这些孩子提高学习成绩，如在假期做家访与学生家长沟通交流、无偿为学生补课，但是效果一直不理想，留守儿童已经成为影响学生成绩的主要原因之一。

（五）民族狩猎习惯成为影响学生学习成绩的原因之一

青瑶是一个狩猎民族，当地一直保持着民族传统的狩猎习惯。据老师反映，由于一些学生家长非常爱好打猎，不太重视孩子的学业，在狩猎季节经常会带着孩子一起，这样使得学生的兴趣转移到狩猎上而忽视学习，导致学生的成绩下降。这种现象也是影响学生学习成绩的原因之一。

三、结论及建议

瑶麓乡是荔波县基础教育事业起步较早的乡镇，人们对教育的关注度较高，所以在一定程度上其人文积淀也较为深厚，促进了当地基础教育的发展。

学校因地制宜，根据当地民族特色设置了相关民族文化特色课程、开展了相关学生课外活动，这一方面丰富了学生的民族特色文化知识，另一方面也对弘扬和传承少数民族文化起到了重要作用，是将民族文化与基础教育有机结合的很好典范。

但值得重视的是，当地基础教育中师资短缺、课程设置不全、留守儿童等现象所引发的一些教育问题。根据这些问题，我们提出以下几点建议:

1. 政府应继续加大对农村教育的投入，提高教师待遇，鼓励师范毕业生到农村任教，以解决农村基础教育师资短缺和课程设置不全的问题。

2. 重视双语教育，制定双语教学计划，开设双语教学课程，以帮助学生迅速适应语言环境的转变。提升学生普通话接受能力的同时保护民族语言文字的使用和发展。

3. 关注留守儿童问题，关注学生心理健康。留守儿童学习成绩较差的原因通常是父母对孩子关爱不够，缺乏父母监督和教育，从而给孩子带来一种被忽视的感觉。所以一方面学校应加强对学生心理健康的重视，开展相关课程活动，解决学生心理问题；另一方面要积极与学生家长联系，及时反映学生存在问题，通过与家长的配合共同解决问题。

4. 家长应重视儿童教育问题，在传承民族传统文化的同时积极配合学校的教育，重视儿童德智的发展，从而促进孩子的健康成长及个人综合素质能力的提升。

第四章 荔波县布依族(莫家)的语言

第一节 荔波县布依族(莫家)的族源与族称

一、族源

荔波莫家是布依族的一个组成部分,因其族人以莫姓者居多而得名,同时又因所使用的语言与当地其他布依族不同而成为布依族当中一个特殊的群体。本课题将荔波布依族莫家列为调查研究的对象主要是从语言的角度考虑的,不涉及民族识别问题。

关于荔波莫姓布依族的族源,民间有各种不同的说法。其中一种认为,"莫家"原籍系山东省青州府益都县牛头街白米巷,是始祖莫朝盈公所居之处。相传莫朝盈公生有六子,他们各自娶妻生子,人丁兴旺。"六公"心系百姓,德高望重。一次涨大水,时间很长,行人相互往来很不方便。六公便牵头商议共同修建一座桥,方便后人行走,此桥被后人称为"六公桥"。后来六公中长子景松公的子孙奉命领兵讨伐广西,打破南朝,从此敕封世袭南丹知州。后来又不知经过多少年的征战,来到荔波甲良、方村一带定居,以"莫"为姓,是称"莫家"。[①]

广西壮族自治区南丹县退休干部莫秀珠所著《莫姓谱系》是这样记载贵州布依族莫姓来源的。贵州(布依族)莫氏来源(有二):一是莫先支系,于明洪武九年(1496年)莫先率军南征后留守都匀,后到独山兔场定居繁衍,后裔分布于黔东南(应为黔南——引用者)各县市,有少部迁徙到四川、云南,也有少数到广西河池、宜州等地,共有后裔5万人;二是南丹莫氏支系,比邻广西南丹的独山、荔波边界村屯,自莫氏在南丹定居以后就开始向北迁移进贵州,定居独山、荔波、平塘等地。目前这两支莫姓后裔已经融合,很难分辨。[②]

---

① 根据莫伯忠《阳凤"莫家"之根由》一文改编,见《荔波布依族》,中国文化出版社2011年3月版,第333页。

② 莫秀珠主编,广西南丹县莫姓族谱编写组编印《莫姓谱系》,1998年7月版,第272页。引用时文字稍有改动。

　　佛山大学伍文义教授认为,"莫氏"在古代曾经是黔中布依族地区掌管大权的上层贵族。如(清)《贵阳府志》载:"先是(楚王)马殷时遣马平、龙德寿等率柳州兵讨略两江溪洞,数岁始平之。而殷己卒。希范嗣立,晋天福五年至南宁州,酋长莫彦珠率其本部十八州附于希范,遂留德寿等戍其地;与将校七族名番其番;南宁而授土。以时番上因称八番,而仲家(布依族的旧称)之苗因是起源。殷所遣大将盖姓仲氏,故称仲家。"(民国)《贵州通志》所言与上略同。《新五代史·马殷传》也说:"溪州刺史彭士愁率锦、奖诸蛮攻澧州。希范遣刘京、刘全明等以步卒五千击之,士愁大败。京等攻溪州,士愁走奖州,遣子师诸率蛮降于京。溪州西接牂牁、西林,南通桂林、象郡。希范乃立铜柱以为表,命学士李皋铭之。于是南宁州酋长莫彦珠率其本部十八州,都匀酋长尹怀昌率其十二部、张万濬率其夷播等七州皆附于希范"。历史文献明确记载五代楚王马殷、马希范之时,莫家先祖莫彦珠是"南宁州酋长"——即今黔中地区的贵族首领。宋治平年间龙氏等"八番"大姓取代"莫氏"而有其地。《布依族简史》说:"宋代,黔中地区的长顺、惠水一带龙番、程番、方番、张番、石番、韦番、罗番崛起,取代了莫氏,纷纷附宋朝。"在这种形势下。原来依附于楚王的布依族"莫氏"贵族必然受到压制,抗争不下而失去统治地位的"莫家"遂被迫向南迁徙,并逐渐形成今日"莫家"人分布状况。[①]

　　从语言的角度来看,与荔波布依族莫家语言比较接近的还有播尧乡地莪、太阳一带自称ʔai³³tɕam³¹的布依族,学术界称之为"锦话"或"甲姆话",有的把它看成是与莫话同一语言的不同方言,称之为"锦方言",使用这种语言的人被称为"锦人"。又因该语言的使用者以"吴"姓居多,其语言又被称为"吴家话"(杨通银,2000)。有的学者把它看成是与莫话平行的一种语言,称为"甲姆话"(或锦语)(倪大白,2010)。锦人传说自己是从江西牛头街白米巷前来的,当时一共有三兄弟。到黔南后,一个在太阳寨这个地方住下来;一个到了本县的水利水岩;一个到了独山的基长水岩。吴氏族谱目前保存在水利的拉蒙村。三兄弟的后人由于受到各地占主导地位人群的民族语言、风俗习惯等的影响,其语言风俗也产生了某些差异。太阳的吴家现在讲锦话,属布依族;水利吴家说水语,属水族;基长吴家则水族、布依族兼有。[②] 祖籍江西说是贵州各族民间流行比较普遍的一种观点,其中少数与某些历史事实相吻合,但多数属于牵强附会。在漫长的历史发展进程中,各民族都曾经历文化接触和融合的过程,情况比较

────────────

　① 伍文义:《布依族"莫家话"与土语及相关语言比较研究》,《贵州民族研究》2005 年第 5 期。

　② 杨通银:《莫语研究》,中央民族大学出版社 2000 年版,第 7 页。

复杂，对于没有文献记载的民族来说，要想考证其历史来源还需要做进一步深入的挖掘和研究。

二、族称

荔波布依族莫家自称ʔai³³mak⁵¹，"莫家"是当地汉族或其他民族用汉语对这一群体的称呼，布依族用布依语称之为pu³¹mak⁵⁵。播尧乡的地莪、太阳一带的"吴家"自称为ʔai³³tɕam³¹，为行文方便，本文以"莫话"和"莫家"作为这两支的统称。布依族莫家称其他布依族为ʔai³³jai³³，称水族为ʔai³³sui³³，称汉族为ʔai³³tɕin³¹，称苗族为ʔai³³hiu³¹，称瑶族为ʔai³³jiu³¹，称侗族为ʔai³³thoŋ³³。对外用汉语一律自称"布依族"，有时也称"莫家"。

第二节　布依族莫家的语言

荔波布依族莫家话，简称"莫话"或"莫语"，是壮侗语族侗水语支的一种语言，自 20 世纪 40 年代初以来，学术已对这一语言做过较深入的调查和研究，并有不少成果问世。相关介绍详见前文第一部分，这里不再赘述。对莫话本体进行研究也是本课题研究的主要内容之一。在此次调查中，我们用 600 词词表对地莪"锦话"和方村"莫话"作了记录，并整理出了这两个点的音系。下面我们以方村乡双江村的莫话和播尧乡地莪村的锦话为代表，对这两个方言进行介绍。

一、方村莫话音系

（一）声母

方村莫话一共有声母 36 个，其中单辅音声母 27 个，腭化音声母 5 个，唇化音声母 4 个。声母及例字如下：

p	pən³¹ 盆		th	tha³³ 过
ph	phau²⁴ 炮		ʔd	ʔdaŋ²⁴ 咸
ʔb	ʔbən⁵⁵ 井		n	nət⁵⁵ 踩
m	ma³³ 菜		l	ləi⁵¹ 修
f	fai³³ka:n³³ 枯		tɕ	tɕa²⁴ 嫁
v	vəi³¹ 肥、胖		tɕh	tɕhan³³ 追
ts	tsa³¹ 药		ɕ	ɕa³³ 写
s	sən²⁴ 箱子		ȵ	ȵa:n¹¹ 铜鼓
z	zəi²⁴ 坐		k	ka²⁴ 腿
t	təi³³ 小		kh	kha:ŋ⁵⁵ 找

ŋ	ŋa:i³¹ 饭		pj	pja³³ 柴刀	
ŋ'	ŋ¹³¹ 你		thj	thjai²⁴ 近	
ʔ	ʔəm³³ 抱		ʔdj	ʔdja²⁴ 眼睛	
h	ha³¹ 杀		khj	khjau²⁴vəi³¹ 烤火	
ɣ	ɣuŋ²⁴ 高		kw	kwa:t³³ 扫地	
j	ja²⁴ 皮肤		tɕw	tɕwa:ŋ³³ 富	
w	wa²⁴ 裤子		tɕhw	tɕhwa:u³³ 拉	
phj	phja:t³³ 血		jw	jwa:u²⁴ 跑	

说明：

A. 塞音有送气和不送气的对立，没有清浊对立。浊塞音/ʔb /和/ʔd/有先喉塞成分，不是全浊音。

B. 所有声母均为单辅音，目前所掌握的资料中未发现复辅音声母。

C. 塞擦音有舌尖和舌面两组，但舌尖塞擦音只有不送气的/ts/，没有与之对立的送气塞擦音，而且在目前掌握的资料中只发现两个例词，其中"tsau²⁴tɕin²⁴ 镜子"一词中的tsau²⁴借自汉语的"照"。

D. 双唇和舌尖塞音组都有腭化音存在，但分布各有不同，双唇音出现在不送气音/p/，舌尖音出现在送气塞音/th/和前喉塞音/ʔd/，但/th/的腭化现象出现频率较低。不送气舌面后塞音（舌根音）有明显的腭化特征，舌面前塞擦音虽有腭化现象存在，但出现频率极低。

E. 鼻音共有四套，都只有浊鼻音，从目前所掌握的资料中，除"tɕhau²⁴ 狗叫"这个音节的声母/tɕh/音值比较接近清化鼻音/n̥/以外，其他尚未发现有清化鼻音存在，

F. 擦音共有双唇、舌尖、舌面和舌根四组，除舌面擦音外，都存在清浊对立现象。其中双唇擦音/v/与半元音/w/有混读现象，多数情况下读作/v/。

G. 鼻音/ŋ/可自成音节，但出现频率极低，根据目前所掌握的材料，仅有"ŋ¹⁵¹你"一个词。

（二）韵母

方村莫话共有韵母 62 个，其中，单元音韵母 6 个，复合元音韵母 13 个，带鼻音韵尾的韵母 24 个，带塞音韵尾的韵母 19 个。韵母及例字如下：

a	tɕa³³ 等		a:m	sa:m²⁴ 三	
ai	ʔdai³³ 得		an	tɕhan³³ 追	
a:i	tɕa:i³¹ 话		a:n	la:n²⁴ 孙子	
au	nau³¹ 哪		aŋ	naŋ³³ 鼻子	
a:u	ŋa:u³³ 喊		a:ŋ	kha:ŋ⁵⁵ 找	
am	ʔam²⁴ 背（东西）		ap	tap³³ 贴	

a:p	ta:p^{55} 抬		on	ton^{33} 慢	
at	n̥at^{55} 剁		oŋ	ʔdoŋ^{55} 簸箕	
a:t	ma:t^{33} 劈		ot	thot^{33} 脱	
ak	jak^{55} 湿		ok	thok^{51} 读	
i	zi^{24} 舔		u	ɕu^{33} 输	
ia	nia^{11} 这		ua	ŋua^{51} 瓦	
ian	pian^{24}mak^{31} 笔		uai	tɕuai^{24} 犁	
iaŋ	həu^{33}liaŋ^{51} 高粱		uan	nuan^{51} 钻	
iu	ɕiu^{33} 少		uaŋ	tɕuaŋ^{31} 床	
im	lim^{51} 镰刀		uat	ʔduat^{55} 骨头	
in	vin^{33} 飞		ui	tɕui^{33} 沟	
iŋ	tiŋ^{24} 陡		um	ʔdum^{51} 吐	
ip	zip^{31} 十		un	ʔdun^{33} 圆	
it	thit^{55} 遇		uŋ	ɣuŋ^{24} 高	
ik	sik^{55} 尺		ut	kut^{33} 挖	
e	tɕe^{24} 老		uk	ʔbuk^{55} 嘴巴	
eu	ʔdeu^{33} 一		ə	tə^{31} 部分名词词头	
en	hen^{33} 啃		əi	zəi^{24} 坐	
eŋ	n̥eŋ^{24}kai^{31} 歪		əu	təu^{33} 他	
ep	ʔep^{33} 鸭子		əm	zəm^{33} 喝	
et	ʔet^{55} 葡萄		ən	sən^{33} 蚊帐	
ek	pek^{33} 百		əŋ	səŋ^{24} 箱子	
o	zo^{33} 知道		əp	təp^{55} 生	
oi	toi^{24} 碓		ət	pət^{55} 肺	
om	ʔdjom^{33} 看		ək	lək^{33} 部分瓜果类名词词头	

说明：

A. 方村莫话共有单元音韵母 6 个。央元音/ə/单独做韵母时，所在音节多为名词或动词的词头，不是该词的语音核心，例如"tə^{31}po^{51}黄牛"、"tə^{31}ma^{51}马"等。在实词中单独做韵母时，/ə/的发音舌位靠后且上抬，近似展唇后元音/ɯ/。

B. 元音韵尾有/i/、/u/两个，但只有主要元音/a/和/ə/之后完全分布，其他几个主要元音之后都有缺项，即只有/i/或只有/u/。

C. 鼻音韵尾有/m/、/n/、/ŋ/三组，6 个主要元音之后均有分布。

D. 塞音韵尾有/p/、/t/、/k/三组，元音/a/、/ i /、/e/、/ə/之后三组均有分布，/o/、/u/之后只有/t/、/k/，没有/p/。

E. 主要元音/a/带韵尾时区分长短，长元音/a:/音值近似/æ/，短元音/a/音值近似/ʌ/。

（三）声调

方村共有声调6个，详见下表

调型	调值	例　词
高平	55	ʔdoŋ⁵⁵ 簸箕、pət⁵⁵ 肺、tɕhəu⁵⁵（衣服）干、nət⁵⁵ 踩
中平	33	zəp³³ 吹、ʔun³³ 碗、təu³³ 他、təi³³ 小
低平	11	nok¹¹ 鸟、ləm¹¹ 风、nia¹¹ 这、jaai¹¹ 鞋子
中升	24	səm²⁴ 针、zəi²⁴ 坐、səŋ²⁴ 箱子、suan²⁴ 浇水
低降	31	kua³¹ 锄头、vəi³¹ 胖、kuŋ³¹ 多、tɕiu³¹ 桥
高降	51	ʔdum⁵¹ 吐、nuan⁵¹ 钻、lim⁵¹ 镰刀、sau⁵¹ 捏

说明：

A. 方村莫话共有6个声调，包括3个平调，1个升调和2个降调。

B. 高平调的出现频率比较高，其调值有时接近35调。

C. 中平调33调的出现频率仅次于高平调，有时可变读为42调。

D. 以塞音作为韵尾的音节声调比较短促，6种调中5个调有塞音韵尾分布，例如高平调"mok⁵⁵埋"，中平调"thot³³脱"，低平调"nok¹¹鸟"，低降调"zok³¹熟"，高降调"thok⁵¹读"，其中在塞音韵尾音节中出现最多的是高平调和中平调，高降、低降和低平调都很少，现有材料中未发现塞音韵尾音节中有中升调。

二、地㟨锦话音系

（一）声母

地㟨锦话一共有声母40个，其中单辅音声母32个，腭化音声母6个，唇化音声母2个。声母及例字如下：

p	pa:k⁵⁵ 嘴	th	tha:n⁵⁵ 碳
ph	phau³³ 肿	ʔd	ʔda³¹ 眼睛
ʔb	ʔbən²⁴ 井	n	na³¹ 厚
m	məm³³ 饭	n̥	tə³¹n̥u³³ 耗子
m̥	m̥əu²⁴ 猪	s	səŋ³¹ 箱子
f	fa³¹ 瓜	z	zək³³ 十
v	vəi⁵¹ 肥、胖	l	ləi³¹ 远
t	təi³³ 小	l̥	l̥aŋ³¹ 红

ɬ	ɬjai¹¹ 买		h	ha³³ 杀
tɕ	tɕəu¹¹ 九		ɣ	ɣa:n³¹ 家
tɕh	tɕhəi³¹ 梳子		j	jək⁵⁵ 饿
ɕ	ɕeu³³ 少		w	wən³³ 碗
n̠	n̠əu³¹ 臭		pj	pja²⁴ 柴刀
n̥	n̥au⁵⁵（狗）叫		phj	phja:t³³ 血
k	ka³¹ 腿		tj	tjəu²⁴ 烂
kh	kha:ŋ²⁴ 找		thj	thjai⁵⁵ 近
ŋ	ŋa:n³³ 黄		ʔdj	ʔdjai²⁴ 浅
ŋ'	ŋ¹⁵¹ 你		lj	lja³¹ 饱
ŋ̊	ŋ̊on 扛		tɕw	tɕwa:u²⁴ 拉
ʔ	ʔəm³³ 抱		kw	kwaŋ³¹ 富

说明：

A. 塞音有送气和不送气的对立，没有清浊对立。浊塞音/ʔb /和/ʔd / 有先喉塞成分，不是全浊音。

B. 塞擦音只有舌面音一组，没有舌尖塞擦音。

C. 双唇塞音和舌尖塞音以及边音有明显的腭化特征，但送气塞音的腭化现象出现频率较低。不送气舌面后塞音（舌根音）有明显的唇化特征，舌面前塞擦音虽有唇化现象存在，但出现频率极低。

D. 鼻音共有四套，都存在清浊对立现象，但除了双唇鼻音以外，其他三组的清鼻音出现频率都很低，边音/l/也有与之对立的清化音。

E. 边擦音/ɬ/的出现频率也很低。

F. 擦音共有双唇、舌尖、舌面和舌根四组，除舌面擦音外，都存在清浊对立现象。其中双唇擦音/v/与半元音/w/有混读现象，多数情况下读作/v/。

G. 鼻音/ŋ/可自成音节，但出现频率极低，根据目前所掌握的材料，仅有"ŋ¹⁵¹你"一个词。

（二）韵母

地莪锦话共有韵母 65 个，其中，单元音韵母 7 个，复合元音韵母 12 个，带鼻音韵尾的韵母 24 个，带塞音韵尾的韵母 22 个。韵母及例字如下：

a	ʔba⁵⁵ 宽		a:m	la:m²⁴ 放牛
ai	ʔdai³¹ 好		an	n̠an⁵¹ 推
a:i	ja:i³¹ 鞋		a:n	ma:n³³ 塞子
au	n̠au⁵⁵ 狗叫		aŋ	taŋ³¹ 来
a:u	ka:u⁵⁵ 旧		a:ŋ	ma:ŋ³¹ 鬼
am	ʔam⁵⁵ 背（东西）		ap	ʔdap⁵⁵ 聋

a:p	ta:p^{55} 挑	on	ŋ̊on 扛
at	sat^{55} 跳	oŋ	ȵoŋ^{55} 插
a:t	pa:t^{55} 八	ot	tot^{55} 脱
ak	ljak^{55} 偷	ok	sok^{55} 蜡烛
i	ȵi^{33} 哭	u	zu^{51} 种
ian	pian^{33} 搬	ua	lua^{31} 锣
iaŋ	tə^{31}ziaŋ^{51} 竖	ua:ŋ	hua:ŋ^{31} 横
iat	tiat^{55} 追	uai	zuai^{24} 踩
iak	niak^{55} 窄	uan	nuan^{51} 钻
iet	tiet^{51} 遇	uaŋ	suaŋ^{33} 窗
iu	ziu^{55} 快	ui	tui^{51} 石头
im	tim^{31} 点	uək	tɕau^{33}kuək^{55} 锄头
in	vin^{24} 飞	un	nun^{51} 睡
iŋ	tiŋ^{24} 陡	uŋ	tuŋ^{31} 煮
ip	ʔdip^{55} 生	ut	kut^{55} 挖
it	ȵit^{55} 冷	uk	muk^{55} 埋
ik	tɕhik^{55} 锅	ə	tə^{31}zu^{31} 羊
e	tɕe^{31} 卖	əi	vəi^{51} 肥、胖
eu	seu^{24} 干净	əm	təm^{24} 倒下
en	sen^{31} 是	ən	mən^{31} 天
eŋ	neŋ^{33} 靠	əŋ	vəŋ^{31} 高
ep	tep^{55} 缝	əu	tjəu^{24} 烂
et	zet^{55} 瘦（肉）	əp	təp^{55} 贴
ek	thek^{55} 踢	ət	lət^{55} 懒
o	ɕo^{31} 学	ək	jək^{55} 饿
oi	tɕoi^{31} 犁	y	ly^{31} 尖
om	nom^{33} 嫩		

说明：

A. 地莪锦话有单元音韵母 7 个，舌尖元音/ɿ/只出现在汉语借词中声母为舌尖擦音和塞擦音的音节之前，未列入本表中。央元音/ə/单独做韵母时，所在音节多为名词或动词的前缀，不是该词的语音核心，出现在单音节的实词中时，发音舌位靠后且上抬，近似展唇后元音/ɯ/。单元音/y/不带韵尾，出现频率很低，从目前所掌握的材料来看，只有“ly^{31}尖”一个词。

B. 元音韵尾有/i/、/u/两个，但只有主要元音/a/和/ə/之后完全分布，其他几个主要元音之后都有缺项，即只有/i/或只有/u/。

C. 鼻音韵尾有/m/、/n/、/ŋ/三组，除单元音/y/以外，其他 6 个主要元音之后均有分布。

D. 塞音韵尾有/p/、/t/、/k/三组，元音/a/、/ i /、/e/、/ə/之后三组均有分布，/o/、/u/之后只有/t/、/k/，没有/p/，/y/之后没有塞音韵尾。

E. 主要元音/a/带韵尾时区分长短，长元音/a:/音值近似/æ/，短元音/a/音值近似/ʌ/。

（三）声调

地莪锦话共有声调 6 个，详见下表：

调型	调值	例　词
高平	55	jək⁵⁵ 饿、suŋ⁵⁵ 枪、nɔŋ⁵⁵ 插、kaau⁵⁵ 旧、ʔba⁵⁵ 宽
中平	33	məm³³ 饭、suaŋ³³ 窗、neŋ³³ 靠、ɕian³³ 盘子
低平	11	təu¹¹ 豆子、vaan¹¹ 万、tɕəu¹¹ 九、m̥a¹¹ 狗
中升	24	təm²⁴ 倒下、ʔbən²⁴ 井、pu²⁴ 吹、seu²⁴ 干净
低降	31	vəŋ³¹ 高、ly³¹ 尖、jən³¹ 答、tuŋ³¹ 煮
高降	51	pəi⁵¹ 皮肤、lun⁵¹ 迟、zu⁵¹ 种、tiet⁵¹ 遇

说明：

A. 地莪锦话共有 6 个声调，包括 3 个平调，1 个升调和 2 个降调。

B. 高平调 55 调有时比较接近 35 调。

C. 中平调 33 调有时变读为 42 调。

D. 以塞音作为韵尾的音节声调比较短促，6 种调型均有分布，例如高平调 "pa:k⁵⁵ 嘴"，中平调 "phja:t³³ 血"，低平调 "tjap¹¹ 拍"，中升调 "za:p²⁴ 拃"，低降调 "sa:p³¹ 切"，高降调 "ma:t⁵¹ 袜子"，其中以高平调和中平调居多。

第三节　方村莫话与地莪锦话的关系

1942 年，李方桂先生发表《莫话记略》一书，并在该书的绪论部分将莫话和锦话作为两种并列的语言。后来曾对这两种"语言"进行过调研的倪大白等几位学者都认同了李方桂先生的这一提法，即认为莫话和锦话是两种不同的语言，但彼此关系密切。20 世纪 90 年代，杨通银先生又对莫话做了全面的调查，并在对二者的语音、词汇和语法进行全面对比研究和参考二者的人文背景的基础上，得出莫话和锦话属于同一种语言的两个不同方言的结论。笔者 1986 年调查时，重点在阳凤的莫话，对锦话只做简单的抽查，而且始终未将两个点的材料进行过比较，此次调查之前，笔者先翻阅了相关文献，并对照各家的观点，将以前自己调查的材料重新过一遍，做到心中有数。到了调查点以后，又向当地莫话和锦话使用者了解他们对对方语言的感受，从一些调查对象那里了解到，莫话和锦话虽然有些词不一样，形式（即声母和韵母）大致相同或相近的词声调又不大相同，但相处时间长了基本上都听得懂，而且还能用自己的话与对方交流。不仅如此，一些调查对象甚至说，即使是莫话和布依语之间也只是语调的不同，都能听得懂对方的话。可见，两个语言群体之间（包括莫话和锦话群体之间，莫话和布依语群体之间）有着非常强烈的认同感。以下我们将方村莫话和地莪锦话的语音和词汇做一个简单的比较，以揭示二者的异同。

一、语音方面的异同

由于调查点不一样，此前各家对莫话和锦话的调查所整理出来的音系不尽相同，如倪大白先生20世纪80年代中期调查的阳凤莫话有声母50个，韵母62个，舒声调6个，促声调5个；地莪锦话有声母55个，韵母65个，舒声调6个，促声调3个。杨通银于90年代中期整理的播尧乡太阳村莫话（锦话）有声母61个，韵母65个，声调9个，其中舒声调6个，促声调3个。笔者80年代中期虽曾对阳凤、方村和地莪三个点的莫话进行过调查，但材料比较凌乱，这里主要采用此次在方村乡双江村和播尧乡地莪村的材料进行比较。

（一）声母方面

方村莫话共有声母36个，地莪锦话共有声母40个。二者的共同之处在于，塞音都有送气和不送气的对立，没有清浊的对立。二者都有前喉塞音/ʔb/和/ʔd/。[1]都有腭化和唇化辅音，擦音都有三对半，即唇齿擦音、舌尖擦音和舌根擦音都有清浊对立，舌面擦音/ɕ/没有与之对立的浊音，/j/只有微弱的摩擦成分，归入半元音。二者都有半元音/j/和/w/。不同之处在于，方村莫话的塞擦音有一对半，即舌面塞擦音有送气与不送气的对立，舌尖塞擦音只有不送气音，没发现送气音，地莪锦话中只有舌面塞擦音，没有发现舌尖塞擦音，这可能是资料不足的缘故。[2]地莪锦话的鼻音和边音有清浊对立，而方村莫话的鼻音只有浊鼻音。地莪锦话音系中除清浊对立的边

---

[1] 杨（2000）和倪（2010）的音位系统中，莫话和锦话不仅有ʔb、ʔd，而且还有ʔɖ和ʔg。

[2] 杨和倪的音位系统都将舌面舌音处理为舌面中塞音，在倪（2010）的锦话音系中没有塞擦音音位，莫话中只有舌尖塞擦音的不送气音。杨（2000）的莫话（实为锦话）音系中，舌尖塞擦音有送气与不送气的对立，没有对应的浊塞擦音。

音/l/和/ɭ/以外，还有边擦音/ɬ/。两个方言点声母的异同详见下表。

异同情况\辅音音位	二者共有	莫话独有	锦话独有
塞音	p、ph、t、th、k、kh、ʔ		
先喉塞音	ʔb、ʔd		
塞擦音	tɕ、tɕh	ts	
擦音	f、v、s、z、ç、h、ɣ		
鼻音	m、n、ȵ、ŋ、ŋ		m̥、n̥、ȵ̥
边音	l		l̥、ɬ
半元音	j、w		
腭化	pj、phj、thj、ʔdj	khj	tj、lj
唇化音	tɕw	tɕhw、jw	kw

　　总体而言，方村莫话和地莪锦话在声母方面的共同点是主要的，差别较小，主要表现在，地莪锦话的鼻音系统有清浊的对立，这是侗水语支语言的显著特征，而莫话没有清化鼻音，究竟是发展过程中丢失还是莫话的语音系统中本来就没有鼻音清浊的对立，尚待进一步的研究，如果是前者，丢失的原因可能与长期同布依语接触有关，说明莫话在长期与布依语接触的过程中，语音系统正逐步向布依语靠拢。

　　（二）韵母方面

　　从韵母的数量上来看，方村莫话和地莪锦话之间也是非常相似的。方村莫话共有韵母62个，其中单元音韵母6个，复合元音韵母13个，带鼻音韵尾的韵母24个，带塞音韵尾的韵母19个；地莪锦话共有韵母65个，其中单元音韵母7个，复合元音韵母12个，带鼻音韵尾的韵母24个，带塞音韵尾的韵母22个。在两个音系中，主要/a/都有长短之分，长元音/aː/只出现在带韵尾的音节中，发音时舌位偏高，近似于次低元音/æ/。主要元音/ə/都可以单独做韵母，但发音时舌位靠后、偏高，由于所在音节主要充当名词词头，因此发音较轻，多与低降调相结合，这一点在两个音系中情况基本相同。鼻音韵尾都有/-m/、/-n/、/-ŋ/三组，塞音韵尾都有/-p/、/-t/、/-k/三组，而且与主要元音的搭配情况也完全相同。较之方村莫话，地莪锦话多了一个前高圆唇元音/y/，单独做韵母，不带韵尾，目前仅发现一个例词。方村莫话比地莪锦话多一个符合元音/ia/，地莪锦话在/i/行韵母上又比方村莫话多出两个带塞音韵尾的韵母。总之，方村莫话和地莪锦话之间在韵母系统上的相同点更多于声母系统。

（三）声调方面

方村莫话和地袈锦话声调系统大致相同，都有 6 种调型，如果将以元音和鼻音结尾的舒声调与塞音结尾的促声调分开，则方村莫话有 12 个调，地袈锦话有 11 个调。

因此，从声韵系统上看，方村莫话和地袈锦话基本上属于一种语言。其差异甚至小于语言内部的不同方言。

二、词汇方面

方村莫话和地袈锦话之间在词汇的构成方面基本上不存在任何差异，这里仅以部分词汇进行对比，来揭示莫话和锦话在词汇来源方面的异同情况。[①]我们将语言能力测试词表中的 600 个词经过筛选，挑出 443 个词按语音形式完全相同、声母相同韵母不同、韵母相同声母不同和声韵母完全不同四种情况进行分类，结果详见如下各表。

（一）语音形式完全相同的词[②]（224 个）

汉语	锦话	莫话	汉语	锦话	莫话
抱	ʔəm^{33}	ʔəm^{33}	米	ʔəu^{51}	ʔəu^{33}
井	ʔbən^{24}	ʔbən^{55}	宽	ʔba^{55}	ʔba^{24}
席子	ʔbin^{33}	ʔbin^{33}	得	ʔdai^{33}	ʔdai^{33}
一	ʔdeu^{33}	ʔdeu^{24}	布	ʔi^{31}	ʔi^{33}
写	ça^{33}	ça^{33}	黄	ŋa:n^{33}	ŋa:n^{33}
臭	ȵəu^{31}	ȵəu^{24}	推	ȵan^{51}	ȵan^{51}
铜鼓	ȵa:n^{24}	ȵa:n^{11}	草	ȵiŋ^{33}	ȵiŋ^{33}
冷	ȵit^{55}	ȵit^{55}	插	ȵoŋ^{55}	ȵoŋ^{33}
九	tɕəu^{11}	tɕəu^{33}	等	tɕai^{24}	tɕai^{24}
数（东西）	tɕa^{33}	tɕa^{33}	痒	tɕam^{33}	tɕam^{33}
鸡叫	tɕan^{51}	tɕan^{33}	老	tɕe^{24}	tɕe^{55}
干（衣服）	tɕhəu^{55}	tɕhəu^{55}	藏	tɕha^{33}	tɕha^{33}
牵（牛）	tɕhoŋ^{33}	tɕhoŋ^{33}	稀饭	$\text{tɕi}^{55}\text{noŋ}^{51}$	$\text{tɕi}^{33}\text{noŋ}^{31}$
扫把	$\text{tɕi}^{55}\text{ʔda}^{51}$	$\text{tɕi}^{55}\text{ʔda}^{33}$	痛	tɕik^{55}	tɕik^{55}
桥	tɕiu^{31}	tɕiu^{31}	桌子	tɕoŋ^{51}	tɕoŋ^{31}
锯子	tɕu^{24}	tɕu^{24}	咳嗽	tɕu^{24}	tɕu^{24}

① 这些词中包括莫话和锦话同源词，莫话和锦话共同借词汉语和布依语的词以及二者各自发展起来的词。

② 这里所说的语音形式完全相同主要指声母和韵母相同，目前我们所掌握的词汇只记录了每个音节的调值，没有归纳出调类，而调值相同调类并不一定相同，因此，我们未将声调形式的异同考虑在内。

笑	tɕu³¹	tɕu³³	杀	ha³³	ha³¹
烤（衣服）	heŋ³¹	heŋ³¹	啃	hen²⁴	hen³³
穷	ho³³	ho³³	田	ja²⁴	ja²⁴
脏	ja³³	ja³³	鞋子	jaai³¹	jaai¹¹
长	jai³³	jai³³	破（坛子）	jak⁵⁵	jak⁵⁵
湿	jak⁵⁵	jak⁵⁵	勤快	jak⁵⁵	jak⁵⁵
深	jam³¹	jam³³	瘦	jim³¹	jim²⁴
用	joŋ²⁴	joŋ³³	站	jun³¹	jun³³
头	tɕau³³	tɕau³³	耳朵	tɕha³¹	tɕha²⁴
脸	na³³	na³³	腿	ka³¹	ka²⁴
含	ka:m³¹	ka:m²⁴	敢	ka:m³³	ka:m³³
苦	kam³¹	kam²⁴	剪	kat⁵⁵	kat⁵⁵
弯	kau⁵¹	kau³¹	找	kha:ŋ²⁴	kha:ŋ⁵⁵
甜	khan³¹	khan²⁴	树	mai⁵¹	mai⁵¹
多	kuŋ⁵¹	kuŋ³¹	挖	kut⁵⁵	kut³³
修	ləi⁵¹	ləi⁵¹	桃子	ta:u³¹	ta:u³¹
葡萄	ʔet⁵⁵	ʔet⁵⁵	黄瓜	piŋ³¹	piŋ³³
懒	lət⁵⁵	lət⁵⁵	大	la:u⁵¹	la:u⁵¹
儿子	lak³¹	lak³³	女儿	lək³³ʔbik⁵⁵	lak³³ʔbik⁵⁵
媳妇	lək³¹li³³	lak³³li⁵⁵	闭	lap⁵⁵ʔda⁵¹	lap⁵⁵ʔdja²⁴
酒	lau³³	lau³³	字	le³¹	le¹¹
选	le²⁴	le²⁴	唢呐	li²⁴le³³	li²⁴le³³
辣	liŋ²⁴	liŋ²⁴	凉快	liŋ⁵¹	liŋ³¹
晴	liŋ³³	liŋ³³	兵	lian³¹	lian²⁴
镰刀	lim⁵¹	lim⁵¹	肚子	loŋ⁵¹	loŋ³¹
纺纱机	lok⁵⁵	lok⁵⁵	锣	lua³¹	lua³¹
流	lui³¹	lui²⁴	菜	ma³¹	ma³³
软	ma³³	ma³³	鬼	ma:ŋ³¹	ma:ŋ²⁴
劈	ma:t⁵⁵	ma:t³³	袜子	ma:t⁵¹	ma:t⁵¹
油	man⁵¹	man³¹	帽子	mau²⁴	mau³³
手	mi³¹	mi²⁴	钥匙	mi³¹zi⁵¹	mi³¹zi⁵¹
磨子	mu⁵¹	mu⁵¹	厚	na³¹	na¹¹
胸口	na³³tak⁵⁵	na³³tak⁵⁵	鼻子	naŋ³¹	naŋ³³
有	naŋ³¹	naŋ³³	笋子	na:ŋ²²	na:ŋ²⁴
难	na:n³¹	na:n³¹	肉	na:n⁵¹	na:n⁵¹

祖母	nai^{33}	nai^{33}tɕe^{24}	汤	nam^{31}ma^{33}	nam^{33}ma^{33}
紧	net^{55}	net^{33}	河	ni^{31}	ni^{33}
月	nin^{31}	nin^{31}	斑鸠	nok^{11}kau^{31}	nok^{11}kau^{31}
嫩	nom^{33}	nom^{33}	年轻	nom^{33}	nom^{33}
钻	nuan^{51}	nuan^{51}	盆	pən^{51}	pən^{31}
肺	pət^{55}	pət^{55}	八	pa:t^{55}	pa:t^{33}
去	pai^{31}	pai^{24}	百	pek^{55}	pek^{33}
炮	phau^{24}	phau^{24}	血	phja:t^{33}	phja:t^{33}
平	piŋ^{31}	piŋ^{31}	柴刀	pja^{24}	pja^{33}
头发	pjam^{33}	pjam^{24}	山	po^{31}	po^{24}
箱子	səŋ^{31}	səŋ^{24}	方	səi^{33}kak^{55}	səi^{24}kak^{55}
四	səi^{24}	səi^{55}	针	səm^{31}	səm^{24}
蚊帐	sən^{33}	sən^{33}	晒	sa^{55}	sa^{24}
问	sa:i^{33}	sa:i^{33}	三	sa:m^{33}	sa:m^{24}
走	sa:m^{33}	sa:m^{33}	切（菜）	sa:p^{31}	sa:p^{31}ma^{24}
搓	sa:t^{55}	sa:t^{33}	早	sam^{31}	sam^{24}
沉	sam^{33}	sam^{33}	炒	sau^{33}	sau^{33}
捏	sau^{51}	sau^{51}	发抖	se^{33}	se^{33}
七	set^{55}	set^{55}	干净	seu^{24}	seu^{24}
喂	si^{31}	si^{31}	姓	siŋ^{24}	siŋ^{24}
姜	siŋ^{31}	siŋ^{24}	教	son^{31}	son^{24}
枪	suŋ^{55}	suŋ^{24}	乌鸦	ʔa^{11}	ʔa^{24}
鸭	ʔep^{55}	ʔep^{33}	蚊子	ȵuŋ^{51}	ȵuŋ^{51}
水牛	həi^{31}	həi^{31}	鸡	kai^{24}	kai^{24}
只（量词）	tə^{31}	tə^{31}	猴子	tə^{31}liŋ^{31}	tə^{31}liŋ^{31}
马	ma^{51}	ma^{51}	蚂蟥	piŋ^{22}	piŋ^{24}
雷	pja^{33}	pja^{33}	蜜蜂	taŋ^{24}	taŋ^{31}
曲蟮	zan^{51}	zan^{51}	蛇	zui^{51}	zui^{31}
晚上	tə^{33}ȵam^{24}	tə^{33}ȵam^{24}	小	təi^{33}	təi^{33}
路	khun^{31}	khun^{24}	凳子	taŋ^{24}	taŋ^{24}
来	taŋ^{31}	taŋ^{24}	抬	ta:p^{55}	ta:p^{55}
挑	ta:p^{55}	ta:p^{55}	死	tai^{31}	tai^{33}
拿	tai^{51}	tai^{51}	撮箕	tak^{55}tɕai^{51}	tak^{55}tɕai^{33}
穿衣	tan^{33}	tan^{33}	戴帽	tan^{33}	tan^{33}
肝	tap^{55}	tap^{55}	斗（量词）	tau^{51}	tau^{51}

汉语	锦话	莫话	汉语	锦话	莫话
砍	te⁵⁵	te²⁴	第一	te³¹ʔet⁵⁵	te⁵⁵ʔet⁵⁵
缝	tep⁵⁵	tep⁵⁵	碳	tha:n⁵⁵	tha:n²⁴
到	thau⁵⁵	thau²⁴	踢	thek⁵⁵	thek⁵⁵
近	thjai⁵⁵	thjai²⁴	桶	thoŋ³³	thoŋ³³
陡	tiŋ²⁴	tiŋ²⁴	点（灯）	tim³¹	tim³³
脚	tin³¹	tin²⁴	断（绳子）	tjəu⁵⁵	tjəu²⁴
东西	toŋ³³se³³	toŋ³³se²⁴	碓	toi⁵⁵	toi²⁴
掉	tok⁵⁵	tok⁵⁵	慢	ton²⁴	ton³³
打架	tuŋ⁵¹mat⁵¹	tuŋ³¹mat³¹	煮	tuŋ³¹	tuŋ³³
石头	tui⁵¹	tui³¹	打（铁）	tui³¹	tui³¹lit⁵⁵
胖	vəi⁵¹	vəi³¹	灯	vəi³¹taŋ³¹	vəi³¹taŋ³³
叶子	va²⁴mai⁵¹	va²⁴	张（量词）	va²⁴	va²⁴
云	va²⁴	va³³	稻草	vaŋ²²	vaŋ²⁴
日	van³¹	van²⁴	昨天	van³¹ȵuŋ²²	van³¹ȵuŋ³³
前天	van³¹kun⁵⁵	van³¹kun⁵⁵	明天	van³¹mo⁵⁵	van³¹mo³³
后天	van³¹na³³	van³¹na³³	今天	van³¹nai²⁴	van³¹nai³³
做	ve¹¹	ve⁵¹	飞	vin²⁴	vin³³
簸箕	ʔdoŋ³³	ʔdoŋ⁵⁵	筛子	zai⁵¹	zai³¹
喝	zəm²⁴	zəm³³	送	zən⁵¹	zən⁵¹
轻	za²⁴	za³¹	一拃	za:p²⁴	za:p³³
事情	zai²⁴	zai³³	肠子	zai²⁴	zai³³
重	zan³¹	zan²⁴	女婿	zau⁵¹	zau⁵¹
瘦（肉）	zet⁵⁵	zet³¹	墙	ziŋ⁵¹	ziŋ³¹
寸（量词）	zin³¹	zin³¹	熟	zok⁵¹	zok³¹
织布机	zuŋ⁵¹	zuŋ³¹	眉毛	zun³¹ʔda³¹	zun¹¹ʔda¹¹
人	ʔai²⁴tɕin³¹	ʔai³³tɕin²⁴	女人	çi³¹ja⁵¹	çi³¹ja⁵¹

（二）声母相同韵母不同的词（64个）

汉语	锦话	莫话	汉语	锦话	莫话
朋友	ʔai³³sen³¹	ʔai³³sən¹¹	二十	ȵai³¹zək³³	ȵəi²⁴zip³¹
短	ʔden²⁴	ʔdin³³	今年	ve³¹nai²⁴	ʔbe³¹na:i³³
苗族	ʔai³³jəu⁵¹	ʔai³³hiu³¹	侗族	ʔai³³toŋ²⁴	ʔai³³thoŋ³³
年	ve³¹	ʔbe²⁴	柴	ʔdet⁵⁵	ʔdit⁵⁵
骨头	ʔda:t⁵⁵	ʔduat⁵⁵	我	ʔəu⁵¹	ʔe³¹
千	çen³³	çin³¹	少	çeu³³	çiu³³
五	ŋu⁵¹	ŋo⁵¹	哭	ȵi³³	ȵe³³

集市	tɕi⁵¹	tɕe⁵¹	借	tɕhim²⁴	tɕhin²⁴
犁	tɕoi³¹	tɕuai²⁴	犁头	tɕoi³¹	tɕuai³³
镜子	sau³¹tɕin³¹	tsau²⁴tɕin²⁴	开门	hai³¹tu³¹	hai³¹to³³
赢	heŋ⁵¹	hiŋ³¹	甘蔗	toŋ³¹ʔoi³³	hoŋ³¹ʔoi³³
牙齿	jəu³³	jeu³³	旧	kaau⁵⁵	kau²⁴
棵	ku²⁴	ko²⁴	祖父	kuŋ³³	koŋ²⁴
锄头	kuək⁵⁵	kua³¹	割	kon³¹	kun²⁴
辣椒	lək³³lian²⁴	lək¹¹lin²⁴	放牛	la:m²⁴	la:ŋ²⁴
泥巴	ləm²⁴	lum²⁴	风	ləm³¹	lum²⁴
鞭子	mai⁵¹pian³³	mai⁵¹pin³³	被子	mian⁵¹	min³¹
埋	muk⁵⁵	mok⁵⁵	窄	niak⁵⁵	nak⁵⁵
靠	neŋ³³	niŋ³³	这	nai³¹	nia¹¹
月亮	la³³nian⁵¹	nin³¹	二月	nin⁵¹ȵai¹¹	nin³¹ȵəi³³
升	noŋ²⁴	nuŋ²⁴	变	pian²⁴	pin²⁴
搬	pian³³	pin³³	汗	sek⁵⁵	set⁵⁵
是	sen³¹	sin²⁴	尺	set⁵⁵	sik⁵⁵
酸	səm³³	suŋ³³	筷子	suəŋ³¹	sun²⁴
鹅	ŋa:ŋ²⁴	tə³¹ŋa:n²⁴	黄牛	tə³¹pəu⁵¹	tə³¹po⁵¹
竖	ziaŋ⁵¹	zəŋ³³	羊	zu³¹	zua³¹
发芽	tai²⁴ŋa⁵¹	tai⁵⁵ŋa:t⁵¹	贴	təp⁵⁵	tap³³
迟	lun⁵¹	tok⁵⁵lən³¹	下雨	taŋ³¹vin³¹	tok⁵⁵vən²⁴
坐	zui²⁴	zəi²⁴	直	ziaŋ³¹	zaŋ⁵¹
指甲	zut²⁴mi³¹	zət⁵⁵mi²⁴	绳子	za²⁴	zak³³
便宜	zian²⁴	zin³³	十	zək³³	zip³¹
种	zu⁵¹	zo³¹	洗手	zok³³	zuk⁵⁵mi²⁴

（三）声母不同韵母相同的词（63个）

汉语	锦话	莫话	汉语	锦话	莫话
咸	laŋ²⁴	ʔdaŋ²⁴	阴	ʔdjam⁵⁵	ʔdam²⁴
眼睛	ʔda³¹	ʔdja²⁴	蒸	ʔda:u²⁴	ʔdja:u³³
热	ʔdau²⁴	ʔdjau³³	擦	wut⁵⁵	ʔut³³
瞎子	ʔda³¹vət⁵⁵	ȵa³¹ʔbət⁵⁵	剁	mat⁵⁵	ȵat⁵⁵
远	ləi³¹	tɕəi³³	装	saŋ³¹	tɕaŋ³³
亮	la:ŋ³³	tɕa:ŋ²⁴	狗叫	ȵau⁵⁵	tɕhau²⁴
拉	tɕwa:u²⁴	tɕhwa:u³³	哪里	tə⁵⁵zau³¹	tɕi⁵⁵nau³¹
锅	tɕhik⁵⁵	tɕik⁵⁵	听	kə³¹tɕha³¹	tɕin³³tsha²⁴

汉语	锦话	莫话	汉语	锦话	莫话
药	za³¹	tsa³¹	寨子	ma:n³³ha²⁴	ʔba:n³³
甘蔗	toŋ³¹ʔoi³³	hoŋ³¹ʔoi³³	绿	tɕhəu³¹	jəu²⁴
太阳	ʔda³¹van³¹	ja²⁴van²⁴	地	ʔda:i²⁴	ja:i²⁴
买	ɬjai¹¹	jai³³	矮	ʔdam²⁴	jam²⁴
卖	tɕe³¹	je³³	衣服	lok⁵⁵	jok⁵⁵
天	mən³¹	ju³¹ʔbən²⁴	跪	kui²⁴	khui³³
鼓	ljoŋ³¹	lə⁵⁵tɕoŋ²⁴	红	ḷaŋ³¹	laŋ²⁴
偷	ljak⁵⁵	lak⁵⁵	黑	nam³¹	lam³³
影子	naŋ⁵⁵nau⁵¹	lam⁵⁵lau³³	六	ljok³¹	lok³¹
新	m̥ai⁵⁵	mai²⁴	扁担	mai⁵¹ŋa:n⁵¹	mai⁵¹ɣa:n¹¹
杉树	mai⁵¹fa:t⁵⁵	mai⁵¹wa:t³³	雪	lui³¹	nui²⁴
闻	n̥un⁵¹	nun⁵¹	进	ve³¹ʔa:u³³	pə³¹ha:u³³
磨（刀）	tɕan³¹	pjan³¹	补（衣服）	pu³³luk³³	po³³tɕuk⁵⁵
灶	zau⁵¹	sau²⁴	你们	ça:u³³si³¹	sau³³çi²⁴
吃	çin³¹	sin³³	猪	m̥əu²⁴	tə³¹məu²⁴
跳蚤	tə³¹m̥at⁵⁵	tə³¹mat⁵⁵	早上	tə⁵⁵ɣet⁵⁵	tə⁵¹het⁵⁵
断（棍子）	tjak⁵⁵	tak⁵⁵	布	ʔbik⁵⁵	mik³³
过	ta²⁴	tha³³	脱衣	tot⁵⁵	thot³³
挂	kwen³¹	wen²⁴	糍粑	səi³¹	zəi⁵¹
二	ja³³	za²⁴	房子	ʔdan³³ɣa:n³¹	za:n²⁴
家	ja:n³¹	za:n²⁴	力气	jiŋ³¹	ziŋ²⁴
知道	jo³³	zo³³	给	hai³¹	sai²⁴
怕	tai³¹lju³¹	lu²⁴			

（四）语音形式完全不同的词（92个）

汉语	锦话	莫话	汉语	锦话	莫话
男人	ʔai²⁴pan³¹	ʔai³³ʔba:n³¹	官	tau⁵¹	ʔai³³ʔbuŋ³³
老人	ʔai³³la:u⁵¹	ʔai³³tɕe²⁴	哪个	ʔai³³si²⁴	ʔai³³nau²⁴
婆	tɕa³³	ʔau³³	要	ta:u³¹	ʔau³³
胆子	koŋ⁵¹	ʔbəi³³	疯子	tə³¹ŋan⁵⁵	ʔbak⁵⁵
梯子	ʔbak⁵⁵le³³	ʔbak⁵⁵tɕe³³	捆	zuk⁵⁵	ʔbo²⁴
嘴巴	pa:k⁵⁵	ʔbuk⁵⁵	美丽	khan²⁴	ʔda³³jai³¹
名字	ʔda³³	ʔda:n³³	看	kau⁵⁵	ʔdjom³³
看见	kau⁵⁵ʔdo²⁴	ʔdjom³³	硬	la³³	ʔdoŋ³³
吐	phu²⁴	ʔdum⁵¹	饿	jək⁵⁵	ʔiŋ³³
下蛋	ʔəu⁵⁵tɕai²⁴	ʔok⁵⁵tɕai²⁴	碗	wən³³	ʔun³³

饭	məm³³	ŋa:i³¹		喊	jeu²⁴	ŋa:u³³
歪	kau⁵¹	ȵeŋ²⁴kai³¹		摇	ȵa:u²⁴	ȵin²⁴
话	ha:u²⁴	tɕa:i³¹		客人	ʔai³³hek⁵⁵	tɕai²⁴lak⁵¹
斧头	kut³¹	tɕau⁵¹kun³³		追	tiat⁵⁵	tɕhan³³
借	tɕhim²⁴	tɕhin²⁴		床	ta:u³¹	tɕuaŋ³¹
拔	ljon³¹	tɕun³¹		富	kwaŋ³¹	tɕwa:ŋ³³
枯	tjəu³³	fai³³ka:n³³		会	ju³³	ha:ŋ³³
恨	ȵim²⁴	ham²⁴		还	ti²⁴	he²⁴
一庹	thi²⁴	he²⁴ʔdeu³³		脖子	ku⁵¹	ho²⁴
皮肤	pəi⁵¹	ja²⁴		快	ziu⁵⁵	jaŋ³³
咬	tɕam³³	jin²⁴		跳	sat⁵⁵	jok³³
盐	lu³¹	jua³³		跑	lje⁵¹	jwa:u²⁴
膝盖	tɕau³³kau⁵⁵	ka²⁴kau⁵⁵		件（量词）	tɕəi³¹	kat⁵⁵
箭	na²⁴	keŋ²⁴lam³³		倒（下）	təm²⁴	koŋ³³
骂	zi²⁴	kwe³³		改	kai⁵⁵	ləi⁵¹ʔda:i³³
瓜	fa³¹	lək³³kua³³		漏	ju²⁴	ləu²⁴
地上	ła³³	la⁵¹ʔbən²⁴		孙子	lək³¹	l̥ak³¹la:n²⁴
弓	koŋ³³	lam³³		暗	ʔdjam⁵⁵	lap⁵⁵
唱歌	zəu²⁴wən³¹	le⁵⁵ʔun³³		钝（刀）	ljo⁵¹	məi⁵¹ʔda:u³³
竹子	mai⁵¹tem³³	mai⁵¹ta³³		把（量词）	fak⁵⁵	mot⁵⁵
母亲	ma³³	nəi⁵¹		踩	zuai²⁴	nət⁵⁵
烂	tjəu²⁴	na:u³³		腰	koŋ³¹	pə³¹lən²⁴
父亲	tia³³	pəu⁵¹		爬	ljon³¹	pin³³
尖	ly³¹	phe²⁴		赔	thi²⁴	phe²⁴
簸	tu⁵⁵ʔəu³³	po²⁴		双（量词）	səi²⁴	səu²⁴
丑	zui⁵¹	səu³³		长（大）	ju³¹(la:u⁵¹)	səu³³(la:u⁵¹)
纸	va³³lai⁵¹	sa²⁴		欠	khau²⁴	sa³³
塞	nan⁵¹	sak⁵⁵		学	ço³¹	son²⁴
转	pan²⁴	sun⁵⁵		那	ʔdə⁵⁵si²⁴	təu³³
他	mo³¹	təu³³		蒜	çiaŋ³³liu³¹	təu³³ho²⁴
醉	me³¹	taŋ²⁴lau³³		饱	lja³¹	taŋ⁵⁵
回	pan²⁴	ta:u⁵⁵		拍（桌）	tjap¹¹tɕoŋ³¹	thoŋ⁵¹
阁	tɕau³³	tuan³³		说	tɕa:ŋ³³	vat³³tɕai³¹
玩	ve³³loi⁵¹	ve⁵¹vin³³		容易	hui³¹wəi³¹	wa:ŋ⁵⁵
坏	zui⁵¹	wai²⁴		吹	pu²⁴	zəp³³

舔　　　ta:u^{31}　　zi^{24}　　｜钱　　　tɕe^{31}ʔəu^{33}　　zi^{51}

从上文所列的语音和词汇材料可以看出，锦话和莫话无论在语音（音系）上还是在词汇上，共性是很大的。在用于对比的 443 个词当中，语音形式完全相同（不考虑调值是否相同）的词 224 个，占总数的 50.56%；声母相同韵母不同的词 64 个，占 14.46%；韵母相同声母不同的词 63 个，占 14.22%，三项合计为 79.25%。而语音形式完全不同的词仅为 92 个，占总数的 20.75%。事实上，在语音形式完全不同的 90 多个词中，有些词仍存在着语音上的对应，如"富"，锦话为 kwaŋ^{31}，莫话为 tɕwa:ŋ^{33}；"要"，锦话为 ta:u^{31}，莫话为 ʔau^{33}；"男人"，锦话为 ʔai^{33}pan^{31}，莫话为 ʔai^{33}ʔba:n^{31}。从语音历史发展的角度看，有可能是从同一个语音形式发展演变而来的。有些词在莫话或锦话中更接近布依语，而在另一方言中差异较大，但语音上又有对应，这种情况极有可能是其中之一借自布依语，而另一个保留了莫话（锦话）的古老形式，这一形式又是整个壮侗语族同源的，如前文所引的"要"。

综上所述，我们完全同意杨通银先生的结论，即，莫话和锦话应该是一种语言，而不是并列的两种语言，至于其内部差异是否达到方言之间的差异，尚有待进一步的研究。

第四节　莫话与布依语之间的关系

莫话与布依语同属于侗台语族，但分属不同语支，即布依语属于壮泰语支，莫话属于侗水语支，最早研究莫话的李方桂先生对此已有定论，学术界也没有提出任何异议。这里所说的莫话与布依语的关系是指相互接触和影响的关系。

莫话群体何时与使用布依语的群体发生接触，学术界尚未提出确切的时间，根据伍文义的观点，莫话使用者宋以前分布在贵州中部，后来当地大姓崛起，受到排挤才南迁至今天的贵州南部，与当地使用布依语第一土语的人接触后，其语言才发展演变成今天的样子。这一观点从历史文献的角度论证莫话使用群体的迁徙和与贵州南部布依族发生语言接触的历史过程，有其可取之处，但从根本上推翻莫话的语言性质，认为莫话本来就是布依语的第二或第三土语，并认为今天的莫话是布依语的一个方言。[①]这一点尚值得商榷。

我们在调查过程中，从受访者那里听到最多的是"莫话和布依语差不

---

① 伍文义：《布依族"莫家话"与土语及相关语言比较研究》，《贵州民族研究》2005 年第 5 期。

多，只是语调上的不同而已"，"莫话是介于布依语和水语的一种语言"，也有人称之为"布依族的莫家腔"，《荔波县志》中也有类似的记载。说明莫话和布依语之间关系是非常密切的。本文拟通过莫话和布依语语音与词汇的对比，以揭示二者的共性和差异。

一、莫话使用群体兼用布依语的情况

在荔波，莫话使用者主要分布在县境的甲良、方村、播尧和水利几个乡镇，而这些地方同时也是布依语通行地区，方村、甲良一带的布依族莫家称布依语为"覃家话"。莫家兼用布依语的情况十分普遍，各种生活习俗与布依语的使用者基本相同，民间对歌所用的语言也都是布依语。

此次调查我们在甲良、方村、播尧三个乡一共对 427 个布依族（莫家）受访者进行了问卷调查，其中以莫话作为母语的 373 人，占总数的 87.35%；以布依语为母语的 35 人，占总数的 8.2%；17 人以汉语方言作为母语，占 3.98%。以布依语作为主要兼用语的有 243 人，占 56.91%；以莫话作为第二语言的有 27 人，[①]占 6.32%；以汉语方言作为第二语言的有 116 人，占 27.17%；此外，还有 34 人以普通话作为第二语言，占 7.96%。在莫话的使用者群体中，20 岁以上的人绝大多数通常都不同程度地掌握和使用布依语。各调查点莫话使用情况及语言兼用情况详见下表。

荔波县莫话使用群体母语和第二语言
掌握情况调查表（N=427）

调查点	受访总人数	母语						第二语言							
		莫话		布依语		汉语方言		莫话		布依语		汉语方言		普通话	
	人数	人数	比例	人数	比例	人数	比例	人数	比例	人数	比例	人数	比例	人数	比例
甲良镇金对村[②]	131	118	90	12	9.2	1	0.8	8	6	72	55	29	22	18	17
甲良镇新场村[③④]	104	86	83	7	6.7	10	9.6	5	4.8	54	52	36	35	8	7.7

---

① 指从外边嫁进来的媳妇，原来在娘家以布依语为母语，到夫家后学会莫话，并以之作为交际工具。

② 有 4 人未选择第二语言。

③ 另有一人自称以普通话为母语。

④ 一人未选择第二语言。

调查点	受访总人数	母语						第二语言							
		莫话		布依语		汉语方言		莫话		布依语		汉语方言		普通话	
	人数	人数	比例	人数	比例	人数	比例	人数	比例	人数	比例	人数	比例	人数	比例
播尧乡地莪村	56	42	75	8	14	6	11	6	11	30	54	15	27	5	8
方村乡双江村[①]	136	128	94	7	5.2	1	0.8	6	4.4	88	65	37	27	3	2.2

二、莫话与布依语音系对比

荔波朝阳是 20 世纪 50 年代布依语普查时的一个语言点，从地理位置上来看，与莫话通行地区比较近，因此，本文将荔波朝阳的布依语音系与方村莫话的音系做一简单的对比，以揭示二者的共性和差异。

（一）荔波朝阳布依语音系

1.声母

荔波朝阳布依语共有声母 31 个，其中单辅音声母 26 个，腭化辅音声母 1 个，唇化辅音声母 4 个。声母及例词如下：

p	pak⁷ 嘴	ph	phai⁴ 派
ʔb	ʔba⁵ 肩膀	m	ma¹ 狗
f	fa² 铁	v	va¹ 盖子
ts	tsa² 杂志	tsh	tsha² 查
s	sa¹ 沙	r	ra¹ 纸
t	ta¹ 眼睛	th	thai⁴ 太
ʔd	ʔda¹ 背带	n	na¹ 厚
š	ša¹ 差	l	la³ 下面
tɕ	tɕa³ 秧	tɕh	tɕhaŋ² 详细
ȵ	ȵa¹ 草	ɕ	ɕau² 学校
j	ja⁶ 妻子	k	ka¹ 腿
kh	kha³ 卡车	ŋ	ŋa:i² 早餐
ʔ	ʔa¹ 乌鸦	h	ha² 茅草
pj	pja¹ 鱼	šw	šwa:ŋ¹ 窗
kw	kwa² 右	ŋw	ŋwa⁴ 瓦

p　pak^7 嘴　　　　　ph　$phai^4$ 派
$ʔb$　$ʔba^5$ 肩膀　　　m　ma^1 狗
f　fa^2 铁　　　　　v　va^1 盖子
ts　tsa^2 杂志　　　tsh　$tsha^2$ 查
s　sa^1 沙　　　　　r　ra^1 纸
t　ta^1 眼睛　　　　th　$thai^4$ 太
$ʔd$　$ʔda^1$ 背带　　　n　na^1 厚
$š$　$ša^1$ 差　　　　　l　la^3 下面
$tɕ$　$tɕa^3$ 秧　　　　$tɕh$　$tɕhaŋ^2$ 详细
$ȵ$　$ȵa^1$ 草　　　　　$ɕ$　$ɕau^2$ 学校
j　ja^6 妻子　　　　k　ka^1 腿
kh　kha^3 卡车　　　$ŋ$　$ŋa:i^2$ 早餐
$ʔ$　$ʔa^1$ 乌鸦　　　　h　ha^2 茅草
pj　pja^1 鱼　　　　$šw$　$šwa:ŋ^1$ 窗
kw　kwa^2 右　　　　$ŋw$　$ŋwa^4$ 瓦

① 有 2 人未选择第二语言。

ȵw　　　ȵwa:u⁶ 虾

说明：

A. 本族语固有词没有送气与不送气辅音的对立，声母表中所有送气塞音和塞擦音声母均用于拼读现代汉语借词。

B. /r/是个闪音，在个别人的口语中有时发作颤音。其他地区的 s 声母字在朝阳布依语中都发这个音。

C. /ʂ/是个舌尖齿龈清摩擦音，与/s/发音有所不同。在朝阳布依语中，/s/只出现在现代汉语借词中。

2.韵母

荔波朝阳布依语共有韵母 74 个，其中单元音韵母 8 个，复合元音韵母 11 个，带鼻音韵尾的韵母 28 个，带塞音韵尾的韵母 27 个。韵母及例词如下：

a	na³ 脸		op	hop⁷ 对场
a:i	ta:i¹ 死		ot	tot⁷ 脱（衣）
ai	tai³ 哭		ok	ʔdok⁷ 骨头
a:u	ta:u⁵ 返回		e	te⁶ 蛔虫
au	tau¹ 来		eu	ʔdeu¹ 一
aɯ	taɯ² 看守		em	tem¹ 凉席
a:m	ta:m⁶ 泡汤		en	tɕen¹ 手臂
am	tam² 池塘		eŋ	ʔdeŋ¹ 推
a:n	ta:n⁵ 炭		ep	hep⁷ 截禾刀
an	tan³ 穿		et	net⁷ （土）紧
a:ŋ	ʔda:ŋ¹ 身体		ek	rek⁸ （布）细
aŋ	ʔdaŋ¹ 鼻子		i	ti² 打
a:p	ta:p⁷ 贴		iu	riu¹ 掐
ap	tap⁷ 肝		i:m	li:m² 镰刀
a:t	ra:t⁷ 搓		im	lim⁴ 木楔
at	mat⁷ 跳蚤		i:n	li:n² 昨天
a:k	ta:k⁷ 晒		in	tin¹ 脚
ak	tak⁸ 雄性		i:ŋ	li:ŋ² 房梁
o	to⁵ 马蜂		iŋ	liŋ² 猴子
oi	joi¹ 梳子		i:p	li:p⁸ 踩
om	tom¹ 心		ip	ʔdip⁷ 生的
on	ron¹ 教		i:t	li:t⁸ 血
oŋ	ʔdoŋ⁴ 硬		it	tit⁷ 踢

i:k	li:k⁸ 屋基		ə	tshə¹ 车
ik	rik⁷ 撕		ɯi	kɯi² 女婿
u	tu¹ 门		ɯm	tɯm⁶ 淹没
ui	sui² 枕头		ɯ:n	vɯ:n¹ 歌
u:m	ru:m⁴ 燎		ɯn	ʔdɯn⁴ 吞
u:n	ru:n² 爬		ɯ:ŋ	fɯ:ŋ² 稻草
un	ʔun⁵ 软		ɯŋ	tɯŋ⁴ 棍子
u:ŋ	lu:ŋ² 铜		ɯp	tɯp⁸ 捶
uŋ	tuŋ⁴ 肚子		ɯ:t	fɯ:t⁸ 翅膀
u:t	ɲu:t⁸ 月份		ɯt	pɯt⁷ 肺
ut	lut⁷ 线筒		ɯ:k	ŋɯ:k⁸ 蛟龙
u:k	ru:k⁸ 呕吐		ɯk	tɯk⁷ 打仗
uk	nuk⁷ 耳聋		ɹ	sɹ¹ 意思
ɯ	tɯ² 拿		ua	hua⁴ 文化

说明：

A. 元音/a/、/i/、/u/和/ɯ/在韵尾之前有长短的对立。

B. 元音韵尾有/-i/、/-ɯ/和/-u/，其中，/-ɯ/只与主要元音/a/结合。

C. 鼻音韵尾有/-m/、/-n/、/-ŋ/，与塞音韵尾/-p/、/-t/、/-k/形成严整的对应关系。

D. 舌尖元音/ɹ/，央元音/ə/和复合元音/ua/只拼读现代汉语借词。

3. 声调

荔波朝阳布依语共有 8 个声调，其中舒声调 6 个，促声调 2 个，促声调按元音长短的不同又分为 4 个调值。声调及例词详见下表。

调类		调型	调值	例　　词
舒声调	1	低升	13	kam¹ 留客、ŋa¹ 草、laŋ¹ 后、ʔdai¹ 柿子
	2	低降	11	tɕiŋ² 三脚架、na:n² 久、tam² 池塘
	3	中平	33	tam³ 织布、jiu³ 提、ram³ 砍、jau³ 暖和
	4	高平	55	riŋ⁴ 滚、ro⁴ 会、raēi⁴ 真的、tɕa⁴ 柴刀
	5	中升	35	lam⁵ 陷、ʔdu⁵ 秃、ʔda:ŋ⁵ 斑点、ta:ŋ⁵ 各
	6	次高平	44	koŋ⁶ 圈儿、tɯm⁶ 淹没、ta⁶ 河、ru⁶ 赎买
促声调	7 长	低升	13	la:k⁷ 崩塌、ji:p⁷ 蚊帐、ja:p⁷ 挑、pɯ:k⁷ 芋头
	7 短	高升	35	lap⁷ 天黑、ʔdat⁷ 紧、nok⁷ 鸟、jat⁷ 屁
	8 长	中平	33	ra:k⁸ 根、fɯ:t⁸ 翅膀、fa:t⁸ 抽打
	8 短	低降	31	tɯp⁸ 捶打、tak⁸ 雄兽、rip⁸ 指甲、pit⁸ 蝉

（二）方村莫话与朝阳布依语音系比较

（1）从声母数量上看，方村莫话共有声母 36 个，朝阳布依语有声母 31 个，比较接近。有前喉塞音声母，塞音和塞擦音都没有清浊对立，[①]没有清化鼻音，这是二者在声母系统方面的共同点。但朝阳布依语的 31 个声母中，所有送气音声母均用于拼读现代汉语借词，即本族语固有辅音音系中塞音和塞擦音都没有送气和不送气的对立，而莫话中送气音不仅拼读汉语借词，也出现在本族语固有词中。因此，排除 5 个送气辅音以后，布依语中只有 26 个声母。方村莫话的摩擦音有三对半，除舌面摩擦音以外，其余三对都是清浊对立。相比之下，布依语的摩擦音则缺乏系统性，除唇齿摩擦音有清浊对立以外，其他几组都只有清擦音，没有浊擦音。朝阳布依语的舌尖擦音/s/只出现在现代汉语中，虽然有一个与之对立的/r/，但发音方法有些特殊，是一个闪音，在个别人口语中甚至发作颤音。/ʂ/虽然是个舌尖摩擦音，但发音方法稍靠后，与/s/有所不同，同样也没有与之对立的浊擦音。与/ɕ/对立的浊擦音在朝阳布依语中摩擦程度较轻，浊音的特点不明显，近似半元音/j/。/ɕ/只用于拼读现代汉语借词。因此，与方村莫话相比，布依语的擦音系统对应不严整。方村莫话的腭化和唇化音声母比较丰富，但布依语中只有一个腭化音，4 个唇化音。莫话的鼻音声母/ŋ/可以自成音节，而布依语中没有发现自成音节的鼻辅音。

（2）韵母系统的共性和差异。

方村莫话有韵母 62 个，朝阳布依语有韵母 74 个，从数量上看，二者稍有悬殊。区别在于，布依语有 8 个主要元音，莫话有 6 个，布依语中的央元音/ə/和舌尖元音/ɿ/用于拼读现代汉语借词，单独做韵母，不出现在带韵尾的音节中，莫话的/ə/不仅单做韵母，也可带鼻音和塞音韵尾。布依语有 4 个主要元音在带韵尾时区分长短，而莫话只有单元音/a/区分长短，这样一来，布依语就比莫话多出了三套韵母。莫话的元音韵尾只有/-i/和/u/，布依语除了这两个元音韵尾以外，还有/-ɯ/。总体看来，布依语的韵母系统是一个对应严整的系统，除了/e/和/o/，其他元音都有长短对立。

莫话和布依语韵母系统的共同之处也比较多。首先，主要元音基本一致，布依语尽管比莫话多出两个元音，但其中一个是专门拼读汉语借词的，另一个不能带韵尾，因此，能与其他音素构成复合韵母的元音也只有 6 个；其次，鼻音和塞音韵尾完全一致，都有鼻音韵尾/-m/、/-n/、/-ŋ/和塞音韵

---

① 李方桂先生 70 年前的《莫话纪略》，倪大白先生 80 年代的调查材料以及杨通银先生 90 年代的调查材料中，莫话的塞音都有清浊对立，而王宇枫 2003 年的调查材料中，浊音/b/、/d/已分别归并到先喉塞音/ʔb/、/ʔd/（王宇枫，2004）。笔者 80 年代中期调查莫话时，也曾归纳出一套与先喉塞音对立的全浊塞音，但此次调查，经过反复听辨，确实未发现有全浊塞音和塞擦音存在。

尾/-p/、/-t/、/-k/而且出现的环境也都基本相同。

三、莫话与布依语的词汇对比

莫话与布依语在词汇构成和语法方面基本一致，如修饰式名词和词组通常都是中心语在前，修饰语在后，例如：

莫话：

ʔai^{33}tɕe^{24} 老人	həu^{33}ja^{24} 水稻	ma^{24}pəu^{51} 白菜
人　老	粮食　田	菜　白

布依语：

pu^{4}tɕe^5 老人	hau^{4}na^2 水稻	pjak^{7}ha:u^1 白菜
人　老	粮食　田	菜　白

作为 SVO 型语言，动宾式合成词与词组的顺序都是动词位于宾语之前，例如：

莫话：

lap^{55}ʔdja^{24} 闭眼	hai^{31}to^{33} 开门	kwa:t^{33}ta^{55}la^3 扫地
闭　眼	开　门	扫　地

布依语：

lap^{7}ta^1 闭眼	ha:i^{1}tu^1 开门	pat^{7}za:n^2 扫地
闭　眼	开　门	扫　家

数词"一"修饰名词时，出现在名词之后，例如：

莫话：

ʔai^{33} jin^{31} ʔdeu^{33} 一个人	mot^{55}mit^{31}ʔdeu^{33} 一把刀
个　人　一	把　刀　一

布依语：

pu^4 wɯn^2 ʔdeu^1 一个人	fa^6 mit^8 ndeu^1 一把刀
个　人　一	把　刀　一

"二"以上的数词修饰名词时，则都出现在名词前面，例如：

莫话：

sa:m^{24} ʔai^{33} hek^{55} 三个客人	tɕəu^{33} ko^{24} mai^{51} 九棵树
三　个　客	九　棵　树

布依语：

sa:m^1 pu^4 he^5 三个客人	ku^3 ko^1 fai^4 九棵树
三　个　客	九　棵　树

莫话和布依语在词汇和语法方面的共性还很多，限于篇幅，这里不再一一做对比。

　　语言之间的接触给彼此带来的影响最突出的莫过于词汇的借用。莫话与布依语长期接触，作为相对强势的布依语在词汇方面对莫话所产生的影响是很显著的，主要表现为词汇的借用，即莫话向布依语借入了大量的词汇。由于莫话与布依语同属一个语族，因此，除了词汇的借用以外，二者还有不少来源于共同原始侗台语的词汇，即同源词，这些词汇有些在语音形式上非常相似，仅从这两种语言之间的比较很难判断究竟是借用还是同源，需要通过与同语族其他亲属语言的比较才能加以区分。在语音形式差别较大的词汇之间，有些词在两种语言之间可以找到一定的对应关系，如果再与别的亲属语言比较，得到印证的话，可以判断为同源词，这些词完全可以排除在借词之外。本文仅通过对一部分语音形式相同或相近的词进行比较来分析莫话和布依语的接触关系，与水语的对比主要是说明该词不是侗水语支语言内部的同源词，借此推测该词可能来自布依语。

　　1. 莫话、锦话都借自布依语的词。例如：

汉语	莫话	锦话	标准布依语	水语
葱	$ʔbəu^{24}$	$ʔbəu^{55}$	$ʔbu^1$	so^3
席子	$ʔbin^{33}$	$ʔbin^{33}$	$ʔbin^4$	$tjem^4$、bin^3
伸	$ʔit^{33}$	$ʔit^{55}$	$ʔiət^7$	$çon^4$
擦	$ʔut^{33}$	wut^{55}	$ʔot^7$	$sək^7$
女人	$çi^{31}ja^{51}$	$çi^{31}ja^{51}$	$çi^2ja^6$	$ni^4bja{:}k^7$
等①	$tça^{33}$	$tça^{33}$	$ça^3$	ka^3
老	$tçe^{55}$	$tçe^{24}$	$tçe^5$	$ɲa{:}k^7$、$la{:}u^4$
啃	hen^{33}	hen^{24}	hen^4	$ɣan^5$
穷	ho^{33}	ho^{33}	ho^3	$maŋ^4$
甘蔗	$ʔoi^{33}$	$ʔoi^{33}$	$ʔoi^4$	ui^3
长	jai^{33}	jai^{33}	zai^2	$ʔɣa{:}i^3$
腿	ka^{24}	ka^{31}	ka^1	pa^1
含	$ka{:}m^{24}$	$ka{:}m^{31}$	$ka{:}m^2$	$ʔŋam^1$
敢	$ka{:}m^{33}$	$ka{:}m^{33}$	$ka{:}m^3$	su^4
柱子	$ko^{33}zau^{24}$	zau^{31}	sau^1	$ʁa{:}m^3$
割	kun^{24}	kon^{31}	kon^2	qat^7
挖	kut^{33}	kut^{55}	kut^8（掘）	$tsət^8$
弯	kau^{31}	kau^{51}	kau^2	$ȶau^1$
选	le^{24}	le^{24}	le^6	$la{:}i^6$

---

① 《布依语调查报告》中荔波尧所、翁昂、朝阳几个点均为$tça^3$，与莫话音同。

汉语	莫话	锦话	标准布依语	水语
袜子	ma:t^{51}	ma:t^{51}	ma:t^8	jo^1
线	mai^{24}	mai^{51}	mai^1	fa:n^6
紧	net^{33}	net^{55}	net^7	
埋①	mok^{55}	muk^{55}	mok^7	ha:ŋ^6
沉	sam^{33}	sam^{33}	ɕam^1	ʔɣam^1
灶	sau^{24}	zau^{51}	sau^1	ndum^5
教	son^{24}	son^{31}	son^1	to^5
蚂蟥	tə^{31}piŋ^{24}	tə^{31}piŋ^{22}	tuə^{2}piŋ^1	bi^{6}bi^3
舀水②	tak^{55}	tak^{55}	tak^7	te^3
打架	tuŋ^{31}mat^{31}	tuŋ^{51}mat^{51}	mat^7	tu^{1}ta^3
裤子	wa^{24}	va^{24}	wa^5	huŋ^3
肠子③	zai^{33}	zai^{24}	sai^3	ha:i^4
力气	ziŋ^{24}	jiŋ^{31}	zeŋ^2	ljək^8
知道	zo^{33}	jo^{33}	zo^4	ɕau^3
切（菜）	sa:p^{31}	sa:p^{31}	ɕa:p^8	qat^7
葡萄	lək^{33}ʔet^{55}	lək^{33}ʔet^{55}	luɯk^{8}ʔit^7	lja:k^7
黄瓜④	lək^{33}piŋ^{33}	lək^{33}piŋ^{31}	tiəŋ^1	kwa^1

2. 莫话为布依语借词，锦话为固有词。例如：

汉语	莫话	锦话	标准布依语	水语
饭⑤	ŋa:i^{31}	məm^{33}	ŋa:i^2（早饭）	
摇	ȵin^{24}	ȵa:u^{24}	ȵin^1	ndjau^5
装	tɕaŋ^{33}	saŋ^{31}	tɕaŋ^1	ndau^5
床⑥	tɕuaŋ^{31}	ta:u^{31}	ɕa:ŋ^2	ta:u^2
脖子	ho^{24}	ku^{51}	ho^2	qo^4
棍子	mai^{51}təŋ^{51}	mai^{51}	təŋ^4	mai^{4}tjuŋ^4
笔	pian^{24}mak^{31}	借汉	piən^{1}mak^8	借汉
纸	sa^{24}	va^{33}lai^{51}	sa^1	tsi^3
浇	suan^{24}	joŋ^{31}	son^1	tui^5

---

① 该词在侗水语支语言——毛南语中也有相同的语音形式，疑借自壮语。

② 该词在侗水语支语言——毛南语中也有相同的语音形式，疑借自壮语。

③《布依语调查报告》中荔波翁昂和朝阳两个点均为rai^3，与莫话音近。

④《布依语调查报告》中荔波尧所和朝阳两个点均为piŋ^1，与莫话音同。

⑤ ŋa:i^{31}在当地布依语中泛指"一日三餐"，确指"中餐"，在其他地区的布依语中，只用来指"午餐"，即"中午饭"。

⑥ 方村莫话为布依语借词，锦话为本族词，与水语同源。

回	ta:u⁵⁵	pan²⁴	ta:u⁵	fan⁶
阉①	tuan³³	tɕau³³（劁）	ton¹	ʔjem¹
孙子	la:n²⁴	lək³¹l̥ak³¹	la:n¹	la:k⁸ha:n¹
暗	lap⁵⁵	ʔdjam⁵⁵②	lap⁷	ndjəŋ⁵
鼓	lə⁵⁵tɕoŋ²⁴	ljoŋ³¹	tɕɔŋ¹	tam²

3. 莫话为固有词，锦话借自布依语的词。例如：

汉语	莫话	锦话	标准布依语	水语
搬	pin³³	pian³³	piən³	pon³
吹	zəp³³	pu²⁴	po⁵	hup⁸
唱歌	le⁵⁵ʔun³³	zəu²⁴wən³¹	nau²vɯən¹	ɕip⁸、tsha:ŋ¹ko³

由于记录的词汇有限，本文所列举的仅是莫话中布依语借词的一部分，有些词是否为布依语借词，还有待进一步的研究。

总之，由于频繁接触，加之两种语言的使用群体在日常生活中有着非常密切的联系，因此，处于区域性强势地位的布依语对莫话产生了深刻的影响，这些影响主要表现在词汇的借用方面，同时，词汇结构和语法结构方面也受到了一定的影响。限于所掌握的语料，究竟莫话中布依语借词所占比例如何，目前我们尚无法提供确切的数据。

---

① 锦话中的tɕau³³是汉语借词，借自汉语"劁"。

② 锦话中的ʔdjam⁵⁵与水语中的ndjəŋ⁵在语音形式上比较形似，可能是同源词。

第五章　荔波县布依族莫家语言使用现状调查研究

第一节　甲良镇金对村莫话使用现状个案研究

一、基本情况概述

荔波县甲良镇面积 192 余平方公里，辖 20 个村民委员会，164 个村民小组，总面积 192.2 平方公里，全镇共 5291 户 22278 人。耕地面积 1825 亩，其中田 13703 亩、土 4555 亩；林地面积 127966 亩、牧地面积 65219 亩、水域面积 1213 亩；全镇总面积为 192 余平方公里，地势总趋势西高东低、西部属中岩溶低中山地，东部属中低河谷土地，平均海拔 780 米。[①]

金对村是甲良镇下属的 20 个行政村之一。该村为布依族聚居村，包括金对和塘米两个组，其中莫姓人口占绝大多数。其地理位置见下图：

图 5-1　金对村地理位置

① 以上信息引自百度百科 http://baike.baidu.com/view/1585120.htm。

二、调查过程

2011 年 7 月 6 日到 17 日，由 2 名博士生、3 名硕士生、7 名本科生组成的"中国西南民族杂居地区语言关系与语言和谐调研组"跟随导师周国炎教授来到贵州省荔波县，对瑶山乡、捞村乡、瑶麓乡、洞塘乡、甲良镇、播尧乡和方村乡进行了为期 10 天的语言使用情况以及语言态度等方面的调查。本次调查主要采用了一对一的问卷调查法，发放了"瑶族地区语言使用情况调查问卷"和"布依族、水族调查问卷"两种问卷。共收回问卷 1052 份，其中有效问卷 1000 份。①然后，调查组成员分别从不同角度撰写调查报告。本节选取了荔波县甲良镇金对村为调查对象，对其语言使用情况、语言态度等方面进行详细分析，旨在了解目前该村莫话的使用情况。

调查组在金对村发放并收回问卷 131 份，受访者都是布依族。在选择受访对象时，分别考虑到了年龄、性别、文化程度等因素。受访者的基本信息如下：

表 5-1 金对村受访者信息总表

基本信息项		受访人数	比例（%）	基本信息项		受访人数	比例（%）
性别（N=131）	男	82	62.6	文化程度 N=130	高中（含中专）	9	6.92
	女	49	37.4		高中以上	3	2.16
年龄（N=130）	20 岁以下	34	26.15		私学	1	7.69
	20-39	19	14.6	职业 N=128	在家务农	80	62.5
	40-59	39	30		学生	32	25
	60 岁以上	38	29.23		老师	3	2.34
文化程度（N=130）	文盲	26	20		经商	5	3.91
	小学	54	41.54		干部	2	1.56
	初中	37	28.46		外出打工	6	4.69

说明：N 为回答本问题的人数。

131 份有效问卷中男性 82 人，占 62.6%；女性 49 人，占 37.4%。男女比例不均衡，主要是由于女性受访者不太愿意配合调查者做问卷。这可能与金对村女性在日常生活中较少接触到陌生人有关，当我们请求她们做问

---

① 1052 份调查问卷中有苗族问卷 20 份，汉族问卷 14 份，水族问卷 13 份，侗族问卷 3 份，壮族问卷 2 份不在研究范围内，为无效问卷。

卷时，她们普遍表现得不太愿意跟我们交谈。相反，男性在被要求做调查问卷时则表现得比较积极。调查期间，当地一部分青壮年外出打工，所以在年龄上，20 岁以下的青少年以及 60 岁以上的老年人比较多，分别占26.15%和 29.23%。

从文化程度上看，受访者大多数为小学或初中学历，占 70%；其次是文盲，占 20%；高中及高中以上学历的人比较少，只占受访者的 9.08%。个别 70 岁以上老年人解放前上过私塾。从职业上看，受访者的职业具有多样性，但是最主要的职业还是在家务农，占受访者的 62.5%。

三、语言使用特征

（一）母语与第二语言情况

131 位受访者的母语和第二语言情况如下：

表 5-2　　　　　　　　金对村受访者的母语与第二语言情况

是否母语＼语种	莫话	客话（汉语方言）	布依语	普通话
母语（N=131）	118	1	12	—
第二语言（N=114）	—	25	72	17

说明：N 为回答本问题的人数。

（二）性别特征与母语水平

在收回的 131 份问卷中，男女受访者的母语水平统计详见下表：

表 5-3　　　　　　　　　　男女受访者的母语水平

性别＼熟练程度	非常流利		比较流利		一般	
	人数	百分比	人数	百分比	人数	百分比
男（N=82）	80	97.56	2	2.44	—	—
女（N=49）	46	93.88	2	4.08	1	2.04

说明：N 为回答本问题的人数。

从母语掌握的程度看，男性和女性在本民族语熟练程度的比例上并没有体现出太大的差距。民族语水平达到非常流利的男性有 80 人，占 97.56%；比较流利的 2 人，占 2.44%。民族语水平达到非常流利的女性有 46 人，占93.88%；比较流利的有 2 人，占 4.08%；民族语水平一般的是位 12 岁的小学生，在家跟父母、爷爷、奶奶都用民族语交流，可能是由于年龄比较小对自己的母语水平不自信，所以才会称自己民族语水平一般，实际上据调查员观察，她的民族语水平应该是非常流利的。

（三）性别特征与语言能力

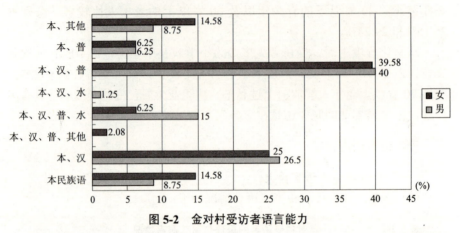

图 5-2   金对村受访者语言能力

说明：横坐标为掌握某些语言的男性/女性占男性/女性的有效问卷数量的百分比，纵坐标为受访者掌握的语言。

在我们的调查问卷中设计了这样一道问题"你现在能用哪些语言进行交谈"，用于了解调查对象的语言能力。131 位调查对象中，有 128 人做了回答，其中男性 80 人，女性 48 人。从上图看，金对村男性、女性的语言能力大体上比较均衡，男性略强于女性。同时掌握本民族语、汉语方言、普通话和水语 4 种语言的男性比例是 15%，高于女性的 6.25%，而只会说本民族语的单语人的比例则低于女性受访者。女性会说本民族语和其他语言的受访者的比例比男性要高。金对村受到汉语、汉文化的影响较大，所以大部分受访者都会讲汉语方言或普通话，只会说民族语的单语人比例很小。从上图我们还可以看到，金对村有 22.5%的受访者都会讲水语。这也反映了当地村民跟水族人来往比较频繁。

（四）年龄特征

金对村受访者的年龄分布如下图：

受访者中有 1 人没有填写年龄，其余的受访者年龄分布为：20 岁以下有 34 人，占 26.15%；20—39 岁有 19 人，占 14.6%；40—59 岁有 39 人，占 30%；60 岁以上有 38 人，占 29.23%。该村不同年龄阶段的受访者的民族语水平见下表：

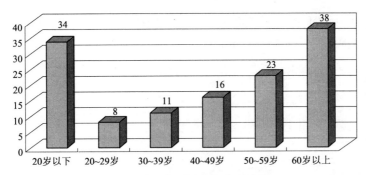

图5-3　金对村受访者的年龄分布

表5-4　　　　　　　　　金对村不同年龄段受访者的民族语水平

年龄段 熟练程度	非常流利		比较流利		一般	
	人数	百分比	人数	百分比	人数	百分比
20 岁以下（N=33）	28	82.35	4	11.76	1	2.94
20—39 岁（N=19）	19	100	—	—	—	—
40—59 岁（N=39）	39	100	—	—	—	—
60 岁以上（N=38）	38	100	—	—	—	—
合计（N=129①）	124	96.12	—	—	—	—

说明：N 为回答本问题的人数。

由于金对村民族语保存良好，本民族语水平为"只会说日常用语"、"听得懂但不会说"、"听不懂"的人数均为零，所以做金对村不同年龄段受访者的民族语水平表时就没有把这 3 项考虑进去。本民族语非常流利的有 124 人，其中，20 岁以下有 28 人，占 20 岁以下总人数的 82.35%。20 岁以上各个年龄段的受访者民族语水平都是非常流利。4 位民族语比较流利的受访者年龄在 13—17 岁之间，3 位正在读初中，1 位正在读高中。

表 4 显示了金对村的民族语保存状况非常好。除个别青少年外，各个年龄段的人都能非常流利地运用本民族语与人交流。不过个别青少年民族语水平下降也说明了学校的汉语教学以及社会上汉语的优势地位对民族语的保存造成了一定的影响。

（五）文化程度特征

由于有 1 人没有填写文化程度，所以只统计了 130 位受访者的文化程度信息。从未上过学的有26人，占 20%；小学文化水平的有54人，占 41.54%；初中文化水平的有 37 人，占 28.46%；高中及中专文化水平的有 9 人，占

---

① 131 位受访者中 1 人没有填写年龄，1 人没有填写民族语水平。

6.92%；高中以上文化水平的有 3 人，占 2.16%，个别人解放前上过私塾。不同文化程度的受访者的民族语掌握情况的数据统计见下图：

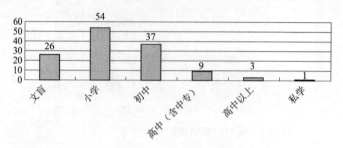

图 5-4　金对村受访者的文化程度

表 5-5　　　　　　　金对村不同文化程度的受访者的母语水平

语言熟练程度 \ 文化程度		文盲（N=26）	小学（N=53）	初中（N=35）	高中（含中专）（N=9）	高中以上（N=3）	私学（N=1）	合计（N=127[①]）
非常流利	人数	26	52	32	8	3	1	122
	%	100	98.11	91.43	88.89	100	100	96.06
比较流利	人数	—	—	3	1	—	—	4
	%	—	—	8.57	11.11	—	—	3.15
一般	人数	—	1	—	—	—	—	1
	%	—	1.89	—	—	—	—	0.78

说明：N 为回答本问题的人数。

　　由表 5 可知，民族语水平达到非常流利的有 122 人，占 96.06%；比较流利的有 4 人，占 3.15%；民族语水平一般的受访者叫莫泰软。该受访者对自己的母语水平表现得很不自信。5 位民族语水平没有达到非常流利的受访者都分布在小学、初中、高中这三个文化水平上，并且都是在校的学生。据了解，调查点的学校要求学生在学校里讲普通话。这应该与 5 位学生民族语水平没有达到非常流利有直接关系。学生每天大部分时间都在学校里，只接触普通话，时间一长，势必对学生的民族语水平造成影响。

　　四、语言使用情况

　　我们在调查问卷中设计了一系列问题来考察金对村家庭内部语言使用情况，社区内部语言使用情况，社区之间语言使用情况以及集市、医院、

---

① 131 份问卷中，有 1 份没有填写文化程度，3 份没有填写母语水平，所以该统计表的问卷数为 127 份。

学校等其他场合语言使用的情况，以期能够发现该村的语言使用特点。

（一）家庭内部语言使用情况

我们在调查中发现，金对村家庭内部用语只有两种，一种是本民族语，一种是汉语方言，没有人把其他语言作为家庭用语。民族语是金对村家庭成员之间的主要交际语言，除个别家庭在家里偶尔使用汉语以外，绝大多数家庭都使用本民族语。具体数据见下表：

表 5-6   **金对村家庭内部语言使用情况**

语言 对象	本民族语		本民族语、汉语方言		汉语方言	
	人数	百分比	人数	百分比	人数	百分比
父亲（N=119）	114	95.8	2	1.68	3	2.52
母亲（N=117）	111	94.87	2	1.71	4	3.42
配偶（N=95）	90	94.74	2	2.11	3	3.16
子女（N=95）	85	89.47	2	2.11	8	8.42

说明：N 为回答本问题的人数。

从表 6 可以看出，与父亲交流时，有 95.8%的受访者选择使用民族语，2.52%选择使用汉语方言，1.68%既使用民族语也使用汉语方言。与母亲交流时，受访者中有 94.87%选择使用民族语，3.42%选择使用汉语方言，1.71%既使用民族语也使用汉语方言。与配偶交流时，94.74%选择使用民族语，3.16%选择使用汉语方言，2.11%既使用民族语也使用汉语方言。与子女交流时，89.47%选择使用民族语，8.42%选择使用汉语方言，2.11%既使用民族语也使用汉语方言。我们可以看到民族语在家庭内部交流中占有绝对优势，使用民族语的人要远远多于使用汉语方言的人。并且与父亲交流时使用民族语的比例最高，其次是与母亲、配偶交流时使用民族语的比例，与子女交流时比例最低。这是由于越来越多的家长意识到只有上学读书走出大山才能有出息，而学好汉语是前提条件。于是一些家长就想方设法创造条件让孩子在入学前就接触汉语，希望孩子进入学校后能学好汉语，将来能够走出大山、脱贫致富。

（二）社区内部语言使用情况

社区内部语言使用情况是指村民在本村内的语言使用情况，主要分为"在本村寨碰到本民族的人使用什么语言"和"在本村寨碰到其他民族的人使用什么语言"两种情况进行考察。具体情况见下表：

表 5-7　　　　　　　　　金对村村寨内部语言使用情况

场合 \ 语言			本	汉	本、汉	本、汉、水	汉、普	汉、水	普	其他
本村寨	本族（N=127）	人数	121	3	3	—	—	—	—	—
		%	95.28	2.36	2.36	—	—	—	—	—
	其他民族（N=113）	人数	24	69	5	2	3	1	7	2
		%	21.24	61.06	21.24	1.77	2.65	0.88	6.19	1.77

说明：N 为回答本问题的人数。

从上表我们可以看出，在本村寨内部，本民族语是本族人之间最主要的交流工具。受访者在本村寨内碰到本族人时，95.28%都选择使用本民族语，2.36%使用汉语方言，2.36%既使用本民族语也使用汉语方言，没有人使用其他语言。在本村寨碰到其他民族的人就不同了，61.06%都选择使用汉语方言进行交流，他们认为使用大家都能听懂的汉语方言同其他民族交流时更方便交流。21.24%仍然用本民族语进行交流，4.24%既使用本民族语也使用汉语方言进行交流，1.77%选择本民族语、汉语方言和水语进行交流，2.65%选择汉语方言和普通话进行交流，0.88%选择使用汉语方言和水语进行交流，6.19%选择使用普通话进行交流，还有1.77%选择了其他语言。

金对村受访者在本村寨内碰到本族人时的语言选用情况与碰到其他民族时的语言选用情况的不同也说明了该村受访者对本民族以及本民族语具有强烈的认同感。

（三）社区之间语言使用情况

社区之间语言使用情况是指村民在其他村寨的语言使用情况。我们主要通过"您在其他村寨碰到本民族的人使用什么语言"和"您在其他村寨碰到其他民族的人使用什么语言"两个问题进行统计。统计数据见下表：

表 5-8　　　　　　　　　金对村村寨间的语言使用情况

场合 \ 语言			本	本、汉	本、汉、水	汉、水	汉	汉普	普	其他
其他村寨	本族（N=126）	人数	119	2	—	—	3	—	—	2
		%	94.44	1.59	—	—	2.38	—	—	1.59
	其他民族（N=127）	人数	15	4	1	3	85	4	14	1
		%	11.81	3.15	0.79	2.36	66.93	3.15	11.02	0.79

说明：N 为回答本问题的人数。

统计结果显示，金对村受访者在其他村寨的语言使用情况与在本村内的语言使用情况没有太大差别。在其他村寨，受访者如果碰到本民族的人则比较倾向于用本民族语进行交谈。如上表所示，126 位受访者中，有 119 人选择使用本民族语，占 94.44%；有 2 人选择既使用本民族语也使用汉语方言，占 1.59%；有 3 人选择使用汉语方言，占 2.38%；2 人选择使用其他语言，占 1.59%。但是，如果受访者在其他村寨碰到的是其他民族的人，他们的选择则变得更多样化，多数人倾向于选择汉语方言进行交谈。回答这一问题的受访者有 127 人，其中，选择汉语方言的有 85 人，占 66.93%；选择本民族语的有 15 人，占 11.81%；选择普通话的有 14 人，占 11.02%；选择本、汉和汉、普的各有 4 人，各占 3.15%；选择汉语方言和水语的有 3 人，占 2.36%；选择本、汉、水的和其他语言的各有 1 人，各占 0.79%。

（四）其他场合的语言使用情况

我们根据金对村受访者日常可能出入的场所及遇到的人，设计了 4 个问题，即在集市上和本族人交流时、在集市上和其他民族的人交流时、去本地医院时、在学校时使用什么语言（前 3 个问题针对所有受访者，第四个问题针对在校学生），分别回收有效回答 129 份、129 份、130 份和 35 份。详见下表：

表 5-9　金对村受访者在集市、医院、学校等场合的语言使用情况

语言使用场合 / 使用的语言		集市		医院 (N=130)	学校 (N=35)
		本族人 (N=129)	其他民族的人 (N=129)		
本民族语	人数	106	13	21	—
	百分比	82.17	10.08	16.15	—
本、汉	人数	7	4	7	—
	百分比	5.43	3.1	5.38	—
汉语方言	人数	11	87	83	—
	百分比	8.53	67.44	63.85	—
汉、普	人数	1	2	1	—
	百分比	0.78	1.55	0.77	—
普	人数	4	18	18	25
	百分比	3.1	13.95	13.85	71.43
本、汉、水	人数	—	1	—	—
	百分比	—	0.78	—	—

续表

| 语言使用场合 \ 使用的语言 | 集市 | | 医院 (N=130) | 学校 (N=35) |
	本族人 (N=129)	其他民族的人 (N=129)		
本、水	—	—	1	—	—
	—	—	0.78	—	—
汉、水	—	—	2	—	—
	—	—	1.55	—	—
其他语言	—	—	1	—	—
	—	—	0.78	—	—

说明：N 为回答本问题的人数。

　　据了解，每逢集市，附近的其他少数民族都会赶来出售或购买东西。也就是说，受访者在集市上不可能只跟本族人打交道，还会跟附近其他民族的人打交道。根据以上数据，我们可以看到，受访者在集市上碰到本族人时，129 人中有 106 人会选择使用本族语进行交谈，占 82.17%。其次是使用汉语方言，有 11 人，占 8.53%。两种语言都用的有 7 人，占 5.43%。使用普通话的人寥寥无几。但是当受访者在集市上碰到其他民族时，67.44%的人会选择交际更广泛的汉语方言，使用普通话的比例也增加到了 13.95%，还有个别使用水语和其他语言的，选择本族语的比例则大幅度降低，只占 10.08%。

　　到本地医院时，选择汉语方言的人仍占大多数，比例为 63.85%；选择使用本民族语的人数为 21 人，占 16.15%；选择普通话的有 18 人，占 13.85%；选择本民族语和汉语方言都用的有 7 人，占 5.38%；还有 1 人选择汉语方言和普通话都用。也就是说到医院里使用汉语方言和普通话的比例非常高，这也反映了受访者在公共场合倾向于讲通用语言的心理。

　　我们通过"你在学校上学时课后跟本民族伙伴是否用民族语交谈"这一问题来考查学生在学校下课后的语言使用情况，有 35 位受访者回答了这一问题，选择在学校里说普通话的有 25 人，占 71.43%。大部分人愿意在学校说普通话有两个方面的原因：一是当地学校的普通话推广工作做得比较到位；二是在大多数学生心目中普通话的地位是比较高的，他们认为普通话更好听、更文明，是学校的标准语。

五、语言态度

（一）自我评价

我们通过"在你所掌握的语言中，你觉得自己最熟练的是哪种语言"

这个问题来了解调查对象语言使用的自我评价，其中有 126 人作了回答，详见下图：

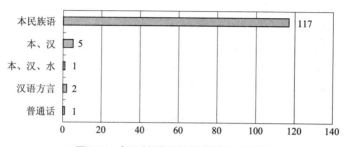

图 5-5　金对村受访者语言的自我评价

从图中我们可以看到，126 人中有 117 人认为自己最熟练的语言是本民族语。有 5 人认为自己的汉语方言跟本民族语一样熟练。认为自己的民族语、汉语方言、水语都很熟练的是一位 72 岁的老人，男，布依族，第二语言是水语，有一年以上外出经历。认为自己汉语最熟练的都是初中在校生，他们平时在家都说本民族语，可能是出于对汉语的喜欢才会觉得自己的汉语说得最熟练。认为自己普通话说得最熟练的是一名 15 岁的中学生，上学以前就学会了汉语。由于在学校接受汉语教育，再加上汉语的实用性，一些孩子对汉语方言或普通话的地位非常推崇，学习汉语也比较有动力，导致汉语水平比母语水平还要高。

（二）自身情感认同

我们在调查问卷中设计了问题"在学校/县城/外打工时听到本民族语会感觉怎么样"来考察受访者对自己民族语的情感认同，有 114 位受访者回答了这一问题，数据统计见下表：

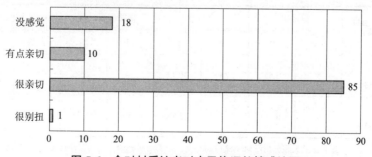

图 5-6　金对村受访者对本民族语的情感认同

从上图我们可以看到，当受访者在学校/县城/外打工听到本民族语时，有 85 人感到很亲切，占 74.56%；10 人感到有点亲切，占 8.77%；18 人没有感觉，占 15.79%；1 人感觉很别扭；占 0.88%。"感觉很别扭"的受访者认为，在学校里就要说普通话，民族语是用来在家里说的，如果跟老师、同学说就会觉得很别扭。

（三）家庭语言态度

在考察受访者的家庭语言态度时，我们设计了"你觉得跟家人交流时最方便的是哪种语言"、"子女上学回家用汉语跟你交流，你会觉得____"以及"子女从外地打工回家跟你用汉语交流，你会觉得____"3 个问题。

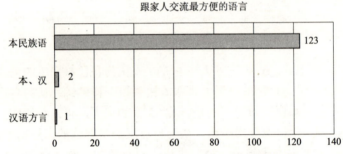

图 5-7　金对村受访者跟家人交流最方便的语言

共有 126 位受访者回答了这一问题，其中认为跟家人交流时最方便的语言是本民族语的有 123 人，占 97.62%。认为本民族语和汉语方言都很方便的有 2 人，都是 65 岁以上的女性，幼年时几乎同时习得本民族语和汉语，在家跟父母、丈夫、子女用本、汉双语交流。13 岁的莫某母语是客话（汉语方言），在家跟父母、爷爷奶奶都说汉语方言，因此认为跟家人交流时汉语方言最方便。

表 5-10　　　　　　　金对村受访者对子女语言使用的态度

态度\问题项	很反感		很自然		也跟着用汉语		有点不舒服	
	人数	%	人数	%	人数	%	人数	%
A（N=83）	3	3.61	25	30.12	34	40.96	21	25.3
B（N=85）	9	10.59	22	25.88	30	35.29	24	28.24

说明：A=子女上学回家跟你用汉语交流时的态度；B=子女从外地打工回家跟你用汉语交流时的态度；N=为回答本问题的人数。

从上表我们可以看出，强烈反对子女回家讲汉语的分别占 3.61%和 10.59%，感觉有点不舒服的分别占 25.3%和 28.24%，其余 71.08%和 61.17%

的受访者都持默许的态度。这表明大多数父母对子女回家后讲汉语是比较宽容的，但是相对于其他调查点，金对村的受访者对本族语的保护态度更强一些。另外，父母对子女是在外上学还是打工的态度也不一样，受访者普遍对在外上学的子女回家说汉语更为宽容。

（四）学校语言态度

在被调查的 131 人中，有 129 个人回答了"本地学校应该用什么语言教学"这一问题。

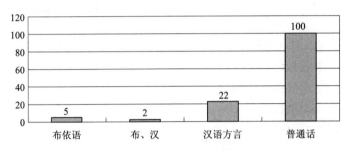

图 5-8 金对村学校授课语言

通过图 8 可以看出，大部分人认为普通话应该作为学校授课的标准语言，比例为 77.52%。也有少数人选择汉语方言。个别思想较保守的人则认为学校里应该用布依语授课。2 人认为采用布、汉双语教学最好，既可以传承本民族的语言，又顺应了时代的要求。

六、结语

此次调研组成员中大部分都是经历过多次调研的"老"调查员，大家不怕吃苦、通力合作，取得了大量真实可靠的数据。通过对金对村的调查问卷进行分析，我们可以看出金对村布依族的莫话使用现状：

1. 莫话在金对村保存完好。金对村各个年龄段、各种职业、各种文化程度受访者的莫话水平普遍较高。

2. 莫话在家庭内部和本族人之间是最主要的交际工具，但是族际之间交流时最主要的交际工具则是汉语方言。受访者在医院、学校等场合也更倾向于选择汉语方言等通用语言。

3. 受访者民族意识较强，对母语的认同高度一致。大部分人认为跟家人交流最方便的语言是本族语，在县城听到本民族语时感到很亲切。但是多数家长对子女说汉语的鼓励态度让我们在为该村民族语保存良好感到高兴的同时也多了一份担心。

第二节　甲良镇新场村莫话使用现状个案研究

一、基本情况

甲良镇位于荔波县西北部，距荔波县城 36 公里，东南与本县方村、播尧两乡相连，西北与独山县接壤，东北与三都县毗邻，独—荔公路、荔—麻公路、甲—塘公路贯穿全镇，四通八达。全镇辖 20 个村民委员会，164 个村民小组，总面积 192.2 平方公里，全镇共 5291 户，总人口 22278 人，156 个自然寨。聚居着布依、苗族、侗族、壮族、水族等少数民族，少数民族人口占全镇总人口的 95% 以上。

新场村是甲良镇下属的一个行政村，位于乡境西北部，距荔波县城 30 公里。全村除少数汉族、水族以外，均为布依族，是甲良镇较大的一个布依族自然村。

二、调查过程介绍

荔波县是一个多民族分布的县，这里居住有布依族、水族、瑶族、苗族等多个民族，而甲良镇是该县布依族聚居程度较高的一个镇。这里的布依族语言（主要是莫话）不仅是布依族日常生活中重要的交际工具，也是杂居在布依族当中的其他少数民族兼用的语言，为了了解该地区布依族语言的具体使用情况，2011 年 7 月 5 日至 20 日，中央民族大学"中国西南民族杂居地区语言关系和语言和谐研究"课题组选择了该镇的新场村进行调查。该次调查，课题组在新场村以问卷的形式对全村的各村民小组进行了访问，发放问卷 105 份，收回 105 份，回收率 100%。另外，调查组还对该镇的相关工作人员进行采访，详细了解了新场村的居民生活、政策演变以及学校的教学、设施等情况。

三、语言使用的基本情况

（一）被调查者信息

调查地新场村是甲良镇的一个行政村，本次调查对象共 105 人，除 1 名 13 岁的水族学生外，其他全部为布依族，其性别、年龄、职业、文化程度等信息见下表：

表 5-11　　　　　　　　新场村受访者信息表（N=104）

基本信息项	被调查者人数	比例	基本信息项	被调查者人数	比例
有效问卷	104	100%	文盲	16	15.38%
男	61	58.65%	小学	39	37.50%
女	43	41.35%	初中	39	37.50%
19 岁之下	31	29.81%	高中及中专	8	7.69%
20—29 岁	6	5.77%	大专以上	2	1.92%
30—39 岁	15	14.42%	在家务农	60	57.69%
40—49 岁	20	19.23%	学生	30	28.85%
50—59 岁	10	9.62%	经商	12	11.54%
60 岁之上	22	21.15%	干部及教师	2	1.92%
布依族	104	100%			

从表 1 可以看出甲良镇新场村受访村民的基本情况：1. 男性略多于女性；2. 从年龄看，19 岁以下、20—49 岁及 50 岁以上三个年龄段人数（分别为 31 人、41 人、32 人）比较接近，说明少、中、老人数比例基本平衡；3. 从文化程度看，小学和初中人数最多，共占总人数的 75%，其次是文盲、高中及中专、大专以上；4. 从职业看，在家务农者最多，其次是学生、商人、干部及教师。综合以上信息，新场村调查样本无论是从性别还是从年龄、职业、文化程度，分布都比较全面。

另外，我们还对新场村 104 位受访者的母语、第二语言及是否有打工经历做了记录，从母语看，莫话 86 人（占 82.69%），布依语 7 人，汉语方言 10 人，普通话 1 人；从第二语言看，布依语 54 人，汉语方言 36 人，普通话 8 人，莫话 5 人，1 人只会讲莫话没有第二语言；从打工经历看，11 人有打工经历，其中 8 人打工 2 年以上，3 人 2 年以下。

（二）语言使用特征

莫话是新场村大部分布依族的母语，也是人们日常生活中重要的交际用语。目前，全村布依族中，绝大部分人从小习得莫语，少部分人从小使用布依语和汉语方言，但一般不影响彼此之间的正常交流。另外，莫话也是新场村布依族与周边村寨的本族人交流使用的主要语言，有时甚至与本村或者其他村寨的汉族或水族也用莫话交流，虽然有些词语会有差别，但不会影响交往。新场村还有当地一个比较大的农贸市场，每逢集日，周边村寨的各族同胞也会来这里赶集。由于布依族是当地的主体民族，其母语莫话自然就成了新场村集市上的主要交际语言之一，外地来的民族为了做买卖的需要也会学习一些日常生活用语，以便于相互沟通交流。

汉语方言、布依语在新场村使用相对较少，一般是作为辅助语言出现在交际场合。近些年，随着各民族之间交往的增多以及孩子上学的需要，很多家庭会主动教孩子讲汉语。从调查的实际情况看，小孩尤其是在校学生一般都会讲普通话，而年长的人尤其是年长女性，由于过去上学条件较差，加上很少出门，很多人不会讲汉话或者普通话。通过对新场村 104 位村民的走访、调查，发现新场村在语言使用上有自己的特点，下面分别从年龄、性别、文化程度几个方面进行说明：

1. 年龄特征

在新场村，不同年龄阶段的人在语言使用方面的差异主要表现在对莫话的掌握程度以及语言交际能力上。在莫话使用上呈现出 40 岁以上讲莫话的人数普遍比 20 岁以下的人要多、水平要高，不会讲莫话的大多数是青少年，而在讲普通话的人数、水平上刚好相反；在语言交际能力上，会讲三种以上语言的人在各个年龄段都有分布，但会讲的语言不同，会讲莫话、汉语方言和其他民族语言的大多是 60 岁以上的人，而其他年龄阶段的人中，尤其是学生或者上过学的人多会讲莫话、汉语方言和普通话。

19 岁以下的受访者共 31 人，都会讲汉语方言，除 3 人在家务农、经商外，其余 28 人均为在校学生。28 人中高中生 1 人，初中或中专生 15 人，小学生 12 人。熟练使用莫话的 21 人，母语是汉语方言的 6 人，普通话 1 人。熟练掌握的语言不同也会影响这些受访者在不同场合语言的使用，母语为莫话者在家庭、社区一般都讲莫话，母语为汉语方言或普通话者在这两个场合一般都讲汉语方言或普通话，但是在医院的语言使用上，这个年龄段（除 1 人讲莫话）基本上都选择汉语方言或普通话。

20—39 岁这一年龄段的受访者共 21 人，除 2 位学生、1 位老师、1 位经商者外，其余 17 人都在家务农，8 人常年在外打工或农闲时外出做零活。在语言使用方面，这一年龄段语言交际能力普遍较强。第一语言为莫话者居多，另有 6 人为布依语、汉语方言，但是这个年龄段的人汉语能力普遍较强，除 2 位受访者（1 人在家务农，1 人在外经商）不懂汉语或汉语交际能力稍弱一些以外，其余 19 人都会汉语。该年龄段之所以汉语能力强，主要是因为受教育程度高，21 人当中未受过教育的仅 2 人（妇女），占该年龄段总数的 9.52%，2 人当中有 1 名妇女因长年在外打工，汉语也比较熟悉，甚至会说普通话。受过大专以上教育的 2 人，都是在读本科学生，上过高中的 2 人，初中 8 人，这 3 个文化层次占该年龄段受访者总数的 57.14%。

40—59 岁的受访者 30 人，其中 23 人在家务农，7 人在外经商。除 2 人母语是布依语、汉语方言外，其他人母语均为莫话，讲得都非常流利。

这一年龄段的人语言交际能力也普遍较高，所有人都可以用莫话、汉语方言正常交流，甚至有 21 人都会讲普通话，占该年龄段的 70%。

60 岁以上的受访者共 22 人，其中在家务农 19 人，占该年龄段的 86.36%，2 人在外经商，1 人为退休干部。在语言使用方面，这一年龄段讲莫话的能力普遍较强，包括 3 位以布依语为母语的受访者，全部能讲一口流利的莫话。在家庭、社区与跨社区的本民族交流时，这一年龄段的人多选择莫话。

再来看不同年龄段人的综合语言能力，从该次新场村的 104 个受访者可以看出，这里的人语言能力普遍较强，具体表现为只能用一种语言（莫话，汉语方言或者普通话）跟人交谈的只有 3 人，其余 101 人都可以用两种以上的语言交流。详见下表：

表 5-12　　新场村不同年龄段受访者双语掌握情况（N=101）

年龄＼语种	莫汉	莫普	汉普	莫其他	莫汉其他	莫汉普	莫汉普其他
19 岁以下	—	1	4	1	—	21	—
20—39 岁	3	1	2	1	1	13	—
40—59 岁	10	—	—	—	—	20	—
60 岁以上	8	—	—	—	1	7	3
合计	21	2	6	2	2	61	3

从上表可以看出，会讲莫汉和莫汉普的人最多，分别占总人数（104 人）的 20.19%和 58.65%，说明这里的居民语言能力都较强。另外，19 岁以下的人（31 人）中 67.74%的人会讲 3 种以上的语言（包括莫汉其他、莫汉普、莫汉普其他），20—39 岁的人（21 人）中 66.67%的人会讲 3 种以上语言，40—59 岁的人（30 人）中 66.67%的人会讲 3 种以上语言，60 岁以上（22 人）中 50%的人会讲 3 种以上语言。由此可见，各个年龄段的人在语言能力上都较强。

2. 性别特征

在新场村，性别不同，语言使用的情况也有所不同，在 104 位受访者中，男性为 61 人，占 58.65%；女性为 43 人，占 41.35%，在语言使用方面，男性和女性分别表现出各自的特征。

表 5-13　　　　　　　　　　　　　男女掌握莫话的情况统计表

等级 性别	非常 流利	比较 流利	一般	会说日常 用语	听得懂 不会说	听不懂
男性	47	3	3	—	6	2
女性	35	2	—	4	1	1

从上表可以看出，女性掌握莫话的比例比男性稍微高一点（分别是95.35%和 86.88%），这是因为女性在日常生活中莫话使用的频率比男性要高，但是女性掌握第二语言的水平比男性低，所以无论在家庭还是在社区，莫话都是女性的主要交际语言，尤其是中老年妇女。

在语言能力方面，掌握 3 种以上语言的男女各有 39 人、25 人，分别占男女总人数的 63.93%和 58.14%，可以看出男性在掌握语言及语言交际能力方面比女性稍强，这跟男性经常与别的村寨、别的民族交往有很大关系。

3. 不同文化水平者使用语言的特征

通过调查走访，我们发现，新场村的村民母语水平以及语言能力跟其受教育的程度也有一定的关系。在母语方面，回答"非常流利"的有 82 人，剩余 22 人分别有其他的回答，且这 22 人都受过不同程度的教育，学生居多，另外也有经商、在家务农的一少部分人，有 10 人（7 个学生）母语不是莫话而是布依语、汉语方言或者普通话，这也说明，学校实行普通话教学，家长为了孩子上学方便经常讲汉语，与孩子莫话掌握不流利有很大关系。

在不同场合语言的使用上，不同文化水平者也呈现出不同的特点。学生以及受教育程度较高的人，无论在家庭、社区还是集市、医院、政府机关等其他场合，使用汉语或者普通话的频率都要高于其他人群。

表 5-14　　　　　　　　不同文化水平人的语言能力统计表

语种 文化	莫汉 (21)	莫普 (2)	汉普 (6)	莫其他 (2)	莫汉 其他 (2)	莫汉普 (61)	莫汉普 其他 (3)
文盲	8	—	—	—	—	4	—
小学	7	—	2	1	1	25	1
初中	6	1	2	1	1	26	1
高中及中专	—	1	1	—	—	5	1
大专以上	—	—	1	—	—	1	—

注：括号内的数据代表有效问卷的数量，以下同。

表 14 是有关不同文化水平的人掌握两种以上语言的统计数据，从中可以反映出不同文化水平对人们的语言能力有一定影响。高中以上文化程度的人都会讲普通话，10 人中还有 7 人会讲 3 种语言；小学及初中文化的人会讲普通话的人占二者总人数（78 人）的 74.36%，还有 55 人（占总数的 70.51%）可以讲 3 种以上的语言；而未上过学的 16 人中有 12 人可以讲两种以上的语言，且都可以使用莫话正常交流。

四、语言在不同场合的使用

（一）家庭用语

家庭是语言使用的一个重要场合，在新场村，莫话是大多数家庭的主要交际语言。在 104 位受访者中，母语是哪种语言，在家中一般就跟父母亲、爷爷奶奶、配偶、子女讲哪种语言，从统计数据得出，母语是莫话者占大多数，其次是汉语方言、普通话、布依语。在不同母语的受访者中，在家中跟父亲、母亲、爷爷奶奶、配偶、子女所讲的语言也会有所选择，具体参看下表：

表 5-15   **新场村村民家庭语言使用情况表**

语种 对象	莫话		汉语方言		普通话		布依语	
	人数	比例	人数	比例	人数	比例	人数	比例
父亲（98）	74	75.51%	19	19.39%	1	1.02%	4	4.08%
母亲（98）	75	76.53%	18	18.37%	1	1.02%	4	4.08%
爷爷奶奶（94）	70	74.47%	18	19.15%	1	1.06%	5	5.32%
配偶（70）	53	75.71%	12	17.14%	—	—	5	7.14%
子女（66）	40	60.61%	21	31.81%	—	—	3	4.55%

由此可见，从语言功能的大小来看，在新场村布依族家庭内部，莫话的功能最强，汉语方言、布依语次之，普通话最弱，即"莫话＞汉语＞布依语＞普通话"。目前，莫话仍旧是人们家庭生活中主要的交际语言，其他语言只是起辅助交际的作用，尤其是普通话，在本次调查中只有 1 位 12 岁的小学生在家中使用。从上面的数据可以看出，在本次调查的所有家庭中，跟爷爷辈、父辈及平辈（配偶）使用母语交流的都占 80%左右，其中莫话占 75%左右，且与母亲使用母语交流的比例比父亲要大，这从侧面也反映了女性（妇女）比男性更多地在使用母语，男性的汉语水平要高一点。跟爷爷奶奶讲母语的比例要比跟母亲的低，而讲汉语方言的比例稍微要高一些，其中讲汉语方言的 18 人全部都上过学，且有 11 人为在校学生，4 人经

商，3 人在家务农（1 人有打工经历），这是因为在学校、在外打工及经商接触的人多是讲汉语甚至普通话，所以这部分人的汉语水平普遍较高，在跟别人交流时选择汉语的就比较多。

参看表 15，跟配偶、子女，尤其是跟子女（占符合条件总人数的 31.81%）交流选择母语的比跟长辈交流的比例要小，而选择汉语方言就比较多。这是因为，从家长的角度来说，不少人认为汉语更有用，也愿意在家里讲汉语，为孩子创造一个良好的语言环境，当然，这也跟子女母语水平不高及其语言态度有一定的关系。

（二）社区用语

通过实地调查，我们发现社区（即村寨）内部也主要以莫话作为交际语言，与本族的人交流基本上都使用莫话，如果有外村或外地客人来访，通常要看对方的情况。多数情况下，如果对方是布依族，也懂莫话，就用莫话交流，否则就用汉语方言。从实际调查情况来看，新场村的村民无论是女性还是男性，在与外村人或别的民族的人交流时大部分都不会回避，当自己不能顺利沟通时甚至会求助于其他的村民帮忙解释，这也是我们顺利做完问卷的一个原因。

为了了解新场村内部的语言使用状况，在本次调查中，我们设计了两个问题：即"在村里和本民族人交流时经常使用的语言"和"在村里与其他民族的人交流时经常使用的语言"，并根据收集到的有效问卷进行了统计，相关数据见下表：

表 5-16　　　　　　　　新场村村民社区语言使用情况表

交际对象＼语种	莫话	汉语方言	普通话	布依语	莫汉	汉普
与本族人（102）	72	18	1	4	7	—
与其他族的人（101）	15	75	6	2	2	1

从上表数据可以看出，莫话和汉语方言是新场村村民社区交际使用的两种语言。在社区中，与本民族的人交谈时，莫话是使用人数最多的语言，占总人数的 70.59%；其次是汉语方言、布依语（母语为布依语者），还有 1 名 12 岁的小学生使用普通话。而在与其他民族的人交谈时，汉语方言是使用率较高的语言，占总人数的 74.26%；其次莫话、普通话起辅助性作用，讲普通话的 7 人（包括汉语方言和普通话）中，5 人为在校学生，1 人在外经商，1 人在家务农，学校里老师、学生及在外经商者讲汉语特别是普通话的人比较多，所以这部分人的汉语水平也相对较好，由此可以看出教育及

周围环境对语言使用的影响。

（三）跨社区用语

新场村是甲良镇 20 个行政村中的一个，周围还有其他村寨、其他民族，所以在语言使用上会有所选择。为了了解新场村布依族在村外语言的使用状况，我们根据他们日常可能遇到的对象，即本民族与其他民族的不同，进行了专门的问卷采访。一般情况下，在别的村寨遇到本民族的熟人，大多数人会讲本民族语；如果对方是陌生人，但通过交流发现对方会讲民族语时，无论对方是否是布依族，都会继续使用本民族语，如果对方不懂本民族语，就会选择讲汉语方言或者普通话。新场村村民在本村以外与人交际时语言的选用情况具体详见下表：

表 5-17　　　　　　　　新场村村民跨社区语言使用情况表

交际对象＼语种	莫话	汉语方言	普通话	布依语	莫汉	汉普	其他语言
与本族人（104）	71	21	3	4	5	—	—
与其他族的人（103）	12	83	3	1	2	1	1

从上表我们可以看出，在村外与本族人交流使用莫话的比例（68.27%）要比在村内的（70.59%）比例低一点，这是因为，一方面有可能不认识对方，另一方面还要考虑对方的语言交际习惯，所以使用其他语言的会比较多。而在村外与别的民族的人交流时更加需要注意，无论男性还是女性，在语言选用上都比较谨慎，更多的人会使用汉语方言（占 80.58%），这也比在村内的比例（74.26%）要高。

（四）其他场合的语言选用情况

1. 学校

在学校中，教学语言基本上用汉语方言和普通话，即使在小学低年级，对布依族学生用母语辅助教学的情况也比较少，另外，也有其他民族的人一起上学，如汉族、壮族、水族，所以在语言使用上也会有所选择。在课堂上基本都是讲普通话，但是课后不同的学生对是否讲民族语也有自己的取舍，在本次接受调查的 104 位受访者中，有 30 名在校学生，其中 27 人对课后是否使用民族语的问题作了回答，13 人回答"是"，14 回答"不是"，具体选用情况见下图：

51.85%　　48.15%　　是　不是

图5-9　同民族在校学生下课后是否使用民族语交流

从上图可以得知，布依族的学生在课后使用本民族语与不使用本民族语的人数非常接近，没有人回答"其他情况"，由此可以非常清晰地了解到，汉语或者普通话在当地学校跟民族语起着一样重要的作用，甚至讲其他语言的人会比讲民族语的人还要多一些，当然这跟当地一些学生的语言习惯、交际习惯也有很大关系。

2. 集市

新场村有一个较大的农贸集市，除了集日，平时这里也有长期做生意的小卖部批发、肉菜买卖等商贩小摊，所以周围村寨的村民也会来这里购物或者做生意，除了这里的主体民族布依族，还有水族、汉族、壮族等其他民族，因此，集市也是一个语言使用情况比较特殊的场合。无论做生意的还是买东西的，面对不同的交际对象，在语言使用上都会有所选择。本次调查中，我们针对集市语言的使用情况设计了两个问题："在集市上和本民族的人交流时经常使用的语言"和"在集市上和其他民族的人交流时经常使用的语言"。具体数据详见下图：

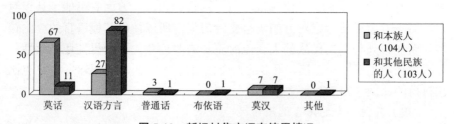

图5-10　新场村集市语言使用情况

从上图可以看出，与本民族的同胞交流时多数人还是讲莫话，占64.42%，甚至有人在交流中发现对方是布依族或者会讲莫话时会改说莫话；另有27人在集市上碰见本族人会选择使用汉语方言，3人会选择使用普通话，7人同时讲莫话和汉语方言，其中只讲汉语方言和普通话的30人都上过学，且在校学生和经商者就有19人，占63.33%，这两种职业的人已经习惯于在公共场合讲汉语甚至普通话。与其他民族交流时，79.61%的人选择讲汉语方言，10.68%的人（11人）会继续讲莫话，6.80%的人（7人）同时讲莫话和汉语方言，另外，分别有1人讲普通话、布依语、其他语言。综合起来看，在集市这个人群相对比较集中的场合，莫话和普通话是当地人首选的两种语言。

3. 医院

医院是另一个人群比较集中的公共场所，我们本次在新场村的调查中，主要针对在当地医院里的语言使用情况设计了这样一个问题，即："在本地医院看病时跟医生使用的语言"，104 个受访者对这个问题都作了有效回答，具体情况详见图 11：

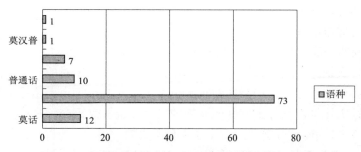

图 5-11　新场村村民在医院的语言使用情况（N=104）

从上图可以看出，汉语方言是新场村村民在医院里使用的主要语言，是重要的交际工具。在医院有 73 人讲汉语方言，占总人数的 70.19%，从性别角度看，70.49% 的男性和 69.77% 的女性都选择讲汉语方言，从职业看，包括在家务农者、学生、经商者、教师及退休干部等，从年龄看，各年龄段均有分布，从文化程度看，不同教育程度的受访者都有分布。所以使用汉语方言的受访者在性别、职业、年龄、文化程度上没有太大差异。在医院里，有 10 人选择使用普通话，其中 9 人为 19 岁以下的在校学生，只有 1 人为有初中文化程度的在家务农者，因此可以看出青少年尤其是在校学生在医院里一般都选择使用普通话。另外，在医院里选择使用莫话（包括莫、莫汉、莫汉普）的 20 人中，30 岁以上的人占 70%，在家务农者占 65%，所以中老年、在家务农者在医院使用莫话的频率要高一些。

五、语言态度

（一）语言功能认同

在新场村，大部分村民认为自己的母语非常熟练，也有少数人觉得自己的汉语甚至普通话和母语一样熟练，个别人甚至认为自己的汉语能力超过母语。104 位受访者中有 100 人对"自己最熟练的语言"作出了有效回答，认为自己本民族语讲得最流利的有 63 人，占受访者总数的 63%；认为自己汉语方言、普通话和本民族语一样熟练的分别有 3 人，各占 3%；有 24 人认为自己的汉语讲得比本民族语更流利，占 24%；还有 7 人认为自己的普通话比本民族语掌握得更熟练占 7%。

　　绝大多数人认为本民族语是家庭中的主要交际语言，即大多数认同本民族语在家庭中的交际功能。在 104 位受访者中，共收回 102 份有关家庭语言使用的有效问卷，有 74 人认为跟家人交流最方便的语言是本民族语，占 72.55%；有 2 人认为在家中讲本民族语和汉语都比较方便，仅占 1.96%；有 23 人认为在家中讲汉语方言更方便，占 22.55%，另外，认为跟家人讲汉语方言和普通话都比较方便的有 2 人（分别是在读本科生、经商者），认为在家中讲普通话最方便的只有 1 人，是 12 岁的 1 名小学生。

　　在集市语言的使用方面，汉语方言成为了新场村村民的主要交际语言。无论在什么地方，用什么语言交流起来方便实际上是相对的，新场村虽然是一个布依族聚居村，但杂居的汉族也不少，尤其是集市上摆摊做生意的汉族占很大比例，再加上有其他民族的融入，选择汉语交际是最方便的。本次调查中，104 位受访者中有 102 人作了有效回答，认为讲汉语最方便的有 66 人（包括 3 位选择普通话者），占 64.71%，认为讲本民族语最方便的只有 36 人，占 35.29%。

　　另外，在学校、外出打工的语言使用上，大多人认为汉语跟本民族语有同样的交际功能，甚至有时汉语比本民族语更方便交流。虽然大部分人都精通本民族语，但是在公共场合，不管对方是同族人还是别的民族，都更习惯使用汉语交际。在新场村走访中，有些布依族只能讲本民族语，我们讲汉语方言或者普通话均听不懂，只能请别人来帮忙翻译，他们告诉我们，在这样的交际场合会感到自己的语言能力很有限，非常希望自己会讲汉语。

　　（二）语言情感认同

　　通过走访，了解到新场村布依族语言人自身对本民族语的情感认同不是很强烈，认为普通话和本民族语一样好听。本次问卷调查中专门有一道题"接触到的语言哪种最好听"，对这个问题的 104 份有效回答中，只有 34 人选择了本民族语，占 32.69%，33 人认为普通话最好听，占 31.73%，这个比例跟本民族语的比例很接近，有 24 人认为汉语方言最好听，占 23.08%，还有 13 人认为接触到的所有语言和本民族语一样好听，占 12.50%。

　　在子女转用汉语的问题上，很多家长持宽容的态度。本次调查已经当了家长的 75 人对"子女上学回家后改用汉语感到如何"的回答中，有 26 人对子女在家使用汉语感到"很自然"，占这一人群的 34.67%，有 21 人会"也跟着改用汉语"，占 28%，只有 9 人不认同这种行为，对此感到"有点不舒服"或"很反感"，占 12%，还有 19 人表示在生活中没有子女上学回家改用汉语的情况，占 25.33%。人们之所以对子女因上学转用汉语的现象如此宽容甚至支持，主要原因还是在于对孩子上学受教育的重视，多数人意识到，只有学好汉语，孩子在学校才能跟上老师的授课，所以大多数家长都愿意孩子在家中讲汉语，从而为孩子提供一个良好的汉语环境。另外，在子女因外出打工而放弃母语转用汉语这个问题上，跟"子女上学回家改用汉语"一样，相当多的人也是很宽容的。104 位受访者当中，有 64 位回答了相关的问题，其中有 20 人对子女打工回家讲汉语感觉"很自然"，占这一人群的 31.25%；有 16 人会"跟着改用汉语"，占 25%；只有 11 人对这种行为感到"不舒服或很反感"，占 17.19%；还有 17 人回答没有子女打工回家改用汉语的情况，占 26.56%。

对待本村村民因在外上班、打工或者当兵等原因回村寨后讲汉语或普通话的情况，接近一半的人对此持开放、宽容的态度。96 位受访者回答了相关问题，其中 35 人感觉"很自然"，3 人跟着改说汉语，9 人感觉"无所谓"，三种回答共占 48.96%；有 29 人会感觉"不舒服或很反感"，占 30.21%，还有 20 人回答"没有这种情况"。

在本民族语作为第二语言使用的态度上，大部分人感到非常高兴。在关于"有其他族的人向你学习本民族语时会如何"的问题上，共有 99 人作出了有效回答，77 人选择"很高兴教对方"，占 77.78%；15 人愿意"教对方一些简单词语"，占 15.15%；只有 7 人"不愿意教对方"，仅占 7.07%。

六、小结

通过实地调查，我们了解到，甲良镇新场村的布依族村民的语言使用有着自身的一些特点，具体表现为以下几个方面：1. 可以熟练使用或掌握莫话的人主要是 60 岁以上的老年人，不懂或只会说一些简单莫话词语的人大部分是 19 岁以下的年轻人，且在校学生居多；2. 除了莫话，汉语方言是新场村村民日常生活的主要交际语言。104 位受访者中，有 100 人都会讲汉语方言，仅有 3 人只会讲民族语，1 人只会讲普通话，可以知道，在这里 96.15% 的人都会讲汉语。另有 26.92% 的人认为跟家人讲汉语或者普通话更方便，对子女或者村里其他人改用汉语持宽容态度的人都达到 50% 左右；3. 受年轻人及周围环境影响，不少布依族老年人也慢慢学会讲汉语甚至普通话，这使得在本地讲民族语的人会越来越少，使用范围也逐渐缩小；4. 随着学校教育的普及，新场村布依族家庭、集市、医院等其他场合使用普通话的人数也渐渐增多。

第三节 播尧乡地莪村布依族莫话(锦话)
使用现状个案研究

一、概述

贵州省荔波县是一个布依、水、汉、苗、瑶等多民族杂居的地方，全县总人口近 17 万人，各民族都保持着自己独特的文化，使用着自己本民族的语言，同时，民族间频繁地交往又促进了各民族语言和文化的相互影响，语言兼用现象比较普遍，各民族都有相当一部分双语甚至多语人。为了深入了解这一地区各民族语言使用现状以及民族间语言关系和语言生活和谐状况，2011 年 7 月，由中央民族大学少数民族语言文学系 14 人组成的调研小组深入该地区进行了为期 11 天的田野调查。本节在调查所获的数据资料基础上，对其中的一个调查点——播尧乡地莪村的莫话[①]（锦话）语言使用基本现状及其特征，语言在家庭、社区、跨社区及公共场合的使用特征，语言习得（学习）的途径，文字掌握和使用现状，语言态度，语言兼用情况，语言关系等进行初步分析和研究。

二、基本概况

(一) 调查点基本情况介绍

播尧乡是 1991 年撤销原甲良区公所后，由原甲良区的播尧乡、觉巩乡、地莪乡三乡合并组成。全乡辖 19 个行政村 150 个村民小组，共有 4430 余户，1.8 万人，分布有布依、苗、水、侗、壮、汉等多种民族，人口中少数民族占 98%以上。

播尧乡土地属深丘地貌，相对高差 100—200 米，90%以上的地面海拔在 700—1300 米之间。播尧乡属高地亚热带季风湿润气候，冬无严寒，夏无酷暑，年温差小，气候温热，四季分明，春季温暖，夏长冬短，无霜期长，雨量充沛，日照充足，雨热同季，灾害性天气少。适合种植水稻、玉米、黄豆、高粱、油菜、辣椒、烤烟等农作物，又可以开发种植松木、杉木、麻竹、大板栗等，植物生长茂盛。

播尧乡的矿产、非耕地资源十分丰富，据省、州有关专家探明，矿产资源有煤、硫、铁、铅、锌、钼等；非耕地资源 10 万余亩，现开发种植的

---

① 有关莫话的详细介绍见"总论"部分。

松木、麻竹、大板栗、花椒、金银花达 5 万余亩。

　　播尧乡交通便利，东面有新修的玉播公路，全长 28.5 公里，经地莪直达县城，南面经觉巩至小七孔景区仅有 14 公里，西面至独山麻尾 30 公里即可上贵新高等级公路，北面到甲良 21 公里接独荔公路，区位优势突出。

　　播尧乡集贸市场历史悠久，交易量大，现市场面积为 4.24 万平方米，是荔波县最大的乡级市场之一。市场建设规范，物资丰富，琳琅满目，十分繁荣。①

　　地莪村是播尧乡下属的一个行政村，即原来的甲良区地莪乡。由 23 个自然村组成，下辖 32 个村民组，3840 余人，分布有布依、水、苗、汉等民族。布依族人口占全村总人口的 80%以上，包括ʔai³³jai³³（说布依语的布依族）和ʔai³³tɕam²⁴（说莫话的布依族）两个部分，其中以ʔai³³tɕam³³居多，分布在太阳、弄迈、更方、更正、把扎、地鱼、甲留、昔村等自然村，ʔai³³jai³³主要分布在地脉，汉族主要分布在地莪、地脉二组，苗族分布在田弯、洞括、拢望等自然村，水族分布在地脉一组、拉棒、巴脚。

　　（二）地理位置

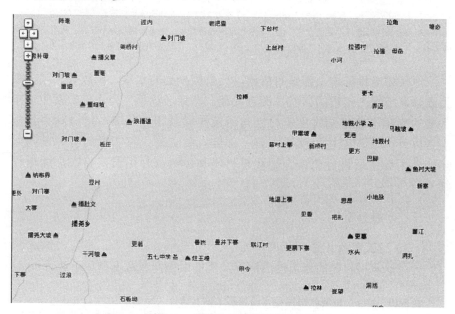

图 5-12　播尧乡地莪村地理位置

（三）调查点基本情况

2011 年 7 月 13 日我们对播尧乡地莪村进行了走访调查，在走访中进行

---

① 以上资料来源于贵州省黔南州荔波县官方网站。

了深度访谈，并选取了播尧乡地莪村地莪组进行了入户问卷调查，总共完成问卷65份，其中56份为布依族问卷。受访者基本信息详见下表。

表5-18　　　　　　　　　调查对象基本信息（N=56）

背景	性别		年　　龄			
	男	女	21岁以下	21-40岁	41-60岁	61岁以上
样本数	35	21	14	22	13	7
比例（%）	62.5	37.5	25.0	39.3	23.2	12.5
背景	文　化　程　度					
	文盲	小学	初中	高中	中专	大专以上
样本数	8	19	21	3	3	2
比例（%）	14.3	33.9	37.5	5.4	5.4	3.5

说明：以上数据来自65位受访者中筛选出的56位布依族受访者。在56位受访者中，18人有过外出打工的经历。在职业上，有64.3%的人在家务农，学生占23.2%；其他职业包括经商、教师等，占12.5%。这样的职业分布可能选择不是很合理，但因为农村地区经济发展、交通因素较为不发达，从事其他职业的人不多。从年龄层的分布也可以看出61岁以上的样本较少，也是因为语言沟通上的困难导致的。

　　地莪村全村基本上都是布依族，只有极少数的水族、侗族等，且大多为族际通婚嫁入该村的妇女。调查发现，莫话（锦话）是人们日常生活中主要的交际语言，同时由于村寨与城镇的联系相对较多，村里除少数年老者以外大多均能使用汉语方言，部分人（有外出打工经历者、学生）还能使用普通话进行交谈。地莪村村民具体语言使用情况将在后面做详细分析。

三、问卷分析

（一）地莪村村民语言使用情况

针对地莪村村民的语言使用情况，我们根据问卷数据做如下统计：

表5-19　　　　　地莪村村民语言使用基本情况统计（N=56）

背景	母　语				
	莫话	布依语	汉语方言	普通话	其他语言
样本数	42	8	6	0	0
比例（%）	75.0	14.3	10.7	—	—

续表

背景	第二语言				
	莫话	布依语	汉语方言	普通话	其他语言
样本数	6	30	15	5	0
比例（%）	10.7	53.6	26.8	8.9	——

　　说明：以上受访者均为布依族，该村多数布依族都能够使用莫话和布依语两种语言。母语为汉语方言的受访者基本为学生，第二语言为莫话的受访者多为学生或其他地区迁入该地的村民，第二语言为普通话的受访者基本为学生。

　　通过以上数据，我们可以看出地莪村村民的母语大多为莫话（锦话），同时布依语作为其第二语言占有相当大的比例。调查范围上我们还发现，在一定程度上布依语可以作为族际交际语言使用。

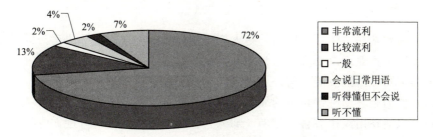

图 5-13　地莪村受访者民族语熟练程度

　　如上图，我们对地莪村布依族的本民族语（莫话）使用的熟练程度进行了调查，调查主要通过受访者自报和测试人员简单提问的方式进行。在56位受访者中，有41人的民族语程度为非常流利，7人为比较流利；在56位受访者中，有4人完全不懂，2人只会日常用语，他们大多为年龄在10岁左右的学生，且母语均不是莫话。

表 5-20　　　　　　　地莪村布依族汉语学习时间

能使用的语言	上学以前		上学以后		与本民族语同时		十岁以后	
最早学习汉语的时间①	人数	比例	人数	比例	人数	比例	人数	比例
	14	25%	30	53.6%	7	12.5%	5	8.9%

　　我们向56位受访者询问了学习汉语的时间，从统计表中可以清晰地看出，超过一半的受访者是在上学以后才学习的汉语，这一部分人基本是母语为本民族语的；而自报上学以前就学习了汉语的受访者共14人，其中超

———————————
　　① 该项56名受访者中有2名受访者没有作出选择。

过一半的人的民族语水平是只会日常用语或完全不懂；自报汉语与民族语同时学习的 7 人；自报 10 岁以后才学习汉语的村民基本全部是年龄大于 40 岁的，60 岁以上老人大多数是通过社会交往的形式，而不是通过学校教育学会汉语，因此汉语的学习推迟到了 10 岁以后，很多甚至到了二三十岁才开始学习。

表 5-21　　　　　　　　地莪村布依族能用于交际的语言

能使用的语言	莫话		汉语方言		普通话		其他语言	
人数及比例①	人数	比例	人数	比例	人数	比例	人数	比例
	48	85.7%	50	89.3%	40	71.4%	43	76.8%

说明：该问题为交叉选项，其他语言指当地除莫话之外的其他少数民族语言。其他语言包括布依语、水语、侗语等。

在地莪村，莫话（锦话）是人们日常生活中主要的交际语言，同时绝大多数人也兼通汉语方言作为与外界交往时的主要交际工具。调查发现，随着乡村经济的发展，与外界往来的频率和族际通婚率的不断增加，汉语方言作为族际交际语越发的显示出其自身的重要性，更有一部分上学儿童目前只能使用汉语方言。相当一部分人甚至能用普通话与外地人进行简单的交流。地莪村杂居着部分水族、苗族、侗族，这些少数民族多数能够使用一部分莫话，而该村的布依族部分也能不同程度地使用这些少数民族语言，在必要时与这些少数民族进行交际。

表 5-22　　　　地莪村布依族各种场合语言使用情况（N=56）

交际场合 ＼ 语言	本民族语		汉语方言		普通话		其他语言	
	人数	比例	人数	比例	人数	比例	人数	比例
家庭（与长辈之间）②	48	85.7%	6	10.7%	1	1.8%	1	1.8%
家庭（与同辈之间）③	39	69.6%	3	5.4%	0	—	0	—
家庭（与子女之间）④	32	57.1%	7	12.5%	1	1.8%	0	—

---

① 该问题的第四个选项其他语言有 76.8% 的选择率，其中绝大多数为布依语。

② 该项有 1 个受访者选择普通话，1 个受访者选择的其他语言为布依语。

③ 该项有 14 个受访者没有作出选择。

④ 该项有 16 个受访者没有作出选择，且有一个受访者选择使用普通话。

续表

语言 交际场合	本民族语		汉语方言		普通话		其他语言	
	人数	比例	人数	比例	人数	比例	人数	比例
社区（与本民族之间）	46	82.1%	9	16.1%	1	1.8%	0	—
社区（与其他民族之间）①	6	10.7%	42	75%	4	7.1%	1	1.8%
跨社区（与本民族之间）②	41	73.2%	12	21.4%	0	0%	0	—
跨社区（与其他民族之间）③	8	14.3%	41	73.2%	4	7.1%	0	—
集市（与本民族之间）④	41	73.2%	14	25.0%	0	—	0	—
集市（与其他民族之间）⑤	10	17.9%	39	69.6%	5	8.9%	0	—

说明：以上交际场合情景均为交叉选项，受访者可进行多项选择。

　　由上表可见，普通话在该地区并不通行，过去，多数村民除了偶尔能从广播中接触到普通话以外，日常生活中很少能听到普通话，绝大多数文化程度低的村民不会说，甚至听不懂，能用普通话的人更是少之又少。但是近年来，随着地区之间人员往来的日渐频繁，加之村里年轻人大多数外出打工，以及电视基本进入每一户人家，普通话渐渐进入人们的日常语言生活中。有些青年外出打工与外地人结婚，将普通话带进了家庭的语言生活，在跨社区和乡村集市的语言交际中，由于有时不熟悉对方的身份，会讲普通话的村民偶尔也会用普通话与对方进行交流。比较明显的是汉语方言在不同民族进行交流的过程中起了很大的作用。

　　（二）地莪村村民语言态度研究

　　在调查过程中，我们通过问卷设计的一些问题来了解受访者对他们自己的母语以及所兼用的语言、周边其他民族的语言等在交际功能和语言情感方面的认同情况，即语言态度。不同民族（或语言社团）甚至不同的社会个体在语言态度方面往往会表现出差异。根据上文的介绍，我们已初步了解地莪村村民的语言使用基本情况，下面将通过具体的问题对其语言态

---

① 该项有3个受访者没有作出选择，4个受访者选择普通话，1个受访者选择的其他语言为布依语。

② 该项有3个受访者没有作出选择。

③ 该项有3个受访者没有作出选择。

④ 该项有1个受访者没有作出选择。

⑤ 该项有2个受访者没有作出选择。

度进行探讨。

1. 语言交际功能认同

语言交际场合包括家庭、社区、跨社区，交际对象包括家庭成员、社区内本民族成员、跨社区本民族成员、社区内不同民族之间、跨社区不同民族之间、关系密切的朋友、普通熟人、陌生人等。对语言交际功能认同情况的考察项涉及到受访者自身对各种交际语言的自信程度、语言在不同交际场合针对不同交际对象的便捷程度等的认同。下表反映出地莪村布依族受访者对自身所用交际语言的自信程度以及家庭和社区语言交际功能的认同情况。

表 5-23　　　　　　地莪村布依族语言自信度以及家庭、社区、
跨社区语言便捷程度认同表（N=56）

考察项	本民族语		汉语方言		普通话		其他语言	
	人数	比例	人数	比例	人数	比例	人数	比例
自己最熟悉的语言①	43	76.8%	9	16.1%	2	3.6%	0	—
跟家人交流时最方便的语言②	41	73.2%	11	19.6%	0	—	1	1.8%
在本地赶场时交流最方便的语言③	18	32.1%	29	51.8%	5	8.9%	1	1.8%
在学校与同族学生交流时最方便的语言④（N=19）	8	42.1%	7	36.8%	4	21.1%	0	—
在外打工与老乡交流时最方便的语言⑤（N=20）	11	55.0%	7	35%	2	10.0%	0	—

从上表可以看出，地莪村布依族村民对自己用母语进行交流有相对较高的自信度，76.8%的受访者觉得自己最熟练的语言是本民族语（莫话），当然也有 20%左右的受访者认为自己的汉语方言或普通话最熟练，或某种少数民族语言更熟练，73.2%的受访者认为在家庭中跟家人使用母语交流最方便，19.6%的受访者认为使用汉语方言最方便。值得注意的是，调查数据显示，在离开本社区（村寨）的交际场合中，人们对本民族语交际功能的认同程度远远低于在本村。更多的受访者认为在多民族参与的语言交际中，用汉语方言比本民族语更方便，尤其是到政府机关办事与干部交流时，用

---

① 该项有 2 个受访者没有作出选择，有 2 个受访者选择了普通话。

② 该项有 3 个受访者没有作出选择，此处所选的其他语言为布依语。

③ 该项有 3 个受访者没有作出选择。

④ 该问题仅针对在校学校，故样本总数 N 变为 19。

⑤ 该问题仅针对有外出打工经历的群体，故样本总数 N 变为 20。

汉语方言比用本民族语更方便更正式一些，有时在碰到外地来的干部时，会讲普通话的村民还会使用普通话与来访者进行交流。但与此不同的是，在外打工时遇到老乡，有超过一半的布依族受访者表示更愿意使用本民族语进行交谈，这样会显得更为亲切。

2. 村民语言情感认同

对语言情感认同的考察项包括语言人自身对所接触到的语言的情感倾向、语言人对交际对象语言选用的情感认同、对母语作为第二语言的情感认同以及对长期远离母语环境的母语人群体的情感认同。在此，我们做了系统的统计。

（1）语言人自身的情感认同

下列数据表是我们通过调查问卷所获取的地莪村村民语言情感认同方面的资料。

表 5-24　　地莪村村民语言人自身语言情感认同数据表（N=56）

自己接触到的语言中最好听的语言①	本民族语		汉语方言		普通话		其他语言	
	人数	比例	人数	比例	人数	比例	人数	比例
	31	55.4%	11	19.6%	13	23.2%	0	—

表 5-25　　交际过程中因语言转用导致的情感变化数据表（N=56）

与别人用本民族语交谈时，对方改用汉语，你会②	很反感		有点不舒服		很自然		也跟着用汉语	
	人数	比例	人数	比例	人数	比例	人数	比例
	2	3.6%	9	16.1%	13	23.2%	19	33.9%

表 5-26　　母语环境之外对母语使用的行为倾向及心理感受（N=56）

心理感受 考察项	很亲切		有点亲切感		没什么特殊感觉		感到别扭	
	人数	比例	人数	比例	人数	比例	人数	比例
A③	35	62.5%	6	10.7%	8	14.3%	0	—

说明：表中 A 代表的考察项为"在学校/县城/外打工时别人用本民族语跟你交谈，你会……"。

通过对以上数据的分析，我们得出以下结论：

A. 地莪村布依族对自己的本民族语有较强烈的认同情感。在选择自己接触到的语言中最好听的语言的回答上，55.5%的受访者选择了本民族语，

① 该项有 1 个受访者没有作出选择。

② 该项有 13 个受访者没有作出选择。

③ 该项有 7 个受访者没有作出选择。

说明在生活中多数受访者对本民族语（莫话）具有相对较强烈的认同感。

B. 对非本民族语言不排斥。在觉得哪种语言最好听的问题上，我们可以看到有将近一半的受访者选择了汉语方言、普通话或是其他语言；而在与别人用本民族语交谈时，对方改用汉语的问题上，33.9%的受访者选择了"马上改用汉语"，只有极少数（3.6%）的受访者表示很反感，这说明该村受访者虽然有着强烈的民族文化认同感，但同时并不反对和排斥其他非本民族语言，很大一部分人都对汉语方言、普通话有别样好感，认为汉语方言、普通话掌握水平高的人，其文化素养也较高。

C. 多数人在非母语环境中对本民族母语有着强烈的认同感和依恋。如针对"学校/县城/外打工时别人用本民族语跟你交谈，你会怎样"这一问题，62.5%的受访者更偏向于选择感到很亲切，他们表示这样在村外即使是以前不认识的人，一说本民族语（莫话）就拉近了彼此的关系，减少距离感，只有少数人认为"没有什么特殊的感觉"。

（2）语言人对群体中其他成员的语言情感认同

对群体中其他成员语言情感认同主要考察语言人对家庭成员对母语的背叛行为的态度以及社区中其他成员对母语背叛行为的态度等。以下我们将通过数据对地袈村布依族受访者关于本群体中其他成员语言情感认同方面的情况进行分析。

表 5-27　　对待家庭成员（主要指孩子）存在背叛母语行为的态度

相关态度 考察项	很反感		有点不舒服		很自然		也跟着改用汉语		没有这种情况	
	人数	比例	人数	比例	人数	比例	人数	比例	人数	比例
A（N=38）[①]	1	2.6%	3	7.9%	13	34.2%	11	28.9%	10	26.4%
B（N=30）[②]	1	3.3%	6	20%	10	33.3%	8	26.7%	5	16.7%

说明：表中 A 代表"子女上学回家用汉语跟你交流，你会觉得……"；B 代表"子女从外地打工回家跟你用汉语交流，你会觉得……"

表 5-28　　　　对待社区成员存在背叛母语行为的态度（N=56）

相关态度 考察项	很反感		有点不舒服		很自然		也跟着改用汉语		没有这种情况	
	人数	比例	人数	比例	人数	比例	人数	比例	人数	比例
A[③]	2	3.6%	7	12.5%	27	48.2%	6	10.7%	11	19.6%

说明：表中 A 代表"村里有人外出当兵、工作或打工回家完全改说汉语，你觉得……"。

---

① 该问题仅针对有子女在校上课的受访者，故 N 变为 38。

② 该问题仅针对有子女在外打工的受访者，故 N 变为 30。

③ 该项有 3 个受访者没有作出选择。

通过对上表数据进行分析，我们发现地莪村布依族村民在语言的情感认同方面具有以下特征。

A. 在家庭语言选用方面，人们对家庭成员的语言使用不排斥母语以外的语言。家长对子女背叛母语的行为怀着极大的宽容，针对子女放学回家使用汉语进行交际，有超过一半的受访者觉得"很自然"甚至"也跟着改用汉语"，只有不到 3%的受访者对这种背叛行为会加以谴责。而针对外出打工返乡的子女在家使用汉语，也有几乎相同比例的受访者持相同的态度。与表 23 中"跟家人交谈时最方便的语言"做比较，充分反映了人们在语言情感认同和语言交际功能方面的矛盾心理。母语是联结家庭成员之间的情感纽带，但子女要走向社会，需要掌握社会通用语言，在这种情况下，家长很难用传统的价值观对子女的语言行为加以约束。

B. 我们以外出返乡使用"汉语（包括汉语方言和普通话）"作为考察语言人对社区成员是否忠诚母语的考察项。根据传统的价值观，少数民族无论走到哪里，是否忘记母语是人们衡量一个人品格好坏的标准之一。过去，人们外出返乡，如果不说本民族语是会受到人们的谴责的，但如今，人们在这个问题上的态度已经有了很大的转变，人们从过去连讲地方汉语方言都无法接受发展到现在连普通话都能接受了。数据显示只有不到 20%的受访者对外出返乡不讲本民族语而讲汉语方言或普通话这样的"叛逆"行为"很反感"或"有点不舒服"，有相当一部分人甚至认为这样的行为"很自然"或者"也跟着使用汉语"。这一转变应该说与社会的发展有相当大的联系。

（3）语言人对本民族语作为第二语言使用的态度

在多民族杂居地区，民族间相互学习语言的现象较为普遍，这是民族关系和谐、语言生活和谐、社会和睦的体现。一个民族的语言是否为其他民族学习，有多种因素在起作用，一是该民族所用语言在当地是否具有活力，即该语言是否具有强大的交际功能；二是使用该语言的民族在当地的绝对人口数；三是该民族在经济、文化等方面的发展程度。

表 5-29　地莪村布依族对本民族语作为第二语言使用的态度（N=56）

考察项	很高兴地教他/她		只教他/她简单的		不愿意教他/她	
	人数	比例	人数	比例	人数	比例
A[①]	37	66.1%	10	17.9%	6	10.7%

说明：表中 A 代表"其他民族的人向你学习你的民族语言时，你会……"。

---

① 该项有 3 个受访者没有作出选择。

有其他民族的人把本民族的语言作为兼用语来学习和使用，这说明该民族在当地具有一定的影响力，自己母语的交际功能被其他民族所认可，这是作为该民族的成员值得自豪的事情。从上表数据中我们发现，地甡村布依族受访者中绝大多数人都很乐意其他民族学习和使用自己的语言，仅有极个别人例外，少数人不愿意教授其他民族的人学习自己的民族语。

（三）地甡村布依族与周边水族的语言关系

地甡村是一个布依族村寨，在其周边分布着许多水族，在长期的交往中，各民族相互影响，这一点也表现在语言的借用上。在调查中，我们通过以下几个问题的设置，对当地布依族和水族的语言关系进行了初步的了解。

表 5-30　　　　地甡村布依族与周边水族的语言关系情况（N=56）

相关态度 / 考察项	能熟练交谈		能基本交谈		能听懂但不太会说		只能听懂一些日常用语		完全听不懂	
	人数	比例	人数	比例	人数	比例	人数	比例	人数	比例
A[①]	2	3.6%	9	16.1%	17	30.4%	9	16.1%	18	32.1%

相关态度 / 考察项	经常交往		有时交往		偶尔交往		从不交往	
	人数	比例	人数	比例	人数	比例	人数	比例
B[②]	10	17.9%	8	14.3%	22	39.3%	14	25%

相关态度 / 考察项	本民族语		汉语方言		水语		普通话		其他语言	
	人数	比例	人数	比例	人数	比例	人数	比例	人数	比例
C[③]	2	3.6%	37	66.1%	7	12.5%	6	10.7%	1	1.8%

说明：表中 A 代表"是否会说水语及熟练程度如何"；B 代表"与水族的交往程度"；C 代表"认为与水族交往最方便的语言"。

通过表中数据我们得出以下结论：

A. 在布依族与水族的交往过程中，汉语方言发挥了族际交际语言的重要作用。在"认为与水族交往最方便的语言"的选择中，有 66.1% 的受访者选择了汉语方言；而选择使用水语的仅有 12.5%。可见，在这两个民族的交往过程中，汉语方言起着重要的作用。

B. 布依族村民虽与水族有着交往，但语言使用还是有一定的独立性。从"与水族的交往程度"的选项中我们可以看到，布依族和水族有一定的

---

① 该项有 1 个受访者没有作出选择。

② 该项有 2 个受访者没有作出选择。

③ 该项有 3 个受访者没有作出选择。

往来，但是在"是否会说水语及熟练程度如何"的问题上我们发现，仅有不到20%的受访者选择"能够熟练使用"或者"能够基本交谈"，甚至有32.1%的受访者表示"完全听不懂"。以上说明布依族与水族虽有一定往来，但其语言使用还是相对较为独立的。

四、问题及应对策略

（一）问题

（1）儿童在校语言教育问题。在调查中我们发现，儿童一般母语为本民族语言，到五六岁的时候上学，而在学校一般采用汉语普通话教学，给学生一开始的学习带来一定的困难。

（2）能够使用多门民族语的儿童逐步减少，虽然现在没有明显的数据显示，但通过实地走访和观察，民族语的使用在一定程度上受到威胁。

（二）应对策略及建议

（1）针对儿童上学由于没接触过汉语带来的交流上的问题。

方案：可在低年级实行双语教学，即以普通话为主，本民族语为辅。不过这也存在一个问题，在乡镇级的学校，由于处于乡政府所在地，教育质量相对较好，除了主要民族布依族，其他的少数民族也常到这所学校上学。如果使用双语教学的话，在该地即使使用民族语（莫话）进行辅助教学，对于其他的少数民族学生，也可能存在和汉语一样听不懂的情况。这也是在当地实行双语教学遇到的困难。

（2）针对儿童对民族语使用能力下降的问题。

方案：学校实行双语教学，但这里的双语教学和前面问题（1）里方案（1）中所提到的双语教学有不同之处，这里的双语教学是指在学校开设民族语课程。在调查中我们了解到，知道有本民族文字的人甚少，这非常不利于民族文字工作的开展。但如果在学校开设双语教学甚至是多语教学，使用本民族语编排的书，这样有助于人们对民族语有一个全面的认识，而且也有助于加强民族语的使用能力。但这项工作的开展需要得到广大部门的支持，实行起来是一个长期的过程。

五、结语

本文在田野调查的基础上，对贵州省荔波县播尧乡地莪村布依族的本民族语言（莫话）的使用情况进行了分析，详细反映了当地的语言使用的总体特征，语言在家庭、社区、跨社区及公共场合的使用特征，语言习得（学习）的途径，语言态度，语言兼用情况，语言关系等情况。但此次调研也存在多处不足，如对调查对象的选取可能在年龄层次上还欠完善，对有些问卷问题的表达有失偏颇而导致部分问卷无效，导致了无效的工作等，这些都将成为我们今后不断完善的经验借鉴。

第四节　方村乡双江村莫话使用现状个案研究

一、基本情况

方村乡位于荔波县城西北角，乡政府所在地距县城 30 公里，距甲良镇 10 公里。全乡总面积 53.81 平方公里。辖双江村、寨近村、红泥村、六合村、板平村、交进村、交挠村、丙花村、尧并村、拉街村 11 个行政村，59 个村民组，50 个自然寨。是多民族杂居的地方，其中布依族占 92.1%，水族占 3%，其他民族占 4.9%。[①]

双江村是方村乡下属的一个行政村，由巴平小寨、报墨、板勇、拉岜等 14 个自然村寨构成，辖 23 个村民组，人口有 3600 多人，是方村乡最大的行政村，该村绝大多数为布依族，仅四个村民组为汉族，约 10 户水族。该村的布依族有莫家和覃家，分别以莫话和布依语作为母语。

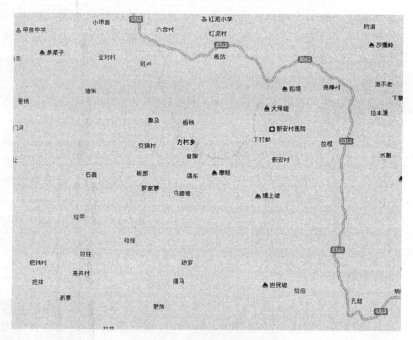

图 5-14　荔波县方村乡地图

二、调查过程简述

为了全面了解方村乡双江村布依族莫家的语言使用情况，2011 年 7 月中旬，中央民族大学"西南民族杂居地区语言关系与语言和谐研究"课题组到该村进行了实地调查。该次调查，课题组以随机抽样的方式对 142 位村民进行访问，发放调查问卷 142 份，收回 142 份，有效卷为 136 份，回收率达 95.77%。问卷主要由 4 部分组成：基本信息、语言使用情况、对母语态度和对水族语言使用态度。调查组还对该村村长、村支书、寨老等进行采访，详细了解了双江村的村民生活、历史沿革以及该村双语教学情况。受访者的具体情况如下表：

表 5-31　　　　　　　　受访者信息表（N=136）

基本信息		受访人数	比例（%）
性别	男	51	37.5%
	女	85	62.5%
年龄段	10-19 岁	37	27.21%
	20-29 岁	11	8.09%
	30-39 岁	23	16.91%
	40-49 岁	23	16.91%
	50-59 岁	6	4.41%
	60-69 岁	21	15.44%
	70 岁以上	15	11.03%
民族	布依族	136	100%
文化程度	文盲	44	32.35%
	小学	48	35.29%
	初中	35	25.74%
	高中	6	4.41%
	本科	2	1.47%
职业	学生	35	25.74%
	在家务农	90	66.18%
	教师	1	0.74%
	经商	8	5.88%
	常年在外打工	1	0.74%

三、语言使用基本情况

"莫家"是人们对分布在贵州省黔南布依族苗族自治州荔波县和独山县一部分布依族的称呼,因以"莫"为姓而得名。该群体自称ʔai³³mak⁵⁵,使用的语言被称为"莫话",属于汉藏语系壮侗语族侗水语支语言。①方村乡是布依族莫家的一个聚居地,双江村绝大部分也是布依族莫家。目前,本村布依族莫家均以莫话作为本民族母语,同时大多数人兼通布依语,几乎所有的人都兼通当地汉语方言——荔波话,部分人还能用普通话进行交流。家庭语言以莫话为主,但有些家庭担心子女上学后在语言方面有困难,在家里有时也用汉语进行交流,因此很多人在上学以前已经会讲汉语了。一般情况下,同村村民之间几乎所有的场合都使用本民族语。若遇到不懂莫话的人,比如来访的陌生人,在别的村寨遇到非本民族的人或在集市上和不懂莫话的人交流时会使用汉语方言。总之,在日常生活中几乎没有交流障碍。但也有例外,因为没有读过书,在家务农,从不外出的缘故,本村一部分60岁以上的妇女汉语交际能力较低,个别人甚至听不懂汉语,和她们交流时需要借助翻译。双江村村民使用的莫话虽然与周边地区布依语有些不同,但由于长期与布依语接触,加之同属于一个民族,所以差别非常细微,不会影响交流。乡村集市是各民族聚集的一个场所,由于布依族莫家在当地占主体,莫话自然就成了双江集市上使用的主要语言。在双江村,汉语的使用非常广泛,这里的村民绝大多数会说汉语,当汉族客人来访时,村民会和客人使用汉语交流。另外,汉语用于学校教育、政府机关以及农贸市场、医院等场合。普通话的使用通常仅限于学校的课堂教学,与外地人交流时,偶尔也有村民会使用普通话。

四、语言使用特征

(一)年龄特征

在双江村,不同年龄段的人在语言使用方面的差别主要表现为语言交际能力的不同,在母语使用方面呈现出女强男弱的趋势,而汉语的使用则正好相反。

本次问卷调查没有涉及10岁以下的儿童,在调查过程中我们间接了解到,该村10岁以下的儿童都掌握流利的母语。现在电视、广播等各种媒体都很普及,村里的孩子很早就有机会接触和学习汉语。此外,很多家长为了让自己的子女早做上学的准备,都尽可能地为孩子学习汉语创造条件。因此多数

---

① 详见本章第二节, p.109。

学龄前儿童都能听得懂汉话，有些孩子还能用汉语进行简单的交流。

10—19 岁这一年龄段的受访者共 37 人，除 4 人经商以外，其余 33 人均为在校生。其中高中生 4 人，初中生 17 人，小学生 11 人，文盲 1 人，除 2 人莫话一般外，其他人均能熟练使用莫话，除 3 人外，其余 34 人均能通晓汉语，其中 28 人均能熟练使用普通话。无论在家与家长还是在村子里与同族人交谈，这一年龄段的人都习惯于使用本民族语，只有 2 人在村里与人交流时使用汉语。而在集市、医院等场合，选择使用汉语的情况更多一些，个别人甚至选择使用普通话。

20—39 岁这一年龄段的受访者共 34 人，其中绝大多数在家务农。1 人常年在外打工，2 人经商，2 人是学生。在语言使用方面，这一年龄段无论母语还是第二语言（布依语）的交际能力都较强。第一语言除 2 人是布依语外，其他均为莫话，多数人在掌握母语的同时，也掌握了汉语。除 8 人不懂汉语或汉语交际能力稍弱一些以外，其余 26 人都会汉语，17 人能用汉语普通话进行交际，占该年龄段受访者总数的 76.47%。该年龄段汉语能力强的原因之一是受教育程度普遍较高，34 人当中未受过教育的仅 8 人，均为妇女，占该年龄段总数的 23.53%，8 人当中有 7 名妇女对汉语也比较熟悉，1 人甚至会说普通话，受过本科以上教育的有 2 人，均为在校学生，上过高中的有 1 人，上过初中的有 7 人，这三个文化层次占该年龄段受访者总数的 29.41%。虽然调查过程中接触到的外出务工人员不是很多，但通过与其中一部分人交谈，我们对双江村外出打工者的语言生活有了一些了解，他们的汉语讲得非常熟练，在外打工时和本民族的人说莫话，和非本民族的人之间用汉语交流，回到家时，马上改用莫话，在本村和其他村时和本民族之间用莫话交流，和其他民族之间讲汉语，去集市、医院时见到本民族人讲莫话，和其他民族之间讲汉语。

40—59 岁的受访者 29 人，其中 27 人在家务农，2 人经商。此年龄段的所有受访者莫话均非常流利，在绝大多数场合均以莫话作为主要的交际工具，莫话的使用频率较高。这一年龄段是家庭生活和社会生活的主力，与外界接触较多，汉语甚至普通话的使用比较频繁，因此，从总体情况来看，汉语交际能力普遍较高，在外打工或上学时，汉语方言（或普通话）是其主要的交际语言。

60 岁以上的受访者共 35 人，其中在家务农 34 人，占该年龄段的 97.14%；1 人为退休教师，占 2.86%。在语言使用方面，这一年龄段母语能力普遍较强，除 3 人只能讲本民族语以外，多数人都通晓汉语，其中 8 人还能讲普通话。在家庭、社区与不同社区的本民族人交流时，这一年龄段的人多数选择本民族语。他们很少有人受过教育，常年在家务农，并且与外面的社会接触较少，生活范围基本离不开母语通行的区域，使用汉语的机会非常少，因此汉语水平很低甚至有些人不懂汉语。

（二）性别特征

性别的差异表现在社会分工上的不同，语言的掌握和使用情况也有所不同，这一点在双江村布依族莫家的语言使用当中也得到了体现。

此次所调查的男性有 51 位，占 37.5%；女性 85 位，占 62.5%。母语是莫话的有 128 位。在所调查的 85 位女性中，50 岁以上的一部分妇女只会讲莫话，不懂汉语或汉语水平较低。除 3 人曾经上过小学以外，其余均为文盲。18 人掌握本民族语，同时通晓汉语地方话，3 人除母语和地方汉语之外，还掌握普通话，40 岁以上的妇女有些虽然懂汉语，但只能进行简单的日常交流。40 岁以下的妇女基本能讲一口流利的汉语，文化水平都是小学以上，没有读过书的只有 1 个，但会说汉语方言。

调查数据显示，在所调查的 51 位男性当中，除了 1 人不懂汉语之外，其他男性的母语和汉语水平普遍比女性高。绝大多数男性都会讲流利的汉语方言或普通话，占 98.04%，会讲水语的有 4 人，占 7.84%。除 1 人只能讲本民族语以外，其余 50 人均熟练掌握莫话和汉语两种语言，其中 33 人还能用普通话交流，占男性受访者总数的 64.71%。在家庭、社区和跨社区本民族成员之间的交际当中，男性与女性一样，也主要使用本民族语，但在集市、医院、政府机关等场合，男性比女性更倾向于使用汉语，就连 60 岁以上没有读过书的男性也会说汉语方言。

通过对各方面的调查材料进行综合分析，大致可以得出这样的结论，双江村不同性别在语言掌握和使用方面的差别主要与受教育程度和不同的社会角色有关系。由于过去受"重男轻女"封建思想的严重影响，只有男孩能够有机会接受教育，这种状况到解放后相当长一段时间都没有任何改观。目前，双江村 60 岁以上的女性基本都没有上过学。因此，受教育程度低是造成妇女汉语交际能力弱，甚至不会汉语的主要原因。影响妇女汉语交际能力的另一因素是长期以来所形成的"女主内、男主外"的社会分工。传统的布依族社会是一个自给自足的农业社会，妇女的主要职责是养儿育女，纺纱织布，以做家务活为主，同时承担一些轻便的农活。而男子除了要负担沉重的农活以外，农闲时还要外出做些零活，挣钱养家糊口，交际范围比妇女广，接触和使用汉语的机会也比妇女多。

不过，随着社会的开放和布依族地区文化教育的普及，20 世纪 80 年代以后，双江村布依族语言使用方面的性别差异正逐渐缩小。在学校教育方面，无论男女都享有平等的权利，而且得到国家法律保障。在社会交往方面，女性和男性也是平等的。如今，女孩跟男孩一样，也能外出打工、做生意，传统的社会分工已经完全打破。因此，在语言掌握和使用方面，无论是母语还是汉语，30 岁以下的女性已经跟男性没有多大差别。

五、不同场合的语言使用情况

（一）家庭用语

莫话是双江村布依族家庭唯一（或主要）的交际语言，除个别家庭因为与其他民族（目前主要是水族）联姻，在部分场合必须使用水语以外，绝大多数家庭都主要使用本民族语。在调查的 136 位受访者当中，1 人以汉语作为第一语言。在多数布依族家庭中，无论长辈对晚辈、晚辈对长辈还是平辈之间，没有特殊情况一般都会使用本民族语言。在 136 位受访者当中，仅有 3 人与家人交流时使用汉语。此外，少数家庭，尤其是家里有人在外工作的家庭，已经开始出现子女放弃母语（莫话）而转用汉语的现象，在这样的家庭中，长辈之间、长辈与多数晚辈之间仍以莫话进行交流，但与个别未入学的孩子之间却不得不用汉语，跟子女用汉语交谈对于那些汉语程度低的爷爷奶奶们来说实在是一件苦差事。

（二）社区用语

这里所说的社区指双江村的几个组成部分，即板平组、双江组和交挢组，在这几个村组内，村民之间除长年在外打工很少回家和多年在外工作的人以外，大多相互认识。因此，彼此见面一般都用本民族语打招呼或交谈。在随机选取的 136 位受访者当中，有 130 人在本村与熟悉的人相遇打招呼时使用莫话，占受访者总数的 95.59%；有 1 人选择使用莫、汉双语，占 0.74%；只有 3 人选择使用汉语，占 2.21%。双江村是乡政府所在地，也是当地比较繁荣的农贸市场，因此往来的人比较多，其中多数是周边村寨的布依族，其他乡镇来的，有本民族人，也有其他民族人，在语言使用方面，在与自己所熟悉的本民族人交流时通常只用莫话，如果遇到自己不认识的其他民族人，但从外表可以判断出是本民族人时，绝大多数人也使用莫话，少数人采取先用母语试探，若对方讲莫话，便用莫话与之交流，否则转用汉语。双江村村民社区语言选用情况详见下表：

表 5-32　　　双江村布依族社区内部语言使用情况表（N=136）

交流对象 语言	本民族人		其他民族人	
	人数	比例	人数	比例
莫话	130	95.59%	28	20.59%
汉语	1	0.74%	9	6.62%
莫话和汉语	3	2.21%	90	66.18%

（三）跨社区用语

跨社区交际用语指双江村村民到别的社区与本族人交流时选用的语言。方村乡是布依族聚居乡，周边有水族聚居乡，双江村的布依族到别的村寨与同民族的人交往时，如果彼此相识，主要使用莫话；如果互不相识，但通过服饰、外貌特征可以判断是本民族人时，大多数人通常也习惯用本民族语交际，部分人则先用汉语进行试探；如果对方是布依族，且愿意用本民族语交流时，随即改用莫话；如果对方是汉族，或虽是布依族但不愿意用本民族语交际时，则继续使用汉语；如果对方是水族，则使用汉语交流。

表 5-33   双江村村民到别的村寨时交际语言选用情况（N=136）

语言 \ 交际对象	本民族人		其他民族人	
	人数	比例	人数	比例
莫话	125	91.91%	24	17.65%
汉语	8	5.88%	103	75.74%
莫话—汉双语	1	0.74%	7	5.15%

双江村村民去别的村寨时遇到其他民族（水族或汉族）的人时说汉语，占 75.74%。说莫话的有 24 个人，占 17.65%。既说莫话又说汉话的占 5.15%。遇到布依族时说莫话的人有 125 个，占 91.91%，使用莫话—汉话双语的占 0.74%。总之，村民们会根据对方的情况选用语言。见到布依族绝大多数说莫话，和其他民族交流时就会选用汉语。若其他民族的人懂莫话，村民就会使用莫话交流，但人数只占很少一部分。

（四）其他场合的语言选用情况

1.学校的语言使用情况

方村乡双江村曾经每个组都有自己的小学，但现在全乡只有一所小学。近几年，由于社会经济发展迅速，布依族与外界的交往日渐频繁，电视、广播等各种现代音像媒体在布依族村寨逐渐得到普及，多数儿童在入学前已经有条件接触和学习汉语，为学校的汉语教学做了一些准备。在随机抽取的 136 位受访者中，正在上学或接受过学校教育的受访者共 91 人，其中 53 人回答了学校语言使用的相关问题，他们中大部分在学校与本民族师生交际时倾向于使用本民族语，详见下表。

表 5-34　　　　　　　　双江村布依族在学校上学时课后跟本民族
伙伴是否使用民族语进行交流情况统计（N=136）

人数　　　語种	莫话	其他语言
人数	37	16
比例	69.81%	30.19%

数据显示，双江村布依族学生在学校上学时课后跟本民族伙伴使用莫话交流的占 69.81%，使用其他语言的占 30.19%。也就是说，莫话是学生在校期间主要使用的语言。

2. 农贸市场上的语言选用情况

方村乡的乡政府所在地是该乡的集贸市场，在双江村境内，因此，双江村村民有机会跟来自本乡其他村或邻乡的各民族接触和交流，在与同族人交流时主要使用本民族语，相互不太熟悉或不认识的人通常先用莫话，如果对方是汉族或虽是本民族但不愿用本族语交流时，再改用汉话。而对于那些用汉话大声叫卖的商贩，则直接用汉话跟他们交流，不懂汉话的就请旁边的人代为翻译。对于讲普通话的商贩，多数村民还是用当地汉话与之打交道，较少用普通话进行交流。

调查数据详见下表。

表 5-35　　　双江村布依族在集市交际语言选用情况（N=136）

语言　　　交际对象	本民族人		其他民族人	
	人数	比例	人数	比例
莫话	108	79.41%	19	13.97%
汉语	16	11.76%	105	77.21%
莫—汉双语	12	8.82%	12	8.82%

3. 在医院语言选用情况

在医院工作的人员当中，有来自荔波县城的汉族，由于他们不懂莫话，在工作中使用汉语，双江村村民中有不懂汉语的，和医生交流起来会比较困难，汉语是医院主要使用的语言。若医生会说莫话，村民会使用莫话交流，选择使用汉话的人数多于莫话的人数。

调查数据详见下表。

表 5-36　　　　双江村布依族在医院语言选用情况（N=136）

语言 场合	莫话		莫话—汉双语		汉语		其他情况[①]	
	人数	比例	人数	比例	人数	比例	人数	比例
医院	30	22.06%	17	12.5%	78	57.35%	11	8.09%

六、语言态度

莫话是双江村村民日常交际的主要工具，几乎所有的场合都要用到莫话，绝大多数人对自己的母语交际能力都非常自信，认为自己的母语能力超过第二语言——布依语和汉语。在调查到的 136 位受访者中，有 119 人觉得自己母语讲得比汉语更流利，占受访者总数的 87.5%；3 人觉得自己的莫话水平与汉语相当，占 2.21%；14 人觉得自己汉语能力比母语强一些，占 10.29%，详见下表。在语言的交际功能方面，有 129 人觉得莫话是与家人交流最方便的语言，只有 6 人认为使用汉语方便，有 54 人觉得在赶场时使用本民族语言最方便，4 人认为汉语和莫话均很方便，77 人感觉汉语更为方便。在双江村村民的传统生活领域中，本民族语（莫话）不仅能准确地表达人们的思想，充分满足交际的需要，而且母语更能充分地表达他们的情感，因此，在大多数人的心目中，母语的作用自然要比汉语大。从前文所分析的各种场合语言使用情况来看，人们的语言行为方面也倾向于本民族语。

表 5-37　　　　双江村布依族最熟悉语言情况（N=136）

语种 人数	莫话	汉语	莫—汉双语
人数	119	14	3
比例	87.5%	10.29%	2.21%

在双江村人的心目中，母语始终摆在重要的位置，多数人在情感上也倾向母语，其次是汉语。当问及哪种语言最好听时，多数人不由自主地选择母语，然后才是汉语，或者把母语和汉语放在同等的地位上。双江人对其他语言了解较少，比如离他们不远的一个村寨里就有水族，使用水语，但双江人很少有懂得水语的，用水语作为交际工具的更是罕见。

即使在学校，多数双江人在与本民族人交流时都希望同族人使用本民

---

① 其他情况包括 10 人使用普通话，1 人使用普通话和汉语。

族语言作为交际语言，在 136 位受访者当中，有 44 人对"在学校与同族同学交流时最方便的语言"这一问题进行了回答。其中希望使用莫话的有 31 人，希望使用汉语的有 13 人。有 29 人对"在外打工时与老乡交流最方便的语言"进行了回答，其中 16 人认为使用本民族语言最为方便，12 人认为汉语比较方便，另外仅有 1 人认为水语比较方便。莫话是他们的母语，因此莫话是村民说得最好的一门语言，许多要表达的意思用汉语表达不出或表达得不准确时，这时他们会选用莫话。

　　但与此同时，多数家长对子女在家使用汉语却持开放、宽容的态度。在 136 位受访者当中，有 39 人遇到过子女上学回家用汉语与其交流的情况，其中 28 人对子女在家使用汉语感到"很自然"或者"也跟着改为汉语"，占这一人群的 71.79%；9 人觉得"有点不舒服"，占 23.08%；只有 2 人对此"很反感"，占 5.13%。关于子女外出打工后回来用汉语与家人交流的现象，多数人也持宽容的态度。在 136 位受访者中，有 38 位受访者发表了自己的意见，其中 20 人觉得"很自然"，占 52.63%；8 人会"也跟着改为汉语"，占 21.05%；7 人会感觉到"有点不舒服"，占 18.42%；3 人对此感到"很反感"，占 7.89%。家长们对子女在母语环境中使用汉语甚至放弃母语的行为持宽容的态度通常出于两个方面的原因，一是出于教育方面的考虑，前文对此已作分析；二是想让子女更快更好地融入现代主流社会。多数家长认为，现代的年轻人大多在外读书或打工，能讲一口流利的汉语甚至普通话对他们将来谋生会有很大的帮助。

　　如果村里有人外出工作、打工或当兵回家完全改说汉语，在 136 位受访者中有 72 位对此发表了看法，37 人表示"很自然"或"也跟着改为汉语"，占该组人员 51.39%；3 人觉得"无所谓"，占该组人员的 4.17%。

七、水族语言掌握和使用情况

　　双江村周边聚居着水族。在 136 位受访者当中，不懂水族语言的有 71 个，占 52.21%；能基本交谈的有 13 个，占 9.56%；认为自己水语讲得流利的有 2 个；能听懂但不会说的有 16 个，占 11.76%；只能听懂一些日常用语的有 22 个，占 16.18%；完全听不懂的有 1 个。和水族从不交往的有 45 个，占 33.09%。经常交往的有 16 个，占 11.76%；偶尔交往的有 48 个，占 35.29%；有时交往的有 15 个，占 11.03%。跟水族人交谈时使用最方便的语言是汉语方言的有 79 个，占 58.09%；跟水族人交谈时觉得莫话最方便的有 12 个，占 8.82%。认为汉语方言最方便的有 79 个，占 58.09%；觉得普通话最方便的有 10 个；觉得水语最方便的有 9 个。

　　在 136 位受访者当中，觉得莫话是本地最实用的语言的有 99 个，占

68.38%，认为汉语方言实用的有 28 个，认为普通话实用的有 2 个，觉得水语最实用的有 5 个。

调查数据显示，布依族和水族在交往时主要选用汉语方言，绝大多数人对莫话在当地的交际功能持认可的态度，普遍觉得莫话是当地最实用最方便的语言。

八、结语

通过此次田野调查，我们了解到，莫话在方村乡双江村仍是布依族（莫家）的主要交际语言，在与邻村同族交往的过程中，也发挥着重要的作用，作为布依族民族共同语的布依语是双江村布依族（莫家）的主要兼用语，在与外地或外村非莫家布依族交流时，大多数人都能流利使用。当地汉语方言是全乡，同时也是全县范围内的族际交际用语，双江村村民除极个别人以外，大多掌握汉语，有部分人甚至能用汉语普通话与外界进行交流。当地布依族（莫家）语言选用的顺序是：莫话、布依语、汉语方言、普通话，周边虽有水族分布，但数量较少，因此，掌握水语的人并不多，能用于交流的人更是罕见。

总之，莫话在方村乡双江村仍然是一种具有活力的语言。

第五节　莫话使用群体语言态度研究

一、前言

语言是各民族在社会交往中使用的，社会因素肯定会对语言产生各种各样的影响，各民族人民对自己使用的社会语言文字的价值有一定的评价和认识，这就是对语言的语言态度。戴庆厦（1994）认为，"语言态度又称语言观念，是指人们对所使用语言的态度、看法或观点。不同的民族，由于社会历史不同，社会条件和人们心理特征不同，语言观念也会有所不同。一个民族的语言观念，决定了他们对使用语言的认识，对语言存在与发展的认识。一个民族的不同成员，在语言观上可能有所不同，因为人们的条件、认识水平、认识方法都不同。但作为一个民族的整体，总有共同的语言观念。因为语言观念是民族心理的一部分，而民族心理对一个民族来说往往有共同点。因此，研究一个民族的语言态度是有可能的。"研究一个民族的一部分群体的语言态度也是很有意义的。

"莫话"又称"莫家话"，主要分布在贵州省黔南布依族苗族自治州荔波、独山一带的一部分布依族使用的语言，因该语言的使用者大部分以"莫"

为姓而得名。使用"莫话"的人群其族属为布依族，但语言属于侗台语族侗水语支的一种，由于长期与使用布依语的人杂居在一起，他们中的大多数是莫、布、汉多语人。为了了解荔波县莫话使用情况，2011 年 7 月中旬，中央民族大学周国炎教授带领调查小组在荔波县以自然村落为单位的几个点进行调查，其中甲良镇金对村、甲良镇新场村、播尧乡地莪村、方村乡双江村这 4 个点的莫话使用较为集中，我们选取 536 位村民作为调查对象，调查过程中主要采用观察法、抽样调查、问卷调查和重点访谈等形式较深入地了解了当地莫话使用群体的语言使用总体情况。本节将对调查情况作详细阐述，主要从语言使用基本现状及其特征，语言使用者对母语、地方通用语和兼用语的功能认同，语言使用者对上述语种的情感认同和语言使用者对周边各种人群语言行为（包括语言选用）的态度这 4 个方面来对荔波布依族莫话使用群体的语言态度进行分析研究。

二、语言使用基本现状及其特征

本次调查共发放并回收有效问卷 536 份，鉴于需要受访者清楚地表达自己的语言态度，我们把年龄限定在 10 周岁以上。

表 5-38　　　　　　　　　　　调查对象的基本信息

信息项	性别		职业（10 人未选）					
	男	女	务农	学生	干部	商人	教师	打工
人数	285	251	327	138	7	28	11	15
比例（%）	53.17	46.83	61	25.75	1.31	5.22	2.05	2.80

文化程度（4 人未选）					民族成分				
文盲	小学	初中	高中	以上	布依族	苗族	水族	侗族	壮族
115	197	170	23	27	500	18	13	3	2
21.46	36.75	31.72	4.29	5.04	93.28	3.36	2.43	0.56	0.37

表 5-39　　　　　　　　　　调查对象语言及习得的基本情况

语 言 项		人　数	比例（%）
母语	莫话	375	69.96
	布依语	106	19.78
	汉语方言	33	6.16
	水语	12	2.24
	苗语	6	1.12

语　言　项		人　　数	比例（%）
母语	普通话	1	0.19
	侗语	1	0.19
	无	2	0.37
第二语言	莫话	26	4.85
	布依语	253	47.20
	汉语方言	177	33.02
	普通话	57	10.63
	其他语言	6	1.12
	无	17	3.17

（一）莫话使用情况

使用"莫话"的人群其族属为布依族，布依族占受访总人数的93.28%，共500人。除布依族外，还有苗族和水族，少数侗族和壮族，没有汉族。莫话属于侗台语族侗水语支的一种语言，由于长期与使用布依语的人杂居在一起，其语言中布依语借词较多，但语音结构又与侗水语更接近，有很多与侗水语同源的词汇。使用莫话的布依族均以莫话作为主要的交际工具，母语在各种主要的交际场合均发挥着重要的交际功能，特别是在家庭内部。他们不仅在村内使用莫话，与邻村同族，有时甚至与其他民族也使用莫话。

（二）布依语使用情况

布依族有本民族语言，属汉藏语系侗台语族壮傣语支，共分为3个土语，分别称为第一、第二、第三土语。荔波县布依族使用的布依语属第一土语，与县境内其他地区的布依语以及相邻的独山县布依族所使用的布依语基本相同。布依语和莫话在语音、词汇、语法上有一定的差异，我们把它作为两种不同的语言来研究。荔波甲良、播尧等地的布依族多使用莫话，但也有部分使用布依语，为与莫话区别当地人称之为"覃家话"。使用布依语的人与使用莫话的人互相之间可以无障碍通话。

（三）其他少数民族语言使用情况

在调查的自然村落里，还有少数水族、侗族、苗族和汉族与布依族杂居在一起，由于在村寨中经常要接触到布依族，附近的村寨也以布依族居多，所以他们在本村寨里特别是在家庭中仍然使用自己的母语，但是在村寨的集体活动中和重要事务上都是使用莫话，因此不同程度上他们也具备了一定的莫话使用能力。

以水语为例，水语主要作为家庭成员之间和同村水族成员之间的交际用语，杂居在布依族村寨小组的水族和布依族也能用莫话进行交流，在本村寨以外，水族碰到同族交流也经常使用本民族语，但与其他民族交流时则主要使用汉语方言，主动使用本民族语的情况并不多见。汉语方言是当地各民族主要的兼用语言。

地莪村的党支部书记吴永飞告诉我们，随着村新开发集市——地莪村移民新市场的开辟，水族和苗族将更多地和布依族接触并进行交流，莫话的使用机会可能会更多；新市场没开始之前，他们平时交往较少，即使偶尔有交流的机会，也多使用汉语。水族在集市以及县城等多数场合用本民族语言进行交流的机会都很少，水语在莫话使用地区仅仅限于家庭内部和村寨内部本民族成员之间，离开本村与其他民族交流时，一般只使用汉语。由于和布依族交流比较频繁，他们有时也能用莫话做一些简单的沟通。

（四）汉语使用情况

这里的汉语指属于北方方言的西南次方言——西南官话，即本次调查中的荔波话或客话。在莫话广泛使用的地区，汉族相对来说要少一些。地莪村中仅在地莪组和长坝组的河左有 10%的汉族与布依族杂居，而在河右90%都是布依族。其余的散居在部分组，与其他少数民族杂居在一起。汉语方言是他们日常生活中的主要交际用语。我们的调查没有涉及汉族，根据村干部介绍，散居在少数民族中的汉族不同程度地掌握了莫话，有的还能使用简单的水语和侗话。

总体而言，莫话使用群体几乎都熟练掌握莫话，在传统的生活领域中，家庭成员和本民族成员之间主要以莫话作为交际工具，与其他民族交际时则主要使用汉语。

三、语言使用者的功能认同

语言态度是客观存在的，但它往往以比较主观的形式来表达，不容易琢磨，必须从具体的形式即语言的使用功能中加以抽象概括。语言使用者在社会交际中的语言态度受母语文化和兼用语言文化的制约，同时语言态度反过来又会影响该语言使用者学习母语和兼用语的心理状态和语言行为。在语言交际中选择哪一种语言，对母语的忠诚和放弃，以及对兼用语言的学习，这些都与语言态度有着密切的关系。

语言的社会交际功能认同主要考查了语言人对于母语交际的自信心，与不同交际对象和在不同交际场合语言的选用和使用的倾向性。莫话受访者觉得自己最熟练的语言：

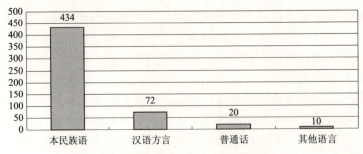

图 5-15　　调查对象觉得自己最熟练的语言

　　从图中数据可以看出，绝大多数受访者认为自己对民族语的掌握十分熟练，在自己的生活领域使用起来也最为方便。莫话使用群体对自己的母语交际能力有较强的自信心，这是由于他们中多数人长期以母语作为主要交际工具。

表 5-40　　　　　　　　调查对象对语言社会功能的认同　　　　　　（单位：人）

社会群体/语言	本民族语	汉语方言	普通话	其他情况
与家人交际最方便	450	67	4	15
赶场最方便	210	273	37	16
学生之间交际最方便（仅学生作答）	116	54	32	334（未选）
与老乡交际最方便（仅打工者作答）	98	42	20	376（未选）

　　根据不同的交际对象选用不同的语言，这是双语或多语人普遍存在的语言使用特征，一方面与语言使用习惯有关，同时也反映出双语或多语人对特定语言社会交际功能的价值认同。在荔波县这 4 个有代表性的使用莫话的村寨内，家人之间最方便的还是使用本族语言，83.96%的受访者认为家庭成员的交际主要使用母语。在跨社区的公共场所，与本民族成员之间以及与其他民族之间的交际则面临语言选用的问题。在集市买卖的地方，39.18%的人认为本民族语交流最方便；50.93%的人认为使用汉语方言交流最方便；而 6.9%的人觉得普通话最好用。超过 1/3 的人认为使用本民族语（多半为莫话）是尊重对方的语言习惯的一种表现，可拉近双方心理距离。一是布依族居多，大家已经习惯说莫话；二是与其他少数民族生意来往多了，水族和侗族有的也能应付日常生活中的交际用语，虽然不是十分流利，但买卖无障碍。但是若碰到不会莫话的人，则无法交谈或深入交流，因此，有过半数的人认为汉语方言应充当集市上最主要的交际语言，不需要语码

转换，交流更方便。除此之外，部分受访者表示他们在跨社区场合选用汉语方言一是出于面子问题，怕别人听了本民族语笑话自己。在当下少数民族当中有不少人存在着轻视本民族语言文化的心理，认为少数民族落后，本民族语言难听，在公共场合使用本民族语言会让自己丢脸，别人会看不起；二是过多地考虑旁人的感受，考虑到在场的其他民族听了自己不懂的语言会做何反应，为了不引起别人反感，有时在可以使用母语交际的地方也选用汉语方言。而普通话在村寨的普及率还达不到人人会说的程度，所以几乎不用，但大多数人听得懂，所以偶尔在赶场时会有人使用不标准的普通话¹。选用普通话的部分人认为集市是一个正式的场合，但也有人是出于一种谐谑语言的心理。

至于"你觉得在学校与同族学生交流最方便的是什么语言"和"你觉得在外打工时与老乡交流使用什么语言最方便"，只有在校学生和有外出打工经历的人分别回答了这两个问题。学生受访者中57.43%的人选择了本民族语，26.73%的人选择了汉语方言，15.84%的人选择了普通话。打工的受访者中61.25%的人选择了本民族语，26.25%的人选择了汉语方言，12.5%的人选择了普通话。可见学生在课后更愿意用本民族语与本民族的同伴交谈，同时也有学生告诉我们课堂上老师的教学大都使用普通话，所以在课后选用汉语方言与伙伴交流也很自然。外地人口流动性大，常常聚集了不同的民族，本民族同胞之间见面为表亲切和拉近关系，展示自己是"本民族"的人，更愿意选用本民族语言与之交谈。在这两个固定职业的人群中，都有13%左右的人认为普通话最方便，说明普通话的普及率在学生和外出工作的人当中比较高。

四、语言使用者的情感认同

语言情感认同主要考查语言人在不同环境中语言选用方面的情感倾向，以及对语言人所能接触到的不同语言的情感价值判断。我们通过家庭和社区语言生活中长辈对晚辈在语言行为方面的情感约束，即"子女放学回家/外地打工用汉语跟你交流，你会觉得"；非母语环境中语言人对同族在语言选用及语言转用方面的态度，即"在外地跟本民族同胞交流时，对方改用汉语"和"村里有人外出当兵、工作或打工回家完全改说汉语"；以及语言人在不同场合对母语的听觉感受，即"你觉得你接触到的语言里最好听的是"等方面来考查这一问题。

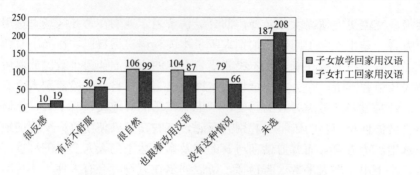

图 5-16　对子女使用汉语的认同（单位：人）

　　家庭对语言人在语言行为方面有一定的情感约束。人是家庭的成员，其行为总是要受到家庭的约束，语言行为也是其中的一个方面。在传统家庭中，对母语的忠诚是家庭对语言人的基本要求，放弃母语就意味着背叛，其行为会受到家庭成员的严厉谴责。也就是说，语言人在家庭使用什么语言进行交际在很大程度上要受到家庭情感的制约。基于对本民族语的强烈情感，村民并不愿意孩子忘却母语，所以在"子女回家用汉语跟你交流，你会觉得"这一问题中，有"感到有点不舒服甚至反感"的受访者。他们希望自己的孩子在家与他们使用本民族语，这样可以保证民族语不会失传。但是在现代社会仅仅掌握母语已经不能很好地适应社会的发展需要了，为了孩子更好地与外界交流，将来可以找一份好工作等，村民表现出来对"子女回家用汉语跟你交流"的总体态度是：顺其自然，他说汉语我也跟着说汉语；选择"没有这种情况"的村民说孩子回家和他们都讲莫话；还有人多数人因为不清楚或没有过这种情况发生而未作任何选择。部分未选的受访者表示：孩子应该在条件允许的情况下尽量多学习汉语及其他语言，有的家长还告诉我们，目前学校教学语言均为汉语，有些课程还采用普通话授课，这对于从小习得莫话的孩子来说很不利，因此，让孩子多讲汉语

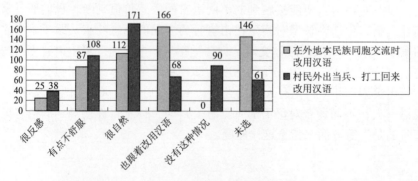

图 5-17　对外出打工村民使用汉语的认同（单位：人）

对于他们提高学习成绩会有所帮助，我们现在很重视学校教育和孩子将来的发展。

社区语言的选用同样受到情感因素的制约。在外地跟本民族同胞交谈时，语言的选用往往由于语言环境不同，对交际对象以及交际环境中其他人的情绪也会产生影响。对于"在外地跟本民族同胞交流时，对方改用汉语"，20.90%的受访者表示出抗拒情绪，51.87%的人觉得这是一件随着社会发展很自然的事情，表示很愿意跟着改用汉语。据了解以前村里有人外出当兵、工作、打工返乡，此人口音上的些许变化都会引来村里人甚至邻村人的议论，更有可能遭到家人和亲友的指责。但现在人们的语言观念已经有了很大的改变，越来越多的人对外出人员的语言行为表示理解。调查发现：27.24%的人对村里有人外出当兵、工作或打工回家完全改说汉语这一语言转用的行为表示不理解，其中7.09%的人表示反感，觉得转用语言是忘本；而44.59%的人认为自然和无所谓；28.17%的人表示没有出现过这种情况或未选。这些表现出村民们对转用汉语这一行为的包容态度，说明莫话使用群体的语言态度较为开放同时汉语兼用度很高。

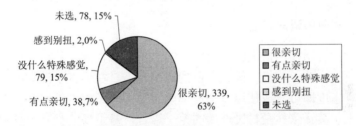

图 5-18　在学校/县城/外出打工听到本民族语的感觉（单位：人）

对于多数人来说，在其他语言的氛围中听到讲自己民族语言都会有一种亲切感。荔波县城主要使用汉语方言，即使少数民族聚在一起，多数情况下也用汉语交流。在这种氛围中，少数民族能听到自己本民族的语言，通常都会感到亲切。调查数据显示，有63.24%的受访者在县城听到有人讲自己的语言会感到很亲切，7.09%的受访者有一点亲切感，只有14.74%的受访者觉得没有什么特殊的感觉。当别人在非母语环境中用母语跟自己交流时，受访者普遍感到亲切。

在接触到的语言中，39.93%的人认为本民族语最好听，16.23%选择汉语方言，30.41%选择普通话，8.21%认为都好听，这部分人没有选出一个心目中的最佳答案，持中立态度，还有4.85%人也是因为拿不定主意未选，有1人选择水语，还有1人开玩笑似的说日语最好听。

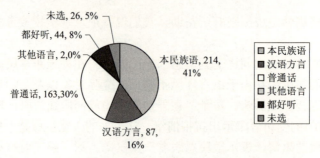

图 5-19　你觉得你接触到语言里最好听的是？（单位：人）

在我们问及是否愿意教其他民族学习本民族语时，有 75.75%受访者很高兴教对方，12.13%只教对方一些简单的词语，8.02%的人不愿意教对方，有一名村民说自然习得的方式更好，而且认为不会有其他民族的人愿意以教学的方式来学习一种民族语。还有 22 人因说不好未选择该选项。对于语言人怎样看待本民族语作为第二语言的态度，大家一方面希望教别人学习自己的民族语言，极力希望将自己的本民族语言传承下去，在生活中得到应用；另一方面少数人觉得不好意思教或者教不好。

五、对兼用语的态度

在此次莫话使用情况的调查中，93.28%是布依族，使用的母语是莫话或布依语，水族、苗族、侗族等占的比例较小，在调查中没有汉族。对水语的语言态度即可看成使用莫话群体兼用另一种民族语的态度。在语言功能认同上，莫话依然是村民选用的第一语言，是主要的交际工具和信息载体，而兼用汉语方言范围广频率高。在语言感情认同上，人们普遍认为应该熟练掌握莫话。但由于社会发展对外开放，自然习得汉语方言和在一定程度上不得不学习和使用普通话，自然主义和实用主义语言观成为主流。对外来语言和文化的包容接受是造成此地区汉语兼用程度高的原因之一。在调查中我们发现，民族语的兼用程度远远低于汉语，为了了解对另一种民族语的使用态度，我们设置了几个问题，针对母语为莫话的布依族对水语的态度来提问。

对水语的熟练程度，仅有 2.05%的人能与母语为水语的人熟练交谈；8.21%能基本交谈；13.06%的人能听得懂但不会说；13.25%的人只能听懂一些日常用语；而 55.22%的人则完全不懂水语。对民族语兼用语的熟练程度与跟这种民族交往程度是呈正相关的，12.5%的人经常与水族交往；11.57%的人与水族有时交往；32.84%表示他们偶尔交往；而 34.14%的人说他们从不交往。54.85%的人表示与水族交谈时汉语方言是最方便的语言，这也是符合语言选用的经济原则的。

我们通过受访者对"你认为本地哪种语言最实用"这一问题的回答情况来了解受访者对当地语言的社会交际功能所作出的主观评价，由受访者选择的各选项人数对比可知，55.97%的人选择布依语（包括莫话）；33.77%的受访者选择汉语方言，也就是说受访者对莫话、汉语方言的主观评价最高，行为倾向也最为积极；2.43%的人选择了水语；2.99%的人选择了普通话，还有极少数人选择其他和未选。

在调查中，419 人认为本地学校应该用普通话教学，71 人选择汉语方言，仅 18 人认为应该用布依语（包括莫话），2 人选择其他，没有人选择使用水语作为本地学校的教学语言。相关资料表明，村民广泛接触普通话是在 20 世纪 90 年代以后，此前主要通过广播等媒体了解普通话。绝大多数人听不懂，更不会说普通话。人们对自己身边人选择普通话与人交流普遍表示反感。而现在 78.17%人支持本地学校用普通话进行语言教学，说明大家认为孩子学习普通话是一件好事，而且支持普通话的普及。

六、小结

语言态度是相对稳定的，同时又是随着社会发展变化而变化，它属于心理范畴，深刻地影响着人们对一种语言的认识。在双语或多语的环境中，语言态度对人们的语言选用起着重要作用。有什么样的语言态度，常常就会有相应的对待母语和兼用语的心理反应。语言态度的研究不仅对语言学有理论价值，而且对于了解莫话使用群体的心理特点和正确处理莫话和其他民族语言的关系等一系列实际问题具有重要的实用价值。

第六章 荔波县水族语言使用个案研究

第一节 荔波县永康乡尧古村水族语言
使用情况个案分析

一、基本情况

永康水族乡位于荔波县中部，距县城 15 公里。东与茂兰镇、洞塘乡相邻，南与翁昂乡共界，西与朝阳镇、玉屏镇接壤，北靠水尧水族乡。乡政府驻地在太吉村。合并行政村后，现辖尧古、西竹、董亥、太吉、德门、白岩 6 个行政村 42 个村民小组 31 个自然寨。全乡 2010 年为 1561 户，6309 人，总面积 103.5 平方公里。

尧古村是永康水族乡下属的一个行政村，距荔波县城 17 公里，全村共 200 户，680 余人，以蒙姓居多，还有吴、姚、潘等姓氏。该村主要居民是水族，占总人口的 80% 以上，其余均为布依族。两个民族频繁接触和交往，关系和睦，语言生活和谐。同时，尧古村是著名的茂兰卡斯特原始森林景区的南入口，外来游客很多，由于交流的需要，村民中也有不少掌握并使用普通话。

2010 年 7 月 18 日，本实践团以随机抽样的方式，在尧古村对 40 位村民进行访问，填写有效调查问卷 40 份，其中水族问卷 37 份，布依族问卷 2 份，瑶族问卷 1 份，水族问卷占 92.5%。实践团还对该村村长进行采访，详细了解尧古村的村民生活、历史沿革、民风民情。受访者具体情况如下：

1. 性别和年龄

在 37 个水族调查对象中，男性 19 人，女性 18 人。各年龄段分布如下图所示：

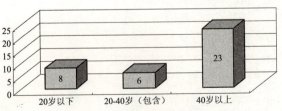

图 6-1 受访者年龄特征

2. 文化程度

贵州省荔波县永康乡尧古村

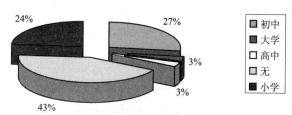

图 6-2　受访者文化程度

3. 职业

贵州省荔波县永康乡尧古村

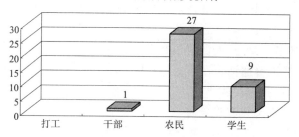

图 6-3　受访者职业特征

4. 普通话程度

贵州省荔波县永康乡尧古村

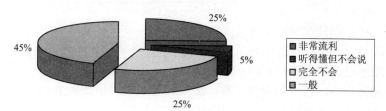

图 6-4　受访者普通话掌握情况

二、语言使用特征

（一）年龄特征

20 岁以下的受访者共 8 人，均为在校学生。其中小学生 4 人、初中生 3 人、高中生 1 人，均能熟练地使用水语，同时也完全通晓汉语，普通话程度都在一般以上；非常流利的情况有 6 人，占抽样人数的 75%。无论在家与家长，还是在村子里与同族人交谈，这一年龄段的人都习惯于使用本民族语言，只有 1 人在与村里人交流时使用汉语，而在集市、医院、乡政府机关等场合，选择使用汉语的情况更多一些，个别人甚至选择使用普通话。

20—40 岁（包含 20 岁和 40 岁）年龄段的受访者共 6 人，除 1 人是在校大学生（能非常流利地掌握水语、汉语方言和普通话）外，其余均为在家务农人员。这一年龄段受访者以女性居多。从村民口中了解到，由于青壮年男性大多外出务工，家中多为老人、学龄子女和带孩子的妇女留守。但毕竟是水族世代聚居地，所以不管是留守或外出，使用本民族语言进行日常的沟通和交流是水族同胞认为天经地义的事，因而尧古村不同年龄段的村民不论男女均能熟练掌握水语的使用。

40 岁以上的受访者 23 人，除 1 人为干部外，其余 22 人均为农民，均能熟练掌握水语，基本通晓汉语，并以汉语方言为第二语言。文化程度都在初中以下，没读过书的 13 人，占抽样的 56.52%；普通话程度以"一般"居多，占到 52.17%。抽样到的这一年龄段人数也反映出，留守家乡的村民以中老年人居多。除 5 人目前只能讲本民族语以外，多数人都通晓汉语，其中 3 人还能讲普通话。在家庭、社区与不同社区的本民族交流时，这一年龄段的人多选择本民族语言。

（二）性别和文化程度特征

在尧古村，性别不同，语言掌握使用的情况也有所不同，主要表现在母语和第二语言（汉语方言）的交际能力和双语使用频率等方面。

通常情况下，女性多以母语作为唯一的交际工具。在此次随机抽样选取的 37 位受访者当中，18 位是女性。其中 6 人主要以本民族语言作为日常用语；有 7 人掌握本民族语，同时通晓汉语地方话；5 人除母语和地方汉语之外，还掌握普通话。相比之下，男性的第二语言能力普遍比女性要高一些。在 19 位受访男性中，除 4 人文盲，2 位老年男性完全不会普通话以外，其余均能熟练运用本民族语和汉语方言。在家庭、社区和跨社区本民族成员的交际当中，男性与女性一样，主要使用水语，但在集市、医院、政府机关等场合，男性比女性更倾向于使用汉语。

通过对各方面的调查材料进行综合分析，大致可以得出这样的结论，尧古村不同性别在语言掌握和使用方面的差别与其社会角色密切相关。

三、不同场合的语言使用情况

（一）家庭用语

水语是水族家庭唯一（或主要）的交际语言，除个别家庭因与其他民族（目前主要是布依族和汉族）联姻，在部分场合必须使用汉语之外，绝大多数家庭都主要使用本民族语。大多数家长认为"孩子放学回家与长辈说本民族语是天经地义的事情，说汉语或普通话是在学校里才会发生的事情"。多数水族家庭中，在非特殊情况下，一般都不会使用汉语。这也是水族同胞不分年龄、性别、文化程度都对母语掌握得很好的原因所在。

（二）社区用语和跨社区用语

尽管荔波县很早就以旅游胜地的姿态对外开放，但各个乡镇的传统的民风民情、民族语言、生活习惯仍然没有被"外世干扰"。就 37 个水族受访者而言，不论社区或跨社区，基本首选母语，其次为汉语方言。

1. 学校：当地中心中小学用汉语方言或普通话来进行教学，水族学生在学校的水语使用仅限于与水族同胞之间的交流。37 位受访者有 14 人为在校学生，他们对"在学校上学时课后跟水族伙伴用民族语交谈吗（针对在校学生）"的回答情况详见下图。

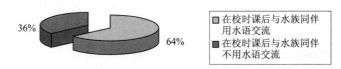

36%　　64%

在校时课后与水族同伴用水语交流
在校时课后与水族同伴不用水语交流

图 6-5　受访者学校语言使用特征

2. 本地医院：本地医院里医生的民族成分有水族、布依族和汉族等，村民在生病入院医治时，情感上更倾向使用母语。但近年来，通晓多种语言的水族同胞已渐渐地站在他人语言使用习惯的角度来考虑，在自己通晓的语言种类当中，使用何种语言比较随意。

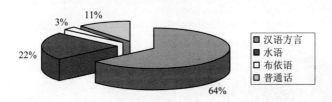

11%
3%
22%
64%

汉语方言
水语
布依语
普通话

图 6-6　受访者在医院语言使用情况

3. 外地打工：37 位受访者中 7 人有打工经历，外出打工的时间越久，接受普通话的程度就越深。但 7 人都表示，一旦回乡，水语又是大家心照不宣的选择。

四、对母语的态度

我们通过下列问题对尧古村水族对待母语的态度进行了考察，具体情况详见下表：

表 6-1 尧古村语言态度情况统计

问题\选项	水语		汉语方言		普通话	
	人数	比例	人数	比例	人数	比例
A	35	94.59%	0	0	2	5.01%
B	37	100%	0	0	0	0
C	18	48.65%	15	40.54%	3	8.11%

考察项说明：A. 受访者最流利的语言；B. 受访者跟家人交流时最方便的语言；C. 在赶场时使用什么语言最方便。

从表 1 可看出，在尧古人的心目中，母语始终摆在重要的位置，多数人在情感上也倾向母语，其次是汉语方言。当问及哪种语言最好听时，多数人不由自主地选择母语，然后才是汉语，或者把母语和汉语放在同等的地位上。大多数水族人对自己的母语还是很自信的，也乐意将本民族语教授给其他民族的人。

五、对布依语的态度

整个荔波县布依族是人口最多的民族，占 63%以上，加上尧古村有典型的布依族聚集村寨，故尧古村村民跟布依族的接触较为频繁。

从图 8 和图 9 中可见，37 位水族受访者中，60%能用布依语交谈，水族和布依族杂居由来已久，两个民族之间的语言也有相互影响的地方。但水族同胞仍然认为，在尧古村，水语还是最通行的语言，这不仅反映民族的自信和自尊，也反映了目前水语较完好地世代传承着。

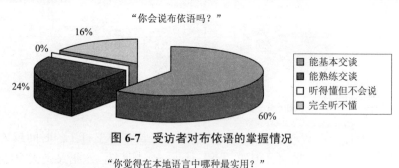

"你会说布依语吗？"

16%　0%　24%　60%

能基本交谈
能熟练交谈
听得懂但不会说
完全听不懂

图 6-7　受访者对布依语的掌握情况

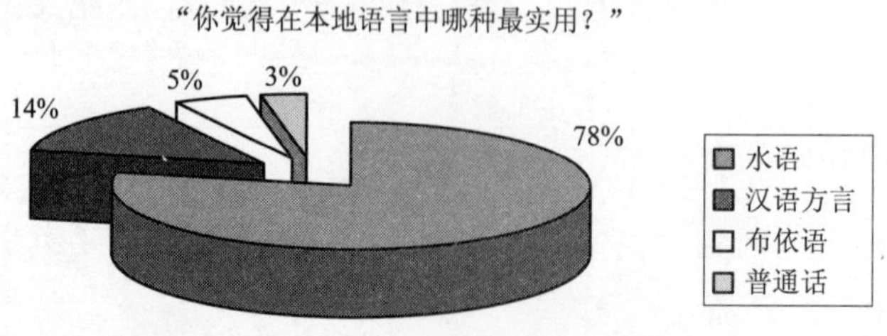

"你觉得在本地语言中哪种最实用？"

14%　5%　3%　78%

水语
汉语方言
布依语
普通话

图 6-8　受访者对当地语言的功能认同程度

第二节　荔波县水尧乡水尧村水族语言
使用现状个案研究

一、基本情况

水尧水族乡位于荔波县中部偏东北，东临茂兰镇，西靠玉屏镇，南接永康乡，东北与三都县九阡镇接壤。下辖 6 个行政村，32 个自然寨，46 个村民小组，37 个片段村寨。居住着水族、布依族、汉族和其他少数民族，其中水族 5616 人，占总人口数的 79.3%；布依族 863 人，占总人口数的 12.2%；瑶族 270 多人，占总人口数的 3.9%；其他少数民族 89 人，占总人口数的 1.3%。水尧村是水尧乡一个行政村，与水功村、水扒村、拉交村、水瑶新村等村相邻，辖 20 个村民组，全村总户数 859 户，总人口 3314 人。主要民族有水族、布依族、苗族、汉族。

二、调查对象基本信息情况

表 6-2　　　　　　　　水尧村受访者基本信息表

基本信息项		人数	所占比例	基本信息项		人数	所占比例
职业	干部	1	2%	性别	男	29	54%
	学生	9	17%		女	25	46%
	农民	44	81%	年龄	10—20 岁	11	20%
普通话程度	完全不会	11	21%		20—50 岁	24	45%
	听得懂但不会说	5	9%		50 岁以上	19	35%
	一般	18	33%	文化程度	无	17	31%
	非常流利	20	37%		小学	16	30%
第二语言	布依语	2	4%		初中	19	35%
	汉语方言	34	63%		高中	2	4%
	汉语方言、布依语	5	9%	母语	水话	54	100%
	普通话	3	5%				
	普通话、汉语方言	10	19%				

三、调查对象语言使用特征

此次调查，20 岁以下受访者中 95%是学生，他们既懂本民族母语（水语），也使用汉语方言和普通话。本民族语的流利程度与他们的父辈相同，但与此同时，使用汉语（包括普通话）的机会和场合要多于他们的父辈，对于普通话的感情也高于其父辈。20—50 岁的受访者都是目前维持村子日常生活、农事，传承水族历史和文化的主体。他们多是初、高中文化水平，日常生活中所接触的也大都是本村水族同胞，使用汉语方言的机会不多，普通话更少。50 岁以上的受访者文化程度大都在小学水平以下，日常交际以水语为主，但由于经常赶场，因而会说汉语方言，只是流利程度很差而已。

四、不同场合的语言使用情况

（一）家庭用语

54 位水族受访者中，100%的都表示在家均使用水语与家人交流。水尧村是水族聚居村，因地处偏僻本民族语受冲击不大，每个家庭基本都是世代在此生活居住，水语是人们从小习得和使用的唯一语言，因此，无论在村子里跟本村人交流还是家庭成员之间的交流，都使用水语。

（二）社区用语和跨社区用语

水尧村环境相对封闭，村里生活着几个互有通婚关系的大家族，关系非常密切，水语是他们相互交际的唯一的语言，只有当本村有其他民族或外地人来访时，才会使用汉语方言，或根据来访者的族别选择适当的交际语言。与邻村同族之间的交际亦使用水语，与其他少数民族，如布依族交流时则大多使用当地汉语方言，会布依语的人也会用布依语与当地布依族进行交流。

（三）其他场合用语

1. 学校。调查显示，54%的受访者是在上学之后学会汉语方言和普通话的。而在当地的学校中，各民族学生共同上课，老师使用汉语方言或者普通话授课，因此学生在学校里主要使用汉语方言和普通话。这一状况显示了随着时代的进步，人们的经济生活水平提高的同时，语言的使用现状也在发生变化。

表 6-3　　　　　　　　学校语言使用情况统计

人数 ＼ 语种	汉语方言	普通话	汉语方言和水话
人数	1	52	1
比例	2%	96%	2%

2. 本地医院和政府机关

表 6-4　　　　　　　　　**在政府机关和医院语言选用情况**

语言 场合	水语		普通话		汉语方言	
	人数	比例%	人数	比例%	人数	比例%
政府机关	24	44%	2	4 %	28	52%
医　　院	7	13%	9	17%	38	70%

集市、医院和政府机关等公共场合对水族人语言使用的影响同样是很大的。先说"赶场"，因为水尧村隶属的荔波县是少数民族聚居区，水族人要想成功进行买卖，就必须要进行有效的沟通。赶场时，各民族交融在一起，基本上就需要用一种通用的语言即汉语方言进行交流。在医院和当地政府机关中亦存在着类似的情况，由于医院的建设还未深入到乡村，村民们就医只能到乡里和县城里，而越到大的地方使用水语的比例就越小。

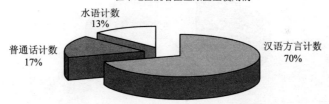

在本地医院看医生跟医生使用的

水语计数
13%

普通话计数
17%

汉语方言计数
70%

图 6-9　受访者在医院就医时语言使用情况

五、语言态度

（一）对母语的态度

100%的受访者认为，在家交流最方便的是水语。且面对水族同胞时，如若不说水语，心里会感到很别扭。而且当我们表示想学习水语时，100%的都表示愿意教授。由此可以看出水族人民很热爱本民族语言，对自己民族语言也有相当程度的自信。

（二）对待布依语的态度

水尧村附近有布依族的村子，平日也不乏交流，因此布依语对水语也产生了一定的影响。对于布依语，水族的村民只有跟布依族的人接触后才有机会学习，通常小孩和妇女因与外界接触不多，一般都不会说布依语；

男性通常要外出打工，接触的布依族比较多，受其影响相对较大。

表 6-5　　　　　　　水尧村受访者与当地布依族交往程度

程度 考察项	从不交往		偶尔交往		有时交往		经常交往	
	人数	比例	人数	比例	人数	比例	人数	比例
你常跟布依族交往吗？	9	17%	20	37%	7	13%	18	33%

表 6-6　　　　　　　跟布依族交往过程中最便捷的语言考察

语种 考察项	布依语		汉语方言		普通话		水语	
你觉得跟布依族人交谈时使用什么语言最方便	7	13%	27	50%	1	2%	19	35%

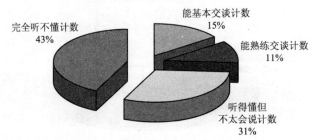

图 6-10　水尧村受访者掌握布依语的情况

第三节　荔波县水利乡水利村水族语言
使用现状个案研究

一、调查过程

　　水利乡是荔波县水族人口分布比例较高的一个乡，且又是该县水族聚居程度最高的一个乡之一。为了解该地区水族语言的使用情况，课题组以随机抽样的方式对该乡水利村 42 位村民进行访问，发放调查问卷 42 份，收回 42 份，回收率 100%。受访者的具体情况如下表：

表 6-7　　　　　　　　　　水利村受访者基本信息表

基本信息项		人数	比例	基本信息项		人数	比例
性别	男	17	40.47%	年龄段	20 岁以下	12	28.57%
	女	25	59.53%		21—40 岁	22	52.38%
文化程度	文盲	16	38.09%		41 岁以上	8	19.05%
	小学	9	21.42%	职业	在家务农	22	52.38%
	初中	8	19.04%		干部	2	0.04%
	高中	7	16.67%		学生	16	47.54%
	大专	2	0.04%		打工	2	0.04%

二、语言使用情况及其特征

在水利村，绝大多数水族同胞都能说一口流利的水语，汉语在水利村的使用场合很少，只有远方的汉族客人到来时才用得上。在村里，懂得汉语的人不是很多。会普通话的人主要是学生、外出务工人员，当地机关干部及教师等，而村里的其他大多数村民很少讲普通话。

（一）年龄特征

20 岁以下受访者共 12 人，全是在校中小学生，均能熟练使用水语，也完全通晓汉语。其中 10 人还能熟练使用普通话，只有 2 人不会讲。无论在家还是在村子里，这一年龄段的人都习惯于使用本民族语言。

20—40 岁的受访者共 22 人，绝大多数在家务农，1 人常年在外打工，2 人在乡政府当干部，在 22 人当中，只有 2 位完全不懂汉语。其余 20 位均能用汉语或普通话交际。占该年龄段受总数的 90%。因此，该年龄段既能使用水语，又能使用汉语。

40 岁及其以上的受访者一共 8 名。其中有 6 位年龄超过 50 岁，他们自小在村里长大，很少接触汉语，普通话水平一般，有 1 位完全听不懂普通话。8 位受访者的水语都非常流利，在绝大多数场合均以水语作为主要的交际工具，水语的使用频率高于汉语。

（二）性别特征

42 位受访者中，男性 17 人，占 40.47%；女性 25 人，占 59.53%。25 名女性受访者中，目前完全不会普通话，只能以水语交际的有 7 人，其中还有 10 位是文盲，占 40%。3 人虽然没有上过学，但长年在外打工，也能用普通话交际。因此，女性主要使用的语言是水语。17 位男性受访者当中，除 1 人只能讲本民族语以外，其余 16 人能熟练掌握水语、汉语两种语言，其中 15 人还能用普通话交流，占男性受访者总数的 88.23%。水利村不同性别在语言掌握和使用方面的差别主要是因教育程度和不同的社会角色所造成的。

三、不同场合的语言使用

1. 家庭用语

42 位受访者中，除 1 人以汉语方言为母语以外，其他 41 人均以水语为母语，占 97.67%。因此，在家庭成员之间的语言交际中，水语是唯一的交际工具。

2. 社区用语

42 位受访者中，有 2 人在与本村的水族同胞交流时用汉语方言和普通话，占 4.76%；其余 40 位受访者在本村与本民族交流时使用水语，占 95.24%。本民族同胞之间使用水语比例较高的是小孩和妇女。此外，有 14 人使用水语与本村的其他民族交际，占 33.33%；还有 23 人受访者在本村与其他民族用汉语方言交流，占 54.76%；还有 5 人用其他语言与本村的其他民族交际，占 11.91%。因此，水族同胞与其他民族交流使用比较多的是汉语方言，水语占少数部分。

表 6-8　　　水利村水族社区内部语言使用情况表（N=42）

语言 ＼ 交流对象	本村水族同胞		本村其他民族的同胞	
	人数	比例	人数	比例
水话	40	95.24%	14	33.33%
汉语方言	1	2.38%	23	54.76%
其他（普通话、布依语）	1	2.38%	5	11.91%

3. 其他场合的语言使用情况

（1）学校的语言使用情况

42 位受访者中，17 人是在校学生，其中 4 人在课后与水族同伴交流不使用水语，占 23.52%；其余 13 人使用水语，占 76.48%。因此，在学校，水语是大部分水族学生之间交际工具。

（2）在本地医院的语言使用情况

在 42 位受访者中，28 人用汉语方言跟医生交流，占 66.67%；有 5 人用水语跟医生交流，占 11.90%；有 9 人则用其他语言或普通话，占 21.43%。总体而言，汉语方言是水族同胞在医院使用的主要交际工具。

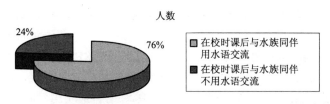

图 6-11　水族在校学生课后与本民族同伴交流语言使用情况

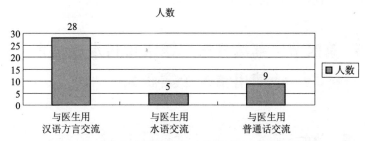

图 6-12　水利村水族同胞在本地医院的语言使用情况

（3）外出打工时与水族同胞交流时的语言使用情况

受访者中，共有 15 人有过外出打工的经历，其中 11 人与本民族同胞交流时用水语，占 73.33%；4 人不用水语，占 26.67%。因此，水语是绝大部分外出务工的水族同胞相互之间交流的主要语言。

四、语言态度

42 位受访者中，有 41 人觉得自己讲得最流利的是水语，占 97.61%。只有 1 人觉得自己讲得最流利的是汉语。在语言交际方面，41 人与家人和水族长辈交流时，水语的交际能力比汉语强，只有 1 人觉得汉语的交际能力比较强。所以大家对水语都很自信。在受访者中，有 31 人回答自己的母语最好听，占 73.80%。有 8 人觉得普通话最好听，占 19.04%。剩余 3 人觉得汉语方言最好听，占 7.16%。因此，绝大部分水族同胞对本民族语言很有感情。受访者中有子女的共 23 人，其中有 14 人的子女在家不会跟父母讲汉语方言，有 6 人对于自己的子女在家跟自己用汉语方言或普通话交流觉得无所谓。有 3 人觉得对此觉得有点不舒服。关于子女外出打工后放弃本民族语言的问题，在 42 人中有 19 人遇过此类情况，有 5 人觉得很反感，5 人觉得有点不舒服，10 人觉得很自然。由此可见，这种情况出现的机会不大，说明水族同胞都很喜欢水语。

五、布依族对水族的影响

42 位受访者中，只有 5 人从不与布依族同胞交往，占 11.90%，其余的均与布依族同胞有较多交往。11 人能够熟练地运用布依语跟布依族同胞交流，占 26.19%，听得懂一点或者完全不懂的占 73.81%。与布依族交流时，有 5 人运用布依语，占 11.90%，使用水语者 5 人，占 11.90%，使用汉语方言或普通话者 32 人，占 76.20%。在问"哪种语言最实用"时，有 29 人选择了水语，占 69.04%。由此可见，布依族对于水族影响并不大，还是有很多水族同胞一直在使用自己的民族语言。

第四节　荔波县玉屏镇水甫村水族语言使用情况个案研究

一、基本情况

玉屏镇位于荔波县境内中部偏北，东连水尧水族乡，西与水利水族乡接壤，南接朝阳镇和永康水族乡，北邻三都周覃、九阡两镇，樟江河自北向南贯穿全镇，为县人民政府所在地，是全县政治、经济、文化的中心和交通枢纽。全镇 9552 户，34770 人，布依、水、苗、瑶等少数民族占 82%，总面积 160.91 平方公里。玉屏镇辖 7 个行政村 4 个社区居委会，93 个村民小组，40 个居民小组。水甫村位于玉屏镇北面，东与三都县九阡镇水昔村相连，南与时来村相连，西与水利乡相连，北与三都县九阡镇水条村相连。村委会距镇政府 10 公里，荔波至三都县油路贯穿村中心，交通十分便利。

水甫村是一个以布依族、水族和瑶族为主的少数民族杂居村，有 120 户，530 余人，以"潘"、"吴"、"杨"姓氏居多。水甫村环境优美，民族风情古朴，为一大代表邓恩铭（水族）的故乡，涵括了荔波绿色、红色、特色的旅游资源。荔波县是布依族人口较多、人口分布比例较高的一个县，而水甫村是该县水族聚居程度较高的一个村。这里的水族人民在日常生活中不仅使用水语，也因杂居在布依族、瑶族当中而具有其特色，因此我们选择该村进行了调查。本次调查，我们以随机抽样的方式对 87 位村民进行访问，收回 87 份问卷均为有效问卷，受访人数占水甫村总人口的 16.41%。受访者基本情况详见下表：

表 6-9　　　　　　　　受访者信息表（N=87，均为水族）

基本信息项		人数	比例	基本信息项		人数	比例
性别	男	45	57.72%	年龄段	20 岁以下	32	36.78%
	女	42	42.28%		20—29 岁	7	8.05%
文化程度	文盲	27	31.03%		30—39 岁	8	9.20%
	小学	29	33.33%		40—49 岁	11	12.64%
	初中	27	31.03%		50—59 岁	13	14.94%
	高中	4	4.60%		60 岁以上	16	18.39%
	大专	0	0.00%	职业	在家务农	54	62.07%
					学生	32	36.78%
					打工	1	1.15%

1. 性别和年龄

在 87 位受访者中，男性 45 人，女性 42 人。各年龄段分布如图 14 所示：

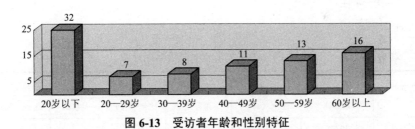

图 6-13　受访者年龄和性别特征

2. 文化程度

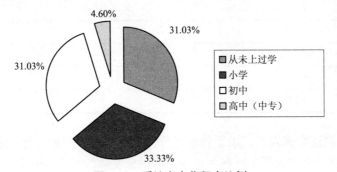

图 6-14　受访者文化程度比例

3. 职业

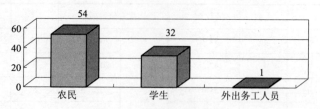

图 6-15　受访者职业状况

4. 普通话程度

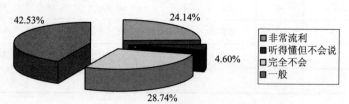

图 6-16　受访者普通话程度

二、语言使用情况调查材料分析

（一）特征

1. 年龄

表 6-10　　　　　　　不同年龄层次掌握水语情况统计表

母语水平年龄段	流利		一般		不会	
	人数比	比例（%）	人数比	比例（%）	人数比	比例（%）
20 岁以下	29/32	90.6	3/32	9.38	—	—
20—29 岁	7/7	100	—	—	—	—
30—39 岁	8/8	100	—	—	—	—
40—49 岁	10/11	90.91	—	—	1	9.09
50—59 岁	13/13	100	—	—	—	—
60 岁以上	16/16	100	—	—	—	—
合计	83/87	95.4	3/87	3.45	1/87	1.15

以上调查数据表明，水语仍然通行，并且有着重要的交际功能。绝大多数 20 岁以上的人都可以熟练地使用水语来交际，而 20 岁以下水语水平呈现出下滑的趋势，但是大体情况良好。

2. 性别

① 从调查数据来看，男性和女性在水语熟练程度上并没有呈现出太大的差别。87 位受访者中，能熟练说水语（水语流利）的有 84 人，男性 44 人，女性 40 人，男女比例基本平衡，水平相当。原因是水甫村内主要的交际语言为水语，无论男女老少，日常交往中都习惯用水语交谈，使用汉语和其他语言的机会较少。

② 从语言能力大小看，水甫村男性的语言能力略强于女性。从调查数据来看（见图 18），水甫村受汉文化的影响较大。材料显示，掌握三种或三种以上语言者有 74 人，男性 50 人，女性 24 人，男性多于女性。这说明水甫村男性语言能力强于女性。究其原因，由于工作、生活的需要，男性出门机会多，与外村布依族打交道的时间较长，逐渐掌握了布依语，有些男性外出打工，也逐渐学会了普通话。女性活动范围小，在村内使用水语，逢周末和节假日出门到集市上才偶尔说汉语方言，因此对布依语、普通话了解甚少。

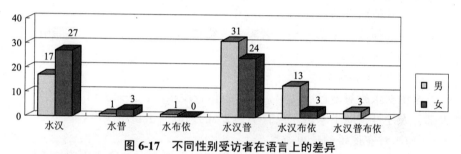

图 6-17　不同性别受访者在语言上的差异

3. 文化程度

表 6-11　　　　　　　　　不同文化程度受访者母语掌握情况

文化程度 / 水话水平	从未上过学（27 人）		小学（29 人）		初中（27 人）		高中（4 人）	
非常流利	27	100%	26	89.66%	26	96.30%	4	100%
比较流利	—	—	—	—	—	—	—	—
一般	—	—	2	6.90%	1	3.70%	—	—
听不懂	—	—	1	3.45%	—	—	—	—

整体看来，调查对象的文化程度与其水语水平成凹形比例，随着文化程度的增长，水语的掌握程度先降低后又增高。分析其原因，未上过学的受汉语影响较小，水语掌握程度高。上了学之后，既要学习和使用汉语以

及普通话，回到家与家人交际又要用水语，易受影响，水语的水平会呈下降趋势，到了十几岁，人的语言能力渐趋稳定，水语和汉语才会同步提高。

（二）不同场合的水语使用情况：

（1）家庭用语

水语是水甫村水族家庭唯一（或主要）的交际语言。在多数水族家庭中，无论长辈对晚辈、晚辈对长辈还是平辈之间，没有特殊情况一般都不会转用汉语。这也是水族同胞不分年龄、性别、文化程度都对母语掌握得很好的原因所在。87位受访者母语全为水语，达100%。

（2）社区用语和跨社区用语

虽然荔波县很早就已成为旅游胜地，但各村寨古老的民风民情、民族语言、生活习惯仍保留完好。水甫村虽有布依族村寨分布，但水族仍然是这个行政村的主体，在问及87位受访者在其他村寨与本民族或其他民族的交流用语（跨社区用语）时，均表示遇到什么人说什么话，遇水族说水语，遇布依族说布依语或者汉语方言，遇外地人还可以讲一点普通话。

（3）其他场合用语

针对其他场合用语，受访者表示，会依据情况而定，但只要能用水语交流就必定首选水语。

（三）对母语的态度

水甫村水族对自己所使用语言的自信程度很高。在家庭语言的选用上，大部分人还是倾向于水语，只有不到2%的人倾向于使用汉语。

（四）对布依语的使用态度

超过半数人觉得虽然是在布依族聚居区，但人们普遍认为用汉语方言更好，但不排除使用布依语。水甫村水族人的民风保留很好，在本村大家都很自然说本民族语言，子女回到家里也都说水语，所以水语得到了很好的传承。

第五节　结语

语言是民族的一个重要特征，其使用和变化与其使用者所构成的社会发展与变迁有着密切的关系，其中，民族间的接触和交往，文化的相互渗透和交流，是民族文化发展和变迁的主要推动力。一个民族的传统文化通常会在一个文化种类相对单一、环境相对封闭的地区得以传承和发展，而在多民族文化相互交融的环境中，民族文化的竞争、函化与整合常常会导致一些民族丢失部分甚至大多数传统，而那些被保存下来的民族传统文化中通常会融入周边与之发生过密切接触的民族文化的成分中。荔波县是一个以布依族为主体的多民族杂居地区，各民族语言与文化在这里相互接触，相互影响，相互交融，主体民族语言——布依语和区域通用语言——对当地其他少数民族的影响是显而易见的，但通过调查以及对调查数据的分析，我们发现，荔波县水语使用情况总体乐观。水语始终是水族同胞在家庭、社区、跨社区、学校等场合的第一选择，跟家人、同伴说水语也是大多数人的不二选择。另外，水语在永康水族乡、水利水族乡、水尧水族乡几个不同的水族分布地之间没有较大的差别，仍发挥着极其重要的交际作用，通用范围广、场合多，这也造就了水族同胞对本民族语言的高度自信，并以自信的姿态生活在荔波这片布依族、苗族、瑶族等多民族杂居的土地上。

中　编

云南省罗平县布依族语言使用现状及其与周边民族语言关系调查

第七章　云南省罗平县长底乡布依语音系及其濒危特征

第一节　概述

　　罗平县长底乡位于云南省东部，是云南省唯一一个布依族乡。总人口16922 人，其中布依族 5320 人，占总人口的 31.5%。主要分布在乡政府附近的一些村寨。长底乡布依族有自己的语言——布依语，从语音特征看，属于第一土语，但使用现状很不理想。布依族村寨中通常只有 50 岁以上的老人才掌握和使用布依语，而且使用的机会较少，50 岁以下绝大多数人不懂或只掌握少量简单的日常用语。宗教职业者——布摩是母语保持得最好的群体，但也只有在给别人办丧事时才有机会使用，平时在家与家人，尤其是孩子主要用汉语交谈。从使用特征上看，该地区的布依语已处于极度濒危状态。云南省布依族人口较少，全省仅 5 万余人，罗平是云南省布依族较集中的地区，也是至今仍保存使用布依语的地区。迄今为止，关于云南省布依语研究的成果较少，1942 年邢公畹先生发表于《边疆人文》上的《罗平仲家语言调查》一文是最早描写云南布依语的文章。20 世纪 80年代，中央民族学院王伟先生曾对罗平县鲁布革乡多依村的布依语做过调查，其成果发表于 1995 年云南省民语委内部印刷的《云南民族语文》上。张明仙、杨文华的《罗平布依族当代语言演变动因——语言接触与语言兼用》一文从语言影响的角度分析了云南罗平鲁布革乡木纳村语言兼用现象及其产生的主要原因。长底乡布依语到目前为止尚无人进行过调查和研究，2010 年暑期，笔者对该地区布依族语言使用现状进行了调查，以一个 500 词的常用词表对部分受访者的语言能力进行了测试，并记录了 4个发音人的语言。本文在这些材料的基础上，归纳了长底乡布依语音系，并通过对该音系进行描写和分析，探讨濒危语言在语音上所表现出来的一些普遍特征。

第二节　长底乡布依语音系

一、声母

长底乡布依语共有声母 24 个，其中单辅音声母 21 个，腭化音声母 2 个，唇化音声母 1 个。声母及例词如下。

p	pəu⁴²肿	pɯi³¹胖	puɯt³⁵肺　　piŋ¹¹平
m	muŋ³¹你	muɯi⁴²黑	mok¹¹被子
pj	pjaŋ³¹贵	pje³⁵走	pjet³⁵八
mj	mjaŋ²⁴看		
ʔb	ʔba:ŋ³³薄	ʔbəu³⁵葱	ʔbok³⁵浅
v	vuɯi³¹醉	vuɯŋ³¹手	vak¹¹砍
s	səɯ³¹是	səp¹¹十	sam⁴²凉快
t	tø²⁴还	taŋ³¹推	tak³³舀水
ʔd	ʔdum³³短	ʔduɯi³³好	ʔdip³⁵生
θ	θɑ³³干净	θuɯi³⁵四	θan²⁴发抖
ð	ðuɯi⁴²沟	ðum³¹风	ða:p³⁵挑
l	la³¹锣	liŋ²⁴陡	lok¹¹蓝
n	næ³³厚	nuɯt³⁵冷	naŋ³³皮肤
tɕ	tɕəu³¹桥	tɕet³⁵痛	tɕik³⁵懒
ɕ	ɕuɯi³¹糍粑	ɕiŋ³³拉	ɕet³⁵七
j	jəu³¹油	jen⁴²黄	jiŋ³³姜
ȵ	ȵa³³草	ȵaŋ²⁴歪	ȵip³³缝
k	kɑ⁴²近	kəu⁴²九	ke³³卖
kw	kwa:ŋ²⁴宽	kwa³⁵过	
x	xø³⁵饭	xam³¹苦	xuɯp¹¹拃
ɣ	ɣuŋ³³补	ɣo³⁵穷	
ŋ	ŋɑ¹¹甜	ŋuɯi¹¹二	ŋuan³¹天
ʔ	ʔum⁴²抱	ʔiŋ³³靠	ʔuɯ³³背（东西）
ʔj	ʔjɯ³³药	ʔja²⁴难	ʔjem³³借

说明：

1. 由于调查的词汇量较少，词汇中没有包括现代汉语借词，因此，辅音音系中也没有列举专门拼读现代汉语借词的声母。

2. 塞音没有清浊对立的现象存在，ʔb 和 ʔd 是带前紧喉成分的浊塞音，不是与/p/和/t/对立的浊塞音。

3. 有双唇腭化音/mj/、/pj/和喉塞腭化音/ʔj/，其中/mj/只记录了一个例词，塞音/pj/与布依语第一土语大多数地区不对应，长底乡布依语的部分/p/声母字对应于大多数地区的/pj/，如"菜"pjak³⁵ > pak³⁵，而多数地区无腭化现象的词在长底乡布依语中却读作/pj/，如"八"pet³⁵ > pjet³⁵，"贵"peŋ¹¹ > pjaŋ³¹。喉塞腭化音/ʔj/与各地布依语对应整齐。

4. 有唇化音/kw/，但没有记录到鼻音/ŋ/的唇化。

5. 本族语词的音位系统中没有送气塞音和塞擦音，这一特征与第一土语相同。

6. 擦音的清浊对立只出现齿间摩擦音/θ/、/ð/一对，其他发音部位的摩擦音要么有清无浊，如舌尖擦音/s/没有对应的/z/；要么有浊无清，如双唇擦音/v/没有对应的清音/f/，/ɕ/没有对应的/ʑ/。/x/、/ɣ/的对应只出现在个别人的口语中，而且不稳定，浊音/ɣ/多为/v/的变读形式。

7. /j/摩擦特征不明显，是一个半元音，但/v/是非常典型的双唇摩擦音，与/w/发音明显不同，在长底乡布依语中，没有/v/变读为/w/的情况。

二、韵母

长底乡布依语共有韵母 60 个，其中单元音韵母 10 个，复合元音韵母 12 个，带鼻音韵尾的韵母 22 个，带塞音韵尾的韵母 16 个。韵母及例词如下：

a	ta¹¹ 河	ɑ	ʔbɑ³³（一）张（纸）
ai	ðai³¹ 长	e	xe³¹ 鞋子
a:u	ʔa:u³³na³¹ 水稻	em	ʔjem³³ 借
au	ʔau³³ 要	en	xen³¹ 扁担
a:m	na:m¹¹ 泥巴	et	tet¹¹ 辣
am	θam³⁵ 酸	ɛn	jɛn³³ 烟
a:n	ða:n³¹ 家	ø	lø⁴² 大
an	xan²⁴ 咸	o	no¹¹ 肉
a:ŋ	ʔba:ŋ³³ 薄	oŋ	θoŋ³³ 二
aŋ	mjaŋ²⁴ 看	ok	lok¹¹ 蓝
a:p	ɕa:p¹¹ 切（菜）	ə	tə³¹mæ³³ 狗
ap	lap¹¹ 装	əɯ	səɯ²⁴ 是
at	ðat¹¹ 剪	əu	tɕəu³¹ 桥
ak	lak¹¹ 深	i	ni²⁴ 小
æ	næ³³ 厚	iau	ʔdiau³³ 一

ie	tie³¹ 烂		uaŋ	ðuaŋ¹¹ 亮	
iaŋ	ðiaŋ³¹ 力气		uat	kuat³⁵ 捆	
iap	θiap³⁵ 插		uə	ma³⁵luə⁴² 脏	
iet	θiet³⁵ 瞎		un	ʔdun³³ 月	
iu	ʔiu³³ 富		uŋ	ðuŋ³³ 煮	
iɯ	ʔiɯ²⁴ 饿		ut	put³⁵ 跑	
im	ʔim³⁵ 饱		uk	suk¹¹ 熟	
in	ʔbin³³ 飞		ɯ	tɯ¹¹ 筷子	
iŋ	piŋ¹¹ 平		ɯi	pɯi³¹ 胖	
ik	tɕik³⁵ 懒		ɯm	ðɯŋ³¹ 风	
ip	ɲip³³ 缝		ɯn	nɯn³¹ 睡	
u	ku¹¹ 做		ɯŋ	mɯŋ³¹ 你	
uai	nuai³³ 少		ɯp	xɯp¹¹ 拃	
ua:n	θua:n³³ 教		ɯt	nɯt³⁵ 冷	
uan	kuan³¹ 割		ɯk	tɯk¹¹ 便宜	

说明：

1. 后元音/ɑ/是一个独立的元音音位，与第一土语部分地区的/aɯ/形成对应，不是前元音/a/的变体。

2. 半低元音/æ/自成独立音位，与/a/是对立关系，不形成互补。

3. /ø/具有非常明显的圆唇特征，是罗平布依语中独有的一个元音音位。

4. 央元音/ə/单独做韵母只出现在声母/t/之后，其后只能带韵尾/-u/和/-ɯ/，由于发音与后高元音/ɯ/比较相近，因此常常出现相互混淆的现象。

5. 带韵尾的主要元音/a/有长短的对立，但不够稳定，经常出现长短元音互相混淆的情况。如"（一）天"ŋuan³¹，多数人读作ŋua:n³¹；"教"θuan³³，读作θua:n³³；"三"θa:m³³，部分人读作θaŋ³³。

6. 韵母表中/ɛn/在目前所记录的词中，只出现于现代汉语借词。本族词中没有出现该韵母。

7. 鼻音韵尾有/-m/、/-n/、/-ŋ/三个，但/-m/尾韵在部分人的口语中已经变为/-ŋ/，如上文的"三"，此外还有"抱"ʔɯm⁴²，部分人读作ʔɯŋ⁴²；"风"ðɯm³¹，部分人读作ðɯŋ³¹。

8. 塞音韵尾有/-p/、/-t/、/-k/三个，与同部位的鼻音韵尾形成整齐的对应，但与/-m/尾韵同部位的/-p/韵在部分人的口语中也演变成了/-k/尾，例如"闭（眼）"lap³⁵，读作lak³⁵等。此外，还有/-p/、/-t/互相混淆的现象，如"痛"tɕet³⁵，读作tɕep³⁵，等等。

三、声调

根据目前所记录的材料，长底乡布依语的声调按实际调值共有 6 个，即 33、42、31、35、24、11。按汉藏语系语言声调的传统分类法，长底乡布依语的声调可分为舒声调和促声调两类，舒声调音节以元音和鼻音结尾，促声调以塞音结尾。又根据布依语声调的传统分类法，舒声调共有 6 个调类，促声调两个调类，一共 8 个调。长底乡布依语与标准音点（贵州省望谟县复兴镇布依语）声调的对应情况详见下表。

调类	标准音点调型	调值		例词
		标准音点调值	长底乡调值	
一	中升	24	33	tɯn³³脚、naŋ³³皮肤、pɯi³³年、po³³山
二	低平	11	31、42	pɯi³¹胖、pəu⁴²肿、pɯm³¹阴、paŋ³¹布
三	高降	53	42、35	tai⁴²哭、na⁴²脸、tan³⁵穿衣、xɯn³⁵爬
四	低降	31	42	səu⁴²婆、sau⁴²早、ti⁴²碗、tuŋ⁴²肚子
五	高升	35	24、35	tø²⁴还、ʔim³⁵饱、ten²⁴碳、suŋ³⁵枪
六	中平	33	11	ta¹¹河、tɯ¹¹筷子、po¹¹父亲、naŋ¹¹坐
七	高升	35	35	vut³⁵腰、pit³⁵鸭、tok³⁵掉、tap³⁵肝
八	中平	33	33	ɲip³³缝、tak³³舀水
			11	xɯp¹¹拃、vak¹¹砍、tet¹¹辣、tuk¹¹便宜

说明：

1. 表中所反映出来的只是本族语固有词的声调，不包括现代汉语借词声调。

2. 当地布依语第二调的调值主要为 31 调，读作 42 调的词可能受邻近地区，如贵州县兴义沿南盘江一带布依语的影响。

3. 第六调调值绝大多数为 11 调，也有个别字读作 33。

4. 在现有材料中，读作中平调的促声调只有两个例子，第七和第八调各一个。

5. 第三、第五调各有两个调值，而且两个调值的例词都比较多。

第三节　长底乡布依语音系与本土语内部的对比

长底乡布依语从分布地域上看与贵州省的兴义比较接近，这一地区的布依语属于第一土语，《布依语调查报告》将第一土语又进一步划分为 3 个小区，黔西南州南部、黔南州西部以及安顺市镇宁县的最南端属于第一土语区的第一小区，长底乡布依语从语音特征上看属于这个小区。以下通过与《布依语调查报告》中兴义巴结和笔者母语（贞丰北盘江镇布依语）的语言材料进行比较来分析长底乡布依语的语音特征。

一、声母对比

不包括专门拼读现代汉语借词的声母，长底乡布依语共有声母 24 个，声母数量与兴义巴结完全相同，比笔者母语的声母少两个。但总体上声母数量都比较接近，三个点声母异同表现在以下几个方面。

（一）塞音声母对应整齐

三个点都有 4 个塞音声母，即双唇音/p/、舌尖音/t/、舌面后音/k/和喉塞音/ʔ/，都没有送气塞音和浊塞音，这是第一土语共同的特征。例如：

汉语	长底	巴结	北盘江
去	pai³³[①]	pai¹	pai¹
布	paŋ³¹	paŋ²	paŋ²
肺	pɯt³⁵	pɯt⁵	pɯt⁵
脚	tɯn³³	tin¹	tin¹
到	taŋ³¹	taŋ²	taŋ²
哭	tai⁴²	tai³	tai³
扛	kut¹¹	kɯt⁸	kat⁸
盐	ku³³	kvɯə¹	kwɯ¹
割	kuan³¹	kon²	kuan²
背（东西）	ʔɯ³³	ʔɯ²	ʔɯ²
抱	ʔɯm⁴²	ʔɯm⁴	ʔɯm⁴
要	ʔau³³	ʔau¹	ʔau¹

但也有部分词在长底布依语中读作塞音，在第一土语区其他地区读作塞擦音的，例如：

汉语	长底	巴结	北盘江
远	kai³³	tɕai¹	tɕai¹
头	kau⁵³	tɕau³	tɕau³
（一）件（衣服）	koŋ²⁴	tɕoŋ⁵	tɕoŋ⁵
鼓	kuaŋ³³	tɕoŋ¹	tɕoŋ¹

长底乡的这一特征与第二、第三土语相同。

个别词在布依语第一土语读作塞音，而在长底乡布依语中却读作别的音。例如"挖"，布依语多数地区都读作pa⁶，长底乡布依语读作ʔba³⁵。

---

① 长底乡布依语调类与调值不完全对应，因此这里只标调值。

（二）都有前紧喉浊塞音

前紧喉浊塞音的存在是布依语的一个共同特点，《调查报告》40 个点无一例外都有前紧喉音/ʔb/和/ʔd/，长底乡三个点也都有这两音，而且除个别词以外，都与《报告》40 个点整齐对应，例如：

汉语	长底	巴结	北盘江
薄	ʔbaːŋ³³	ʔbeŋ¹	ʔbaːŋ¹
浅	ʔbok³⁵	ʔbok⁷	ʔbok⁷
轻	ʔbau³³	ʔbau¹	ʔbau¹
飞	ʔbin³³	ʔbin¹	ʔbin¹
葱	ʔbəu³⁵	ʔbu⁵	ʔbu⁵
好	ʔdɯi³³	ʔdi¹	ʔdi¹
站	ʔdɯn³³	ʔdɯn¹	ʔdɯn¹
骂	ʔda²⁴	ʔda⁵	ʔda⁵
红	ʔdiŋ³³	ʔdiŋ¹	ʔdiŋ¹
生	ʔdip³⁵	ʔdip⁷	ʔdip⁷
硬	ʔduaŋ⁴²	ʔdoŋ⁴	ʔdoŋ⁴
月	ʔdun³³	ʔdɯːn¹	ʔdian¹

唯一一个例外是长底乡的"挖"读作ʔba³⁵，在其他地区读作pa⁶，见上文。

（三）都有 5 组擦音

擦音共有 5 组，即唇齿、舌尖前、齿间、舌面中、舌面后（舌根）。其中只有齿间和舌面后有清浊对立，其他三组，唇齿有浊无清，舌尖前和舌面中有清无浊。擦音方面与其他地区的布依语对应情况如下：

汉语	长底	巴结	北盘江
手	vɯŋ³¹	fɯŋ²	vuŋ²
树	vai⁴²	fai⁴	vai⁴
腰	vut³⁵	hɯːt⁷	ɣat⁷
买	səu⁴²	ɕɯ⁴	sɯ⁴
凉快	sam⁴²	ɕam⁴	sam⁴
熟	suk¹¹	ɕuk⁸	suk⁸
三	θaːm³³	θaːm¹	θaːm¹
灶	θau³³	θau⁵	θau⁵
送	θoŋ²⁴	θoŋ⁵	θuaŋ⁵
六	ðok³⁵	ðok⁷	ðok⁷
亮	ðuaŋ¹¹	ðoŋ⁶	ðoŋ⁶
枯	ðo³¹	ðo²	ðo²

拉	$\varsigma i\eta^{33}$	$\varsigma i\eta^{1}$	$\varsigma i\eta^{1}$
名字	ςo^{24}	ςo^{6}	so^{6}
绳子	ςa^{11}	$\varsigma a{:}k^{8}$	sa^{6}
给	$x\alpha^{35}$	$ha\mu^{3}$	γai^{3}
爬	$x\mu n^{35}$	$h\mu n^{3}$	$\gamma\mu n^{3}$
鞋子	xe^{31}	$ha{:}i^{2}$	$\gamma a{:}i^{2}$
穷	γo^{35}	ho^{3}	γo^{3}
补	$\gamma u\eta^{33}$	$v\mu{:}\eta^{1}$	$va\eta^{1}$

从目前掌握的材料来看，长底乡布依语中/ɣ/的例词最少，仅两个例词，都出现在单数调，相比之下，舌面清擦音/x/的出现频率要高一些，单数调和双数调都有分布，/s/对应于巴结的/ɕ/，标准音点也是/ɕ/，与北盘江相同，而"名字"、"绳子"又与巴结和标准音点相同，与北盘江不同。总体来看，/θ/、/ð/的对立功能负荷量最高，这一点是所有布依语都一致的。

二、韵母对比

1. 元音/a/在辅音韵尾之前有长短对立现象，这是布依语多数地区，尤其是第一土语普遍存在的，例如：

汉语	长底	巴结	北盘江
泥巴	$na{:}m^{11}$	$na{:}m^{6}$	$na{:}m^{6}$
家	$\eth a{:}n^{31}$	$\eth a{:}n^{2}$	$\eth a{:}n^{2}$
炒	$\eth a{:}\eta^{33}$	$\eth a{:}\eta^{1}$	$\eth a{:}\eta^{1}$
宽	$la{:}\eta^{24}$	$la{:}\eta^{6}$	$la{:}\eta^{6}$
切	$\varsigma a{:}p^{11}$	$\varsigma a{:}p^{8}$	$sa{:}p^{8}$

元音/a/在韵尾/i/和/u/不存在长短对立，只有短元音/a/，其他地区的韵母a:i和a:u在长底乡布依语中分别读作/e/和/ø/。例如：

汉语	长底	巴结	北盘江
卖	ke^{33}	$ka{:}i^{1}$	$ka{:}i^{1}$
水牛	ve^{31}	$va{:}i^{2}$	$va{:}i^{2}$
鞋子	xe^{31}	$ha{:}i^{2}$	$\gamma a{:}i^{2}$
撮箕	ve^{42}	$va{:}i^{4}$	$va{:}i^{4}$
饭	$x\o^{35}$	hau^{4}	$\gamma a{:}u^{4}$
大	$l\o^{42}$	$la{:}u^{4}$	$la{:}u^{4}$
白	$x\o^{33}$	$ha{:}u^{1}$	$\gamma a{:}u^{1}$
还	$t\o^{24}$	$ta{:}u^{5}$	$ta{:}u^{5}$

长底乡下木特的$\textipa{P}a{:}u^{4}$"板"是从邻近布依族地区引入的词，当地布依

族会说布依语的一般很少使用。

2. 前半低元音/æ/和后低元音/ɑ/与/a/形成对立，其中/æ/和/a/对应于其他地区布依语的/a/，后元音/ɑ/则对应于其他地区的/ai/或/aɯ/，例如：

汉语	长底	巴结	北盘江
狗	mæ³³	ma¹	ma¹
茅草	xæ³¹	ha²	ɣa²
肩膀	ʔbæ²⁴	ʔba⁵	ʔba⁵
乌鸦	ʔæ³³	ʔa¹	ʔa¹
马	mæ⁴²	ma⁴	ma⁴
甜	ŋɑ¹¹	ŋaɯ⁶	ŋai⁶
一张（纸）	ʔbɑ³³	ʔbaɯ¹	ʔbai¹
干净	θɑ³³	θaɯ¹	θai¹
给	xɑ³⁵	haɯ³	ɣai³

三、声调对比

1. 与其他地区布依语第二、第三、第五调对应的分别有两个调值，其中第二、第五调分别为低降与高降、中升与高升的差别，而第三调则是出现高升和高降两个对立的调值。例如：

汉语	长底	巴结	北盘江
胖	pɯi³¹	pi²	pi²
肿	pəu⁴²	pu²	pu²
阴	pɯm³¹	pum²	pum²
布	paŋ³¹	paŋ²	paŋ²

对比语言点巴结、北盘江第二调的调值均为 31，而且只有一个调值。

哭	tai⁴²	tai³	tai³
脸	na⁴²	na³	na³
穿衣	tan³⁵	tan³	tan³
爬	xɯn³⁵	hɯn³	ɣun³

对比点巴结、北盘江第三调的调值均为 35，只有一个调值。

还	tø²⁴	ta:u⁵	ta:u⁵
饱	ʔim³⁵	ʔim⁵	ʔim⁵
官	θai²⁴	θai⁵	θai⁵
枪	suŋ³⁵	suŋ⁵	θai⁵

2. 长底乡的促声韵共有三种调值，即 35、11 和 33 调，其中 35 调和11 调分别对应于标准音点（望谟复兴镇布依语）的第七调和第八调调值，

33 调目前只发现两个例词，其中tak³³"舀水"对应标准音点的第八调，ȵip³³ "缝"对应第七调。

第四节　从长底乡音系看濒危布依语的语音特征

通过上文对长底乡布依语语音特征的分析，我们发现，作为一种交际功能严重衰退、濒临消亡的布依语方言点，尽管在音系特征上表现出其相对稳定的一面，但在语言使用过程中，语言使用者个体之间在语言结构上所表现出来的差异是很明显的，即使是同一个语言使用者，在提供语料的前后不同时间，同一个音节也会出现不同的发音形式。呈现出一定程度的不规则和不稳定性，这是濒危语言在本体结构上表现出的共同特征。长底乡布依语在语音上表现出来的濒危特征主要有以下几个方面。

一、语言经济原则促使部分音素发生变异

首先表现为齿间辅音的舌尖化。齿间摩擦音/θ/、/ð/是布依语第一、第二土语普遍存在的一组音位对立，在一些地区的布依语中同时存在齿间和舌尖摩擦音，贵州省贞丰县北部的大部分地区都有齿间和舌尖摩擦音，如北盘江镇一带的布依语中有如下几组对立。

/θ/	>	/s/
θap⁷ 布鞋		sap⁷ 相遇
θat⁷ 跳		sat⁷ 七
θa¹ 纸		sa¹ 差，欠
θai¹ 干净		sai¹ 犁
θam³ 酸		sam³ 戴

北盘江布依语本族语固有词中没有/z/音位，该辅音只用于拼读现代汉语借词，但该音位的借入又与固有词的齿间摩擦音形成了对立，即/ð/对/z/，例如：

/ð/	>	/z/
ðɯn⁵(²⁴) 起身		zɯn²⁴ 任（务）
ða:n²(³¹) 家、房子		zan³¹ 然（后）
ðuŋ²(³¹) 套（衣服）		zuŋ³¹ 戎
ðuŋ⁴(⁴²) 下（崽）		zuŋ⁴² 冗（汉语地名）

在调查过程中发现，长底乡布依语中虽然也存在齿间和舌尖摩擦音并存的现象，但一部分舌尖摩擦音是齿间音发音时舌尖后缩而产生的，即本来应该读作/θ/、/ð/而读成/s/、/z/，这些变化主要出现在年轻发音人所提供

的材料中，如上木特村 50 多岁的刘某和以则村的吴某多有这样的情况，而上木特村 80 多岁的刘某的父亲、下木特村的杨吉森以及大补笼 69 岁的女发音人董进香都能准确地发齿间音，区别这两组音位。

其次是鼻音韵尾/-m/的后鼻音化。长底乡布依语的鼻音韵尾共有/-m/、/-n/和/-ŋ/三个，其中舌尖、舌根鼻音韵尾相对稳定，而双唇鼻音韵尾/-m/在上木特村刘某的发音中大多数已变为舌根鼻音韵尾/-ŋ/，例如：

汉语	上木特（刘）	下木特（杨）
抱	$ʔɯŋ^{42}$	$ʔɯm^{42}$
风	$zɯŋ^{31}$	$ðɯm^{31}$
酸	$saŋ^{35}$	$θam^{35}$
泥巴	$na{:}ŋ^{11}$	$na{:}m^{11}$
慢	$pɯŋ^{11}$	$pɯm^{31}$
凉快	$saŋ^{42}$	sam^{42}
矮	$taŋ^{33}$	tam^{33}

有些/-m/尾韵字则变读为/-n/尾韵，如"三"，下木特（杨）读作$θa{:}m^{33}$，而上木特（刘）和以则（吴）都读作$sa{:}n^{33}$；"泥巴"，上木特（刘）读作$na{:}ŋ^{11}$，以则（吴）变读为$na{:}n^{11}$；"镰刀"一词除下木特（杨）读作/-m/尾韵以外，其他三个点都读作/-n/尾韵，即lin^{31}。

同样的变读情况也出现在塞音韵尾。长底乡布依语有塞音韵尾/-p/、/-t/和/-k/三个，双唇塞音韵尾/-p/偶尔有变读为舌根塞音韵尾/-k/的现象。例如"生"，下木特（杨）读作$ʔdip^{35}$，上木特（刘）则读作$ʔdik^{35}$，有明显的舌根音韵尾/-k/的特征，但其他/-p/尾韵字变读现象并不明显。如"装"lap^{11}、"十"$səp^{11}$、"肝"tap^{35}等等。

从发音难易程度上来看，相对于齿间擦音、双唇鼻音和塞音韵尾，舌尖擦音、舌根鼻音和塞音韵尾的发音要领更容易掌握一些，对于因长期不使用母语的濒危语言使用者来说也更好发一些，因此，从更难发的音位向更容易发的音位的变化一方面是语言经济原则的驱使作用，同时也是长期缺乏母语环境的濒危语言使用者趋易避难的一种策略。

二、发音的不稳定性体现了语言接触所带来的强势语言的影响

长底乡少数民族除了布依族以外，还有彝族、苗族等，但这些少数民族的母语跟布依语一样也处于濒危状态，因此尽管会跟布依语产生一些接触，但基本不会对布依语产生任何影响，因此，布依族日常生活中所接触到的主要语言是当地的汉语方言，是布依族群众社会交际最主要的交际工具。由于汉语的使用频率远远高于本民族语，因此，大多数掌握本民族语的人，其熟练程度都远不如汉语，在使用母语的时候，常常会带入汉语的一些发音习惯，最常见的是/an/的变异。在布依语中，/an/中的/a/是一个短音，音值接近/ɐ/，这个音在汉语方言中不存在，因此，将布依语作为第二语言来学习或布依语不熟练的人在发这个音时，常常会把它与汉语的/an/混淆，发音接近"安"，而这个音又与布依语中的长元音/a:n/相似。例如：

汉语	正确读音	错误读音
割	$kuɐn^{31}$	$kua:n^{31}$
（一）天	$ŋuɐn^{31}$	$ŋua:n^{31}$
教	$θuɐn^{33}$	$sua:n^{33}$
看见	$ðɐn^{33}$	$za:n^{33}$
穿（衣）	$tɐn^{35}$	$ta:n^{35}$

在日常生活中，这个音的发音正确与否常常可以作为一个标准来判断一个人是将布依语作为母语习得还是后天学会的。但在母语濒危地区，长期缺乏母语交际环境所造成的母语生疏也同样会引起类似的变异。

三、调值的不稳定性反映出母语人对声调别义功能认识的模糊

布依语是一种有声调语言，声调具有区别意义的作用，同一个音节，声韵母相同，声调不同，意义也就不同。但我们在调查中发现，在相隔不到两公里的上木特和下木特村，同一个词在不同的发音人口语中调值却存在差别，如第五调上木特发音人读作"33"、"35"调，而下木特的发音人大多数读作"24"，个别词读作"35"。例如：

汉语	上木特（刘）	下木特（杨）
富	$ʔiu^{33}$	$ʔiu^{24}$
难	$ʔja^{33}$	$ʔja^{24}$
软	$ʔun^{33}$	$ʔun^{24}$
旧	kau^{33}	kau^{24}
件（衣服）	$koŋ^{35}$	$koŋ^{24}$
裤子	$væ^{33}$	va^{24}
咸	xan^{33}	xan^{24}

第五调下木特（杨）读作35调的如kwa^{35}"过"。即使是同一个发音人，相同调类的词也存在调值不同的情况。例如，第二、第三、第五调都分别有两个近似或调型完全相反的调值，本来为两个调类的促声调也有三个调值，详见上文。

以上是长底乡布依语濒危现象在语音方面体现出来的主要特征。除语音方面以外，长底乡布依语的濒危特征还体现在词汇方面，主要表现为词

语的遗忘和借用，在调查过程中发现，发音人对很多比较常用的词语都会很陌生，如上木特发音人刘某有将近 10%的词语说不出，其中包括"柴刀"、"死"、"长"、"病"、"星星"、"昨天"、"猜"、"敢"等常用词，有些词需要旁人提示才能说得上来。大补笼发音人提供的语料不多，但类似"尺"、"寸"、"脏"等常用词也回忆不起来。以则和下木特的发音人都是当地有名的布摩，同样也有一些说不上来的常用词汇，其中以则发音人吴某说不出或说不清的词也不少，在他所提供的全部 446 个词中，说不出的词 22 个，占 4.9%；说不清的词 11 个，占 2.5%。语言接触导致语言之间词汇的借用，这是很正常的，借词现象在长底乡布依语中较为普遍，主要是从当地汉语方言中借用词汇，其中包括很多常用词，如以则布依语中的"尺"、"寸"、"箱子"、"椅子"、"席子"等等。下木特杨某所提供的语料中，除了汉语方言借词之外，还有来自邻近地区本民族语言的借词，如"房子"、"粮食"、"芭蕉"等词都来自八大河一带的布依语。

第八章　云南省罗平县布依族语言使用现状及语言关系个案研究

第一节　罗平县鲁布革乡腊者村布依族语言使用情况个案研究

一、基本情况

云南省罗平县鲁布革布依族苗族乡位于滇、桂、黔三省（区）接合部，素有"鸡鸣三省"之美誉，是云南省仅有的两个布依族乡之一。东濒黄泥河、南盘江和清水江，分别与贵州省兴义市恫利乡、广西壮族自治区西林县八大河乡相望；南与师宗县高粱乡毗邻，西与罗平大水井乡及师宗五龙乡接壤；北与罗平旧屋基彝族乡相连。全乡总面积 249 平方公里，其中水域面积 10.8 平方公里。乡人民政府驻乃格村。境内水陆交通便捷，罗乃公路、芭八公路贯通全境，水上交通发达。是云南通往贵州、广西的重要门户之一。辖 9 个村民委员会，62 个自然村，100 个村民小组，全乡总户数 4312 户，18277 人，少数民族人口 15323 人，占总人口的 83.84%。

腊者村隶属于鲁布革乡罗斯村委会，属于山区。位于鲁布革乡中部，距离村委会 5 公里，距离鲁布革乡 10 公里。据 2008 年鲁布革布依族乡人民政府提供的数据表明，全村辖 2 个村民小组，有农户 107 户，乡村人口 474 人（男性 239 人，女性 235 人）。其中农业人口 474 人，劳动力 246 人，从事第一产业人数 189 人。该村是布依族聚居地，除极少数从外地嫁到本村的汉族以外，其他均为布依族。

二、调查过程简述

2010 年 7 月 13 日至 15 日，为了了解云南省罗平县鲁布革乡各民族语言使用情况及语言关系，中央民族大学"西南民族杂居地区语言关系与语言和谐研究"课题组一行 8 人赴罗平县鲁布革乡腊者村对该村布依族的语言使用情况进行了实地调查。调查以实地观察和入户填写问卷为主,并对村中一些较为重要的人物进行了重点访谈。

调查过程中共发放"语言使用情况问卷调查表"32份,回收32份,受访者约占腊者村人口的7%。受访者基本情况如下:

表 8-1　　　　　　　　腊者村受访者信息表（N=32）

基本信息项		受访人数	比例（%）	基本信息项		受访人数	比例（%）
有效问卷数		32	100	文化程度	文盲	10	31.25
性别	男	16	50		小学	11	34.38
	女	16	50		初中	9	28.13
年龄	19 岁以下	4	12.50		高中（含中专）	2	6.25
	20—29 岁	6	18.75	职业	在家务农	21	65.63
	30—39 岁	3	9.37		学生	3	9.37
	40—49 岁	9	28.12		在外经商	2	6.25
	60 岁以上	5	15.63		在家经商	4	12.50
民族	布依族	32	100		农闲时外出务工	1	3.13

说明:受访者共32人,均为布依族,男女比例相同。共分为6个年龄段,各年龄段均有分布,其中39岁以下中青年段和19岁以下的青少年段比例较低,这与暑假期间青壮年携子女外出打工有关。文化程度普遍偏低,93.75%的人只受过初中以下程度的文化教育,其中31.25%为文盲。从职业分布上看,在家务农的占了66.63%,学生、常年在外经商、农闲时外出务工者所占比例较小。

三、语言使用特征

（一）年龄特征

在32位受访者中,19岁以下的4人,20—59岁的23人,60岁以上的5人,他们的布依语使用状况如下:

表 8-2　　　　　受访者母语（布依语）掌握情况的年龄差异

年龄段	人数	布依语熟练程度							
		非常流利	比例（%）		比较流利	比例（%）		一般	比例（%）
19 岁以下	4	1	25		2	50		1	25
20—29 岁	6	4	66.67		2	33.33		\	\
30—39 岁	3	2 (共15人)	66.67	共占 68.18	1 (共7人)	33.33	共占 31.81	\	\
40—49 岁	9	6	66.67		3	33.33		\	\
50—59 岁	4	3	75		1	25		\	\
60 岁以上	5	4	80		1	20			

（共22人）

　　为了准确了解受访者母语掌握程度，我们对"本族语流利程度"一项设计的可供选择的答案有：非常流利、一般流利、一般、会说一些简单的、听得懂但是不会说、听不懂。在32个受访者中，除了1名女性未填写，1名男性选择"一般"（占总人数的3.13%）外，其余30人选择了"非常流利"或"比较流利"。其中，20人认为自己布依语"非常流利"，占了62.50%；11人认为自己布依语"比较流利"，占了34.38%。

　　调查统计结果显示，60岁以上的受访者大多能非常熟练地使用布依语，其中能非常流利地用布依语与人交流的，占该年龄段的80%，剩余的20%也能比较熟练地用布依语与人交流。

　　在20—29岁、30—39岁、40—49岁、50—59岁这4个年龄段的受访者中，能够非常熟练地运用布依语进行交流的各自都占了60%以上，其余都能比较流利地用布依语与人交流。总的来看，在20—59岁这个年龄段中，共有受访者22人，其中，能非常流利地运用布依语的有15人，占总人数的68.18%；能比较流利地运用布依语与人交流的有7人，占31.81%。

　　19岁以下的受访者共4人，认为自己布依语非常流利的有1人，占25%；比较流利的2人，占50%；还有1人认为自己布依语水平一般，占25%。这个选择"一般"的受访者是个初中在读生。

　　以上调查数据显示腊者村布依族母语的使用情况呈逐渐衰变的趋势，但总的来说，该村布依母语水平保持得相当好。年龄在60岁以上的受访者中，80%认为自己能够用非常流利的布依语与人交流，在20—59岁这一年龄段，仍有68.18%的人认为自己能够非常流利地运用布依语，其余受访者均可比较流利地运用。到了19岁以下这个年龄段，选择"非常流利"的下降到25%，还有25%认为自己的民族语水平只是"一般"。但是从总体上讲，仍有62.5%的受访者自认为民族语"非常流利"。

　　除了母语使用情况在不同年龄段的受访者中存在差异外，个人的语言能力在不同年龄段也存在明显不同。在"您现在能用几种语言与人交谈？"的问题中，有3名受访者只能用"布依语"与人交谈，其中2人的年龄在60岁以上。而在一些公共场合使用普通话来交谈的受访者中，多集中在19岁以下这个年龄段：如上集市买东西时使用普通话的4人中，有3人年龄是19岁以下，1人是30岁；去医院看病选择普通话的4人中，3人是19岁以下，1人是53岁；去政府部门办事，选择使用普通话的3人全是19岁以下。

　　（二）性别特征

　　在母语熟练程度方面，男性与女性差别不大。具体情况列表如下：

表 8-3　　　　　受访者母语（布依语）掌握程度的性别差异

性别 布依语熟练程度	男性（总共 16 人）		女性（1 人未答，共 15 人）	
	人数	比例（%）	人数	比例（%）
非常流利	9	56.25	8	53.33
比较流利	6	37.50	6	40
一般	1	6.25	0	0

　　腊者村男性的语言能力明显强于女性。相关数据显示，除了 1 名女性外，31 名受访者中 28 名都能用布依语和汉语与人交流，剩余 3 人只能用布依语。这 3 人当中，2 人为女性，1 人为男性。针对问题"你在寨子里与不认识的本族人打招呼时一般说哪种话（语言）？" 30 位受访者中，选择布依语的有男性 9 人，女性 11 名；选择汉语的有男性 5 人，女性 3 人；还有 2 名男性选择了普通话（这 2 名男性年龄分别为 16 岁和 11 岁）。当问及"在别的寨子遇到认识的本族人打招呼时用什么语言"，29 名受访者选择使用布依语，1 名男性选择用汉话，1 名选择用汉话或布依语，1 名女性未选择。当问及"在别的寨子遇上不认识的本族人时用什么语言"，共有 27 份有效问卷（男 14 份，女 13 份），用布依语打招呼的男性受访者占28.57%（4 人），女性占 76.92%（10 人）；会用汉话打招呼的男性受访者占 57.14%（8 人），女性受访者只有 23.08%；还有 2 名男性选择用普通话打招呼，占 14.29%（这 2 名男性年龄分别为 16 岁和 13 岁）。而在一些公共交际场合，受访者所选择的交际语言更能反映语言使用在性别上的差异：如上集市买东西时，选择使用普通话的 4 名受访者全是男性；去医院看病时，选择使用普通话的 4 名受访者中，有 3 人是男性，而选择布依语的 2 人全是女性（2 人只会讲布依语的未做选择）；去政府部门办事时，选择使用普通话的 3 名受访者全是男性，选择使用布依语的只有 1 名女性（2人只会讲布依语的未做选择）。其余大部分受访者会使用汉话或视情况使用汉话或布依语。

　　腊者村村民在语言能力和在公共场合语言使用状况上体现出来的性别差异与当地居民的生活方式有关系。传统"男主外，女主内"的分工模式决定了男性相对女性来说，离开本村外出交际的机会更多，对语言多样化的要求也更突出。而女性长期不与外界接触，对外面的社会了解甚少，使她们不能意识到学习多种语言的重要性，更没有机会学习。针对问题"您到本地政府部门办事时最常说哪种话（语言）？"有 8 名受访者未作答，其中 6 人为女性。一定程度上说明这些女性类似的经验极少，很难作出选择。

（三）文化程度特征

我们将腊者村 32 名受访者的文化程度及相对应的母语水平、能否使用普通话做了详细统计。列表如下：

表 8-4　　　　　　　　　受访者的文化程度与语言状况

文化程度 语言状况	文盲（9）		小学（11）		初中（9）		高中（2）	
	人数	比例（%）	人数	比例（%）	人数	比例（%）	人数	比例（%）
非常流利	7	77.78	5	45.45	6	66.67	1	50
比较流利	2	22.22	6	18.18	2	22.22	1	50
一般	0	0	0	0	1	11.11	0	0
选择过使用普通话	1	11.11	1	9.09	3	33.33	0	0

从上表可以看出，总的来说，腊者村受访者的文化程度越低，民族语的流利程度偏向于更高。但受访者的文化程度的高低对其民族语流利程度的影响并不是特别大。文化程度的高低与是否在公共场合选择使用普通话也不成正比。这可能与个人的语言态度有关。

四．不同场合下的语言使用

我们把腊者村村民日常生活用语分为家庭用语和交际用语（指与家人以外的人进行交际时使用的语言）。

（一）家庭用语

从腊者村收回的 32 份有效调查问卷可以看出，受访者的家庭用语主要是布依语。针对与家庭语言选用相关的 7 个问题，所有受访者的选择全都是"布依语"。由此可见，本民族语在当地居民心目当中非常重要。在与几位当地居民深入交谈的过程中，我们明显感觉到受访者对布依语的深厚感情。绝大部分受访者认为，自己的民族语是听起来最为舒服的一种语言。当问到布依语的学习使用是否会因社会交往的扩大而减少时，他们很有信心地认为自己的母语不会受到干扰，仍然会世世代代地传承下去。

（二）交际用语

我们在问卷中列出了几种公共交际场景，在这些场景中受访者的语言使用情况如下表：

表 8-5　　　　　　　　　　受访者在不同场景的语言使用情况

语言使用 交际对象及场合	布依话		汉-布依		地方汉语		普通话	
	人数	比例(%)	人数	比例(%)	人数	比例(%)	人数	比例(%)
A（N=30）	30	100	0	0	0	0	0	0
B（N=30）	20	66.67	0	0	8	26.67	2	6.67
C（N=31）	29	93.55	1	3.23	1	3.23	0	0
D（N=27）	14	51.86	0	0	11	40.74	2	14.29
E（N=30）	8	26.67	11	36.67	7	23.33	4	13.33
F（N=30）	2	6.67	7	23.33	17	56.67	4	13.33
G（N=24）	1	4.17	7	29.17	13	54.17	3	1.25
H（N=6）	3	50	1	16.67	2	33.33	0	0

说明：A=在寨子里与熟悉的本族人；B=在寨子里与不认识的本族人；C=在别的寨子里与认识的本族人；D=在别的寨子里与不认识的本族人；E=在本地集贸市场买东西；F=到本地医院看病；G=到本地政府部门办事；H=在单位谈工作。

从上表可以看出，大部分受访者在公共场合会尽量使用布依语，用布依语无法沟通时则选择汉话或普通话。与认识的本族人交际时，如果是在本寨，100%的受访者会使用布依语，如果是在别的寨子，使用布依语的受访者仍高达 93.55%，其余 3.23%的汉话和布依语兼用，3.23%使用汉语。遇到不认识的本族人时，如果是在本寨，66.67%的人会使用布依语打招呼，如果是在别的寨子，则只有 51.86%的人使用布依语，40.74%的使用汉话，14.29%使用普通话。去本地集贸市场买东西时，使用布依语的占 26.67%，视情况使用布依语或汉话的占 36.67%，23.33%使用汉话，13.33%使用普通话。去本地医院看病时，使用布依语的人明显减少，只占 6.67%。使用汉话的占了 56.67%。去本地政府办事的时候，使用布依语的受访者比例更少，只占 4.17%。而在单位谈工作时，使用布依语交际的占 50%，使用布依语或汉话的占 16.67%，还有 33.33%的选择使用普通话。

受访者在不同的公共场合选择何种交际语言，主要取决于他们对交际对象的熟悉度。对熟悉的人，交际场合会对交际语言产生影响。对不认识的人，受访者往往会根据交际对象的民族成分来选择交际语言。因此，使用布依语的受访者数量大体上按下图呈递减趋势：

寨子里＞别的寨子里＞单位（一般同事都是布依族人）＞本地集贸市场＞本地医院＞本地政府部门

第二节　罗平县长底乡和鲁布革乡语言
使用情况的比较分析

——以上木特村与腊者村为例

罗平县长底乡和鲁布革乡是云南省仅有的两个布依族乡，虽曾有过学者和调查团队对该地的布依族做过调查研究，但是关于该地区的语言使用情况却没有整体的资料，因此在导师周国炎教授的带领下，我们一行 8 人于 2010 年 7 月 10 日到达云南罗平县，对以上两个地区的布依语的使用情况及其语言和谐情况做相关的调查研究。本次调研主要采用问卷调查的方法，兼而使用访谈法和观察法。

一、调查地基本情况介绍

罗平县位于云南省东部滇、桂、黔三省（区）结合部，素有"鸡鸣三省"之称，总面积 3006 平方公里，居住着汉、彝、布依、回、苗等民族。总人口 54.6 万人，其中少数民族人口 5.46 万人，占总人口的 10%。鲁布革和长底是该县布依族分布相对比较集中的两个乡。也是本次调研的目的地。

长底乡地处罗平县城东部，滇黔两省、三县市（罗平县、富源县、兴义市）结合部，辖德沙、本块、把左、长底、发达、石盆水 6 个行政村 59 个自然村 66 村民小组。全乡居住着汉、布依、彝、回、白、哈尼等民族。2007 年末，全乡总户数 4054 户，总人口 16922 人，其中布依族 5320 人，占总人口的 31.5%。鲁布革布依族苗族乡相关数据资料参见本章第一节。

二、调研过程简述

2010 年 7 月 10—17 日，我们对云南省罗平县长底乡和鲁布革乡布依族的语言使用情况及语言和谐状况进行了相对全面的调查，共发放并回收调查问卷 495 份，其中有效问卷为 491 份，占 99.2%。语言使用方面的问卷为 275 份，有效问卷为 273 份，占 99.2%。语言和谐方面的问卷为 220 份，有效问卷为 218 份，占 99%。本节选取长底乡的上木特村和鲁布革乡的腊者村的语言使用情况作为研究个案，对这两个乡的语言使用情况和语言态度进行比较分析。本次调查在上木特村语言使用的有效问卷共有 19 份，腊者村语言使用的有效问卷共有 31 份，基本情况详见下表：

表 8-6　　　　　上木特村与腊者村受访者基本情况（N=50）

上木特村（N=19）			腊者村（N=31）		
基本信息项	受访人数	比例	基本信息项	受访人数	比例
有效问卷	19	100%	有效问卷	31	100%
男	7	36.8%	男	16	51.6%
女	12	63.2%	女	15	48.4%
60 岁以上	3	15.8%	60 岁以上	5	16.1%
50—59 岁	6	31.5%	50—59 岁	5	16.1%
40—49 岁	3	15.8%	40—49 岁	9	29%
30—39 岁	1	5.3%	30—39 岁	2	6.5%
20—29 岁	2	10.5%	20—29 岁	6	19.4%
10—19 岁	4	21.1%	10—19 岁	4	12.9%
有外出打工经验	1	5.3%	有外出打工经验	8	25.8%
无外出打工经验	18	94.7%	无外出打工经验	23	74.2%
在家务农	9	47.3%	在家务农	20	64.5%
退休在家	1	5.3%	退休在家	0	—
待业在家	2	10.5%	待业在家	0	—
临时外出务工	2	10.5%	临时外出务工	2	6.5%
在外经商	1	5.3%	在外经商	2	6.5%
在家经商	0	—	在家经商	4	12.9%
学生	4	21.1%	学生	3	9.6%
文盲	3	15.8%	文盲	10	32.3%
小学	7	36.8%	小学	10	32.3%
初中	9	47.4%	初中	9	29%
高中（包括中专）	0	—	高中（包括中专）	2	6.4%

　　两个村受访者共计 50 人，均为布依族，从总体上看，女性受访者比例略高于男性。上木特村和腊者村受访者的基本情况具有很大的相似性：从年龄上看，中老年人口比较多，这与大部分青年人员外出务工有关；受访者中大多都没有外出务工的经历，一定程度上避免了外因对调查结果可能产生的影响；从职业上看，在家务农者占绝大多数，临时外出务工、经商者和学生占一定比例；文化层次普遍偏低，文盲占了一定比例。

三、语言使用情况分析

　　罗平县布依族自古以来就使用本民族语言，属于汉藏语系壮侗语族壮傣语支，与贵州布依族语言基本一致。是云南省仅有的两个布依族乡：长底乡和鲁布革乡。两地布依族的语言使用情况存在很大的差异。在我们对长底乡的调查过程中发现，当涉及布依语使用这个问题时，很多受访者都说，在当地，上木特村是保存和使用布依语最好的村寨。事实上，上木特村的布依语保存情况确实有一定的优势，由此可见，上木特村的使用情况可以作为整个长底乡的典型代表。腊者村为鲁布革乡的一个典型的布依族村寨，是当地的一个布依族生态村，因此，其语言使用情况也可作为鲁布革乡的整体代表。本节选取上木特村和腊者村布依族语言使用情况的调查问卷作为分析材料，对这两个村寨的语言使用情况进行简单的分析。

（一）母语水平状况分析

表8-7　　　　上木特村与腊者村受访者母语水平状况（N=50）

上木特村（N=19）			腊者村（N=31）		
基本信息项	受访人数	比例	基本信息项	受访人数	比例
非常流利	2	10.5%	非常流利	19	61.3%
比较流利	2	10.5%	比较流利	10	32.3%
一般	2	10.5%	一般	1	3.2%
会说一些简单的	3	15.8%	会说一些简单的	0	—
听得懂不会说	3	15.8%	听得懂不会说	0	—
听不懂	7	36.9%	听不懂	0	—
未作答	0	—	未作答	1	3.2%

从上表中可以看出，上木特村的受访者中，能流利（包括非常流利和一般流利）地用民族语与别人交流的仅占21%，且年龄都在56岁以上，掌握得一般的与会说一些简单的民族语的占26.3%，除1位受访者为14岁以外（长辈教授掌握了一些简单的布依语），其余的均在40岁以上，而听得懂不会说的占15.8%，完全听不懂的占36.9%。以上数据表明，上木特村的布依族语言使用情况属于母语濒危型。[①]腊者村，能流利（包括非常流利和一般流利）地用民族语与人交流的占93.6%，其中未作答的受访者王

---

① "布依语濒危型"：指在这样一些地区，布依语的社会交际功能严重衰退，或已近乎丧失，人们日常交流主要使用汉语，布依语仅保留在少数老年人当中，在家庭或社区内部本民族之间的极少数场合使用。

某，其母语也为布依语。加上未作答的受访者，腊者村所有的受访者中能流利地运用民族语与人交谈的占到了 96.8%，选择一般选项的受访者，用布依语与人交流也不存在问题。在调查中我们了解到：村寨里，人们日常用的交际语即为布依语。在这样的语言环境下，受访者的回答是应该积极看待的。同时，在涉及这个问题时，我们不能忽视的一点是，很多受访者在回答这个问题时多带有谦虚的心理。从我们的观察中可以发现，该村的布依语保存与使用情况是非常乐观的，人们日常交际的主要用语均是布依语。显而易见，腊者村的布依族语言使用情况属于母语强势型。[①]

（二）语言使用情况分析

1. 家庭内部布依语使用情况分析

表 8-8　　　　　受访者在家对父亲最常用语言情况表（N=50）

上木特村（N=19）			腊者村（N=31）		
基本信息项	受访人数	比例	基本信息项	受访人数	比例
布依语	3	15.7%	布依语	26	83.9%
布依语、汉语	2	10.5%	布依语、汉语	0	—
汉语	9	47.4%	汉语	0	—
普通话	0	—	普通话	0	—
未作答	5[②]	26.4%	未作答	5[③]	16.1%

从上表中可以看出，上木特村受访者在家庭内部使用最多的是汉语（汉语地方方言），占 47.4%，单用布依语的为 3 人，占 15.7%，但是这 3 位受访者年龄都在 56 岁以上。从实际情况看来，可以视为无效选择。兼用布依语和汉语的也占一定比例，为 10.5%。由此看来，布依语作为家庭内部语言的功能已经逐渐被汉语替代。腊者村受访者中选择布依语的占到了 83.9%，考虑到 4 份无效选择的问卷，我们可以得出这样的结论：布依语作为家庭内部的交流工具在这个村寨还是占据着最重要的地位。

2. 村内布依族语言使用情况分析

从下表（表 9）可以看出，上木特村与腊者村布依语在村内的使用情况与其家庭内部表现出来的情况是一致的。上木特村，汉语有明显的优势，

---

① "布依语强势型"：指在一些布依族分布比较集中的地区，人们以布依语作为主要的交际语言，家庭内部、社区内部和相邻的布依族社区(村寨)之间交流时都使用布依语。

② 其中 3 人年龄为 53 岁以上，为无效选择，1 人只会一些简单的，1 人听得懂不会说。

③ 其中 4 人年龄为 40 岁以上，为无效选择，1 人放弃选择。

布依语基本上只在老年人中流行，问卷中选用布依语进行交流的 2 位受访者年龄都在 55 岁以上，50 岁以下的中青年布依语的水平一般都不高，即使会讲一些，一般也都不愿意说，因此，兼用布依语和汉语就是一个过渡阶段，人们越来越偏向使用汉语进行交流。腊者村的情况则完全不同，选用布依语交流的为 29 人，考虑到未作答的 2 人的实际情况，我们得出这样的结论：在村寨内部，使用汉语的情况是非常少的，布依语仍然是人们交流时使用得最频繁的语言。在调查过程中我们还了解到，受访者普遍认为村寨里没有不会本民族语的布依族。

表 8-9　　　　　　　　受访者在寨子里与熟悉的本族人交谈时
最常用语言情况表（N=50）

上木特村（N=19）			腊者村（N=31）		
基本信息项	受访人数	比例	基本信息项	受访人数	比例
布依语	2①	10.5%	布依语	29	93.6%
布依语、汉语	3	15.7%	布依语、汉语	0	—
汉语	11	58.1%	汉语	0	—
普通话	0	—	普通话	0	—
未作答	3②	15.7%	未作答	2③	6.4%

3. 跨村寨布依族语言使用情况分析

表 8-10　　　　　　　受访者在别的寨子里遇上不认识的本族人时
使用语言情况表（N=50）

上木特村（N=19）			腊者村（N=31）		
基本信息项	受访人数	比例	基本信息项	受访人数	比例
布依语	1	5.3%	布依语	13	41.9%
布依语、汉语	0	—	布依语、汉语	0	—
汉语	13	68.3%	汉语	11	35.5%
普通话	1	5.3%	普通话	2	6.4%
未作答	4④	21.1%	未作答	5⑤	16.2%

① 1 人 58 岁，布依语比较流利，1 人 56 岁，布依语非常流利。

② 1 人为布依语比较流利的 72 岁老人，1 人为只会一些简单的 14 岁受访者，1 人为听得懂不会说的 35 岁受访者。

③ 2 人放弃作答，1 人母语为布依语，1 人布依语为非常流利。

④ 1 人布依话非常流利，1 人布依话比较流利，1 人只会一些简单的，1 人听得懂不会说。

⑤ 5 人母语均为布依话。

从上表中可以看出，上木特村的受访者选择汉语作为跨村寨交际语的比例占到了 68.3%，相对而言，腊者村的受访者中选择汉语作为跨村寨交际语的比例低于上木特村，仅占 35.5%，而选择布依语的受访者仍然占了相当一部分，占了 41.9%。值得注意的是，腊者村选择汉语和普通话作为跨村寨交际工具的比例之和与选择布依话的比例持平，这是因为人们普遍意识到的一个问题是，与不认识的人交谈时，开始不知道对方是否会本民族语言，为了表示尊重，会使用汉语或者普通话打招呼，若得知对方会本民族语之后，会马上转用民族语与对方交流。值得一提的是，在调查中我们还发现，相对于在别的寨子使用汉语的情况而言，到县城、医院或政府部门时，人们就会开始考虑用汉语进行交流，他们也给出了自己的理由：一方面，医院的医生和政府部门的办事员大都以汉族为主，另一方面，即使是少数民族，他们也未必掌握了民族语，交流起来还是存在困难，因此，人们选用汉语的情况就偏多，同时他们也提到，如果能遇上会本民族语的布依族，他们还是愿意用布依语进行交流，这样能增强彼此之间的亲切感。总而言之，借他们的话而言，就是"见什么样的人，说什么样的话"。

四、关于语言态度的分析

语言态度属于语言的社会心理范畴，与人的主观态度有着很大的联系，同时也会对语言使用者的语言能力和语言行为产生深刻的影响。语言态度一方面与该语言在社会中的交际功能、使用人口以及使用该语言变体的集团在一定社区中的社会、经济、文化地位等因素有关，这些都可能成为人们对其价值作出评价的标准和依据；另一方面，语言人的实际需要、感情、兴趣等也是影响语言态度的重要因素。这两方面的因素对语言态度的影响没有绝对的正影响或者负影响。这里试从语言使用情况入手分析语言掌握程度与语言态度之间存在的关系。

在上木特村的受访者中，觉得自己讲得"最流利的"语言，有 17 人选择了汉语（地方话），占 89.5%，"最方便的"也有 17 人选择的是汉语（地方话）。当问到"最希望家人使用的语言时"，68.5%选择了汉语，而只有 1 人选择了布依语，有 2 人选择了"无所谓"。由此看来，上木特村的受访者中，对汉语的功能认同已经明显高于布依语，布依语作为交际工具的功能在该地区正在逐渐消失。

在腊者村的受访者中，有 25 人觉得自己的布依语讲得"最流利"，有 4 人认为自己的布依语和汉语（地方话）都讲得"很流利"，共占 93.6%，而有 1 人选择了布依语和普通话，1 人未作答。当问到该地区最方便的是哪种语言时，84%的受访者选择了布依语，当问到"最希望家人使用的语言"时，有 22 人选择了布依语，占到 71.1%，2 人选择汉语、2 人选择普通话，分别占 6.4%，仅 1 人觉得"无所谓"，4 人未作答，占 12.9%，由此可见，在腊者村，作为一种有效、便捷的交际工具，人们对布依语的认同程度要高于汉语，布依语还是人们最想要使用的语言（如表 11 所示）。

表 8-11　　　　　　　　受访者语言态度情况表 1（N=50）

调查项 \ 语种	布依语		汉语		普通话		布依语、汉语	
	人数	比例(%)	人数	比例(%)	人数	比例(%)	人数	比例(%)
上木特村(N=19) 最流利的	0	—	17	89.5	0	—	2	10.5
最方便的	1	5.25	17	89.5	0	—	1	5.25
最好听的	2	10.5	5	26.4	4	21.1	5	26.3
最希望家人使用的	1	5.25	13	68.5	1	5.25	0	—

调查项 \ 语种	布依语		汉语		普通话		布依语、汉语	
	人数	比例(%)	人数	比例(%)	人数	比例(%)	人数	比例(%)
腊者村(N=31) 最流利的	25	80.7	0	—	0	—	4	12.9
最方便的	26	84	2	6.4	0	—	1	3.2
最好听的	17	54.9	3	9.6	2	6.4	6	19.5
最希望家人使用的	22	71.1	2	6.4	2	6.4	0	—

调查项 \ 语种	布依、普通		无所谓		未作答	
	人数	比例(%)	人数	比例(%)	人数	比例(%)
最流利的	0	—	0	—	0	—
最方便的	0	—	0	—	0	—
最好听的	0	—	0	—	3	15.7
最希望家人使用的	0	—	2	10.5	2[1]	10.5

调查项 \ 语种	布依、普通		无所谓		未作答	
	人数	比例(%)	人数	比例(%)	人数	比例(%)
最流利的	1	3.2	0	—	1	3.2
最方便的	0	—	0	—	2	6.4
最好听的	0	—	0	—	3	9.6
最希望家人使用的	0	—	1	3.2	4[2]	12.9

① 1 人听不懂，1 人只会一些简单的，为无效选择。

② 4 人的母语均为布依语，4 人与家人交流都选择了布依语，1 人放弃作答。

　　值得一提的是，情感认同方面的差异在这两个地方表现得非常明显。"最好听"项的结果说明了这个问题。上木特村的受访者中，关于"最好听的语言"这一项有 5 人选择了汉语（地方话），占 26.4%；有 4 人选择了普通话，占 21.2%；有两人选择了布依语，仅占 10.5%；而有 5 人认为布依语和汉语（地方话）都好听。由此看来，上木特村受访者对布依语和汉语的情感差异不是非常明显。在腊者村，有 17 人选择了布依语，占 54.9%，表现出比较明显的情感认同，有 6 人认为布依语和汉语（地方话）一样好听，占 19.5%；有 3 人未作答，占 9.6%；有 2 人选择了普通话，仅有 3 人选择了汉语。同时，各个点都有相当一部分人采取中立态度，认为每种语言都好听，没有任何情感上的偏向。只要会说，哪种语言都好听，不会说就不好听。由此看来，在本民族语使用情况较差的上木特村，对布依语的情感认同已经不那么明显，而在本民族语使用情况很好的腊者村，对布依语的情感认同还是很突出的。

表 8-12　　　　　　　　　　　**受访者语言态度情况表 2（N=50）**

调查点 \ 基本信息项		很不高兴		很高兴		无所谓		未作答	
		人数	比例	人数	比例	人数	比例	人数	比例
上木特村（N=19）	子女在家跟您说汉话	3	15.7%	5	26.4%	6	31.5%	5[①]	26.4%
	子女回家后不讲本民族语	0	—	0	—	13[②]	68.5%	6[③]	31.5%
腊者村（N=31）	子女在家跟您说汉话	5	16.2%	4	12.9%	13	41.9%	9[④]	21%
	子女回家后不讲本民族语	7	22.6%	0	—	14	45.1%	10[⑤]	32.3%

　　不同于表 11 显示出的关于语言情感方面的差异，上表中的两组数据表明：汉语和布依语比较，两个调查点表现出相似的态度。上木特村的受访者中，当问及"子女在家说汉语（地方话）的态度时"，3 人选择"很不高兴"，占 15.7%；5 人选择"很高兴"；5 人未作答，各占 26.4%；6 人选择"无所谓"，

---

① 4 人未满 18 岁，1 人为 23 岁，均为无效选择。

② 其中 2 人未满 18 岁，为无效选择。

③ 其中 3 人未满 18 岁，3 人放弃选择。

④ 其中 6 人无子女，3 人放弃作答。

⑤ 其中 6 人无子女，4 人放弃作答。

占 31.5%，总体来看，分布是很均衡的。在腊者村的受访者中，有 13 人选择"无所谓"占 41.9%；5 人选择了"很不高兴"；4 人选择"很高兴"；9 人未作答，各选项分布也较平均。在调查过程中，受访者普遍提到的一个问题就是，从小就生活在民族语环境下的孩子，他们的汉语水平普遍都不高，学汉语有助于孩子们与人交流，因此学校在小学低年级阶段都需要开展民汉双语教学。由此可见，汉语在交际功能上的强势，对人们的语言态度产生了很大的影响，这一情况对当代人的语言使用和情感没有产生多大的影响，但是父母的态度无疑会影响下一代对民族语的使用和认同。在未来的腊者村，人们对布依语和汉语的态度很可能因此发生改变。

对于"子女回家不讲本民族语"这个问题，上木特村的受访者表现出来的态度仍然是很平和的，而在腊者村受访者中，有 7 人选择了"很不高兴"，占 22.6%，有 14 人选择了"无所谓"，占 45.1%，比例仍然很高。值得注意的是，对于这个问题，腊者村受访者虽然有很大一部分人选择了无所谓，但被问及"如果将来子女们不会布依话，您会不会不高兴时？"受访者普遍认为不存在这个问题，因为他们不可能会忘记自己的母语，忘记民族语就是忘本。当我们谈到长底乡的布依语使用情况时，一部分人表示理解，因为和汉族人长期居住，影响了他们的布依语使用；另一部分人认为是当地人们放弃使用，是不应该的，很可惜。

由此可见，语言的使用情况对语言态度的影响也是非常明显的，语言的交际功能对语言态度产生了很大影响。

五、结语

本次在上木特村和腊者村的调查显示出以下特征：（1）上木特村村民基本上不具备熟练掌握和使用本民族语的能力，会民族语的大都在 55 岁以上。（2）上木特村，汉语（地方话）是他们主要的交流工具。（3）上木特村布依族在很大程度上表现出对汉语的认同，对本民族语的认同感已经明显下降。（4）腊者村村民都具备熟练掌握和使用本民族语的能力，民族语依然是他们的母语。（5）腊者村的重要交流工具依然是本民族语。（6）腊者村村民在本民族语上表现出极大认同，认为不存在母语危机的问题。（7）两个地方均表现出对汉语交际功能的认同，对民汉双语教学都持肯定态度。以上特征显示，语言使用得越频繁，人们对该种语言的功能认同感越强烈，一种语言的交际功能越强，人们对它的情感认同也就表现得越明显。

第三节　罗平县鲁布革乡撒克村语言
使用情况调查研究

一、基本情况

撒克村是鲁布革乡所辖 9 个行政村当中的一个，位于鲁布革乡多依村与乃格村之间，离多依风景区约 8 公里，地处山间平地，从多依及乃格通往撒克村的交通状况都不是很好，撒克村共 52 户，207 人，均为彝族，占鲁布革乡彝族人口的90%。

二、调查过程简述

2010 年 7 月 12 日，为了了解云南省罗平县鲁布革乡各民族语言使用现状及语言关系，中央民族大学"西南民族杂居地区语言关系与语言和谐研究"课题组一行 8 人赴罗平县鲁布革乡撒克村进行实地调查。调查以实地观察和入户填写问卷为主，并对村中一些较为重要的人物进行了重点访谈。

调查过程中，共填写问卷 25 份，有效问卷 24 份，有效问卷比例为 96%，受访者基本信息表如下：

表 8-13　　　　　　　　　　受访者基本信息表

基本信息		受访人数	比例（%）	基本信息		受访人数	比例（%）
有效问卷/问卷数		25/24	96	文化程度	文盲	7	29.2
性别	男	9	37.5		小学	11	45.8
	女	15	62.5		初中	5	20.8
年龄段	19 岁以下	6	25		高中	1	4.17
	20—29 岁	2	8.3	职业	外出打工	1	4.17
	30—49 岁	7	29.2		务农兼经商	2	8.3
	50 岁以上	9	37.5		学生	6	25
民族	彝族	24	100		务农	15	62.5

说明：由于调查时间为 7 月中旬，村里留守的多为老人和小孩，男性外出打工较多，女性留家务农，为此受访者女性占 62.5%，50 岁以上的受访者占较大比例，文化程度相对较低多为小学水平，职业主要为在家务农，同时，正值学生暑期放假，受访者中学生人数占25%。

三、语言使用情况

撒克村的彝族属于世居民族，全村都为彝族，很少与其他民族通婚，即使通婚也都选择汉族。该村村民对本民族语言有着较强的认同感，受访者从小孩到老人都很好地保留和使用着本民族的语言，其母语基本都为彝语，在家或本村都使用本民族语，95.83%的受访者在日常生活中都能流利地使用当地的彝语进行交流。在调查中仅有 4.17%的受访者母语为汉语。该村青壮年多外出打工，但返回撒克村都自觉地改用本民族的语言，同时，撒克村其语言又具有当地的特点，调查中有一名受访者为嫁入撒克村的女性，也是彝族，来自云南省石林县，使用的彝语与撒克村当地的彝语也有所不同。为此，她在家中和家人都是用汉语方言进行交流。

由于撒克村地处鲁布革布依族苗族乡，周边多为布依族和苗族，也是当地村民接触较多的民族，撒克村从地理位置上看，地处山腰，生活多靠种植玉米和生姜，或进行木材交易，该村较为靠近鲁布革的两大集市：木纳村集市和乃格集市，两集市主要人员都为布依族，其次为苗族，而集市通用的语言都为当地汉语方言，撒克村地理环境的特殊性促使当地人学会使用汉语方言，少数人可以听懂一点布依语和苗语，很少有人会说布依语和苗语，在受访者中仅有 1 人的第二语言为布依语，其他都为汉语方言。

四．语言使用特征

（一）年龄特征

撒克村共 52 户，207 人，但青壮年大多外出打工，年龄多为 20—35 岁，我们进村调查时留守村中的人员多为 35 岁及以上的中老年人，占受访者人数的 70.8%，其他大部分都为学生，年龄基本都在 15 岁以下，占受访者人数的 25%，现读小学或初中。年龄在 12—15 岁之间的学生有 6 人，其中 5 人母语都为彝语，第二语言都为汉语，还读小学的学生普通话一般，读中学的学生普通话掌握程度就比较熟练，经常收看汉语电视广播，对普通话的掌握也有一定作用。

35 岁及以上的受访者共 17 人，年龄最大的为 72 岁，全部在家务农，母语都为彝语，在日常生活中都能非常流利地用彝语进行交际，第二语言都为汉语方言，包括年龄较大的 72 岁的受访者，也能使用流利的汉语方言进行交流。5 个人基本能掌握普通话，年龄最大的为 65 岁，这里要提到的一点是，在其他许多民族村寨中年龄偏大的老年人，有的都只会本民族语，不懂汉语，如在鲁布革乡的腊者布依族村，年龄在 65 以上的老年人主要使用本民族语，很少有人讲汉语方言，尤其是普通话。这一点，在撒克村较为不同，对汉语方言和普通话的接受能力超过其他民族，这与撒克村所处的地理环境是有关系的。撒克村处在布依族苗族的聚居地中间，所占人口比例又较小，经济实力较弱，资源也不够丰富，为此，只有加强与外界外族的交流才能保持本民族的生存和发展。体现在语言上就是学习和接纳外族语言，便于沟通。而撒克村最为突出的还在于，在较为强势的布依族聚居区包围中还能完好地保留和流利地使用本族语，这与本民族对民族及语言的认同感有关。在懂普通话的受访者中，有 2 人是在家务农兼经商，生活中需要使用普通话交流，普通话掌握水平为一般；有的是教育程度相对高一些，其文化程度分别有 1 人为高中 2 人为初中，与外乡人接触或受电视广播等传媒的影响，掌握了一定的普通话；未受过教育且年龄较大一些的受访者就不懂普通话。受访者中还有 1 人为长期在外打工，年龄 28 岁，能流利地掌握普通话，但当返回撒克村后就可马上改用本民族语，并不存在遗忘不使用本民族语的情况

受访者在家普遍使用本民族语，只有 2 人认为在家交流最为方便的是汉语方言，占受访者人数的 8.3%，1 人年龄为 12 岁，1 人 45 岁，可看出该村本民族语使用和保留较为完好，同时对本民族语使用的影响因素，除一般我们所认为的年龄，还有具体的更为复杂的其他因素，如家庭等。

（二）性别特征

在 24 位受访者中，男性有 8 位，占受访者人数的 33.3%；女性有 16 位，占 66.7%，男性母语都为彝语，受教育程度普遍高于同村女性，没有文盲，第二语言都为汉语，懂普通话的人数占 75%，比之于当地汉语方言、普通话而言，彝语作为本民族语是男性受访者最为流利和熟悉的语言。相对而言，撒克村留守村民中女性偏多，女性受访者相对男性而言，受教育程度偏低，其中有 6 人为文盲，占受访者人数的 37.5%，97.7%的受访者母语为彝语，第二语言为汉语，31.3%的人不懂普通话，只有 18.8%的人能流利使用普通话，日常生活中都使用本民族语进行交流。

（三）职业特征

受访者职业分别有外出打工、务农、务农兼经商、学生 4 种类型，职业的不同也影响了语言的使用。受访者中比例最高的是务农人员，占总人数的 62.5%；其次是学生，占受访者总数的 25%；务农兼经商的占 8.3%，最少的是外出打工的占 4.17%，但因调查时间为 7 月，村里外出打工的人都未返乡。全村 207 人，约有 40%外出打工。为此，本次调查只碰到一位外出打工返乡的村民，但通过他还是可以了解到该村外出打工者语言使用方面的一些情况，因为职业原因，外出打工者普通话掌握得相对较好，但在

家中村里都能流利地使用本民族语，只在遇到陌生人或一般朋友时使用普通话而不是汉语方言，不会因为外出打工时间较长而忘记本族语，因为通常往家打电话还是自然使用本族语，在外乡与本民族的人进行交流时也经常使用本民族语。

其次是学生，因为在学校经常使用的缘故，这一群体普通话水平也相对较好，50%的人普通话非常流利，他们喜欢收看各类普通话影视节目，对汉语方言和普通话的认可度和接受度高于同村其他群体的受访者。

受访者中还有一类是务农兼经商的村民，农闲时兼顾经商。由于经商的需要，汉语方言和普通话的掌握也相对好于仅仅是务农的受访者，在受访者中有 15 人为务农人员，其中 66.7%的人不懂普通话，除本民族语外只能使用汉语方言进行交流。由于撒克村地处鲁布革布依族苗族乡，同时周边民族的人数远远超过本村的人数，在平时很少有布依族和苗族主动学习和使用彝语，加之撒克村地理位置特殊，并未处在交通要道，而在多依和乃格之间的山腰平地，多依到乃格在山脚有一条直道，无需通过撒克村。为此，撒克村村民进行农产品、生活用品的买卖都必须到多依或乃格的集市进行交易。对于撒克村的村民而言，不能使用布依语，就必须使用汉语方言，因为在这些大的集市中最为通用的是汉语方言和布依语，同时集市中还有苗族，而苗族也通常使用汉语方言进行交流。为此，撒克村的受访者中有 1 名女性除彝语外，还兼通汉语、苗语、布依语和普通话，但这样的人很少，其他村民也有个别能听懂一点点布依语但不会说，且都为基本的日常打招呼的语词。

五、不同场合的语言使用

（一）家庭用语

在撒克村的家庭内部，主要的交际语言是彝语。本村 95.8%的人母语为彝语，4.17%的人母语为汉语，为汉彝通婚家庭，父亲是汉族，母亲是彝族，孩子的母语是汉语，第二语言是彝语，另一个家庭母亲为彝族但来自云南省石林县，其彝语与撒克村当地的彝语不同，为此妻子与丈夫在家使用汉语方言，孩子母语是彝语，但在家庭中与母亲讲汉语方言，与父亲多讲彝语。8.33%的受访者在家与长辈使用汉语方言，91.67%的人选择使用本民族语，50 岁以上的受访者中 99%希望在家里使用本民族语进行交流，并认为在家里使用本民族语是最为方便的，20%的人在家当孩子使用汉语进行交际时，自己会坚持使用本民族语，30%的人面对外出打工返家的孩子使用汉语进行交际时，会坚持使用本民族语。撒克村 50 岁以上的受访者对本民族的态度在一定程度上影响了全村对本民族语使用的态度，这对撒克村彝语完好保留使用起到了一定的作用。

（二）社区用语

在撒克村内部，本民族的人交流时通常使用彝语，与进村的外乡人交流时，通常使用汉语方言或普通话。由于撒克村人口较少，52 户人家居住也较为密集，相互之间都较为熟悉，加之与苗族、布依族通婚情况较少，在村寨中使用本民族语最为方便，外出打工的人回到撒克村都自觉改用本民族语，16.7%的受访者跟外出打工返乡后的人坚持使用民族语，并态度坚决，尤其是年龄偏大的受访者。对孩子从校返家，外出打工返乡，都坚持使用本民族语与之交流。55 岁以上的受访者中，25%的人态度较为坚决，对孩子从校返家，只用本民族语与之交流；37.5%的人对外出打工返乡的人只用本民族语与之交流。在所有受访者中，有 4.17%的人对外出打工返乡不使用本族语的人采取不搭理的态度。只有 4.17%的受访者与朋友交流使用汉语方言，其他受访者在与朋友交流时都使用本民族语，同时也只有 20.8%的受访者与自己认识的人使用汉语方言，多数人还是会选择使用本民族语。总体来看，在撒克村完好地保持着本民族语的使用传统，学龄前的孩子大部分都是进入小学后才学会汉语，此前大部分都不懂汉语，中青年人也保持着良好的语言态度，即使是外出打工，也很好地保持着对本民族语言的尊重，老年人无论在家或本族村寨，都保持着使用本民族语的习惯和传统，并维持和促进本民族语在不断接受外来变化和影响的同时能具备较强的自我保护和抵御力。

（三）跨社区用语

从跨社区的角度看，只有 12.5%的受访者在跨社区的场合下会使用汉语方言，而不管对方是本民族人或外族人；87.5%的受访者在跨社区的场合中，只要知道对方是本民族人，就会自觉使用本民族语进行交流。撒克村是一个很小的村寨，与外界的交流也需要不断增加，才能保持自身的发展，该村为布依族和苗族村寨包围，其中交流最多的又是布依族，因为布依族人口较多，分布地域较广，属于鲁布革乡的强势民族。但由于布依族温和友善的民风，对撒克村的彝族而言与其交流时并不会产生过多的矛盾和不和谐，从语言上而言，也不会使用强势的民族语言态度要求外族人员使用本族语，所以，当撒克村的彝族人与布依族打交道时，多使用汉语方言，只有少部分人觉得交流更方便或觉得布依语有意思，才会主动学习。其他情况下，撒克村和外界布依族、苗族、汉族交流都使用较为通用的汉语方言，这从一定程度上也可看到是大环境下受到汉语强势的影响。

（四）其他场合用语

表 8-14　　　　　　　　撒克村受访者其他场合用语表

场合	语言使用人数和比例					
	彝语		汉语方言		普通话	
	人数	比例（%）	人数	比例（%）	人数	比例（%）
机关单位	2	8.33	22	91.67	0	0
学校	0	0	0	0	6	100
集市	10	41.67	14	58.33	0	0

说明：受访者有时会根据交流的对象选择使用何种语言，在相同的场合下会出现使用两种或两种以上语言，本表中则选取受访者主要使用的一种语言进行数据的统计。同时，在统计学校用语时只针对在校学生。

　　在受访者中，在政府机关单位的场合中使用率较高的是汉语方言，占总人数的 91.67%，只有 8.33% 的人会使用本民族语进行交流。在学校，受访者中在校学生有 6 人，100% 都使用普通话进行交流，其中还有 1 名学生认为自己最为熟悉的语言是普通话，这与其接触大量的普通话电视广播节目有关。在集市，受访者中通常选择使用本民族语或汉语方言，没有人使用普通话。其中 41.67% 的人在集市与本族人打交道时使用本民族语。58.33% 的人选择使用汉语方言，多为与外族人进行交易。撒克村村民在集市对使用语言的选择与集市的特点有着密切的联系，鲁布革乡现有 3 个集贸市场，分别位于八大河、多依、乃格，是全乡商贸物资及农副产品的集散地。多依集贸市场位于多依村委会木纳村小组，该市场兼做多依河景区停车场，乃格市场位于乡政府驻地乃格村，这两个集市赶集的群众主要来自周边的村寨，有布依族、苗族、汉族、彝族，其中布依族居多，汉族、彝族较少。当地村民所需的各种农用物资、生活日用品以及所生产出来的农副产品，都必须通过集贸市场这一平台进行交易，撒克村村民需要到离村最近的这两个集市卖自己种植的玉米和生姜，以及初加工的木材，同时也可购买日常生活用品，而在集市中，语言是必须使用的交流工具，由于是多民族的交融，大家都选择了较为通用的一种语言，就是汉语方言，也有少部分人由于好奇或兴趣会选择学习布依语或苗语。

六、语言态度

表 8-15　　　　　　　　撒克村受访者语言态度表（一）

情景 \ 语言	彝语		汉语方言		普通话	
	人数	比例（%）	人数	比例（%）	人数	比例（%）
情景一	16	66.67	3	12.5	5	20.83
情景二	22	91.67	1	4.17	1	4.17

说明：情景一：会讲的语言哪种好听？情景二：自己最熟悉的语言。

表 8-16　　　　　　　　撒克村受访者语言态度表（二）

情景 \ 态度	感到亲切高兴		感到无所谓		感到不高兴别扭	
	人数	比例（%）	人数	比例（%）	人数	比例（%）
情景一	1	4.17	18	75	5	20.83
情景二	24	100	0	0	0	0
情景三	23	95.83	0	0	1	4.17
情景四	20	83.33	4	16.67	0	0
情景五	0	0	19	79.17	5	20.83

说明：情景一：对村里有人外出回家后只讲汉语不讲本民族语的态度。情景二：外民族学习您的语言。情景三：别人用本民族语跟你交谈。情景四：在县城听到本民族语的感觉。情景五：交谈时别人用汉语。

　　撒克村完好保留和使用本民族语与本村村民对本民族语的态度有关，从表 15 撒克村受访者语言态度表（一）中我们可看出，66.67%的受访者认为本民族语最好听，20.83%的人认为普通话好听，12.5%的人认为汉语方言好听。从总体上看，母语都为彝语的撒克村彝族，绝大多数人还是较为认同自己的本民族语，无论从语言使用的习惯还是从情感上都偏重于本民族语。虽然以仅占鲁布革乡人口 1.28%的比例世居于布依族苗族包围的乡村，但是并未因此就放弃自己的语言和生活习惯，能抵御外界的影响。虽然撒克村的本民族语对外界影响力较小，应用范围也较小，但是91.67%的受访者仍然认为比之于汉语方言和普通话，自己最为熟悉的还是本族语，对本族语的认同感较强。但同时并不排斥外族语言，对语言使用的选择发自内心或传统，没有过于强硬的选择要求，这一点可从表16 撒克村受访者语言态度表（二）中看出，（1）对村里有人外出回家后只讲汉语不讲本民族语的态度，75%的人觉得无所谓，20.83%的人会感到不高兴，而其不高兴的态度也并非是强烈的，没有表示不理睬，只是继续使用本民族语与之交谈。（2）针对外民族学习彝语的情况，受访者100%都表示很高兴，都很愿意教授对方本族语。（3）面对外族人使用彝语和自己进行交流时，95.83%的受访者表示很亲切，83.33%的受访者在县城听到本族语也都会感到很亲切。可看出撒克村的村民对自己本民族语的态度是对本民族所传承的语言的自我认可，即使用的自觉性，同时也是民族团体感。（4）另一方面，在对情景五调查"交谈时别人用汉语"的结果显示，79.17%的受访者觉得别人使用汉语与自己交流时，自己也马上改为汉语方言与之交流，主要是体现对对方的尊重，而20.83%的受访者会坚持使用本族语，在这些受访者中，有的是文盲，有的年龄偏大，他们都觉得比之于汉语方言自己的本族语更流利，这是他们选择继续使用本族语与他人交流的主要原因。

从以上数据分析撒克村村民在语言上具有较突出的特点：能吸纳不同但同时又保持自我，能用开放包容的态度面对外来的影响但又不会轻易改变自我。撒克村的彝族村民能保持这样的语言状况和态度与其民族的气质有着较大的关系。包括年龄 60 岁以上的受访者并不排斥外族语言，而且通常都采取尊重外族语言的态度，能使用整个大的区域内通用的汉语方言，并不因年龄大而不学习本民族语言以外的其他语言。对待年轻人使用语言的态度也较为宽容，在受访者中 60 岁以上的有 5 人，其中有 4 人都对本村打工返乡的本族人使用汉语表示无所谓，没有要求强制使用本族语的表现和想法，而事实上在本村中外出打工返乡的人回乡后就会马上改为本民族语，这样宽松自觉的语言使用环境下，不会因为人口较少而使撒克村的民族语丧失，反之使其语言得到了很好的保存。

同时，还有外在的因素，撒克村地处多民族杂居区，相对强势民族是布依族，其强势并不是表现在语言态度上，而仅仅是人口较多，有丰富的旅游资源，水热资源，森林资源等，并不会对撒克村有任何强制性的语言冲击。同时，也正因为是多民族地区，各民族之间的交流寻找到了一个通用的语言——汉语方言，这也是各民族内部的自我保持，外部通用汉语的方式保持了民族语的完好，而撒克村也因此得到了保持自己传统语言态度的外在保证。

第四节　罗平县长底乡以则村和鲁布革乡腊者村布依语使用情况及语言态度对比分析

一、调查过程简述

罗平县是云南省布依族分布最集中的地区，主要集中居住在该县的长底和鲁布革两个乡。2010 年 7 月中旬，为了了解该地区布依族语言使用情况及其与周边民族语言的关系，中央民族大学"西南民族杂居地区语言关系与语言和谐研究"课题组一行 8 人赴当地进行为期 1 周的调研。课题组以实地观察、入户填写问卷以及重点访谈等方式获取第一手资料，本节将在调研数据基础上，对长底乡以则村和鲁布革乡腊者村布依族语言使用情况及语言态度进行对比分析。

调查过程中发放问卷 503 份，回收有效问卷 489 份，（其中语言使用问

卷 273 份，语言和谐问卷 216 份），有效问卷 97.2%。受访者基本信息分类
列表如下：

表 8-17　　　　　　　　　　两个村受访者信息表

基本信息项		受访人数	比例(%)	基本信息项		受访人数	比例(%)
有效问卷数/问卷数		489/503	97.21		文盲	138	28.22
性别	男	212	43.35	文化程度	小学	164	33.54
	女	277	56.65		初中	149	30.47
年龄段	10—19 岁	104	21.27		高中(中专)	34	6.95
	20—29 岁	49	10.02		大专(以上)	4	0.82
	30—39 岁	58	11.86	职业	学生	90	18.40
	40—49 岁	87	17.79		务农	303	61.96
	50—59 岁	85	17.38		经商	49	10.02
	60 岁以上	106	21.68		农闲时务工	26	5.32
民族	布依	428	87.52		其他职业	21	4.30

二、两个乡布依族语言使用现状

长底乡是布依族和汉族杂居地区，布依族、汉族村寨交错分布，大都
靠近公路。本地通行汉语，布依族村寨中仅 50 岁以上的老人交流时偶尔使
用布依语。经调查发现，该乡布依语已处于极度濒危状态。

鲁布格乡是多民族杂居地区，有布依、苗、汉、彝等民族分布，以布
依族占大多数，布依族居住在多依河沿岸，有的村寨相对封闭交通极为不
便，本地通行布、汉两种语言。布依族大多使用本民族语，50 岁以上的老
人不太会讲汉语。经调查发现，本地小学还使用民汉双语教学，布依语保
存相当完整。

以下我们将对长底乡以则村和鲁布革乡腊者村布依族语言使用情况和
语言态度进行对比分析。

三、长底乡以则村和鲁布革乡腊者村受访者情况对比分析

（一）长底乡以则村

以则村是长底乡一个布依族村寨，距长底乡政府 5 公里，横跨交通主
干线，全村 110 多户，均为布依族，但房屋建筑明显汉化。课题组在该

村共发放 51 份问卷，回收 51 份。下面是以则村 51 份问卷受访者基本信息表：

表 8-18 以则村受访者信息表

基本信息项		受访人数	比例（%）	基本信息项		受访人数	比例（%）
有效问卷数/问卷数		51/51	100	文化程度	文盲	13	25.49
性别	男	23	45.10		小学	15	29.41
	女	28	54.90		初中	16	31.37
年龄段	10—19 岁	12	23.53	文化程度	高中	5	9.80
	20—29 岁	2	3.92		大专(以上)	2	3.92
	30—39 岁	6	11.76	职业	学生	12	23.53
	40—49 岁	13	25.49		务农	23	45.10
	50—59 岁	6	11.76		经商	2	3.92
	60 岁以上	12	23.53		农闲时务工	4	7.84
民族	布依	51	100				

在长底乡以则村，人们日常生活中主要以汉语方言（地方话）作为交际工具，使用本民族语的场合比较少，使用频率也很低。村里本民族成员之间交际基本不用布依语，同外村本民族成员交流也不使用布依语，只有少数老年人在有关民族事务和节日时讲布依语，或者在家庭内部偶尔使用。

在该村 51 位受访者中，能够用布依语进行日常交流的只有 6 人，其中年纪最小的 56 岁；会说一些简单日常词汇的有 8 人；听得懂但不会说的有 8 人；完全听不懂的有 28 人。

从以上信息不难看出，以则村布依族母语使用者高龄化现象严重，代继传承问题非常突出，掌握母语的人年龄都在 50 岁以上，30—40 岁的能听懂或者会说一些简单的词汇，30 岁以下的完全听不懂。据本村 80 岁的老人曾学历先生介绍，他们一家本为汉族，在罗平县划分民族片区的时候，因为居住在布依村寨里，就被改为布依族。他们也没有觉得不妥，反正他觉得两个民族现在没有太大差异。类似这种情况长底乡还有一些。

（二）鲁布革乡腊者村

腊者村是鲁布革乡的一个布依族村寨，位于多依河发源地。全村共 107 户，474 人。村寨格局和居民建筑风格都显示出非常浓郁的布依族特色。课题组在该村共发放 45 份问卷，回收 45 份，受访者基本信息详见下表。

表 8-19　　　　　　　　　　**腊者村受访者信息表**

基本信息项		受访人数	比例(%)	基本信息项		受访人数	比例(%)
有效问卷数/问卷数		45/45	100	文化程度	文盲	12	26.67
性别	男	24	53.33		小学	14	31.11
	女	21	46.67		初中	14	31.11
年龄段	10—19 岁	9	20.00		高中	5	11.11
	20—29 岁	7	15.56				
	30—39 岁	4	8.89	职业	学生	7	15.56
	40—49 岁	11	24.44		务农	29	64.44
	50—59 岁	8	17.78		经商	7	15.56
	60 岁以上	6	13.33		农闲时务工	2	4.44
民族	布依	45	100				

　　腊者村是一个纯布依族村寨，村里通行布依语，在多数场合，布依语发挥着极其重要的交际功能。

　　由于村里没有汉族，邻近的几个村寨也都是布依族村寨，因此在腊者村的多数家庭，布依语是唯一的交际语言，家庭内部若无特殊情况一般不会转用汉语。多数学龄前儿童都只能接触到布依语，为母语单语人。村里的小学教师在三年级以前使用民汉双语教学，儿童在小学四五年级以后基本能熟练使用汉语。有少数老年人也是母语单语人，还有部分就算能听懂汉语，交际能力也极为有限。如果没有别的民族来访，村里基本不使用汉语。

　　在本地集市，腊者村村民与本族人之间交流一般也使用布依语，与陌生人或者知道他是汉族的，才使用当地汉语方言交流。据当地村民介绍，由于布依语使用人数较多，当地一些其他民族（如苗族、彝族等）也主动学习布依语，并能使用布依语同他们交流。到政府机关、医院等地方办事时，语言使用情况要视交际对象而定。近 10 年来，由于多依河景区的开发，外来人员增多，汉语的使用频率也有所上升，但是民族语的使用频率仍比汉语高得多。

　　腊者村使用的布依语属于第一土语，与附近村寨在语音、词汇、语法方面都没有任何差异，用母语交流不存在障碍。与周边地区乃至布依族聚居地的贵州本民族人之间也能正常交流。

　　（三）语言使用情况及语言态度对比

　　1. 民族语使用情况对比

　　从以上信息中我们不难看出，这两个村子的语言使用情况完全不同，下表为两村的布依语使用程度列表。

表 8-20　　　　　　　　两个村民族语使用情况对比

村别＼程度	非常流利	比较流利	一般	会说一点简单的	听得懂但不会说	完全不懂
以则	—	3	4	8	8	28
腊者	23	17	5	—	—	—

不难看出，以则村村民的布依语水平参差不齐，熟练掌握布依语的人非常少，包括只会说些简单日常用语的人在内仅占受访者总数的33.3%，能用布依语交流的只是少数年纪较大和专门学习的人。腊者村的45位受访村民全都会说布依语，只是程度有所差别。这种情况的成因之前已经稍作分析，而这必然会导致他们的语言态度产生差异。

2. 语言态度对比

由于以则村和腊者村的语言使用情况有很大差异，导致了他们的语言态度也有明显的不同，下面我选择了调查问卷中的四个具有代表性的问题来作具体分析（其中以则村问卷51份，腊者村问卷45份），详见下表。

表 8-21　　　　　　　　两个村语言态度对比

村别＼选项	汉语方言（含普通话）	比例（%）	本民族语言（布依话）	比例（%）	汉语方言和布依话都用	比例（%）
Q1. 自己讲得最流利的是哪一种语言？						
以则	44	86.27	7	13.73		
腊者	2	4.44	36	80.00	7	15.56
Q2. 认为本地使用哪一种语言最方便？						
以则	47	92.16	4	7.84		
腊者	3	6.67	40	88.89	2	3.92
Q3. 接触到的语言中哪一种语言最好听？						
以则	36	70.59	15	29.41		
腊者	7	15.56	31	68.89	7	15.56
Q4. 希望在家里家人用什么语言跟你交流？						
以则	41	80.39	10	19.61		
腊者	6	13.33	39	86.67		

从上表我们可以看出：认为自己能流利说布依语的比例，以则村的占总调查人数的 13.73%，而腊者村高达 95.56%；超过 90%的以则村村民认为在本地使用汉语方言（西南官话）最方便，90%以上的腊者村村民则认为当地使用布依语交流比较方便；在以则村，70%以上的人觉得当地汉语方言比较好听，而 70%的腊者村村民认为本民族的布依话比较好听；在家庭内部交流的时候，80%的以则村村民希望使用当地汉语方言，86%的腊者村村民都使用布依语交流。由此可以看出大多数以则村受访者在情感上不再倾向于本民族语，本地布依语使用频率的降低使得很多布依族对自己母语的感情不再强烈。而在腊者村则不同，他们对本民族语言的感情仍相当强烈。

四、原因分析总结

（一）以则村原因分析

外部原因：

邻近汉文化中心区。虽然长底乡有很多布依村寨，但是在乡政府、医院等办事大家都使用本地方言。由于邻近交通主干线，社会经济发展迅速，汉文化渗透较快，加速了对布依语的冲击。

居住地较分散。虽然是小聚居，但是并没有连成片，同许多汉族村寨交叉分布，使用汉语的频率高。

内部原因：

从众心理。与外来人口交流增多，使用汉语频率高，现代科技文化传播皆使用汉语，看见大家都用汉语，自己也想用。

自卑心理。认为自己说的话"土"，非本族人听不懂，也没有别的人去说，所以自己不肯说也不去学。

（二）腊者村原因分析

密集的人口分布。布依族人口分布密度较高，腊者村是纯布依山寨，都是本地土生土长的布依族，少数是从周边村寨嫁入，只有个别是非本民族。

相对封闭的自然环境。腊者村位于多依河发源地，依山傍水，有自给农耕条件，在多依河景区开发之前，交通极为不便，处于相对封闭的的环境。

相对滞后的文化教育。过去由于交通闭塞，又远离汉文化中心，汉语文教育在本地处于相对落后的状态。虽然国家高度重视教育问题，但各方面的发展并未跟上。

浓郁的母语文化气氛。在腊者，布依语除了在绝大多数生活领域发挥着巨大作用，还担负着文化创造和文化传承的作用。人们在生产生活中还保持着布依族传统风俗习惯。

和睦的民族关系。鲁布革乡有 7 个纯布依村寨，其他还有苗族、彝族等及个别汉族自然村。使用频率最高的是布依语，别的民族不但不歧视，还有很多自愿学习布依语，并使用布依语与之交流的非布依语民众，民族关系非常和睦。

第五节　罗平县长底乡布依语使用情况个案研究

一、调查过程简述

2010 年 7 月中旬，中央民族大学"西南民族杂居地区语言关系与语言和谐研究"课题组一行 8 人对罗平县长底乡[①]进行了为期 3 天的调查。我们主要调查了上木特村、下木特村、新法村、补笼村、以则村、长底村、小河边 7 个布依族居住比较集中的自然村。此次调查主要采用了填写问卷、实地观察和重点访谈等方法，对当地布依族语言使用情况进行了初步了解。

调查过程主要是：先在村内进行随机抽样，一般是由调查人员向调查对象口述问题，并提供选项，调查人员按照受访者的选择填写问卷。当问卷调查进行到一定阶段时，根据缺少的受访者类型，有意识地在调查中进行补充。遇到健谈的、口齿伶俐的村民就对其进行访谈，获取问卷以外的一些重要信息。

二、受访者基本情况分析

（一）基本情况介绍

在长底乡，我们一共收回 130 份有效问卷，受访者都是布依族。其中约 90%是土生土长的长底乡人。受访者中有 3 人是从贵州嫁到这里来的，也是布依族。还有十几位是从罗平县别的乡镇嫁过来的。受访者中男性稍微多于女性。有过外出打工 3 年以上经历的有 23 人，占 17.69%。

（二）受访者职业统计

表 8-22　　　　　　　受访者职业情况统计表

职业类别	务农	学生	在家经商	在外经商	外出务工	农闲时外出务工	待业在家	退休在家
人数	86 人	20 人	4 人	4 人	3 人	9 人	2 人	1 人

---

① 长底乡基本情况详见本章第二节。

（三）受访者受教育程度统计

表 8-23 受访者受教育程度情况统计

受教育程度	没上学	小学	初中	高中（包括中专）	大专以上
人数	34 人	46 人	39 人	8 人	2 人

由表 23 可以看出，当地村民的文化程度都比较低，文盲和小学水平的人占到 62.02%。在调查的过程中发现，小学水平的受访者中很多只上到了二三年级，并没有小学毕业。从后面的文字问题分析也可以看出，文化程度低也是受访者理解不了与本民族文字应用有关的问题的重要原因。

三、语言使用情况分析

（一）布依语水平状况分析

1. 受访者不同年龄段布依语水平状况分析。在我们完成的 130 份问卷当中，受访者在 20 岁以下的有 20 人，21—29 岁有 7 人，30—39 岁有 14 人，40—49 岁有 23 人，50—59 岁有 32 人，60—69 岁有 16 人，70—79 岁有 13 人，80 岁以上有 5 人，受访者布依语使用状况如下表所示：

表 8-24 受访者各年龄段布依语掌握情况表

年龄阶段	调查人数	布依语掌握情况					
		非常流利	比较流利	一般	会说一些简单的	听得懂但不会说	听不懂
80 岁以上	5 人	0	2	0	2	1	0
70—79 岁	13 人	4	3	2	3	1	1
60—69 岁	16 人	4	4	0	5	2	1
50—59 岁	32 人	4	7	1	7	7	6
40—49 岁	23 人	1	1	6	8	4	3
30—39 岁	14 人	1	1	1	4	2	4
21—29 岁	7 人	0	0	0	0	4	3
20 岁以下	20 人	0	0	0	2	1	17

2. 受访者布依语程度统计表：

表 8-25 受访者布依语掌握情况总体比例表

问题 ＼ 选项	非常流利	比较流利	一般	会说一些简单的	听得懂但不会说	听不懂
您的布依话程度怎样？	14 人	18 人	9 人	29 人	25 人	35 人
比例（%）	10.77	13.85	6.92	22.31	19.23	26.92

从表 24 我们可以看出，受访者中，70 岁以上能熟练掌握并运用布依语的（包括非常流利和比较流利）只有 9 人，占该年龄段受访者的 50%；一般掌握的有 2 人，占 11.11%；会说一些简单布依语的有 5 人，占 27.78%；基本听懂布依语但不会说的有 2 人，占 11.11%；完全听不懂的只有 1 人，占 5.56%。在 60 岁以上这个年龄段中，能熟练掌握并运用布依语的有 8 人，占该年龄段调查对象的 50%；会说一些简单布依语的有 5 人，占 31.25%；基本听懂布依语但不会说的有 2 人，占 12.50%；完全听不懂的只有 1 人，占 6.25%。由此可见，在 60 岁以上的老人中已经有一半人不能熟练掌握并运用布依语了。在 50—59 岁年龄段中，熟练掌握并运用布依语的有 11 人，占该年龄段的 34.38%；一般掌握的占该年龄段的 3.13%；会说一些简单布依语的有 7 人，占 21.88%；基本听懂布依语但不会说的有 7 人，占 21.88%；完全听不懂的只有 6 人，占 18.75%。在 40—49 岁这个年龄段中，熟练掌握并运用的有 2 人，占该年龄段的 8.70%；一般掌握的有 6 人，占 26.09%；会说一些简单布依语的有 8 人，占 34.78%；基本听懂布依语但不会说的有 4 人，占 17.39%；完全听不懂的只有 3 人，占 13.04%。在 30—39 岁这个年龄段中熟练掌握并运用的有 2 人，占该年龄段的 14.29%；一般掌握的有 1 人，占 7.14%；会说一些简单布依语的有 2 人，占 14.29%；基本听懂但不会说的有 5 人，占 35.71%；完全听不懂的只有 4 人，占 28.57%。在 30 岁以下的受访者中，没有人能掌握布依语（包括熟练掌握和一般掌握），会说一些简单布依语的有 2 人，占该年龄段的 7.41%；基本听懂但不会说的有 5 人，占 18.52%；完全听不懂的有 20 人，占 74.07%。

从表 26 可以看出，还可以运用布依语交流的（包括熟练掌握和一般掌握）占受访者总数的 31.53%，剩下的已经不会布依语了。由两表可以看出这一地区会讲布依语的人已经很少了，只有少数的老人和中年人可以讲，30 岁以下已经没有人会讲布依语，布依语在这一地区将面临消亡的危险。

3. 各村受访者布依语水平状况分析如下。

表 8-26　　　　　　　　长底乡各村受访者布依语掌握情况表

村寨	调查人数	布依语掌握情况					
		非常流利	比较流利	一般	会说一些简单的	听得懂但不会说	听不懂
上木特村	19 人	2	2	2	3	3	7
下木特村	25 人	2	7	1	5	5	5
新法村	8 人	1	0	0	4	2	1

续表

村寨	调查人数	布依语掌握情况					
		非常流利	比较流利	一般	会说一些简单的	听得懂但不会说	听不懂
补笼村	20 人	4	4	2	3	4	3
以则村	37 人	3	4	4	8	6	12
长底村	17 人	1	1		4	5	4
小河边	4 人				1		3

上木特村中能熟练掌握并运用布依语的有 4 人，占该村受访者的 21.05%；一般掌握布依语的有 2 人，占 10.53%。下木特村中熟练掌握并运用布依语的有 9 人，占该村调查对象的 36%；一般掌握布依语的有 1 人，占 4%。新法村中能熟练掌握并运用布依语的只有 1 人，占该村受访者的 12.50%。补笼村中熟练掌握并运用布依语的有 8 人，占该村受访者的 40%；一般掌握布依语的有 2 人，占 10%。以则村中熟练掌握并运用布依语的有 7 人，占该村受访者的 18.92%；一般掌握布依语的有 4 人，占 10.81%。长底村中熟练掌握并运用布依语的有 2 人，占该村受访者的 11.76%。小河边调查的 4 个对象中没有掌握布依语的。①由以上的统计分析可以看出，补笼村是该地区布依语使用情况较好的村，其次是下木特村、上木特村。其余几个村布依语使用情况更严峻。

（二）语言使用情况分析

我们按交际的场合和范围的不同，将该地区布依族的语言使用分为家庭内部、村内、村际三种情况分别进行分析。

1. 家庭内部语言使用情况的分析。从调查问卷上可以看出，大部分家庭把汉语作为唯一的交际工具，基本不用布依语；少数家庭使用布依语，但也是以汉语为主。受访者的家庭内部语言使用数据汇总分析如下。

表 8-27　　　　　　　受访者家庭语言使用情况表

使用语言 交流对象	布依语		汉语		布汉		布普		普通话	
	人数	比例	人数	比例	人数	比例	人数	比例	人数	比例
父亲（73）	19	26.03%	49	67.12%	6	8.23%	0	0	0	0
母亲（76）	20	26.32%	53	69.74%	3	15%	0	0	0	0
配偶（73）	9	12.33%	59	80.82%	5	6.85%	0	0	0	0
子女（77）	4	5.19%	64	83.12%	6	7.79%	1	1.30%	2	2.60%

说明：括号中的数据代表有效问卷的数量，以下同。

---

① 由于新法村和小河边受访者的人数有限，数据可能不是很准确。

　　由此可见，从语言功能的强弱来看，在该地区布依族家庭内部，汉语方言的功能最强，布依语次之，普通话最弱。汉语方言已经成为家庭内部的主要交际工具。尤其是在与子女进行交流时，83.12%的受访者只用汉语，7.79%的人既使用布依语，也会同时使用汉语，也就是说，事实上90%以上的受访者选择用汉语与子女交流，这跟子女布依语水平不高及其语言态度有很大的关系。

　　2. 村内语言的使用状况。为了了解该地区村内语言使用状况，我们设计了两个问题："您在村子里跟熟悉的人说什么话"和"您在村子里遇到不认识的人说什么话"，并根据收集到的问卷数据做了统计。

表 8-28　　　　　　　　　受访者在本村内语言使用情况表

语言使用 / 交谈对象	汉语		布依语		布汉双语		普通话	
	人数	比例	人数	比例	人数	比例	人数	比例
与熟悉的人（85）	54	63.53%	13	15.29%	18	21.18%	0	0
与不认识人（84）	76	90.48%	7	9.21%	1	1.32%	0	0

　　从调查的数据可以看出，汉语是该地区村民之间主要的交际用语，同时兼用布依语。与村中熟悉的人交谈时，有 63.53%的受访者使用汉语，15.29%的人使用布依语，21.18%的人同时使用布依语和汉语，没有人使用普通话。与不熟悉的人交谈时，90.48%的人使用汉语，9.21%的人使用布依语，21.18%的人同时使用布依语和汉语，也没有人使用普通话。由此可以看出，在村内交际时，不论对熟悉的还是不认识的人，该地区布依族使用汉语的人最多。

　　3. 村际语言使用状况分析。为了了解该地区布依族在村外语言的使用状况，我们根据他们日常可能出入的场所及遇到的各种人，设计了 5 个问题，即当在别的村寨遇到熟人、在别的村寨与生人交谈、在本地医院、集市及政府办事时使用什么语言。具体数据分析如下：

表 8-29　　　　　　　　　受访者跨社区语言使用情况表

语种 / 场合/对象	布依语		汉语		布汉	
	人数	比例	人数	比例	人数	比例
别寨熟人（84）	14	16.67%	53	63.09%	16	19.05%
别寨生人（84）	5	5.95%	71	84.52%	5	5.59%
本地集市（86）	3	3.49%	73	84.88%	9	10.47%
本地医院（87）	0	0	82	94.25%	0	0
本地政府（79）	0	0	76	96.20%	0	0

续表

场合/对象 ＼ 语种	普汉		普通话		布普汉	
	人数	比例	人数	比例	人数	比例
别寨熟人（84）	0	0	1	1.19%	0	0
别寨生人（84）	0	0	3	3.57%	0	0
本地集市（86）	1	1.16%	0	0	0	0
本地医院（87）	1	1.15%	3	3.45%	1	1.15%
本地政府（79）	0	0	2	2.53%	1	1.27%

从上表可以看出，不论在什么样的场合，与什么样的人交谈，汉语的使用比例都是最高的，其次是布依语，用普通话交际的人较少。在别的村寨与人交际时，该地区布依族使用布依语的比例比在其他场合（集市、医院、政府）要高；在医院和政府里基本不讲布依语了，只有一个人选择了会用布依语、汉语方言、普通话进行交流。

四、有关文字问题的分析

调查统计显示，受访者中知道布依族有自己本民族的文字的只有 4 人，占受访者总数的 3.08%。而对于问题"C2、您认识布摩用来记录经书的文字吗？" 问题"C3、您听说过新创制的布依族拼音文字吗？"只有 1 人选"认识一些，但读不准"，"只听说过，但没有见过"。没有人参加过布依族新文字方案的培训或推行工作。对于问题"C5、您是通过什么途径掌握布依文的？""C6、布摩用的文字和新创制的拼音文字，您认为哪种更容易推广？"没有受访者给予回答。在受访者中，有 43 人认为布依族应该有自己的文字，占总调查对象的 33.08%；认为没有必要有自己文字的有 9 人，占总调查对象的 6.92%；其余大部分没有选或者选择"说不清楚"。

在受访者中，有 44 人觉得自己作为布依族的一员应该学习布依文，占调查人数的 33.85%，认为没有必要的有 13 人，占总调查对象的 10%；其余大部分没有选或者选择"说不清楚"。

由此看来，该地区的布依族绝大多数都没有听说过新创的布依族拼音文字，他们对本民族语言文字的认同感也不是很强，只有近 1/3 的人认为应该有布依文并且作为布依族的一员应该学习布依文。其他的受访者因为知识水平有限，对语言文字的诸多问题没有看法，所以对这个问题说不清楚。

五、关于语言态度的分析

我们通过"您认为自己讲得最流利的是哪一种语言"这个问题来了解

调查对象语言使用的自我评价，其中有 128 人作了有效回答，详见下表：

表 8-30　　　　　　　　　　受访者语言自信程度统计

问题 ＼ 选项	布依语		汉语（方言）		布汉	
	人数	比例	人数	比例	人数	比例
最流利的语言是？	8	6.25%	100	78.13%	14	10.94%

问题 ＼ 选项	汉普		普通话		布汉普	
	人数	比例	人数	比例	人数	比例
最流利的语言是？	1	0.78%	3	2.34%	2	1.56%

　　从上表可以看出，该地区布依族对自己所使用语言的自信程度。其中近 90%的人对自己的汉语方言水平很有信心，而只有 6.25%的人觉得布依语最流利，10.94%的人认为自己的汉语和布依语说得一样流利，有 1.56%的人认为自己的汉语方言、布依语和普通话说得一样好。

　　家庭是语言传承的重要场所，家庭用语可以反映整个家庭的语言态度。我们在问卷中设计了 3 个问题，并对调查数据进行了统计。

表 8-31　　　　　　　　　　受访者对家庭使用语言的期望

问题 ＼ 选项	汉语（方言）		布依语		普通话		无所谓	
	人数	比例	人数	比例	人数	比例	人数	比例
您最希望家里人讲哪种语言（115）	81	70.43%	25	21.74%	4	3.48%	5	6.17%

表 8-32　　　　　　　　　　受访者对子女在家使用汉语的态度

问题 ＼ 选项	很高兴		很不高兴		无所谓	
	人数	比例	人数	比例	人数	比例
子女在家讲汉话您会（84）	20	23.81%	8	9.52%	56	66.67%
子女回家不讲本民族话您会（74）	—	—	4	5.41%	70	94.59%

　　通过上表可以看出，该地区在家庭用语的选择上，大部分人选择汉语方言，只有 21.74%的人选择使用布依语。在对子女语言的选用问题上，只有极少数人会对子女使用汉语表现出明显的反感。对于孩子是否应该坚持使用民族语言这个问题，绝大多数人觉得用不用无所谓，并没有表现出维护本民族语言的态度和意愿。

　　学校是对语言态度产生影响的又一重要场所，对此我们设计了两个问题，数据统计如下：

表8-33　　　　　　　　　受访者对学校使用语言的态度

问题 ＼ 选项	普通话		汉语（方言）		布依语	
	人数	比例	人数	比例	人数	比例
在校喜欢和本族学生讲什么话（56）	21	37.5%	32	57.14%	3	5.36%

表8-34　　　　　　　受访者对学校教师语种选用的态度

问题 ＼ 选项	布依语		汉语（方言）		布汉	
	人数	比例	人数	比例	人数	比例
老师应该使用哪种语言（122）	17	13.93%	18	14.75%	1	0.82%
问题 ＼ 选项	汉普		普通话		布 汉普	
	人数	比例	人数	比例	人数	比例
老师应该使用哪种语言（122）	83	68.03%	1	0.82%	2	1.64%

在学校与同族的老师同学们进行交流时，超过半数以上的受访者选择使用汉语方言，其次是普通话，最后是布依语。对于问题"您认为老师应该使用哪种语言上课？"有13.93%的人选择使用汉语，14.75%的人选择使用布依语，68.03%的人选择使用普通话进行教学，有1人选择使用汉语和布依语进行教学，有1人认为应该用布依语和普通话进行教学，有1人认为用汉语、布依语或普通话讲课都可以。在调查过程中大部分人都认为在学校教育中使用普通话教学较好，因为他们觉得这样对学生未来的发展有利。可见普通话在当地已经逐渐被认可。

我们通过两个问题"您认为本地使用哪种语言最方便？""您认为本地哪种语言最好听？"来了解当地布依族在语言方面的情感认同。具体数据分析如下：

表8-35　　　　　　　　受访者对当地的语言倾向

问题 ＼ 选项	您认为本地哪种语言最方便（N=126）		您认为本地哪种语言最好听（N=115）	
	人数	比例	人数	比例
布依语	8	6.35%	26	22.61%
汉语（方言）	104	82.54%	54	46.96%
普通话	0	0	15	13.04%
布汉	10	7.94%	10	8.69%
布普	1	0.79%	1	0.87%
布汉普	0	0	9	7.83%
汉普	1	0.79%	0	0

关于第一个问题，只有 8 位受访者认为布依语最方便，占受访者总数的 6.35%；104 人认为汉语最方便，占 82.54%；有 10 人认为布依语和汉语都很方便，占 7.94%；只有 1 人认为布依话和普通话都方便。关于第二个问题，26 位受访者认为布依语最好听，占受访者总数的 22.61%；54 人认为汉语最好听，占 46.96%；15 人认为普通话最好听，占 8.69%；1 人认为布依话和普通话都好听，仅占 0.87%；9 人认为布依语、汉语、普通话都好听，占 7.83%。由此可以看出大多数人在情感上不再倾向于本民族语，再加上这一地区由于布依语使用频率降低，使很多布依族对本民族语言的感情不再强烈。

六、结论

对罗平县长底乡的布依族语言使用情况的调查结果显示：第一，母语（布依语）使用人群老龄化。40 岁以下的人群基本上不具备使用布依语的能力，并且布依语的使用范围在逐渐缩小，如果不加挽救，这一地区布依语有消亡的趋势；第二，汉语方言是当地村民日常交际的主要语言。超过 70% 的布依族村民希望家人在家说汉语方言；第三，普通话在当地已经越来越受重视了，但是会讲的人还不是很多，日常交际中的使用频率很低。普通话推广工作还要进一步加强。

第六节　罗平县鲁布革乡多依河流域布依族语言使用情况分析
——以多依、板台、木纳三个村为例

一、调查情况概述

罗平县位于滇、黔、桂三省交界处，是云南省布依族的主要分布地之一。当地布依族主要集中在罗平县的南部和东南部地区，尤其以鲁布格乡和长底乡居多。2010 年 7 月 8 日到 17 日，中央民族大学"西南民族杂居地区语言关系与语言和谐研究"课题组深入罗平县长底和鲁布革两乡的布依族村寨，对当地布依族的语言使用以及布依语与周边语言关系进行了调查。

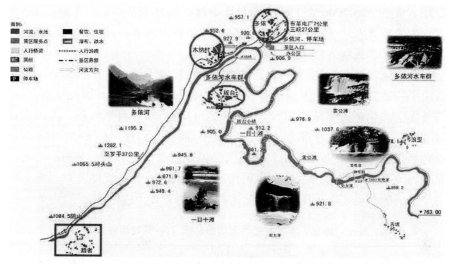

图 8-1　多依河景区景点导游图（云游网，2009）

此次调查，我们采取随机抽样、问卷与访谈相结合的调查方法，发放并收回了两个乡十几个村寨的 529 份问卷，其中有效问卷 519 份。[①]之后，调查组成员选取不同角度分别撰写调查报告。

在鲁布革乡，我们主要走访了多依、板台、木纳和腊者 4 个村寨。

如上图所示，多依、板台、木纳三个村寨隔多依河相望，毗邻分布，并同处于多依河风景区旅游业最为发达的地带，与撒克、木梯子、张口地、石岗水、白石岩、平箐等 18 个村民小组皆属多依村委会管辖。各村寨具体情况如下：

多依村　距离鲁布革乡政府所在地 6 公里，面积 4.2 平方公里。有耕地 345.18 亩，林地 3000 亩。辖 3 个村民小组，农户 145 户，有乡村人口 686 人，其中农业人口 682 人，劳动力 442 人，其中从事第一产业人数 330 人（48.10%）。农民收入以旅游服务业为主。

板台村　距离鲁布革乡政府所在地 7 公里，面积 4.1 平方公里。有耕地 301.6 亩，林地 3000 亩。辖 4 个村民小组，农户 174 户；有乡村人口 795 人，其中农业人口 794 人，劳动力 480 人，其中从事第一产业人数 410 人（51.57%）。农民收入以旅游服务业为主。

木纳村　村委会所在地，距离鲁布革乡政府所在地 7 公里。有耕地

---

①　具体包括：38 份汉族调查对象的"语言和谐调查简略问卷"；218 份少数民族调查对象的"语言和谐调查简略问卷"，受访者涉及布依、苗、壮、彝、汉，9 份汉族调查者填写的为无效问卷，实际有效问卷数 209；273 份"布依族语言使用情况调查问卷"，实际有效数为 272，受访者都为布依族。

273.18 亩，林地 1000 亩。辖 3 个村民小组，农户 119 户，有乡村人口 559 人，其中农业人口 557 人，劳动力 389 人，其中从事第一产业人数 278 人（49.73%）。农民收入以第二、第三产业为主。①

该地属多民族杂居地区。多依河景区虽然藏于深山，但其秀丽的风景吸引了各地游人，又加上周围有鲁布革水电站、九龙瀑布，因此交通便利，与外界交流也多。多依、板台、木纳三个村寨相邻，自然环境、人民生产劳动条件及受教育水平非常相似。基于各方面的一致性，本节将收集到的 3 个村寨共 105 份"布依族语言使用情况调查问卷"进行综合分析。目的是观察当地布依族的母语水平，也可借此了解旅游业等现代经济对当地人语言使用情况和语言态度的影响。受访者基本信息如下：

表 8-36　多依、板台、木纳村受访者信息总表（N=有效问卷数）

基本信息		人数	比例（%）	基本信息		人数	比例（%）
性别（N=105）	男	37	35.24	文化程度（N=103）	初中	29	28.16
	女	68	64.76		高中（含中专）	6	5.82
年龄段（N=105）	20 岁以下	20	19.05	职业（N=105）	在家务农	68	64.76
	20—29 岁	14	13.33		学生	19	18.10
	30—39 岁	12	11.43		在家经商	8	7.62
	40—49 岁	15	14.28		在外经商	2	1.90
	50—59 岁	16	15.24		常年外出打工	3	2.86
	60 岁以上	28	26.67		农闲时外出打工	3	2.86
文化程度（N=103）	从未上过学	36	34.95		待业在家	1	0.95
	小学	32	31.07		退休在家	1	0.95

105 位受访者均为布依族，其中女性多于男性，占总数的 64.76%。从年龄来看，划分为 6 个不同的年龄段，20 岁以上 60 岁以下的青壮年占受访者的 54.28%，相对于其他调查点，这一比例较低；从文化程度上看，3 个村寨的平均文盲率为 34.95%；从职业上看，此地经商或打工人口（包括在家经商、在外经商、常年外出打工、农闲时外出打工）的比例较高，占 15.24%。另外据观察，占受访者总数 64.76% 的在家务农人员中，也有部分从事副业，如做筷子、削竹签、制作旅游纪念品等，可见多依河畔人们头脑灵活，经

---

① 以上数据引自云南省数字乡村网（云南省新农村建设信息网）www.ynszxc.gov.cn。

商意识强。不过，这种开放的态度并没有对母语的使用造成太大影响，鲁布革乡的布依语保存情况好于长底乡。

二、语言使用总体情况

（一）性别特征

收回的问卷男女比例不均衡，男性受访者 37 人，占 35.24%；女性受访者 68 人，占 64.76%。在此分开统计，按各自的比例分析。

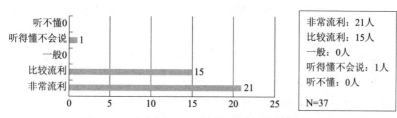

图 8-2　多依、板台、木纳村男性受访者母语水平

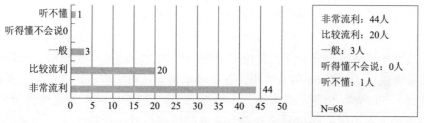

图 8-3　多依、板台、木纳村女性受访者母语水平

3 个村寨的男性受访者布依语水平都很高，不存在听不懂布依语的情况。40.54%的男性布依语"比较流利"，56.76%"非常流利"。仅有 1 人对自己的评价是"听得懂不会说"（板台村韩某，31 岁，外出务工人员，小学文化程度，有 3 年以上外出经历，说得最流利的是地方汉话，普通话也可应付一般交流）。女性布依语水平"非常流利"的 44 人，占 64.71%；"比较流利"的 20 人，占 29.41%；"一般"的有 3 人，占 4.41%，其中 2 人 10 岁、1 人 9 岁，都为小学生。选择"一般"选项，应该是出于年龄尚小，对语言掌握还不全面，因此不自信；1 人选择"听不懂"。

综上，布依语说得"非常流利"和"比较流利"的男性占男性受访者总数的 97.30%；说得"非常流利"和"比较流利"的女性占女性受访者总数的 94.12%。总之，当地无论男女，布依语水平普遍较高。

在回答"您现在能用哪些话（语言）与人交流"这一问题时，有 103 人作了有效回答，如图：

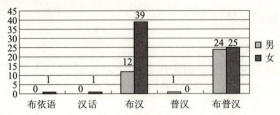

图 8-4 多依、板台、木纳村受访者语言使用情况

（N=103，男 37 人，女 66 人）

语言掌握情况可以分为 5 类：（1）只会说布依语，即布依语单语人，仅 1 人。（2）只会说地方汉话，亦仅有 1 人。（3）会说布依话、地方汉话：总数 51 人，男 12 人（32.43%），女 39 人（59.09%）。布依语水平非常流利的 33 人，7 男，26 女；比较流利的 18 人，5 男，13 女。（4）会说汉话、普通话，不会布依语的：仅有 1 人。（5）会说布依语、地方汉话和普通话的：总数 49 人，男 24 人（64.86%），女 25 人（37.88%）。

通过分析可以看出，本地区男性的语言掌握情况要好于女性。受访的 37 名男性中，没有单语人，即使是不会说但听得懂布依语的韩某，也可以用汉话和普通话与人交流；其余的男性，有 32.43%通晓布汉双语，64.86% 会布普汉三语。而 66 名女性中，有 2 名单语人，布汉双语比例虽高于男性达到了 59.09%，但是三语人远低于男性，只有 37.88%。我们通过调查得知，当地学生入小学后即接受汉语教育，老师授课虽然在低年级时还会采用布依语辅助教学，但到了高年级，教学语言全部采用汉语方言和普通话。另外，处于多民族杂居地区和受旅游业的影响，也使得掌握多种语言自然、普遍且非常有必要。当地存在着良好的多语言条件，在同样的语言环境下，男性语言习得能力略强。

（二）年龄特征

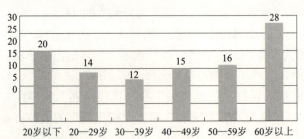

图 8-5 多依、板台、木纳村受访者年龄分布（N=105）

在 105 位受访者中，20 岁以下的有 20 人，占 19.05%；20—29 岁的 14 人，占 13.33%；30—39 岁 12 人，占 11.43%；40—49 岁 15 人，占 14.28%；50—59 岁 16 人，占 15.24%；60 岁以上的 28 人，占 26.67%。不同年龄段的语言使用者的布依语水平如下：

表 8-37　　多依、板台、木纳村不同年龄段受访者的布依语水平

布依语水平／年龄段	非常流利		比较流利		一般		听得懂不会说		听不懂	
	人数	%	人数	%	人数	%	人数	%	人数	%
20 岁以下	7/20	35	10/20	50	3/20	15	—	—	—	—
20—29 岁	8/14	57.14	6/14	42.86	—	—	—	—	—	—
30—39 岁	9/12	75	2/12	16.67	—	—	1/12	8.33	—	—
40—49 岁	9/15	60	6/15	40	—	—	—	—	—	—
50—59 岁	12/16	75	3/16	18.75	—	—	—	—	1/16	6.25
60 岁以上	20/28	71.43	8/28	28.57	—	—	—	—	—	—
合计（共 105 人）	65	61.91	35	33.33	3	2.86	1	0.95	1	0.95

布依语"非常流利"的有 65 人，年龄在 20 岁以下的 7 人；20—29 岁 8 人；30—39 岁 9 人；40—49 岁 9 人；50—59 岁 12 人；60 岁以上的 20 人。从表 37 中可以看出，布依语水平非常流利的除 20 岁以下的青少年占同龄人比例略低外，其他各年龄段都占到了半数以上，30—39 岁、50—59 岁比例最高，都是 75%。布依语非常流利的受访者中，大部分（52 人，占此部分总人数的 80%）没有三年以上的外出经历。从职业来看，学生 7 人，退休在家 1 人，临时外出务工者 1 人，在家经商 3 人，在家务农 50 人，外出务工 2 人，在外经商 1 人。也就是说，大部分人不曾外出，常年在家为他们提供了良好的母语交流环境，布依语水平高也就不难理解了。

母语"比较流利"的 35 人，其中 20 岁以下有 10 人；20—29 岁 6 人；30—39 岁 2 人；40—49 岁 6 人；50—59 岁 3 人；60 岁以上的 8 人。从比例上来说，年轻人（即 20 岁以下、20—29 岁的受访者）选择此项的最多。原因主要是在时代的发展和各种因素的影响下，年轻人接触外界和与其他民族交流的渠道较多，因此比长辈更频繁地使用地方汉话和普通话。多种语言共同发展的时候更易对母语持谦虚态度。另外，他们的母语在词汇、语音等方面也和长辈有很多不同，这也促使了大部分年轻人选择"比较流利"而非"非常流利"。外出经验丰富的人更倾向于选择"比较流利"这一选项。布依语"非常流利"的人中，80%没有三年以上外出经历，但选择"比较流利"的人中，这一比例降到了 65.71%（23 人）。从

职业上看，学生9人，待业在家1人，在家经商5人，在家务农18人，临时外出务工1人，在外经商1人。

语言水平"一般"、"听得懂不会说"、"听不懂"的分别有3人、1人和1人，上文已经分析过，在此不再赘述。综上，多依河畔布依语保存状况良好，除特殊情况外，各年龄段的人都能熟练或较熟练地使用母语。

（三）文化特征

103位受访者中，从未上过学的有36人，占34.95%；小学文化水平的32人，占31.07%；初中文化水平的有29人，占28.16%；高中（含中专）文化水平的6人，占5.82%。总体分布表现为，文化程度越高人数越少。为了更为直观，用柱状图展示如下：

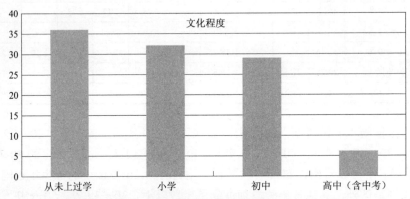

图8-6　多依、板台、木纳村受访者文化程度（N=103）

下面，重点分析不同文化程度的语言使用者布依语掌握情况，具体数据统计详见下表。

表8-38　　　　　多依、板台、木纳村不同文化程度受访者的
布依语掌握情况（N=103）

文化程度 布依语 水平	从未上过学 （36人）		小学 （32人）		初中 （29人）		高中（包括中专）（6人）		合计 （103人）	
	人数	%	人数	%	人数	%	人数	%	人数	%
非常流利	25	69.44	17	53.13	18	62.07	4	66.67	64	62.14
比较流利	11	30.56	10	31.25	11	37.93	2	33.33	35	33.98
一般	—	—	3	9.37	—	—	—	—	3	2.91
听得懂不会说	—	—	1	3.125	—	—	—	—	1	0.97
听不懂	—	—	1	3.125	—	—	—	—	1	0.97

根据表中的数据，我们可以找出受访者文化程度和布依语掌握程度的关系。103 位受访者有 36 位没有上过学，但布依语都"非常流利"或"比较流利"。小学文化程度的有 32 人，布依语各种水平层次的都有，55 岁的妇女刘某听不懂布依话，31 岁的韩某能够听懂但是不会说，另外有 3 名小学生对自己语言水平不自信，认为"一般"。初中、高中（包括中专）的受访者，普遍认为自己的母语水平很高，选择了"非常流利"和"比较流利"两项。从比例来看，各种文化程度的受访者都对自己的母语水平很自信，可见当地布依语水平和文化程度关系不大。这主要是由于人们都是从小就讲布依语，布依语为母语，也是家庭和社区内的首选语言。除特殊情况外，人们都能够在读小学前无障碍地用布依语进行交流。

三、社区语言使用情况

我们从不同场合、不同交流对象等角度，对当地人的语言使用情况做了调查。初步分析了人们的语言选择，以期从中发现多依河畔布依族的语言使用特点。

（一）家庭语言使用情况

表 8-39　　　　　多依、板台、木纳村家庭内部语言使用情况

语种 交流对象	布依语		布依语、汉语方言	
	人数	比例（%）	人数	比例（%）
父亲（90）	87	96.67	3	3.33
母亲（90）	87	96.67	2	2.22
配偶（73）	71	97.26	1	1.37
子女（72）	68	94.44	2	2.78
父亲（90）	—	—	—	—
母亲（90）			1	1.11
配偶（73）	1	1.37	—	—
子女（72）	2	2.78	—	—

说明：括号内为有效问卷数。

从表中可以看出，在与父亲交流时，有 96.67% 的人目前使用布依语，3.33% 的人使用布汉双语，没有人选择使用汉语方言和普通话；同母亲交流时，有 96.67% 的人使用布依语，2.22% 的人使用布汉双语，1.11% 的人只说普通话，没有人使用汉语方言；同配偶交流时，有 97.26% 的人使用布依语，1.37% 的人使用布汉双语，1.37% 的人使用汉语方言，没有人仅使用普通话；而在同子女的交往中，有 94.44%的人使用布依语，2.78%的人使用布依语、汉语（地方话），2.78%的使用汉语方言，没有人使用普通话。

这些数据显示，在该地区，家庭内部使用布依语的比例非常高，一定程度上表明该地区布依族母语保存良好、交流功能健全。同时，在同父母、配偶交流时，更多的人倾向于使用布依语，这可能跟年龄、习惯等因素有关；而同子女交流时，使用汉语方言、普通话的比例略有上升，说明家长更愿意子女学习汉语、普通话，这与社会发展趋势密不可分，也是家长期待子女能"走出去"的心理的体现。

（二）社区语言使用情况（村寨内、外）

表 8-40　　　　　多依、板台、木纳村村寨内部语言使用情况

语言使用 交流对象		布依语		汉话（地方话）		布汉双语	
		人数	%	人数	%	人数	%
本村寨	熟悉的本族人（94）	92	97.87	—	—	2	2.13
	不熟悉的本族人（92）	78	84.78	11	11.96	3	3.26

说明：括号内为有效问卷数。

表 8-41　　　　　多依、板台、木纳村本村外的语言使用情况

语言使用 交流对象		布依语		汉话（地方话）		布汉双语	
		人数	%	人数	%	人数	%
其他村寨	认识的本族人（92）	88	95.65	1	1.09	3	3.26
	不认识的本族人（89）	56	62.92	25	28.09	8	8.99

说明：括号内为有效问卷数。

表 40 显示，在本村寨内，同熟悉的本族人交流时，有 97.87%的人毫不犹豫地选择布依语，2.13%的人使用布汉双语，没有人使用汉语（地方话）；而在同不熟悉的本族人交流时，有 84.78%的人使用布依语，11.96%的人使用汉语（地方话），3.26%的人使用布汉双语。

表 41 显示，在同其他村寨的人交流时，若遇到认识的本族人，有 95.65%的人选择布依语，1.09%的人使用汉语（地方话），3.26%的人选择布汉双语；而同不认识的本族人交流时，有 62.92%的人依然使用布依语，28.09%的人使用汉语（地方话），8.99%的人使用布汉双语。

从中可以看出，在与熟悉的本族人交流时，不论是否在同一村寨，使用布依语的比例都是很高的。而在与不认识又不在同一村寨的人交流时，选择使用布依语的人则大幅度减少，达到最低的 62.92%。这主要是由于在村际交流时，人们有时不会试探对方是否会布依语、是否是本民族，因此

为了方便，大家便都选用地方汉话；但是，一旦知晓对方是本民族人，大家还是乐于使用最为亲切的本民族母语的。

四、其他场合语言使用情况

表 8-42　多依、板台、木纳集市、医院、政府等场合语言使用情况

语种 场合	布依语		汉语方言		布汉		布汉普	
	人数	比例 （%）	人数	比例 （%）	人数	比例 （%）	人数	比例 （%）
本地集市 （92）	21	22.83	19	20.65	51	55.43	—	—
本地医院 （87）	6	6.90	52	59.76	23	26.44	1	1.15
本地政府 （73）	16	21.92	32	43.84	23	31.50	—	—
单位工作 （16）	4	25	5	31.25	5	31.25	—	—

语种 场合	普通话		布普		汉普			
	人数	比例 （%）	人数	比例 （%）	人数	比例 （%）		
本地集市 （92）	—	—	1	1.09	—	—		
本地医院 （87）	4	4.60	1	1.15				
本地政府 （73）	—	—	1	1.37	1	1.37		
单位工作 （16）	2	12.5	—	—				

说明：括号里为有效问卷数。

表 42 显示，当人们在本地集市上交流时，有 55.43% 的人使用布汉双语，22.83% 的人只使用布依语，20.65% 的人使用汉语方言，1.09% 的人使用布普双语。这种语言选择和当地民族杂居的状况有关。一有集市，周围的汉、布依、壮、苗、彝等民族都赶来进行贸易、购买生活必需品，这就决定了无论是买家还是卖家都不可能只面临一个民族的人。因此，在这种场合选择布汉双语的比例最高。当然，从 22.83% 的布依语单语比例也能看出，由于此处是布依族聚居区，赶集最多的还是布依族同胞。

到本地医院时，有 59.76% 的人使用汉语方言，26.44% 的人数使用布汉双语，6.90% 的人使用布依语，4.60% 的人使用普通话，使用布汉普和布普

的人各占 1.15%。也就是说，布依族到医院里使用汉语方言或普通话的比例非常高，这反映了当地医院汉族医生数量占绝对优势。当然，也反映了有些受访者在公共场所更倾向于使用大多数人可以听懂的通用语言。

在本地政府办事，有 43.84% 的人选择使用汉语方言，31.50% 的人选择布汉双语，21.92% 的人只愿意讲布依语，使用布普和汉普的人各占 1.37%。情况和赶集时的选择相似，但有更多人使用汉语方言，说明在当地政府机关，汉语方言是主要的工作用语。

在工作单位，使用汉语方言和布汉双语的人均占 31.25%，25% 的人使用布依语，12.5% 的人使用普通话。这说明了两点：一是工作地点除了汉族，也有许多布依族同胞；二是受访者认为，工作时使用普通话会显得更职业、更易被他人接受。

五、语言态度

（一）自我评价

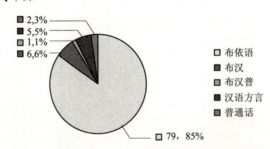

图 8-7　多依、板台、木纳村受访者自我语言评价

我们设计了"您自己讲得最流利的是哪一种语言"这一问题，为的是考察当地人对自己语言使用情况的自我评价。这个问题共有 93 人作了有效回答，其中，认为自己布依语讲得最好的有 79 人，占总人数的 85%，可见当地人对自己的母语水平非常自信；说自己布汉都好的有 6 人；认为布汉普三语都很流利的 1 人；觉得汉语方言最流利的 5 人；还有 2 人认为自己说得最好的是普通话，选择此项的分别为一位 27 岁男性和一位 30 岁的女性。实际情况是，他们虽然心里喜爱普通话，但普通话水平并不高。

（二）家庭语言态度

家庭是一个人语言习得的第一场所，也是语言传承最重要的地方。表43 和表 44 是根据问卷问题"您在家最希望家里人跟您讲哪种语言"、"如果您子女在家跟您说汉话您会怎样"、"子女在外打工或上学回到家后不讲本民族话您会怎样"这 3 个问题统计出来的，我们可以透过家长的家庭语言态度，推测当地今后的布依语发展走向。

表 8-43　　　　　　　　　最希望家人使用的语言

问题 ＼ 选项	汉语		布依语		普通话		无所谓	
	人数	比例(%)	人数	比例(%)	人数	比例(%)	人数	比例(%)
您最希望家里人讲哪种语言(69)	2	2.9	64	92.75	2	2.9	1	1.45

表 8-44　　　　　　　　　家长对子女语言使用的态度

问题 ＼ 选项	很高兴		很不高兴		无所谓	
	人数	比例(%)	人数	比例(%)	人数	比例(%)
子女在家讲汉话您会(55)	14	25.45	7	12.73	34	61.82
子女回家不讲本民族话您会(47)	—	—	11	23.40	36	76.60

通过上面的数据，我们可以看出，多依河畔布依族的语言态度具有"保守中略带开放"的特点。这主要是从两个角度来说的，一是自己对家庭内部的语言期待；二是对待子女语言行为的包容。

在家里，高达 92.75% 的人坚持使用母语；只有 5.8% 的人倾向于汉语方言或普通话，大多是青少年，汉化的教育使他们更推崇汉语的地位。总的来说，当地布依族的民族自豪感很强，对母语的认同高度一致。

对待子女方面则包容得多。调查发现，当地受访者有很多对"子女回来后就不会说布依语了"这一问题表示费解，他们认为母语不会消失，孩子出去再久也不会忘记小时候的语言。虽如此，但强烈捍卫民族语地位的人还是少数。只有 12.73% 的人当子女在家里讲汉话而非民族语时表示"很不高兴"，23.40% 的人对子女从外地回来后放弃母语感到"很不高兴"。其他绝大多数的受访者对子女回家后的语言使用持宽容态度，认为说汉语方言无所谓的比例在表 44 中分别高达 61.81% 和 76.60%。

总的来说，多依河畔的大部分布依族对语言持顺其自然的态度。传承在他们看来是理所应当，改变却也未尝不可。调查小组成员在为此地语言保存良好而感到高兴的同时，也不由得担心这种态度在未来会导致母语的渐渐流逝。

（三）学校语言态度

受访的 19 个在校学生中，有 15 人对"您在学校最喜欢跟本民族的老师和同学讲什么语言"这一问题作了回答：

表 8-45　　　　　　　　　**学生在校用语（N=15）**

问题＼选项	汉语		布依语		普通话	
	人数	比例（%）	人数	比例（%）	人数	比例（%）
在校喜欢讲什么话	4	26.67	5	33.33	6	40

可见，在学校里，虽然有部分同学最愿意说的是本民族语，但绝大部分人还是乐于接受汉语方言或普通话的。66.67%的人避免使用民族语，有两方面的原因，一是校内除了布依族，还有汉族和其他少数民族的同学；二是认为汉语方言，尤其是普通话更文明，是学校的教学和交际用语。

表 8-46　　　　　　　**学校授课应该使用哪种语言（N=92）**

问题＼选项	普通话		汉语		汉普		布汉	
	人数	比例（%）	人数	比例（%）	人数	比例（%）	人数	比例（%）
授课用语	55	59.78	14	15.22	7	7.61	3	3.26

问题＼选项	布普		布依话		其他语言	
	人数	比例（%）	人数	比例（%）	人数	比例（%）
授课用语	6	6.52	6	6.52	1	1.09

和表 45 结果一样，通过表 46 可以看出，大部分人认同普通话是标准的授课语言。也有少数人认为布汉或布普双语最好，既可以保留民族语言文化传统，又能顺应时代的要求。赞成仅传承布依语的也有，比例为 6.52%。赞成说其他语言的是一个 12 岁的小女孩儿，为无效问卷。总之，调查结果显示了普通话在村民心目中的崇高地位。

（四）语言的情感认同

共 92 人回答了"在本地哪种语言最方便"这一问题。回答布依语的 82 人，其中布依语水平非常流利的有 48 人，比较流利 31 人，水平一般的 3 人。认为地方汉话最方便的有 5 人。赞成普通话的 1 人，为 14 岁的初中生。认为布、汉两种语言都很方便的有 4 人。可以得出结论，即当地布依族主要接触的还是本民族内的人，因此常用语言是布依语（比例高达 89.13%）；但又有与其他民族交流的需求，在较广阔的范围内，汉语的适应性更强。

当问到"当地哪种语言最好听"这一问题时，86 人发表了自己的看法。支持布依语的 47 人；地方汉语的 13 人；喜欢普通话的 11 人，觉得布依语、汉语都好听的 4 人；认为布依语、汉语、普通话都好，没有什么区别的有 11 人。

"所能接触的语言中，哪种最好听"有 85 人作了回答。这次，喜欢普通话的人数更多，有 20 人，占 23.53%，且各个年龄段的都有。有 1 人选择了广东话，此人男，24 岁，有三年以上外出经历，目前在家经商，初中文化程度，他的布依语比较流利，普通话能应付日常交流。

在语言的情感认同方面，可以看出大部分人还是热爱本民族语的。但对普通话的好感也非常强烈，尤其是年轻、学历高、接触外界较多的人。在他们看来，普通话，甚至广东话更加时髦、更文明，既新异又是和经济社会紧密相连的。

六、民族文字态度

布依族对民族文字的了解情况一向堪忧，即使是鲁布革乡这样语言保留很好的乡镇也是如此。在所有受访的村民中，78 人不知道本民族有自己的文字。知道本民族有文字的只有 27 人。其中，男性 8 人，女性 19 人。60—69 岁的老人最多，有 9 人。这 27 人中，7 人不认识摩经文字，2 人认识一些但读不准，18 人未填写。

对于新创的布依文，2 人表示曾经见过，9 人没听说过，16 人未填写。在被问及是否参加过新文字的培训及推广工作时，仅有 1 人表示参加过，4 人表示没参加过，22 人未填写该项。掌握布依文的途径方面，有 2 人曾经自学过，25 人未填写。调查时，对于"布依文与新创拼音文字哪个更好推广"这一问题，2 人认为拼音文字更易推广，1 人表示不清楚，102 人未填写。可见，新创布依文在当地的推广度很低，虽然有人对这种拼音文字有好感、愿意学习，但很难找到学习途径。

被问及"布依族是否应该有自己的文字"时，有 51 人认为应该有，8 人认为没必要，有 20 人说不清楚，26 人未填写；对于布依族是否应该学习布依文，57 人认为应该，9 人认为没必要，19 人说不清楚，20 人未填。

下　编

贵州省从江县翠里乡
各族语言生活调查

第九章　从江县翠里乡各民族语言生活现状调研报告

第一节　概述

贵州省黔东南从江县翠里瑶族壮族乡是一个多民族聚居的地方,全乡少数民族人口 13489 人,占总人口数的 95.2%。这里居住着瑶、壮、侗、苗、汉等民族。各民族都保持着自己独特的文化,使用着自己本民族的语言,同时,民族间频繁地交往又促进了各民族语言和文化的相互影响,语言兼用现象比较普遍,各民族都有相当一部分双语甚至多语人。为了深入了解这一地区各民族语言使用现状以及民族间语言关系和语言生活和谐状况,2010 年 7 月下旬,中央民族大学"西南民族杂居地区语言关系与语言和谐研究"课题组一行 10 人深入该地区进行了为期 1 周的田野调查。调研小组采纳了翠里乡乡政府的建议,选取了该乡 4 个行政村作为调查点,分别代表该乡 4 个主要的世居少数民族。调研小组采用了重点访谈、入户随机抽样调查、实地观察以及语言兼用程度测试等方法获取丰富的第一手资料。本章在对所收集到的数据资料基础上,对翠里乡各民族语言使用现状及语言兼用、语言关系和语言生活和谐进行了初步的分析和研究。

一、地理位置

从江县位于贵州省东南部,总面积 3244 平方千米,2003 年年末统计总人口 31.89 万人,主要以苗、侗、壮、瑶、水等少数民族为主。翠里瑶族壮族乡地处从江县东南面,东、西、北分别与本县的斗里、雍里和西山等乡镇相连,南面是广西壮族自治区的融水和三江两个县。地势南高北低,最高海拔高芒大山(三脚架)1500 米,最低海拔宰转村(高告自然寨)275米,属低中山地带。年平均气温 16—18 摄氏度,降雨量 1100mm,无霜期为 300 天,属亚热带温暖湿润气候,冬无严寒,夏无酷暑。流经区内的河流主要有翠里河、高文河、联合河,三条河流流向都是由南向北注入都柳江后汇入珠江。

翠里乡自然资源十分丰富,植物种类繁多,其中珍贵树种杉木、马尾松、水青冈、香樟、红椿等,有翠里原始大山、高武老山、高芒大山、联合罗家山等绵延几十公里的自然林和上万亩的人工林；还有猴子、野猪、穿山甲、野鸡、野兔、野羊等珍稀动物；农作物以黑糯米、香糯、红黏米、荞麦、玉米、杂交水稻及椪柑、核桃、板栗、李子、梨子、油茶等农副产品为主。

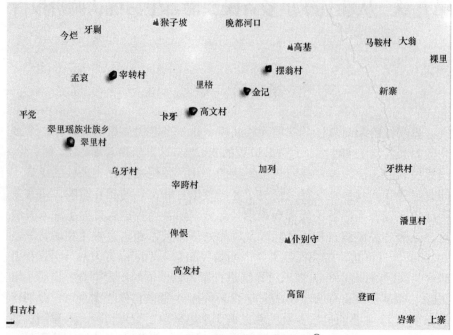

图9-1　翠里瑶族壮族乡各村分布图[①]

二、民族概况

翠里瑶族壮族乡是一个多民族杂居的地方，全乡少数民族人口 13489人，占总人口数的 95.2%。全乡现有瑶、壮、苗、侗、汉五个民族，分散居住在全乡各个村。

（一）瑶族

瑶族是翠里瑶族壮族乡主体民族之一，总人口 2787 人（2005 年统计数），主要分布在摆翁、高华、高忙、舒家、南岑等村。翠里的瑶族有两支，一支叫"板瑶"，亦称"过山瑶"或"盘王瑶"，自称为"优勉"，苗族称之为"丢油"，主要居住在摆翁、高华、舒家等村。多居住在水源丰富的深山，生活习惯特殊，有远近闻名的瑶族药浴。据乡政府人员介绍，瑶族药浴现已得到一定开发，在摆翁村还设有专门接待外来人员的地方。民族风俗独特，如度戒、还愿等，舞蹈有长腰鼓舞、神灵舞等；饮食有吃油茶的习惯，

---

① 此次选取的调查点均用"〓"标记。

善于耕作和手工艺制作。另一支称"巴哼"，苗族称为"丢累"。主要分布在高忙、新寨、南岑、舒家等村，有自己的语言，其语言与"板瑶"支语言不同，互不相通，生活习惯也有很大差异，擅长手工艺品的制作，其制作的藤编系列，工艺精制，外表美观，很受欢迎。

（二）壮族

壮族是翠里瑶族壮族乡的主体民族之一，总人口2669人，主要居住在高武、高克、宰垮、高文、南岑等村，大约600年前从广西迁入。壮族自称为"夜[ʔje⁴²]"，苗族称之为"丢兄"，他们有自己的语言，习惯唱侗歌、侗戏。其传统节日有春节、过社、牛节、粽粑节、七月十四、中秋节等。

（三）侗族

侗族是迁入翠里瑶族壮族乡较晚的一个民族，总人口约1986人，主要居住在宰转、高开、大田等村，自称"更"，苗族称其为"打固"，瑶族称其为"简侗"。有自己的语言，逢年过节时，行歌坐月，对唱情歌，饮食喜糯。传统节日有春节、吃新节、六月六、七月十四等。

（四）苗族

苗族迁入翠里最早，约在800年前，总人口5646人，是翠里瑶族壮族乡人口最多的民族。主要聚居在翠里、高武、乌牙、归吉、污挖、联合、南岑、岑丰、滚合等村。有自己的语言，自称为"木"。多居住于半山腰，唱苗歌、吹芦笙、跳芦笙舞，传统节日有春节、吃新节、芦笙节等。

第二节　各调查点语言使用基本情况

根据乡政府的推荐，此次调研小组选取了摆翁、高文、宰转和翠里4个行政村作为调查点进行入户调查。各村基本情况如下。

一、摆翁村

2010年7月23日下午，我们对翠里乡摆翁村进行了走访调查。在走访中对该村村支书赵富堂①进行了深入访谈，并选取该村的摆翁、今计两个自然村做入户问卷调查，其中有效问卷88份。

（一）村庄基本概况

摆翁村全村共157户，720人，均为瑶族，分3个自然村，5个村民组。含甲列、摆翁和今计三个寨子。村子周边的侗族村寨有顶东（400多户），

---

① 赵富堂，瑶族，57岁，村支书，小学文化，熟悉4种语言，其中瑶语是他的母语，汉语是族际语，此外还熟练掌握侗语、壮语和苗语，尤其熟悉侗语。

潘里（400多户），潘里杂有苗、瑶等族。苗族寨子有马鞍，全村400多户，均为苗族。

据受访者介绍，摆翁村瑶族从广西融水迁来，时间大约是100年前。现在在广西还有他们的亲戚，平时还有来往，并且语言相通。

摆翁村瑶族每年的节日有春节、二月村社节、三月清明节、四月八、五月端午、六月六、七月半、八月中秋节，其中最隆重的节日有春节、端午和中秋节。

该村瑶族自2000年以来开始跟别的民族通婚，主要是女子外嫁，通婚的对象有汉、苗、壮等民族，主要是通过外出打工与其他民族的小伙子认识后结婚。在本地与外族通婚的情况较少，也有外族姑娘嫁到摆翁村的，但比较少见，近年来才出现汉、苗两个民族的姑娘嫁给摆翁瑶族的情况。在此次的调查中，我们也对村民对不同民族之间通婚的态度进行了调查，调查发现，现在大多数人已经接受了各民族通婚的状况，只有少数的人反对，认为会影响家庭交流和家庭和谐。具体的数据分析在后文补充。

经济来源主要依靠外出打工，土地较少，水田人均只有4分，种杉树、竹子等。药浴是摆翁瑶族特有的治疗方法，村中建有专供外族人泡浴的地方，每人每次30元，但因交通不便，来人不是很多，故没能发展成为带动该村经济发展的产业。

村中有小学一所，只有两个班（一、二年级），村中文化程度最高的是大学生（二人，均在贵阳上学，其中一人就读贵州民族大学文化艺术学院），2000年以前，文化程度大多在高中以下。

（二）受访者基本信息

表9-1　　　　　　翠里乡摆翁村受访者基本信息（N=88）

背　景		人数	比例（%）	背　景		人数	比例（%）
性别	男	47	53.4	年龄段	10—30岁	37	42.1
	女	41	46.6		31—50岁	25	28.4
文化程度	文盲	32	36.3		50岁以上	26	29.5
	小学	27	30.7	民族成分	瑶族	86	97.8
	初中	18	20.5		汉族	1	1.1
	高中	4	4.5		侗族	1	1.1
	大专	2	2.3				
	大专以上	5	5.7				

此次受访者总数有88人，其中少数民族有87人，1人为汉族。我们将受访者的年龄原则上限制在10岁（含10岁）以上（以下几个村的调查年

龄层限制均同此）。在 88 位受访者中，29.5%的人有过外出打工的经历。在职业方面，69.3%的人在家务农，学生占 22.7%，其他职业的占 8%。

（三）语言使用基本情况

据村支书介绍，该村村民所使用的语言均为瑶语，儿童大多数在 7 岁左右开始掌握汉语，此前只懂本民族语。10 岁左右能流利使用汉语，十七八岁时，大多数都掌握周边其他少数民族的语言。

该村瑶族属"优勉"支系，使用的语言属于苗瑶语族瑶语支的"勉语"，另有一些瑶族自称"狗瑶"（他称也是"狗瑶"），居住在高忙和新寨，所使用语言与"勉语"有很大区别，平时相见只能使用汉语进行交流。

从图 2 可以看出，瑶语是该村瑶族使用最多的语言，汉语方言作为族际语言也较为广泛地使用，会英语的主要是正在上学的孩子，学校开设英语课程，但程度有限。年龄层次偏大的（如 50 岁以上）受访者中会其他民族语言的人较多，在调查中我们发现孩子对其他语言的掌握日趋迟缓，很多人认为应该掌握汉语方言、普通话而不是其他民族的语言，故造成图 2 对其他民族语掌握的比例不高，与村支书赵富堂所说的情况存在一定出入。

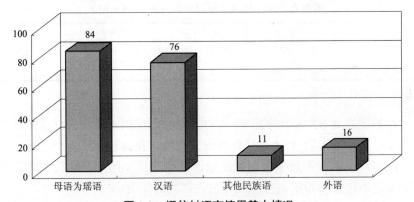

图 9-2　摆翁村语言使用基本情况

表 9-2　　摆翁村受访者语言使用程度统计（针对少数民族）（N = 87）

程度 语种	非常流利		比较流利		一般	
	人数	比例（%）	人数	比例（%）	人数	比例（%）
本民族语	78	89.7	6	6.9	3	3.4
汉语方言	28	32.2	37	42.5	22	25.3

程度 语种	听得懂不会说		听得懂一点		完全不懂	
	人数	比例（%）	人数	比例（%）	人数	比例（%）
本民族语	0	0	1	1.1	0	0
汉语方言	0	0	0	0	0	0

表 9-3 摆翁村受访者掌握语言的情况（N = 87）

语种	本民族语		汉语方言		普通话		其他语言	
	人数	比例(%)	人数	比例(%)	人数	比例(%)	人数	比例(%)
人数及比例	85	97.7	71	81.6	46	52.9	25	28.7

说明：该选项为交叉选项。

A. 关于本民族语程度：多数人从小生长在村庄里，交流一般使用本民族语，故程度都较好。自报只能听得懂一点的是一个 15 岁的男孩，从小使用汉语，对于自己的本民族语只能听懂一点。

B. 关于汉语方言程度：汉语方言作为此地的族际语言，大多数人能够熟练地掌握并运用，它作为不同民族之间交流的首选语言，发挥着不可替代的作用。而对于全国通用的普通话，在此处并不是通用语言，年龄偏大的人，或较少外出的妇女很少能够听懂并运用。

（四）家庭语言使用情况及文字掌握情况

表 9-4 家庭语言使用情况（针对少数民族）（N = 87）

语种 考察项	本民族语		汉语方言		普通话		其他语言	
	人数	比例(%)	人数	比例(%)	人数	比例(%)	人数	比例(%)
在家常使用的语言	82	94.3	5	5.7	3	3.4	3	3.4

说明：该选项为交叉选项。

在被调查的 87 人中，有 82 人自报在家均使用本民族语交谈。其中自报在家使用普通话的 1 人是从外乡到该村的，在该村开了一个诊所，平日交谈的时候因语言不通多使用普通话。其他选择汉语方言和其他语言的人在家均是本民族语和汉语方言或其他语言交替使用。

表 9-5 汉文掌握水平（针对少数民族）（N=87）

水平 考察项	不识字		认识一些字，但不会写		能写一些简单的字据、书信	
	人数	比例（%）	人数	比例（%）	人数	比例（%）
汉文掌握水平	30	34.5	11	12.6	20	23.1

水平 考察项	熟练掌握并应用		做文字工作		做教学工作	
	人数	比例（%）	人数	比例（%）	人数	比例（%）
汉文掌握水平	24	27.6	1	1.1	1	1.1

调查数据显示，多数受访者不识字。从表 1 可以看出，受访者大多数是文盲，另有相当一部分只具有小学水平，在校学生一般能够熟练掌握并

运用，但有的大人因为不常用已经忘了，只能写一些简单的书信，或是只认识但不会写。这也从侧面反应了该地的教育水平。

表9-6　　　　　对本民族文字的认知度（针对少数民族）（N=63）

认知度 考察项	知道		不知道		—	
	人数	比例（%）	人数	比例（%）	人数	比例（%）
是否知道有本民族文字	14	22.2	49	77.8	—	—

认知度 考察项	应该		没有必要		不清楚	
	人数	比例（%）	人数	比例（%）	人数	比例（%）
是否该有本民族的文字	33	52.4	10	15.9	20	31.7

多数人并不知道本民族有自己的文字。在调查中，当我们问及是否知道本民族有文字时大多数人表示不知道，对于我们的问题他们感到很疑惑，跟我们说他们并没有自己的文字。但有超过一半的人表示应该有本民族的文字，觉得这对民族的发展有好处，有的人不清楚到底该不该有自己的文字，只有少部分人觉得没有这样的必要，认为很麻烦。

（五）社区语言使用情况

表9-7　　　　　社区语言使用（针对少数民族）（N = 87）

语种 考察项	本民族语	汉语方言	普通话	其他语言
在村里常使用（%）	98.9	3.4	1.1	1.1
跟好朋友交谈常用（%）	93.2	22.7	17.2	6.8

说明：该表格选项均为交叉选项。

在本社区中，受访者多数均表示倾向于使用本民族语，选择普通话的1人是在前文提到的那位外乡人。在跟好朋友交谈常用语言的选择中，选择汉语方言、普通话的多是学生，他们由于在学校学习和使用普通话，与其他民族的同学交往频繁，故选择用汉语方言或是普通话进行交流。但从整体看来，人们对本民族语的使用具有明显的倾向性。

（六）跨社区语言使用情况

摆翁村周围有其他民族村庄，瑶族平时与他们交流时多用苗语。壮族主要分布在高文、宰垮，两村均为壮族，以壮语为主要交际工具，瑶族与其交流一般用壮语，有时也使用汉语（有部分瑶族不会讲壮语）。

表 9-8　　　　　　　跨社区语言使用（针对少数民族）（N = 87）

考察项＼语种	本民族语	汉语方言	普通话	其他语言
A（%）	76.2	25	4.6	6.9
B（%）	27.2	69.3	10.3	11.5
C（%）	30.7	77.3	16.1	8.1
D（%）	20.5	72.7	26.3	6.9

考察项说明：A=到附近本民族村寨常使用的语言；B=到附近其他民族村寨常使用的语言；C=去赶场时常用的语言；D=跟不熟悉的人交谈常用的语言。上述选项均为交叉选项。

通过上表可以看出，即使是到其他本民族村寨，受访者大多还是倾向于使用本民族的语言，多数受访者说这样会感觉亲切，而且他们之前的语言也都是能相互通话的，很少存在不能听懂的地方。

到其他民族村寨、赶场、与不熟悉的人交谈时，汉语方言作为族际语言的作用便得到了很好地体现，超过一半的受访者均选择使用汉语方言，由于部分村民能够熟练掌握其他民族的语言，其他民族也有掌握瑶语的，故部分受访者会选择用其他民族语或本民族语进行交谈。

二、高文村

2010 年 7 月 24 日上午开始对翠里乡高文村进行调查，在走访中对村支书潘仕龙[①]进行了深入访谈，课题组成员分成 3 个小组，分别进行了入户问卷调查，最后统计有效问卷 84 份。

（一）村庄基本概况

高文村全村共 120 户，476 人，两个自然村。周边村寨有宰垮（壮语称为 $la^{35}va^{24}$）、宰转（壮语 $mai^{42}\varphi ua:n^{42}$）、乌雅（壮语 $j\partial u^{31}hu^{53}$）。

壮族（潘姓）自称从江西迁到贵州黎平，然后从黎平再迁到从江。

壮族用本民族语自称 $pu^{31}\hat{?}jei^{31}$，称瑶族为 $j\partial u^{31}ma\eta^{42}$，称侗族为 $pu^{31}t\varphi am^{35}$，称苗族为 $pu^{31}j\partial u^{31}$，称汉族为 $pu^{31}kun^{24}$。

壮族每年的节日有春节、元宵、村社（时间不定，根据通书来确定）、清明（不过三月三）、四月八、端午、六月初二、七月十四、八月中秋，九月以后至年底便不再有节日。

族际通婚的情况比较普遍，主要通婚对象为苗族和侗族，少数为汉族和瑶族。外出打工者较多，约 100 人，一般到广东、桂林、玉林、石家庄、

---

① 潘仕龙，47 岁，壮族，村支书。母语是壮语，非常熟练，在家以及在村里均用壮语进行交流。汉语是族际语，与汉族及外地人主要用汉语进行交际，同时兼通侗语、苗语，懂少量瑶语。

山西等地，外出打工的多为青年人，小孩留在家中由老人看管。在走访中我们与一位刚生小孩的母亲进行了简单的交谈，她说她是和孩子爸爸特地回家生小孩的，准备等孩子长到 2 岁两人再接着出去打工，孩子便只能留在家让老人照看。

经济收入除依赖外出打工以外，就是靠栽种椪柑，该村基本上每户都种。这样单一的经济结构受自然灾害的影响很大，很不稳定。

村中有小学一所（一至六年级），老师主要来自本村，也有从外面调进来的。

村中大学以上文化程度的有 10 来人，大多数人上过高中，解放前没有出现过请私塾先生教书的情况，因此，老一辈人大多是文盲。

（二）受访者基本信息

表 9-9　　　　　　　高文村受访者基本信息表（N = 84）

背　景		人数	比例（%）	背　景		人数	比例（%）
性别	男	46	54.8	年龄段	10—30 岁	38	45.2
	女	38	45.2		31—50 岁	33	39.3
文化程度	文盲	11	13.3		51 岁以上	13	15.5
	小学	23	27.7	民族成分	壮族	81	96.4
	初中	38	45.8		苗族	1	1.2
	高中	8	9.6		侗族	1	1.2
	中专	1	1.2		瑶族	1	1.2
	大专以上	2	2.4				

此次受访者共有 84 人，均为少数民族。在 84 位受访者中，31 人有过外出打工的经历。在职业方面，有 61.9% 的人在家务农，学生占 27.4%，其他职业的占 10.7%。

（三）语言使用基本情况

高文村村委会所在地用壮语称 ka³³lan³³，约 90 户。另有一个自然村叫列格，壮语为 li³¹ko³¹，该村壮族用壮语称瑶族所在的村子为 ʔba: i³¹ woŋ³¹。在村中，男女老少均讲壮语，儿童入学前大多不通汉语，六七十岁的老年人有一部分也不会讲汉语。

在调查中我们发现，高文村是一个很开放的村子，这个村的人很愿意与外面的人接触、来往，村里人很好客。多数人不仅熟练掌握本民族语，还能流利地使用汉语方言，部分人还能使用其他民族语言。在入户调查时，我们发现该村的人与外界交流较广，村民的思想也比较开放，这也使得他们接受新的事物比较容易，包括新的语言，直接影响着该村的族际通婚、外出打工情况及村民的受教育程度。

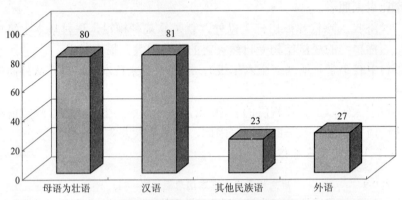

图 9-3　　高文村语言使用基本情况

表 9-10　　　　高文村受访者语言使用程度统计（针对少数民族）（N = 84）

程度 语种	非常流利		比较流利		一般	
	人数	比例（%）	人数	比例（%）	人数	比例（%）
本民族语	77	91.7	6	7.1	1	1.2
汉语方言	38	45.2	24	28.6	20	23.8
程度 语种	听得懂不会说		听得懂一点		完全不懂	
	人数	比例（%）	人数	比例（%）	人数	比例（%）
本民族语	0	0	0	0	0	0
汉语方言	0	0	2	2.4	0	0

表 9-11　　　　　　高文村受访者掌握语言的情况（N = 84）

语种	本民族语		汉语方言		普通话		其他语言	
	人数	比例（%）	人数	比例（%）	人数	比例（%）	人数	比例（%）
人数及 比例	83	98.8	81	96.4	53	63.1	56	66.7

通过分析可以看出，多数人对于本民族语的程度都自报非常流利，这与该村庄有95.2%的人母语是本民族语有密切关系。在对汉语的测试中，有两个人自报只能听懂一点。据悉，两人中一人是15岁的学生，从小母语为壮语，十三四岁才开始学习汉语，所以现在对汉语还不是特别熟练。另一个是一名40岁的妇女，她常年呆在村里，不怎么外出，在村里一般使用民

族语，导致其只能听懂一点汉语。

（四）家庭语言使用情况及文字掌握情况

表 9-12　　　　　　　　高文村受访者家庭语言使用情况
（针对少数民族）（N = 84）

语　种	本民族语	汉语方言	普通话	其他语言
在家常使用的语言（%）	97.6	1.2	1.2	0

受访的 84 人中有 82 人自报在家均使用本民族语，很少使用其他语言。而自报使用普通话的是一名 14 岁的学生，因为 10 岁在学校开始学习普通话，有极大的兴趣用普通话来表达，而且家人也能听懂，所以在家自己经常用普通话和家人说话。

表 9-13　　　高文村受访者汉文掌握水平（针对少数民族）（N = 84）

水平　　　　考察项	不识字		认识一些字，但不会写		能写一些简单的字据、书信	
	人数	比例（%）	人数	比例（%）	人数	比例（%）
汉文掌握水平	13	15.5	8	9.5	30	35.7

水平　　　　考察项	熟练掌握并应用		做文字工作		做教学工作	
	人数	比例（%）	人数	比例（%）	人数	比例（%）
汉文掌握水平	31	36.9	1	1.2	1	1.2

正如前面提到的，在走访的过程中我们观察到高文村是一个比较开放的村寨，在教育上相对于其他村来说也比较好。通过对汉语掌握水平的调查，我们也得到了支持这一看法的数据，表 13 显示，有 70% 以上的人能够使用汉字，这在当地农村可以算是较高的比率。在走访过程中，有位年迈的老人和我们说了很多自己上学的经历，当我们问到他的姓名时，他拿出小黑板一笔一画地写出自己的名字。

表 9-14　　　　对本民族文字的认知度（针对少数民族）（N = 84）

认知度　　　　考察项	知道		不知道		—	
	人数	比例（%）	人数	比例（%）	人数	比例（%）
是否知道有本民族文字	20	25.6	58	74.4	—	—

认知度　　　　考察项	应该		没有必要		不清楚	
	人数	比例（%）	人数	比例（%）	人数	比例（%）
是否该有本民族的文字	54	76.1	2	2.8	15	21.1

　　关于受访者对本民族文字的认知度，我们通过两个问题的设置看出，大部分的人并不知道有本民族文字，但他们觉得应该有本民族文字。一位老人在访谈中说，很希望国家多出台一些有利于少数民族发展的政策，特别是文化方面，他不知道有壮族文字，当我们告诉他有时，他显得格外激动，跟我们说："这样的话，我们发展的机会就更大了。"

　　（五）社区语言使用情况

表 9-15　　　　社区语言使用（针对少数民族）（N = 81）

考察项＼语种	本民族语	汉语方言	普通话	其他语言
A（%）	97.6	6	0	0
B（%）	84.5	35.7	10.7	10.7

　　考察项说明：A=在村里常使用的语言；B=跟好朋友交谈常用的语言。表中选项为交叉选项。

　　该村不论是本民族语（壮语）、其他民族语，还是汉语方言和普通话，使用程度都比较高，均在 60%以上，本民族语和汉语方言的使用更是高达95%以上。根据表格的数据分布看，在村庄里进行交谈时人们均倾向于使用本民族语。

　　（六）跨社区语言使用情况

　　跟瑶族交流主要用客话（汉语方言），跟侗族交流主要使用侗语，跟苗族交流可以使用苗语，但苗族会讲壮语的比较少。平时本村交流均用壮语，在集市上，认识的人用壮语，不认识的人用客话。

表 9-16　　　　跨社区语言使用（针对少数民族）（N = 81）

考察项＼语种	本民族语	汉语方言	普通话	其他语言
A（%）	86.9	15.5	3.6	3.6
B（%）	16.7	78.6	15.6	46.4
C（%）	35.7	85.7	9.5	32.1
D（%）	11.9	76.2	28.6	4.8

　　考察项说明：A=到附近本民族村寨常使用的语言；B=到附近其他民族村寨常使用的语言；C=去赶场时常用的语言；D=跟不熟悉的人交谈常用的语言。表中选项均为交叉选项。

　　在校学生及外出打工的人在遇到本民族同胞时大多会选择使用本民族语，而在单位上班的人一般使用汉语方言，很少使用本民族语，这或许是由于单位是办公的地方，汉语方言（或普通话）是主要的办公用语，使用少数民族语言显得不正式。

三、宰转村

2010 年 7 月 25 日上午，我们对翠里乡宰转村进行了调查。在调查中，我们选取该村村支书韦祖安①做了深度访谈，此外走访该村多处居民点进行入户问卷调查，由于该村较为封闭，村民能使用并听懂汉语的人较少，我们分为 4 个小组，由村干部带队，并在需要的时候充当翻译，最后统计有效问卷 85 份。

（一）村庄基本概况

据韦祖安介绍，宰转村全村 245 户，1070 人，有 3 个行政村组成，分别为宰转 175 户、宰转新寨 36 户和高坳 45 户，大多数为侗族，少量为汉族（12 户），汉族一般也通侗语。儿童入学前一般只讲侗语，很少有会汉语的。

周边村寨有翠里（侗语称thei⁵⁵，主要为苗族，宰转村个别人能讲苗语）、高文（侗语称kau²⁴juɯ³³，壮族）、乌雅（侗语称vu³¹ja³³，苗族），村中没有关于民族迁徙方面的传说。

侗族每年节庆有春节、元宵、村社（二月）、清明、四月八、端午、六月六、七月十四、八月十五。其中七月十四最为隆重。唱侗歌是侗族比较隆重的活动，一般在正月初八唱，平时很少唱。村中过去曾经有过鼓楼，后因火灾被毁，目前尚未恢复，2009 年已申报立项，准备重修。

目前村中族际婚姻现象较为普遍，主要通婚对象为苗、壮、汉，目前未出现与瑶族通婚的情况。

大多数青年人外出打工，一般往广东、浙江等地，也有在当地（从江）打工的。村中经济来源主要依靠种植椪柑，养殖业主要是养猪。

村中大专以上学历有 3 人，高中 4 人，大多数为初中生。

（二）受访者基本信息

此次受访者共有 85 人，其中少数民族 82 人，3 人为汉族。在 85 位受访者中，27 人有过外出打工的经历。在职业方面，有 72.9% 的人在家务农，学生占 25.9%，其他职业的占 1.2%。这样的职业分布可能选择不是很合理，但因为该村环境较为封闭，从事其他职业的人不多。从年龄层的分布也可以看出，51 岁以上的受访者较少，也是因为语言沟通上的困难导致的。

---

① 韦祖安，侗族，45 岁，村支书。母语为侗语，能流利使用，此外还懂壮语和少量苗语、瑶语，汉语是族际语。

表 9-17   宰转村受访者基本信息表（N = 85）

背　景		人数	比例	背　景		人数	比例
性别	男	49	57.6	年龄段	10—30 岁	32	37.6
	女	36	42.4		31—50 岁	37	43.6
文化程度	文盲	17	20.0		51 岁以上	16	18.8
	小学	35	41.1	民族成分	侗族	81	95.3
	初中	28	32.9		苗族	1	1.2
	高中	2	2.4		汉族	3	3.5
	中专	1	1.2				
	大专以上	2	2.4				

（三）语言使用基本情况

村名"宰转"为侗语tsai⁵¹tsuan⁵¹的音译。该村侗族用本民族语称翠里为thei¹³，称宰转新寨为tɕin³³lan⁵¹，称高坳为kəu³³kau³⁵。用侗语自称为ȵam⁵¹，称汉族为ka²⁴，称壮族为tshuaŋ³³，称苗族为miu⁴²，称瑶族为ka³¹ jiu³³。

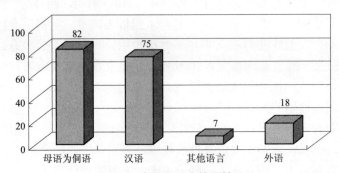

图 9-4　宰转村语言使用情况

通过图 4 我们可以看到，该村本民族语（侗语）的使用人数很多，占受访者总数的 96.5%，占少数民族受访者总数的 100%。图中显示汉语方言的使用也较广泛，但这个百分比不能代表整个村庄的状况，从表 15 我们看到，受访者的年龄≥51 岁这个年龄层的较少，因为走访中这个村庄多数年纪稍大的人只能使用本民族语言或是其他民族语言，导致我们和他们的沟通产生问题。最后只能让村干部充当临时翻译，一些上小学的孩子由于在学校接受了普通话的教育，也能够给我们充当翻译。

表 9-18　　　　　　　宰转村受访者语言使用程度
统计（针对少数民族）（N= 85）

程度 语种	非常流利		比较流利		一般	
	人数	比例（%）	人数	比例（%）	人数	比例（%）
本民族语	77	93.9	2	2.4	3	3.7
汉语方言	18	22	29	35.4	30	36.6
程度 语种	听得懂不会说		听得懂一点		完全不懂	
	人数	比例（%）	人数	比例（%）	人数	比例（%）
本民族语	0	0	0	0	0	0
汉语方言	1	1.2	3	3.6	1	1.2

表 9-19　　　　宰转村受访者掌握语言的情况（N = 82）

语种	本民族语		汉语方言		普通话		其他语言	
	人数	比例（%）	人数	比例（%）	人数	比例（%）	人数	比例（%）
人数及比例	82	100	73	89	49	59.8	18	22

说明：该选项为交叉选项。

通过数据分析，对于本民族语，超过 90%的人自报非常流利，且民族
语的使用频率很高。对于汉语方言，多数人自报程度一般，个别的人不懂。
这些人当中多为老人和在家很少外出的妇女，因为很少与外交流，在村里
基本使用民族语，导致出现不懂汉语方言的情况。

（四）家庭语言使用情况及文字掌握情况

表 9-20　　　　家庭语言使用情况（针对少数民族）（N = 82）

语种 考察项	本民族语	汉语方言	普通话	其他语言
在家常使用的语言	97.6	1.2	1.2	0

超过 97%的受访者都自报在家经常使用的语言是本民族语，只有 3 个
人自报常使用汉语方言和普通话，其中有学生和有在外打工经历的青年，
学生因为在校学习多使用汉语方言，故多使用方言。而外出打工的青年因
为希望孩子能够讲普通话，故经常在家使用普通话。

表 9-21　　　　　汉文掌握水平（针对少数民族）（N = 82）

水平 考察项	不识字		认识一些字，但不会写		能写一些简单的字据、书信	
	人数	比例（%）	人数	比例（%）	人数	比例（%）
汉文掌握水平	19	23.2	14	17.0	31	37.8

续表

水平 考察项	熟练掌握并应用		做文字工作		做教学工作	
	人数	比例（%）	人数	比例（%）	人数	比例（%）
汉文掌握水平	18	22.0	0	0	0	0

由于该村的教育条件有限，村民的受教育程度均偏低，多数村民均是只上过一二年级或完全没受过教育的，受过教育的村民又因为多在家务农，很少接触汉字，导致只记得部分文字的书写，有的甚至已经忘了。能够熟练掌握并运用的主要集中在学生群体。

表9-22　　　　对本民族文字的认知度（针对少数民族）（N=82）

认知度 考察项	知道		不知道		—	
	人数	比例（%）	人数	比例（%）	人数	比例（%）
是否知道有 本民族文字	19	23.2	63	76.8	—	—

认知度 考察项	应该		没有必要		不清楚	
	人数	比例（%）	人数	比例（%）	人数	比例（%）
是否该有 本民族的文字	49	59.7	9	11.0	24	29.3

调查结果和我们预想的出入不大，之前两个调查点的调查结果均显示，大部分的人是不知道本民族文字的，宰转这个调查点也不例外，只有较少的人对本民族文字有所了解。但对于拥有本民族文字的急切感，与之前的两个调查点相比要弱一些，有接近1/3的人不清楚有文字和没有文字会对本民族的发展有什么影响，故针对这个问题他们不清楚该不该有，这些和该村的教育水平也有着密切的关系。

（五）社区语言使用情况

表9-23　　　　社区语言使用（针对少数民族）（N=82）

语种 考察项	本民族语	汉语方言	普通话	其他语言
A（%）	100	0	0	1.2
B（%）	89.0	28.0	6.1	3.7

考察项说明：A=在村里常使用的语言；B=跟好朋友交谈常用的语言。该选项为交叉选项。

该村的封闭性在上表中也有体现，例如在表 23 中，村民在村庄使用侗语的频率达到了 100%，而其他语言基本没有使用的情况。

（六）跨社区语言使用情况

跟瑶族村寨距离比较远，一般没有接触，也不懂他们的语言，与壮族和苗族接触过，有时也会用壮语、苗语进行交流。村民之间日常交流均用侗语，在集市上相遇也讲侗语，很少用其他语言来交流。

表 9-24　　　　跨社区语言使用（针对少数民族）（N = 82）

考察项＼语种	本民族语	汉语方言	普通话	其他语言
A（%）	98.8	4.9	1.2	2.4
B（%）	28	70.7	8.5	11
C（%）	63.4	58.5	13.4	6.1
D（%）	17.1	70.7	26.8	2.4

考察项说明：A=到附近本民族村寨常使用的语言；B=到附近其他民族村寨常使用的语言；C=去赶场时常用的语言；D=跟不熟悉的人交谈常用的语言。该选项为交叉选项。

表 24 中，其他情况（如赶场、学生课后交谈等）使用本民族语的程度也比之前的两个村庄高。相对来说，汉语方言、普通话、其他民族语的使用就比较少。我们认为这也和当时村民的思想封闭有一定关系。导致这种封闭的原因，我们认为可能和该村距离其他的村庄相对较远（参考翠里瑶族壮族乡各村分布图）有关。

四、翠里村

2010 年 7 月 26 日对翠里乡政府所在地翠里村进行了调研。并对当地村民潘荣利[①]进行了深入访谈，完成问卷 105 份，其中有效问卷 103 份。

（一）村庄基本概况

全村共 308 户，1478 人，有苗、侗、壮、汉等民族，其中苗族占 78%，侗族占 13%，其他民族人口较少。由 6 个自然村组成，包括 16 个村民小组，即翠里、平党、大田、岑地、孟安、甲雅，其中苗族分布在翠里、平党、甲雅三个村子，大田为侗族居住，壮族分布在孟安，岑地为苗、汉杂居。村中 60%—70% 的儿童入学前都懂汉语。与周边其他民族村寨交流一般可以直接用对方的语言。族际婚姻家庭有些用双语进行交流。

村中苗族各家族都有从外地迁来的传说，一般认为从汉族变苗族，即

---

① 潘荣利，苗族，44 岁，高中，本民族语流利，汉语为第二语言，此外还兼通壮语、侗语和瑶语。

清朝时汉族被追杀，逃难到苗族地区，之后即改为苗族。

翠里苗族每年节庆有春节、元宵、村社（二月）、清明、四月八、端午、六月六、七月初四（比较隆重，相当于春节，要过3天，据说是由于过去人们忙于农活，忘了过春节，后来请寨老推算，结果把七月初四错算成春节，后来意识到错误，便将这个节日改为"吃新节"）、八月十五、九月重阳。

除此之外，苗族还有吹芦笙的习俗，一般在每年的正月初五到十五之间。

族际婚姻比较普遍，翠里寨上至少有20%的家庭是族际婚姻家庭。通婚的对象一般有侗族、壮族、水族和汉族等，目前跟瑶族通婚的还没有出现。

外出打工的人较多，一般到浙江、广东、内蒙等地，也有就近在从江打工的。主要经济收入依靠种植木材。

村中大专以上文化程度的有8人，其中女5人，男3人。高中毕业生较多，此外还有不少初中生。儿童一般就近在乡中心学校上学，有学前班，一般都直接用汉语普通话教学，没有开展双语教学。

（二）受访者基本信息

表 9-25　　　　　　　　翠里村受访者基本信息（N=103）

背　景		人数	比例（%）	背　景		人数	比例（%）
性别	男	46	44.7	年龄段	10—30 岁	33	32.0
	女	57	55.3		31—50 岁	42	40.8
文化程度	文盲	18	17.5		51 岁以上	28	27.2
	小学	42	41.8	民族成分	苗族	77	74.8
	初中	30	29.1		侗族	10	9.7
	高中	8	7.8		汉族	10	9.7
	中专	2	1.9		壮族	5	4.8
	大专以上	2	1.9		土家族	1	1.0

此次受访者总有103人，其中少数民族有93人，10人为汉族。在103位受访者中，35%的人有外出打工的经历。在职业中，有72.8%的人在家务农，学生占10.7%，其他职业的占16.5%。

（三）语言使用基本情况

村民之间主要用苗语进行交流，偶尔用侗语，即使在从江，或西山乡场，苗族之间也主要使用苗语，不用其他语言。

表 9-26　　　　　　　　翠里村受访者语言使用程度统计

（针对少数民族）（N = 103）

程度 / 语种	非常流利		比较流利		一般	
	人数	比例（%）	人数	比例（%）	人数	比例（%）
本民族语	93	90.3	5	4.9	4	3.9
汉语方言	27	29.7	26	28.6	36	39.6

程度 / 语种	听得懂不会说		听得懂一点		完全不懂	
	人数	比例（%）	人数	比例（%）	人数	比例（%）
本民族语	0	0	0	0	1	0.9
汉语方言	1	1.1	12	13.2	0	0

表 9-27　　　　　翠里村受访者掌握语言的情况（N = 103）

语种	本民族语		汉语方言		普通话		其他语言	
	人数	比例（%）	人数	比例（%）	人数	比例（%）	人数	比例（%）
人数及比例	89	96.7	88	94.6	56	60.2	44	47.3

说明：该选项为交叉选项。

　　对于民族语的使用程度，绝大多数人自报非常流利，其中一位少数民族受访者自报完全不懂，分析他的基本信息以后我们发现他虽为少数民族，但母语却是汉语方言，从小生活在民族村寨中却一直没有说过民族语，由于该地发展水平相对较好，人们对外的接触也较多，使用汉语方言基本能完成日常交流的任务。值得注意的是，"能使用语言"一栏"普通话"的比率已超过 60%，与前面的三个点相比这是一个非常高的比例。

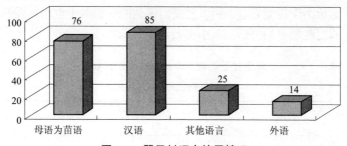

图 9-5　翠里村语言使用情况

　　这是我们调查的 4 个点中唯一一个汉语使用超过本民族语的村庄，从上图可以看出，能够使用汉语的人数较之苗语多，我们分析这与当地地处乡政府所在地有关，其他民族的人相对其他村庄要多。在表 25 的样本分析中我们看到其民族成分构成较多且汉族数量有所增加。通过对受访者基本信息的分析，我们发现有部分少数民族受访者母语为汉语方言，这部分人多为小孩。

（四）家庭语言使用情况及文字掌握情况

表9-28　　　　　　　　翠里村受访者家庭语言使用情况

（针对少数民族）（N＝92）

语种 考察项	本民族语	汉语方言	普通话	其他语言
在家常使用的语言（%）	84.9	20.4	2.2	4.3

说明：该选项为交叉选项。

对于在家经常使用的语言，受访者大多自报本民族语，但是我们对比前面的数据可以明显地发现，这个数值不像前面数值那样具有绝对的优越性，而汉语方言的比例也有所提高。说明了语言的使用也受地域、人文环境的影响。

表9-29　　　　　　　　翠里村受访者汉文掌握水平

（针对少数民族）（N＝92）

水平 考察项	不识字		认识一些字，但不会写		能写一些简单的字据、书信	
	人数	比例（%）	人数	比例（%）	人数	比例（%）
汉文掌握水平	13	15.5	8	9.5	30	35.7
水平 考察项	熟练掌握并应用		做文字工作		做教学工作	
	人数	比例（%）	人数	比例（%）	人数	比例（%）
汉文掌握水平	31	36.9	1	1.2	1	1.2

在翠里，我们发现这里村民的文化程度整体较高，由于处于乡政府所在地，该处有一所不论是硬件条件还是师资力量都相对较好的小学，村民的孩子一般都就近在这所小学接受教育。所以村民们汉文的掌握水平也相对较好，70%以上的人能够写些简单的书信，其中多数还能熟练掌握应用。

表9-30　　　　　　　　翠里村受访者对本民族文字的认知度

（针对少数民族）（N＝92）

认知度 考察项	知道		不知道		—	
	人数	比例（%）	人数	比例（%）	人数	比例（%）
是否知道有 本民族文字	20	25.6	58	74.4	—	—
认知度 考察项	应该		没有必要		不清楚	
	人数	比例（%）	人数	比例（%）	人数	比例（%）
是否该有 本民族的文字	54	76.1	2	2.8	15	21.1

在 88 位受访者中，有 20 人知道有本民族文字，多数人并不知道，但希望有自己民族文字的人是占绝对优势的，人们希望拥有本民族文字以便使其他民族能够更好地了解他们，同时也有利于保存他们优秀的传统语言文化。

（五）社区语言使用情况

表 9-31　翠里村受访者社区语言使用（针对少数民族）（N = 92）

语种 考察项	本民族语	汉语方言	普通话	其他语言
A（%）	91.3	16.3	1	3.3
B（%）	81.5	43.5	6.5	18.5

　　考察项说明：A=在村里常使用的语言；B=跟好朋友交谈常用的语言。表中选项为交叉选项。

在社区交往中，人们往往比较倾向于使用本民族的语言，多数受访者认为这样能够让人感到很亲切，也足以体现人们对本民族语言的热爱。

（六）跨社区语言使用情况

村中苗族自称$ta^{33}mo^{33}$，称汉族为$ta^{53}diu^{53}$，称侗族为$ta^{53}gu^{24}$，称壮族为$diu^{53}çoŋ^{33}$，称瑶族为$diu^{53}jou^{31}$。

表 9-32　翠里村受访者跨社区语言使用（针对少数民族）（N = 92）

语种 考察项	本民族语	汉语方言	普通话	其他语言
A（%）	89.1	14.1	3.3	2.2
B（%）	28.2	69.6	4.3	30.4
C（%）	31.5	85.9	6.5	21.7
D（%）	18.5	77.2	16.3	3.3

　　考察项说明：A=到附近本民族村寨常使用的语言；B=到附近其他民族村寨常使用的语言；C=去赶场时常用的语言；D=跟不熟悉的人交谈常用的语言。表中选项为交叉选项。

上表数据显示，除了在和本民族交流时多使用本民族语外，其他时候汉语方言是与人交流的首选语言。但值得注意的是 30.4% 这个数据，它代表的是翠里村有 30.4% 的人去其他民族村寨使用的是其他民族语言，这个百分比也是相对较高的，说明了该村村民在与其他民族的不断交往中已能够流利使用其他民族的语言，这种语言和谐现象的产生及其所带来的影响便是我们此次调研的重点。

第三节　问卷分析

此次调研的主要目的是了解多民族杂居地区多种语言的使用状况、语言间的相互关系以及各民族语言生活和谐的状况。语言和谐是社会和谐的重要组成部分，研究语言和谐问题直接服务于社会主义和谐社会的构建。

一、问卷覆盖面及调查对象主要特点

此次调研主要在贵州省从江县翠里乡的 4 个村寨展开，该地区为多民族杂居，主要有瑶族、苗族、壮族、侗族 4 个民族。4 个民族长期生活在一起，相互往来、沟通，必定对语言的使用产生影响。在调研中我们发现不少村民除了能够使用本民族语和汉语方言以外还能使用多门其他民族的语言。

我们通过入户问卷调查，共计回收有效问卷 360 份，其中少数民族问卷 345 份，汉族问卷 15 份，基本可反映该地区语言使用情况。此次调查对象呈现出以下的特点：

1. 受教育程度多处于低层次，多为在家务农者。文盲比例占 21.7%，小学占 35%，初中占 31.7%，中专、大专以上的寥寥无几。大多数人在家务农，比例高达 69.4%，其余多为学生，部分人在外打工或从事一些个体经营。

2. 多数人母语为本民族语，且能用汉语方言进行交流。在所有受访者中，除汉族以外，98.3%的少数民族的母语为本民族语，其中91.6%的少数民族能用汉语方言进行交流。除此之外还有 19.2%的人能够使用其他民族的语言。

3. 基本能用普通话交流。在走访过程中，能用普通话交流的人达到67.2%，其余多数能听懂但不会说，部分人完全不懂，多为年岁已高的老人。

二、语言使用情况

该部分在各调查点基本情况介绍中已做了详细说明，此处不再赘述。

三、语言态度

我们把语言态度分为语言功能认同、语言情感认同两部分进行调查，其中语言情感认同又分为语言人自身的情感认同、语言人对群体中其他成员的语言情感认同、语言人对本民族语作为第二语言使用的态度三部分进行调查。

（一）语言功能认同

语言主客体一直处于相互作用的状态，关系十分密切。我们在调查中针对会少数民族语言的受访者进行了语言功能认同的调查，通过分析得到以下结论：

1. 多数人使用最熟练的语言是本民族语，一般跟家人、长辈、朋友多用本民族语言进行交流。由于这部分主要针对的是会少数民族语言的少数民族进行调查，故多数受访者最熟练的语言是本民族语，也有一部分人虽然母语为本民族语，但认为自己最熟练的语言是汉语方言。在和本民族的人交流时通常选择本民族语，和其他民族的人交流要么选择汉语方言要么选择普通话。由于各民族相互交流较多，也有不少人能够使用对方的民族语进行交流。

表 9-33　　　　　翠里乡少数民族受访者语言功能认同数据表

考察项 ＼ 语种	本民族语	汉语方言	普通话	其他语言
A（%）	90.4	6.7	2.6	0.2
B（%）	92.8	5.8	1.2	0.2
C（%）	94.2	3.2	2.3	0
D（%）	97.4	2.3	0.02	0
E（%）	64.6	29.6	4.9	0.1

考察项说明：A=自己最熟练的语言；B=跟家人交流时最方便的语言；C=跟最好的本民族朋友交流时最方便的语言；D=跟本民族长辈交流时最方便的语言；E=跟一般朋友交流时最方便的语言。表中各选项均为交叉选项。

2. 跨村寨族际交流时使用汉语方言相对方便。多数受访者认为离开本村与其他民族交流时使用汉语方言比较便于交流，但也有接近 1/3 的人表示使用本民族语也很方便，原因可能在于当地各民族交往融合，多数人能够听懂其他民族的语言甚至用于交际。但如果是与本民族同胞交流，多数人还是倾向于使用本民族语言。

表 9-34　　　　翠里乡少数民族受访者对不同场合不同语言的功能认同数据表

考察项 ＼ 语种	本民族语	汉语方言	普通话	其他语言
A（%）	28.4	63.6	6.7	1.3
B（%）	12.6	71.9	14.5	1
C（%）	77.5	17.6	4.7	0.2

考察项说明：A=在本地赶场时最方便的语言；B=到政府机关办事与干部交流最方便的语言；C=在县城与本民族同胞交流最方便的语言。

3. 针对特定群体，如机关干部、外出打工者、孩子父母的调查。对于这部分人，调查的主要目的在于深入了解他们对语言使用的认同程度。对本民族语的青睐在外出打工人员中体现最为突出，受访者中有 217 人有过外出打工的经历，其中 215 人表示往家里打电话时最想用民族语和家人交谈，这样会感到特别亲切。多数父母还是希望孩子回家以后说民族语，我们初步分析这有两方面的原因，一是有的父母本身不会说汉语方言或是普通话，二是父母认为民族语是本民族的语言，不能丢掉。当然，也有父母希望孩子回来以后说汉语，认为这样有利于孩子以后的发展。在单位工作的人一般多用汉语方言，他们表示，这样能够方便来单位办事的不同民族。

表 9-35　　　　　　　　翠里乡少数民族受访者与不同交际
对象交流时使用的语言

语种　　考察项	本民族语	汉语方言	普通话	其他语言
A（%）	32.1	53.6	14.3	0
B（%）	97.9	2.1	0	0
C（%）	75.6	14.7	9.2	0.5

考察项说明：A=在单位与同事交流最方便的语言；B=在外地打工往家里打电话最想用的语言；C=希望孩子放学回家与父母交流使用的语言。

（二）语言情感认同

1. 语言人自身的情感认同

这部分主要针对少数民族受访者，通过设置适当的问题来了解他们对自身语言的情感认同程度，得到如下结论：

A. 民族语的使用程度较高。多数人认为自己的民族语相对其他语言较流利，但有 1/3 的人在被问及自己会的语言中哪种最好听时选择了普通话，他们认为普通话不仅好听而且出门在外使用起来比较方便。

表 9-36　　　　　　　　语言人自身情感认同（针对少数民族）

语种　　考察项	本民族语	汉语方言	普通话	其他语言
A（%）	89.3	7.0	3.1	0.6
B（%）	44.2	19.9	33	2.9

考察项说明：A=自己讲哪种语言最流利；B=会讲的语言中哪种最好听。

表 9-37　　　　　　　　　　打工者返乡后的语言行为

语言行为	马上改用本民族语	头两天用汉语	跟同伴用汉语，跟家人用民族语	只用汉语
（%）	92	0	5.7	2.3

考察项说明：在外地打工回家，你会……

表 9-38　　　　　　　　　　对交际对象转用语言的反应

反应	很不舒服	坚持用本民族语	劝对方用本民族语	觉得无所谓	也马上改用汉语
（%）	8.2	10.4	5.2	29.6	46.6

考察项说明：与别人用本民族语交谈时，对方改用汉语，你会……

表 9-39　　　　在县城和单位交际时交际对象转用语言的反应

态度 考察项	很亲切	有点亲切感	很不舒服	不想跟他交谈	立刻改用汉语	无所谓
A（%）	78	9	0.6	0.6	0.6	11.2
B（%）	58.3	16.7	0	8.3	0	16.7

考察项说明：A=在县城别人用本民族语跟你交谈，你会……；B=在单位别人用本民族语跟你交谈你会……

表 9-40　　　　　　　在县城偶遇本民族语使用时的反应

反应 考察项	很亲切	有点亲切感	无所谓	没什么特殊感觉	很不舒服
（%）	76	8.2	10.2	5.3	0.3

考察项说明：在县城听到有人说你本民族语，你会……

B. 多数人觉得与别人用本民族语或是用汉语交流没有多大区别。在调查中，我们设置了一个场景，即在与别人用本民族语交谈的过程中，对方突然改用汉语你的态度是什么。通过对数据的分析，我们发现，有接近一半的人表示自己也会马上改用汉语，有接近 1/3 的人表示无所谓，只有剩余的小部分人会对此感到反感或是劝其改用本民族语。这证明大多数人对本族人在交际过程中放弃母语并不反感。

C. 民族语能使交际双方产生亲切感。对于在外打工的人来说，对民族语的情感便成了对家人的思念，他们绝大部分在往家打电话的时候都会选择用本民族语，这样显得比较亲切，能找到家的感觉。就算是在县城，听到本民族语或有人用本民族语与自己交谈时也有超过一半的人觉得很亲切，这足以证明人们对本民族语的情感认同很高。

2. 语言人对群体中其他成员的语言情感认同

通过以上的分析，我们不难发现，多数受访者在语言使用上有着强烈的民族情结，同时对汉语及其他民族语言有着开放的语言态度。对此，在该部分，我们还特别针对中老年人设置了一些场景来了解他们的语言态度并进行分析。

A. 对本民族语的态度。首先，人们对本民族母语有深厚的感情。其次，面对发展问题，又希望多用普通话进行交流。在调查中，有 90%的受访者希望家里人用民族语交流，但他们又有矛盾的心理，那便是民族语在外能被听懂的很少。有 40%的中老年人都表示如果孩子放学回家说汉语或是普通话自己会很高兴，但苦于自己不会普通话又希望他们用民族语交流。

B. 对汉语方言、普通话的态度。在调查中我们设置了这样的场景，即村中有人外出回家后只讲汉语或是只讲普通话时人们是何态度。对于只说汉语方言的人，有 37.1%的受访者表示无所谓，21.3%的觉得很高兴，有 2%的人表示会痛骂这样的人一顿。对于说普通话的人，无人表示会痛骂这样的人，有 49.5%的觉得很自然，32.8%的觉得很高兴。通过以上数据看，多数人对汉语方言、普通话持开放的态度。

3. 语言人对本民族语作为第二语言使用的态度

此部分调查只针对母语为少数民族语的人群，主要目的在于了解他们对本民族语作为其他民族的第二语言使用持何种态度。

A. 人们普遍很乐意教其他民族学习自己的民族语。调查数据显示，有 90.3%的人表示很高兴教其他民族的人学习本民族语，7.9%的人表示只教简单的，只有 1.8%的表示不愿意教，这部分人认为教了他们也不会。

B. 对于其他民族的人用自己的本民族语和自己交谈很多人表示很高兴。通过调查前的准备工作，我们了解到该乡各民族交往相对较频繁，故在设计问卷的时候特意设置了"假如其他民族的人用你的民族语跟你交谈时你的感受"这样的问题。在受访者中，有 88.8%的人表示很高兴，其余 11.2%的受访者中大部分人都表示很自然，只有极少部分的人感觉别扭或是很不高兴。

由此我们可看出，多数人对于其他民族的人将自己的民族语作为第二语言感到很高兴，可以接受。

四、语言关系和民族关系

语言的使用往往会涉及国家、民族、政治等，在一个国家小范围的多民族杂居地，语言关系多会牵扯到民族关系。对此，我们做了相关的调查。

表 9-41　　　　　　翠里乡各族相处状况（针对少数民族）

态度	很好	很和谐	一般	不好
人数	247	46	43	3
比例	72.8%	13.6%	12.7%	0.9%

A. 绝大多数受访者认为当地民族关系、语言关系很和谐，很正常，没有出现过大的问题，只有小部分的人说不好，经常闹矛盾，但总的看来大家相处得比较和谐。

表 9-42　　　　少数民族受访者对多语人的态度（针对少数民族）

考察项 \ 态度	很好，跟别人交流起来方便		很自然，因为多民族杂居在一起		不过如此，交流需要而已		不好，很麻烦	
掌握多种语言	人数	比例（%）	人数	比例（%）	人数	比例（%）	人数	比例（%）
	324	95.0	12	3.5	4	1.2	1	0.3
	越来越多		越来越少		没什么变化			
现在能用多种语言的人（%）	人数	比例（%）	人数	比例（%）	人数	比例（%）		
	279	82.1	33	9.7	28	8.2		

B. 认为能够掌握多种语言很好，且现在掌握多种语言的人越来越多。

表 9-43　　　　语言使用过程中的问题（针对少数民族）

考察项 \ 态度	很正常		很好奇		很不舒服	
	人数	比例（%）	人数	比例（%）	人数	比例（%）
	173	52.0	50	15.0	90	27.0
A	很不高兴，觉得对方不尊重自己			很反感，强烈要求别人使用自己听得懂的		
	人数	比例（%）		人数	比例（%）	
	5	1.5		15	4.5	
B	尊重对方，改用别人听得懂的语言		继续使用本民族语交谈，不理会别人抗议		跟对方讲道理，要求对方尊重自己的语言使用权利	
	人数	比例（%）	人数	比例（%）	人数	比例（%）
	252	79.5	29	9.1	36	11.4
考察项 \ 态度	碰到过			没碰到过		
	人数	比例（%）		人数	比例（%）	
C	126	37.0		215	63.0	
D	128	37.6		212	62.4	
E	37	10.9		303	89.1	

考察项说明：A=遇到别人使用自己听不懂的语言；B=与本民族同胞用民族语交谈时，当场有人表示反感，你的做法……；C=因语言使用遇到麻烦；D=遇到别人要求使用某种语言；E=因语言使用问题造成家庭不和。

C. 多数人不反感别人使用自己听不懂的语言，如果碰到对方反感的情况也能尊重对方的意见换用对方能听懂的语言。

D. 基本没有因为语言使用不同产生矛盾。在调查中，受访者均反映自己很少遇到因为语言使用不同产生矛盾或产生麻烦的现象，也很少听说有人遇到过。

表 9-44　　　　　　对各民族通婚态度情况（针对少数民族）

态度 考察项	鼓励，可以增强 民族团结		很自然，社会 发展趋势		不应该，会影响 家庭语言交流		反对，会影响家 庭和谐	
	人数	比例(%)	人数	比例 (%)	人数	比例 (%)	人数	比例(%)
不同民族通婚								
	178	53.0	145	43.2	5	1.5	8	2.3

E. 大多数人赞成族际通婚，并认为这可以增强民族团结。这些数据表明当地各民族间的交往不断增多，且各民族相处融洽。

五、结语

通过此次调研活动，课题组成员在老师的带领下丰富了专业知识，将平日所学转化到实际应用中。其次，还培养了团队成员的协作性、创新性，开阔视野，激发潜质。使我们在调查过程中深刻地感受到语言的重要性，为语言的丰富、奇妙所震撼，这些少数民族语言都是一笔宝贵的财富。而调查同时也为少数民族地区语言研究丰富了资料，为推进民族地区和谐发展作出贡献。但此次调研也存在多处不足，如对调查对象的选取可能在年龄层次上还欠完善，对有些问卷问题的表达有失偏颇而导致部分问卷无效，造成了无效的工作等，这些都将成为我们今后不断完善的前车之鉴。

第四节　翠里乡两个民族村寨的语言态度对比研究

一、概述

语言态度，又称语言观念，是语言人对所使用语言在情感和交际功能等方面的认同程度。由于社会历史不同，社会条件和人们心理特征不同，不同民族，不同的语言使用群体，在语言的情感认同和交际功能认同方面也会表现出差异。一个民族对待其所使用语言的态度，会对该语言的使用及发展演变产生影响。本节选取了翠里村和宰转村作为研究个案，在对这两个村村民语言使用现状进行描写分析基础上，对比分析了两个不同民族村寨在语言态度方面所表现出来的共同点和不同点，并对造成两个村村民语言态度差异的原因及其对语言使用所产生的影响进行了初步的探讨。

二、两个村语言使用情况概述

（一）宰转村侗族语言使用基本情况

宰转村是一个侗族聚居村，侗语是人们日常生活中主要的交际语言，有少数老年人甚至只会讲侗语，但大多数人同时也兼通汉语方言，有相当一部分人还能用汉语普通话与外地人交流。部分村民还不同程度地掌握周边其他民族的语言。侗语是家庭唯一的交际语言，只有极个别家庭由于存在族际婚姻关系而使用双语。在本村寨内部，也基本上都使用侗语，包括杂居在村内的汉族也能用流利的侗语与侗族村民交流。在跨村寨的交际中，通常情况下与本民族交往时主要使用侗语，与其他民族交往时则以汉语为主，有时，懂其他少数民族语言的人在跟熟人交流时，也会使用对方的语言。近年来，随着地区之间人员往来的日渐频繁，加之村里年轻人大多数外出打工，普通话渐渐进入人们的日常生活中，有些侗族青年外出打工与外地人结婚，将普通话带进了家庭的语言生活，在跨社区和乡村集市的语言交际中，在不知道对方的身份的情况下，会讲普通话的村民偶尔也会用普通话与对方进行交流。

（二）翠里村语言使用基本情况

翠里村是一个以苗族为主体的多民族杂居村，苗语是人们主要的交际语言，同时由于位于乡政府所在地，外界往来的人员较多，因此，作为兼用语言的汉语，使用频率也很高，加之村中还杂居有少量侗族，侗语在一定范围内也较通行。苗语是家庭主要的交际工具，但与宰转村相比，使用比例要稍低一些，少数家庭以汉语方言作为交际语言，这主要是由于族际婚姻造成的。在村寨内部，同一少数民族成员之间以本民族语作为交际工具的比例比较高，但由于环境的缘故，平时与外人交往的机会较多，因此，语言生活中使用汉语方言甚至普通话的情况也比较频繁。

三、两个村语言态度对比研究

本节将根据调查所获得的数据对两个村村民的语言态度进行对比分析。我们将从语言交际功能认同和语言情感认同两个方面进行对比。

（一）语言交际功能认同程度对比

语言交际功能的认同程度主要考察语言人对待不同交际场合和交际对象对母语和兼用语言交际功能强弱的认同情况。

1. 宰转村侗族村民语言交际功能的认同

语言交际场合包括家庭、社区、跨社区，交际对象包括家庭成员、社区内本民族成员、跨社区本民族成员、社区内不同民族之间、跨社区不同民族之间、关系密切的朋友、普通熟人、陌生人等。对语言交际功能认同情况的考察项涉及到受访者自身对各种交际语言的自信程度、语言在不同交际场合针对不同交际对象的便捷程度等的认同。下表反映出宰转村受访者对自身所用交际语言的自信程度以及家庭和社区语言交际功能的认同情况。

表 9-45　　　　　　　　宰转村侗族受访者语言自信度以及
家庭、社区语言便捷程度认同表

考察项　　　　语言	本民族语		汉语方言		普通话		其他语言	
	人数	比例(%)	人数	比例(%)	人数	比例(%)	人数	比例(%)
自己最熟练的语言	77	94	2	2.4	2	2.4	1	1.2
跟家人交流时最方便的语言	80	97.6	2	2.4	0	0	0	0
跟最好的本民族朋友交流时最方便的语言	81	98.8	1	1.2	0	0	0	0
跟本民族长辈交流时最方便的语言	82	100	0	0	0	0	0	0
跟一般朋友交流时最方便的语言	55	67.1	23	28	4.9	4	0	0

从上表可以看出，宰转村侗族村民对自己用母语进行交流普遍有较高的自信度，94%的受访者觉得自己最熟练的语言是本民族语，只有个别人认为自己的汉语方言或普通话最熟练，或某种少数民族语言更熟练。97.6%的受访者认为在家庭中跟家人使用母语交流最方便，只有2.4%的受访者认为使用汉语方言最方便，98.8%的受访者认为在与本民族朋友交流时使用母语最方便，而仅有1人认为使用汉语最方便，受访者几乎无一例外地认为在与本民族长辈交流时最便捷的语言是本民族母语，而有28%的受访者认为在与一般朋友交流时，使用汉语方言要方便一些。总之，在家庭和社区内，与本民族村民交际时，宰转村侗族村民在交际功能的认同上普遍倾向于本民族语。

离开本社区（村寨），宰转村侗族村民对本民族母语交际功能的认同程度明显下降，详见下表。

表 9-46　　　　宰转村侗族受访者跨社区语言便捷程度认同表

考察项　　　　语言	本民族语		汉语方言		普通话		其他语言	
	人数	比例(%)	人数	比例(%)	人数	比例(%)	人数	比例(%)
在本地赶场时交流最方便的语言	41	50	35	42.7	6	7.3	0	0

续表

语言 考察项	本民族语		汉语方言		普通话		其他语言	
	人数	比例 （%）	人数	比例 （%）	人数	比例 （%）	人数	比例 （%）
到政府机关办事与干部交流时 最方便的语言	15	18.3	51	62.2	16	19.5	0	0
到县城与本民族同胞交流 时最方便的语言	64	78.0	15	18.3	3	3.7	0	0

调查数据显示，在离开本社区（村寨）的交际场合中，人们对本民族语交际功能的认同程度远远低于在本村，即使是与本民族同胞交流，在县城用本民族语言的比例也仅为 78%。更多的受访者认为在多民族参与的语言交际中，用汉语方言比本民族语更方便，尤其是到政府机关办事与干部交流时，用汉语方言比用本民族语更方便更正式一些，有时在碰到外地来的干部时，还应该用普通话。

2. 翠里村村民语言交际功能认同

如前所述，翠里村是乡政府所在地，往来人员较多，语言使用情况复杂，在语言态度方面也表现出与宰转村一些不同的地方。我们从全部受访者中筛选出 92 位少数民族受访者进行语言交际功能认同度的分析，结果如下。

与宰转村侗族村民一样，多数翠里村村民对自己的母语熟练程度也有很高的自信度，将近 90%的少数民族受访者认为自己的母语比兼用语更为熟练，但也有超过 10%的人认为自己的汉语方言更熟练一些，其中个别人甚至认为普通话更为熟练，这与当地语言使用情况复杂有很大的关系。部分村民，尤其是村干部，尽管平时在家也使用本民族语，但由于与外来人员交流较多，汉语使用频率高于母语，天长日久便导致自己的母语使用能力不如汉语方言。有83.7%的受访者认为在家与家人交流时使用本民族语最方便，这个数低于宰转村（97.6%），有13.04%的受访者认为在家使用汉语方言最方便，个别人甚至认为普通话方便。在家庭语言交际功能认同方面之所以会出现这种多样化局面，与该村族际婚姻家庭普遍存在有关，家庭双语现象不仅影响人们对语言的选择，也影响人们的语言态度。与家庭语言交际功能认同度低的情况相比，人们在社区内与本民族朋友和长辈交流时，对本族语的认同度又要高一些。原因在于，人们在与家庭之外的本族成员交流时，受传统价值观的支配，在语言选用方面常常会考虑到对方的感受，同时也会考虑对方对自己的看法。翠里村对自身所用交际语言的自信程度以及家庭和社区语言交际功能的认同情况详见下表。

表 9-47　　　　　　　翠里村受访者语言自信度以及家庭、
社区语言便捷程度认同表（N=92）

考察项 ＼ 语言	本民族语		汉语方言		普通话		其他语言	
	人数	比例（%）	人数	比例（%）	人数	比例（%）	人数	比例（%）
自己最熟练的语言	82	89.13	9	9.78	1	1.09	0	0
跟家人交流时最方便的语言	77	83.70	12	13.04	2	2.17	1	1.09
跟最好的本民族朋友交流时最方便的语言	85	92.39	6	6.52	1	1.09	0	0
跟本民族长辈交流时最方便的语言	89	96.74	3	3.26	0	0	0	0
跟一般朋友交流时最方便的语言	55	59.78	34	36.96	2	2.17	1	1.09

　　与宰转村相比，翠里村村民在跨社区的语言交际中对汉语方言的功能认同程度要高得多，无论是在乡村集市上，还是在与邻村村民的交际当中，人们都普遍认为，汉语方言要更方便一些。但值得注意的一个现象是，翠里村村民在县城遇到本民族同胞时，更多的人倾向于使用本民族语，这其中除了人们对母语交际功能的认可以外，也有情感因素的影响，下文我们将对此进行分析。翠里村村民在本社区外语言交际功能的认同情况详见下表。

表 9-48　　　　翠里村村民受访者跨社区语言便捷程度认同表

考察项 ＼ 语言	本民族语		汉语方言		普通话		其他语言	
	人数	比例（%）	人数	比例（%）	人数	比例（%）	人数	比例（%）
在本地赶场时交流最方便的语言	15	16.30	72	78.26	4	4.35	1	1.09
到政府机关办事与干部交流时最方便的语言	5	5.43	78	84.78	6	6.52	3	3.27
到县城与本民族同胞交流时最方便的语言	66	81.48	13	16.05	2	2.47	0	0

（二）语言情感认同程度对比

1. 语言人自身的情感认同

　　该考察项包括语言人自身对所接触到的语言的情感倾向、语言人对交际对象语言选用的情感认同、对母语作为第二语言的情感认同以及对长期远离母语环境的母语人群体的情感认同。以下结合两个点的调查数据分别加以论述。

（1）宰转村侗族村民的语言情感认同

下列数据表是我们通过调查问卷所获取的宰转村侗族村民语言情感认同方面的资料。

表 9-49　　宰转村侗族村民语言人自身语言情感认同数据表（N=82）

主观认为自己讲得 最流利的语言	本民族语		汉语方言		普通话		其他语言	
	人数	比例 （%）	人数	比例 （%）	人数	比例 （%）	人数	比例 （%）
	76	92.7	1	1.2	4	4.9	1	1.2
会讲的语言中哪种最好听	33	40.3	15	18.3	33	40.2	1	1.2

表 9-50　　交际过程中因情感因素导致的语言转用数据表（N=20）[①]

在外地打工回家， 你会	马上改用本 民族语		头两天用汉语		跟同伴用汉语，跟 家人用民族语		只用汉语	
	人数	比例 （%）	人数	比例 （%）	人数	比例 （%）	人数	比例 （%）
	19	95	0	0	0	0	1	5

表 9-51　　交际过程中因语言转用导致的情感变化数据表（N=82）

与别人用本民族 语交谈时，对方 改用汉语， 你会	很不舒服		坚持用本 民族语		劝对方用 本民族语		觉得无所谓		也马上改用 汉语	
	人数	比例 （%）	人数	比例 （%）	人数	比例 （%）	人数	比例 （%）	人数	比例 （%）
	3	3.66	14	17.07	5	6.10	19	23.17	41	50

表 9-52　　母语环境之外对母语使用的行为倾向及心理感受

心理感受 考察项	很亲切		有点亲切感		很不舒服		不想跟 他交谈		立刻改用 汉语		无所谓	
	人数	比例 （%）	人数	比例 （%）	人数	比例 （%）	人数	比例 （%）	人数	比例 （%）	人数	比例 （%）
A	67	81.7	7	8.5	0	—	0	—	0	—	8	9.8

	很亲切		有点亲切感		无所谓		没什么特殊感觉		很不舒服	
	人数	比例 （%）	人数	比例 （%）	人数	比例 （%）	人数	比例 （%）	人数	比例 （%）
B	67	81.7	5	6.1	5	6.1	5	6.1	0	—

考察项说明：A=在县城别人用本民族语跟你交谈，你会……；B=在县城听到有人说你本民族语，你会……

----

① 本项只针对有外出打工经历的受访者。

通过对以上数据的分析，我们发现：① 民族语使用频率高，民族情感强烈。在对自己最流利的语言回答上，92.7%的受访者选择了本民族语，说明在生活中本民族语的使用频率高、使用场合多，所以大多数受访者的本民族语的水平都很高，同时还有强烈的认同感。如在对打工返村后使用语言问题的回答上，95%有过打工经历的受访者更偏向于选择本民族语，他们表示这样更显得亲切，也不会与村里人产生距离感。② 对非本民族语言不排斥。在觉得哪种语言最好听的问题上，选择民族语和普通话的受访者各占40.2%；而在与别人用本民族语交谈时，对方改用汉语的问题上，50%的受访者选择了"马上改用汉语"，这说明该地受访者虽然有着强烈的民族文化认同感，但同时并不反对和排斥其他非本民族语言，很多受访者都对汉语方言、普通话有别样的好感，认为汉语方言、普通话掌握水平高的人，其文化素养也较高。

（2）翠里村村民语言情感认同

首先我们来了解一下通过问卷调查获取的翠里村村民语言情感认同数据资料。

表 9-53　　翠里村村民语言人自身语言情感认同数据表（N=92）

	本民族语		汉语方言		普通话		其他语言	
主观认为自己讲得最流利的语言	人数	比例（%）	人数	比例（%）	人数	比例（%）	人数	比例（%）
	80	86.96	10	10.86	1	1.09	1	1.09
会讲的语言中哪种最好听	39	42.39	22	23.91	26	28.26	5	5.44

表 9-54　　交际过程中因情感因素导致的语言转用数据表（N=21）

	马上改用本民族语		头两天用汉语		跟同伴用汉语，跟家人用民族语		只用汉语	
在外地打工回家，你会	人数	比例(%)	人数	比例(%)	人数	比例(%)	人数	比例(%)
	19	90.48	0	0	1	4.76	1	4.76

表 9-55　　交际过程中因语言转用导致的情感变化数据表

	很不舒服		坚持用本民族语		劝对方用本民族语		觉得无所谓		也马上改用汉语	
与别人用本民族语交谈时，对方改用汉语，你会	人数	比例（%）	人数	比例（%）	人数	比例（%）	人数	比例（%）	人数	比例（%）
	6	6.52	9	9.78	4	4.35	24	26.09	49	53.26

表 9-56　　　　　**母语环境之外对母语使用的行为倾向及心理感受**

考察项	很亲切		有点亲切感		很不舒服		不想跟他交谈		立刻改用汉语		无所谓	
	人数	比例(%)	人数	比例(%)	人数	比例(%)	人数	比例(%)	人数	比例(%)	人数	比例(%)
A	72	78.26	10	10.87	0	0	1	1.09	0	0	9	9.78

考察项	很亲切		有点亲切感		无所谓		没什么特殊感觉		很不舒服	
	人数	比例(%)	人数	比例(%)	人数	比例(%)	人数	比例(%)	人数	比例(%)
B	67	72.73	12	12.50	7	7.95	6	6.82	0	0

考察项说明：A=在县城别人用本民族语跟你交谈，你会……；B=在县城听到有人说你本民族语，你会……

通过对上述数据的分析，我们发现：① 表 55 中的数据显示，受访者大多数主观上认为自己讲得最流利的是本民族语，但是，在语言的情感倾向方面，当被问及"哪种语言最好听"时，却只有不到一半的受访者选择了本民族语。相比较而言，虽然汉语方言和普通话对于大多数人来说并不是最流利的语言，却有不少人选择为"最好听"的语言，在这方面宰转村和翠里村存在较大的共性，宰转村甚至有 40%以上的受访者认为普通话是"最好听"的语言（见表48）。② 绝大多数长期离开母语环境的外出打工者对母语有着强烈的认同感，一旦回到母语环境中，立刻转用本民族语，只有极个别人坚持在外地打工时的语言交际习惯，仍使用汉语进行交际，少数人在交际中根据对象选择使用不同的语言。调查过程中我们还了解到，人们对交际过程中转用第二语言（主要是汉语）的现象并不反感，有一半以上的受访者在与对方交际时会尊重对方的语言使用习惯。③ 多数人在非母语环境中对本民族母语有着强烈的认同感和依恋，超过 85%的受访者在县城使用或听到别人讲本民族语时会产生亲切感，只有少数人认为"无所谓"或"没有什么特殊的感觉"。

2. 语言人对群体中其他成员的语言情感认同

对群体中其他成员语言情感认同主要考察语言人对家庭成员语言选择的期待，对家庭成员对母语背叛行为的态度以及社区中其他成员对母语背叛行为的态度等。以下我们将通过数据对宰转和翠里两个村受访者对本群体中其他成员语言情感认同方面的情况进行对比分析。

（1）宰转村侗族村民对群体中其他成员的语言情感认同

首先看看我们通过问卷获取的相关数据。

表9-57　　　宰转村村民对家庭成员语言选择的期待数据表（N=82）

期待对方使用的语言	本民族语		汉语方言		普通话		其他语言	
人数及比例	77	94%	2	2.4%	2	2.4%	1	1.2%

表9-58　　　对待家庭成员（主要指孩子）存在背叛母语行为的态度

相关态度／考察项	痛骂他/她一顿		用本民族语跟他/她讲		用汉语跟他/她讲		觉得无所谓		觉得高兴		不搭理他/她	
	人数	比例(%)	人数	比例(%)	人数	比例(%)	人数	比例(%)	人数	比例(%)	人数	比例(%)
A	2	4.4	12	26.7	7	15.6	9	20	15	33.3	0	—
B	0	0	12	27.9	7	16.3	10	23.3	14	32.5	0	—

考察项说明：A=如果你孩子上学回家跟你讲汉语，你会……；B=如果孩子外出打工回到家用汉语跟你讲话，你会……

表9-59　　　对待社区成员存在背叛母语行为的态度

相关态度／考察项	痛骂他/她一顿		用本民族语跟他/她讲		用汉语跟他/她讲		觉得无所谓		觉得高兴		不搭理他/她	
	人数	比例(%)	人数	比例(%)	人数	比例(%)	人数	比例(%)	人数	比例(%)	人数	比例(%)
A	2	4.3	10	21.7	4	8.7	19	41.3	9	19.7	2	4.3
相关态度／考察项	痛骂他/她一顿		不搭理他/她		跟他/她讲普通话		觉得他/她很奇怪		觉得很自然		觉得很高兴	
	人数	比例(%)	人数	比例(%)	人数	比例(%)	人数	比例(%)	人数	比例(%)	人数	比例(%)
B	3	6.3	1	2.1	4	8.3	25	52.1	13	27.1	2	4.3

考察项说明：A=本村人外出回来只讲汉语，不讲本民族语你会……；B=本村人外出回来讲普通话，你会……

　　通过对上文表中数据进行分析，我们发现宰转村村民在语言的情感认同方面存在以下特征：① 在家庭语言选用方面，人们对家庭成员的母语忠诚有比较高的期待。94%的受访者希望家人用本民族语与他们交流，这表明该村受访者对于本民族语言的使用有着强烈的主观意愿。但与此同时，家长对子女背叛母语的行为又怀着极大的宽容，针对子女放学回家使用汉语进行交际，有超过一半的受访者"觉得无所谓"甚至"感到非常高兴"，只有不到5%的受访者对这种背叛行为会加以谴责。而针对外出打工返乡的子女在家使用汉语，也有几乎相同比例的受访者持同样的态度。充分反映了人们在语言情感认同和语言交际功能方面的矛盾心理。母语是联结家庭成员之间的情感纽带，但子女要走向社会，需要掌握社会通用语言，在这种情况下，家长很难用传统的价值观对子女的语言行为加以约束。② 我们以外出返乡使用"汉语方言"和"普通话"作为考察语言人对社区成员是否忠诚母语的考察项。根据传统的价值观，少数民族无论走到哪里，不忘母语是人们衡量一个人品格好坏的标准之一。过去，人们外出返乡，如果不说本民族语是会受到谴责的，但如今，人们在这个问题上的态度已经有了很大的转变，从过去连讲地方汉语方言都无法接受发展到现在连普通话都能接受了。大多数人只是觉得外出返乡不讲本民族语而讲汉语方言或普通话这样的"叛逆"行为有些奇怪，只有少数人会对其进行谴责，有相当一部分人甚至认为这样的行为是很自然的或觉得无所谓。少数人甚至觉得这种行为是令人鼓舞的。这一转变应该说与社会的发展不无关系。

（2）翠里村村民对群体中其他成员的语言情感认同

在对群体中其他成员的语言情感认同方面，翠里村村民的观念相对要开放得多。首先，尽管人们对母语也有着很深的感情，①但在家庭语言选用方面，人们对家庭成员选用母语进行交际期待的不足 70%，这一比例远远低于宰转村 94%，有高达 46%的家长对子女放学回家使用汉语或普通话感到很高兴，很少有人会对子女这种背叛母语的行为表示谴责。

针对社区成员外出返乡选用汉语的情况，更有高达 62.49%的受访者持"无所谓"甚至"觉得高兴"的态度，很少有人会对此进行谴责，在这个问题上，翠里村与宰转村很相似。作为乡政府所在地，翠里村村民对社区中使用普通话已经司空见惯，对于社区成员外出返乡使用普通话，绝大多数受访者觉得很自然，有超过 20%的受访者甚至觉得很高兴。这些都反映了近年来随着民族地区社会经济文化等各方面的不断发展，社会开放程度不断提高，地区间人员往来更加频繁，人们对各种有悖于传统价值观的语言行为越来越宽容。

四、结论及建议

（一）结论

通过上文对从江县翠里乡两个自然村寨不同民族在语言态度方面的对比，我们得出以下结论：

1. 地区开放程度对语言功能的认同度会产生影响，较开放的地区对语言的选择面较之不开放地区广。通过对两个自然村语言功能认同的比较，我们发现，作为相对较为封闭的宰转村，他们在多数场合的语言选择上有

---

① 参见前文，语言人自身对语言的情感认同相关内容。

绝对倾向性的选择本民族语。如在社区的交谈中，他们对本民族语的选择比例高达 100%，在跨社区的语言选择中，也有超过 50%的选择本民族语。而在自然环境相对较开放的翠里村，只有 15%左右的人在跨社区的语言交际中选择使用本民族语。

2. 在家庭交际语言中，两个村寨对子女在语言选用方面的期待也有所不同。环境相对较开放的翠里村，有 30.51%的家长希望自己的子女回家用汉语方言与家人交流，甚至有 10%左右的人希望子女会说普通话。而在宰转村，仅有 11.5%的受访者希望孩子放学回家后使用汉语方言，无人希望孩子使用普通话。

3. 在对待母语作为兼用语供别的民族学习使用这个问题上，环境的开放程度与思想的开放程度似乎并没有形成正比。在侗族聚居、环境相对封闭的宰转村，似乎更多的人乐意接受其他民族的人来学习和使用侗语，而且大家都乐意向周边的其他民族传授自己的母语，并很高兴跟别的民族用自己的母语进行交际。而在环境相对较为开放的翠里村，尽管也有不少人乐意接受本民族语言（苗语）作为兼用语这一事实，但从问卷调查所得的数据来看，比例并没有宰转村那么高。前文对于造成这一结果的原因已经做了简单的分析。此外，我们在调查过程中还间接地了解到，人们都觉得现在社会大家都学普通话了，谁还有心思学民族语啊，因此也就认为本民族语言没有传授给其他民族的必要了。

4. 社会经济发展对地区语言开放程度具有重要影响。通过实地观察，我们发现，由于地处乡政府所在地，与宰转村相比，翠里村商品经济发展得更为迅速，村里有很多村民从事商业活动，如经营杂货店、小吃店、餐馆、旅馆、服装店、修车铺等，而宰转村的商品经济发展缓慢。据我们观察，村中仅有一间很小的杂货商店，向村民出售日常生活用品。正因为两地社会经济发展程度的不同，从而使人们在文化生活和思想观念上都出现差异。社会经济发展迅速的一方，其思想观念较为开放，更能接受新事物，在一定程度上对其语言多元化、开放性的发展有着促进的作用。而社会经济发展缓慢的一方，其思想观念较为封闭保守，在一定程度上阻碍了语言多元化、开放性的发展。

5. 地区对外开放程度对地区语言多元化发展有着一定影响。翠里村多民族杂居，语言使用情况复杂，与外界接触频繁，同时地理位置优越，交通较为方便，便于与外界沟通和交流。而宰转村民族成分较为单一，多为侗族，与其他民族在经济生活和文化生活方面的交流都较少，加之地处偏远，交通不便。所以，无论是从经济开放程度还是文化开放程度来看，与翠里村相比是比较落后的。正是这样，宰转村的语言态度更具封闭性、保守性。

（二）建议

语言态度对语言的使用和发展会产生重要的影响，世界上很多语言从一种正常的交际工具发展到交际功能的衰退，直至最后走向濒危和消亡，很大程度上与语言使用者对自己母语的交际功能认同程度和情感认同程度有关。我国是一个多民族多语种的国家，56 个民族使用着 130 余种语言，每一种语言都是人类宝贵的智慧财富，都需要我们去加以关注。如今，在世界经济一体化和城镇化发展的冲击下，外来文化以及社会主流文化对一些少数民族文化产生了不可逆转的影响，这种影响在我国绝大多数少数民族当中都有不同程度的体现。本节研究对象贵州省从江县的两个自然村村民语言态度上的转变也反映这种冲击对当地语言和文化所带来的影响。为此我们提出以下建议：

1. 应该珍视少数民族语言和文化，尤其是要让当地各民族意识到本民族语言对保存和发展本民族文化的重要性。利用当地语言文化资源的优势，结合经济的发展进行民族文化的宣传。侗族和苗族都是能歌善舞的民族，多声部无伴奏合唱侗族大歌如今已誉满全球。地方政府应充分利用这一优势，抓住机遇，使当地少数民族文化的发展上一个台阶。

2. 尽管目前当地各民族语言都还保持着较强的交际功能，当地各民族对本民族在交际功能方面也有较高的认同感，但其发展前景亦不容乐观，应意识到由于人口的过度外流以及母语教育的缺失，可能会对这些民族语言的使用造成的不利影响。针对这一问题，我们建议在当地中心学校和村办学校开设民族语教学方面的课程，同时将民族文化进校园彻底落实到每一个学校。一方面是当地各民族更进一步了解其他民族的文化，同时也借此对各民族儿童进行母语教育，树立热爱祖国先从热爱本民族语言和文化做起的思想。

3. 地方政府应该努力抓好民族文化的建设工作，民族工作干部不仅自身要提高文化素养，对本地各民族文化有深入的了解，而且要向少数民族群众做好保护本民族文化的宣传工作，使少数民族群众充分意识到本民族文化的重要性，民族文化的传承和发展是自身发展的一个重要组成部分。

4. 在大力发展地方经济的同时重视对自然生态环境和人文生态环境的保护，在保障社会经济迅速发展的前提下做到合理开发，不要使优美的自然环境和浓郁的民族文化氛围成为经济发展的牺牲品。

五、结语

本文在田野调查的基础上，对贵州省从江县翠里瑶族壮族乡两个自然村侗、苗两种少数民族的语言态度进行了对比分析，比较了因环境开放程度和民族杂居程度的不同表现出来的语言态度上的差异，并简略分析了产生这种差异的原因。结论部分指出，语言态度会对语言的使用以及语言交际功能的发挥产生影响，人们对母语态度的急剧转变会导致语言逐渐衰微，旨在提醒人们重视少数民族语言和文化的发展，珍爱人类共同的这份精神财富。

附　　录

附录一　荔波县瑶族语言使用现状调查问卷^①

调查地点：　　　　　　　　　　　调查对象姓名：

一、基本信息

性别	年龄	民族	职业	文化程度	你的母语	第二语言

是否有外出打工的经历＿＿＿＿＿＿（有、无）

外出打工时间＿＿＿＿（一年以下、一年以上）

二、语言使用情况

1. 你觉得自己的民族语水平如何？

　　[ ]非常流利　　　　　　[ ]比较流利　　　　　　[ ]一般

　　[ ]会说日常用语　　　　[ ]听得懂但不会说　　　[ ]听不懂

2. 你最先学会说的语言是本民族语吗？

　　[ ]是　　　　　　　　　[ ]不是　　　　　　　　[ ]其他情况＿＿＿＿

3. 你现在能用哪几种语言与人交谈？

　　[ ]本民族语　　　　　　[ ]汉语方言　　　　　　[ ]普通话

　　[ ]其他语言＿＿＿＿

4. 你是几岁学会汉语的？

　　[ ]跟本民族语同时　　　[ ]上学以前　　　　　　[ ]上学以后

　　[ ]十岁以后

5. 你在家跟母亲经常使用的是什么语言？

　　[ ]本民族语　　　　　　[ ]汉语方言　　　　　　[ ]普通话

　　[ ]其他语言＿＿＿＿

---

① 本课题前后三次调查所使用的问卷大致相同，仅根据调查点民族构成情况作了细微的调整，限于篇幅，
　这里仅列举 2011 年暑期在荔波县调查时使用的问卷。

6. 你在家和父亲经常使用的是什么语言？

[ ]本民族语　　　　　　[ ]汉语方言　　　　　　[ ]普通话

[ ]其他语言_____

7. 你在家和爷爷奶奶经常使用的是什么语言？

[ ]本民族语　　　　　　[ ]汉语方言　　　　　　[ ]普通话

[ ]其他语言_____

8. 你在家和丈夫/妻子经常使用的是什么语言？

[ ]本民族语　　　　　　[ ]汉语方言　　　　　　[ ]普通话

[ ]其他语言_____

9. 你在家和子女经常使用的是什么语言？

[ ]本民族语　　　　　　[ ]汉语方言　　　　　　[ ]普通话

[ ]其他语言_____

10. 你在村里和本民族人交流时经常使用的语言：

[ ]本民族语　　　　　　[ ]汉语方言　　　　　　[ ]普通话

[ ]其他语言_____

11. 你在村里与其他民族的人交流时经常使用的语言：

[ ]本民族语　　　　　　[ ]汉语方言　　　　　　[ ]普通话

[ ]其他语言_____

12. 你在别的村寨里和本族人交流时经常使用的语言：

[ ]本民族语　　　　　　[ ]汉语方言　　　　　　[ ]普通话

[ ]其他语言_____

13. 你在别的村寨里和其他民族的人交流时经常使用的语言：

[ ]本民族语　　　　　　[ ]汉语方言　　　　　　[ ]普通话

[ ]其他语言_____

14. 在集市上和本民族的人交流时经常使用的语言：

[ ]本民族语　　　　　　[ ]汉语方言　　　　　　[ ]普通话

[ ]其他语言_____

15. 在集市上和其他民族的人交流时经常使用的语言：

[ ]本民族语　　　　　　[ ]汉语方言　　　　　　[ ]普通话

[ ]其他语言_____

16. 你在本地医院看病时跟医生使用的语言是：

[ ]本民族语　　　　　　[ ]汉语方言　　　　　　[ ]普通话

[ ]其他语言_____

17. 在学校上学时课后跟本民族伙伴用民族语交谈吗？（针对在校学生）

[ ]是　　　　　　　　　[ ]不是　　　　　　　　[ ]其他情况_____

18. 在外地打工时和本民族同伴用本民族语交谈吗？（针对在外打工或有外出打工经历者）

　　[　]是　　　　　　　　[　]不是　　　　　　　　[　]其他情况_____

三、文字掌握和使用情况

你汉文的掌握程度如何？

　　[　]不识字　　　　　　　　[　]认识一些字，但不会写
　　[　]能写一些简单的字据、书信等
　　[　]熟练掌握并应用　　　[　]做文字工作　　　　　　[　]做教学工作

四、关于语言态度

（一）语言功能认同

1. 你觉得自己最熟练的是：

　　[　]本民族语　　　　　　[　]汉语方言　　　　　　[　]普通话
　　[　]其他语言_____

2. 你觉得跟家人交流时最方便的是：

　　[　]本民族语　　　　　　[　]汉语方言　　　　　　[　]普通话
　　[　]其他语言_____

3. 你觉得跟最好的本民族朋友交流时最方便的是：

　　[　]本民族语　　　　　　[　]汉语方言　　　　　　[　]普通话
　　[　]其他语言_____

4. 你觉得跟本民族长辈交流时最方便的是：

　　[　]本民族语　　　　　　[　]汉语方言
　　[　]普通话　　　　　　　[　]其他语言_____

5. 你觉得跟一般朋友交流时最方便的是：

　　[　]本民族语　　　　　　[　]汉语方言　　　　　　[　]普通话
　　[　]其他语言_____

6. 你觉得在本地赶场时交流最方便的是：

　　[　]本民族语　　　　　　[　]汉语方言　　　　　　[　]普通话
　　[　]其他语言_____

7. 你觉得到政府机关办事与干部交流时最方便的是：

　　[　]本民族语　　　　　　[　]汉语方言　　　　　　[　]普通话
　　[　]其他语言_____

8. 你觉得到县城与本民族同胞交流时最方便的是：

　　[　]本民族语　　　　　　[　]汉语方言　　　　　　[　]普通话

　　　　[　]其他语言_____

9. 你觉得在外地打工往家里打电话时最想用的是：
　　　　[　]本民族语　　　　　　[　]汉语方言　　　　　　[　]普通话
　　　　[　]其他语言_____

10. 你觉得本地学校教学应该用哪种语言（可选多项）？
　　　　[　]本民族语　　　　　　[　]汉语方言　　　　　　[　]普通话
　　　　[　]其他语言_____

11. 你觉得孩子放学回家与父母交流时应该使用哪种语言？
　　　　[　]本民族语　　　　　　[　]汉语方言　　　　　　[　]普通话
　　　　[　]其他语言_____

（二）语言情感认同
A. 语言人自身的情感认同
1. 与汉语相比，你觉得自己讲哪种语言更流利（针对会母语者）？
　　　　[　]本民族语　　　　　　[　]汉语方言　　　　　　[　]普通话
　　　　[　]其他语言_____

2. 你在县城听到有人使用自己本民族的语言，你会_____
　　　　[　]很亲切　　　　　　　[　]有点亲切感　　　　　[　]无所谓
　　　　[　]没什么特殊感觉　　　[　]很不舒服

3. 在县城别人用本民族语跟你交谈时你会_____
　　　　[　]很亲切　　　　　　　[　]有点亲切感　　　　　[　]很不舒服
　　　　[　]不想跟他交谈　　　　[　]立刻改用汉语

4. 你与别人用本民族语交谈时，对方改用汉语，你会_____
　　　　[　]很不舒服　　　　　[　]坚持使用本民族语　　[　]劝对方用本民族语
　　　　[　]觉得无所谓　　　　[　]也马上改用汉语

5. 你在外地打工回到家，你会_____
　　　　[　]马上改用本民族语　　　　　　　　　　　[　]头两天用汉语
　　　　[　]跟同伴用汉语，跟家人用民族语　　　　　[　]只用汉语

6. 你觉得你会讲的语言中哪种语言最好听？
　　　　[　]本民族语　　　　　　[　]汉语方言　　　　　　[　]普通话
　　　　[　]其他语言_____

7. 你觉得你接触到的语言中哪种语言最好听？
　　　　[　]本民族语　　　　　　[　]汉语方言　　　　　　[　]普通话
　　　　[　]其他语言_____

B. 语言人对群体中其他成员的语言情感认同
8. 在家中你最希望家里人跟你用什么语言交谈？

[　]本民族语　　　　　　　[　]汉语方言　　　　　　　[　]普通话
[　]其他语言_____

9. 如果你孩子上学回家跟你讲汉语,你会_____（针对中老年调查对象）
[　]痛骂他/她一顿　　　　　　　　　　　[　]不搭理他/她
[　]用本民族语跟他/她讲　　　　　　　　[　]用汉语跟他/她讲
[　]觉得无所谓　　　　　　　　　　　　　[　]觉得很高兴

10. 孩子外出打工回到家用汉语跟你讲话你会_____（针对中老年调查对象）
[　]痛骂他/她一顿　　　　　　　　　　　[　]不搭理他/她
[　]用本民族语跟他/她讲　　　　　　　　[　]用汉语跟他/她讲
[　]觉得无所谓　　　　　　　　　　　　　[　]觉得很高兴

11. 在村里有人外出回家后只讲汉语,不讲本民族语,你会_____（针对中老年调查对象）
[　]痛骂他/她一顿　　　　　　　　　　　[　]不搭理他/她
[　]用本民族语跟他/她讲　　　　　　　　[　]用汉语跟他/她讲
[　]觉得无所谓　　　　　　　　　　　　　[　]觉得很高兴

12. 在村里听见有本村人外出回来讲普通话,你会_____（针对中老年调查对象）
[　]痛骂他/她一顿　　[　]不搭理他/她　　[　]跟他/她讲普通话
[　]觉得他/她很奇怪　[　]觉得很自然　　[　]觉得很高兴

C. 语言人对本民族语作为第二语言使用的态度
13. 有其他民族的人向你学习你的民族语言时,你会_____
[　]很高兴地教他/她　[　]只教他/她简单的　[　]不愿意教他/她
14. 其他民族的人用你的民族语跟你交流时,你会_____
[　]感到很高兴　　　[　]感觉很自然　　　[　]感觉很别扭
[　]感觉很不高兴

五、关于语言关系和民族关系
1. 你觉得这一地区各民族之间的关系怎么样?
[　]很好,非常和谐　　[　]很正常,没有出现过大的问题
[　]一般,相互间往来不多
[　]不好,经常闹矛盾

2. 你觉得掌握多种语言_____
[　]很好,跟别人交流起来方便
[　]很自然,多民族杂居在一起就是这样
[　]不过如此,交流需要而已

[ ]不好，很麻烦

3. 你觉得现在会多种语言的人_____

[ ]越来越多　　　　　[ ]越来越少　　　　　[ ]没有什么变化

4. 在交际场合中，别人使用你听不懂的语言交流，你会_____

[ ]觉得很正常　　　　[ ]觉得很好奇　　　　[ ]觉得很不舒服

[ ]很不高兴，觉得人家不尊重自己

[ ]很反感，强烈要求别人使用你听得懂的语言

5. 你与本民族同胞用母语交谈，在场有人表示反感时，你会_____

[ ]尊重对方，立刻改用别人听得懂的语言

[ ]继续使用本民族语交谈，不理会别人的抗议

[ ]跟对方讲道理，要求对方尊重自己的语言使用权利

6. 你是否因语言使用问题出现过麻烦？

[ ]出现过　　　　　　[ ]没有出现过

7. 你是否碰到过别人要求你一定要使用某种语言的情况？

[ ]碰到过　　　　　　[ ]没有碰到过

8. 你是否碰到过因语言使用问题而产生的纠纷？

[ ]碰到过　　　　　　[ ]没有碰到过

9. 你怎么看待不同民族之间结婚？

[ ]鼓励，可以增强民族团结

[ ]很自然，社会发展趋势

[ ]不应该，会影响家庭语言交流

[ ]反对，会影响家庭和谐

10. 你碰到过因语言使用问题而造成的家庭不和吗？

[ ]见过　　　　　　　[ ]没见过

六、针对汉族调查对象的问卷

您的姓名：_____

您的职业：_____

您的文化程度：_____

1. 你知道本地有多少种民族吗？

[ ]知道，有_____种　　[ ]知道有少数民族，但不知道有哪些

[ ]不知道

2. 你觉得这一地区汉族与少数民族之间的关系怎么样？

[ ]很好，非常和谐

[　]很正常，没有出现过大的问题

[　]一般，相互间往来不多

[　]不好，经常闹矛盾

3. 你会少数民族语言吗？

[　]很熟悉＿＿＿语　　　　　　[　]懂一点＿＿＿语　　　　[　]一点都不会

4. 你经常跟少数民族打交道吗？

[　]非常频繁　　　　　　[　]有时　　　　　　　[　]很少

[　]没打过交道

5. 有你在场的时候，少数民族会用他们自己的语言交流吗？

[　]经常这样　　　　　　[　]有时会　　　　　　[　]很少

6. 本地哪种少数民族在公共场合使用本民族语言较频繁一些？

[　]苗族　　　　　　[　]布依族　　　　　　[　]瑶族

[　]水族

7. 当别人在你面前使用你听不懂的语言时，你会＿＿＿

[　]表示尊重　　　　　　[　]表示理解　　　　　　[　]特别反感

8. 你接受家庭成员中有使用少数民族语言的吗？

[　]接受　　　　　　[　]不接受

9. 你觉得在公共场合使用大多数人听不懂的语言会：

[　]引起纠纷　　　　　　[　]破坏和谐的环境

[　]影响交流的正常进行　　[　]影响在场其他人的情绪

[　]很好，大家相互尊重

10. 你认为在当地最方便的语言是＿＿＿

[　]汉语地方话　　　　　　[　]普通话

[　]其他语言＿＿＿

谢谢合作！

附录二　荔波县布依族（莫家）语言
使用现状调查问卷

调查地点：　　　　　　　　　　　　　　　　调查对象姓名：

一、基本信息

性别	年龄	民族	职业	文化程度	你的母语	第二语言

是否有外出打工的经历＿＿＿＿＿＿＿　（有、无）

外出打工时间＿＿＿＿＿　（一年以下、一年以上）

二、语言使用情况

1. 你觉得自己的民族语水平如何？

　　[ ]非常流利　　　　　　[ ]比较流利　　　　　　[ ]一般

　　[ ]会说日常用语　　　　[ ]听得懂但不会说　　　[ ]听不懂

2. 你最先学会说的语言是本民族语吗？

　　[ ]是　　　　　　　　　[ ]不是　　　　　　　　[ ]其他情况＿＿＿＿＿

3. 你现在能用哪几种语言与人交谈？

　　[ ]本民族语　　　　　　[ ]汉语方言　　　　　　[ ]普通话

　　[ ]其他语言＿＿＿＿＿

4. 你是几岁学会汉语的？

　　[ ]跟本民族语同时　　　[ ]上学以前　　　　　　[ ]上学以后

　　[ ]十岁以后

5. 你在家跟母亲经常使用的是什么语言？

　　[ ]本民族语　　　　　　[ ]汉语方言　　　　　　[ ]普通话

　　[ ]其他语言＿＿＿＿＿

6. 你在家和父亲经常使用的是什么语言？

　　[ ]本民族语　　　　　　[ ]汉语方言　　　　　　[ ]普通话

　　[ ]其他语言＿＿＿＿＿

7. 你在家和爷爷奶奶经常使用的是什么语言？

　　[ ]本民族语　　　　　　[ ]汉语方言　　　　　　[ ]普通话

　　[ ]其他语言＿＿＿＿＿

8. 你在家和丈夫/妻子经常使用的是什么语言？

[　]本民族语　　　　　　[　]汉语方言　　　　　　[　]普通话
[　]其他语言_____

9. 你在家和子女经常使用的是什么语言？
　　[　]本民族语　　　　　　[　]汉语方言　　　　　　[　]普通话
　　[　]其他语言_____

10. 你在村里和本民族人交流时经常使用的语言：
　　[　]本民族语　　　　　　[　]汉语方言　　　　　　[　]普通话
　　[　]其他语言_____

11. 你在村里与其他民族的人交流时经常使用的语言：
　　[　]本民族语　　　　　　[　]汉语方言　　　　　　[　]普通话
　　[　]其他语言_____

12. 你在别的村寨里和本族人交流时经常使用的语言：
　　[　]本民族语　　　　　　[　]汉语方言　　　　　　[　]普通话
　　[　]其他语言_____

13. 你在别的村寨里和其他民族的人交流时经常使用的语言：
　　[　]本民族语　　　　　　[　]汉语方言　　　　　　[　]普通话
　　[　]其他语言_____

14. 在集市上和本民族的人交流时经常使用的语言：
　　[　]本民族语　　　　　　[　]汉语方言　　　　　　[　]普通话
　　[　]其他语言_____

15. 在集市上和其他民族的人交流时经常使用的语言：
　　[　]本民族语　　　　　　[　]汉语方言　　　　　　[　]普通话
　　[　]其他语言_____

16. 你在本地医院看病时跟医生使用的语言是：
　　[　]本民族语　　　　　　[　]汉语方言　　　　　　[　]普通话
　　[　]其他语言_____

17. 在学校上学时课后跟本民族伙伴用民族语交谈吗？（针对在校学生）
　　[　]是　　　　　　[　]不是　　　　　　[　]其他情况_____

18. 在外地打工时和本民族同伴用本民族语交谈吗？（针对在外打工或有外出打工经历者）
　　[　]是　　　　　　[　]不是　　　　　　[　]其他情况_____

三、对母语态度

1. 在你所掌握的语言中，你觉得自己最熟练的语言是：_____
　　[　]本民族语　　　　　　[　]汉语方言　　　　　　[　]普通话

[　]其他语言_____

2. 你觉得跟家人交流时最方便的是：_____
　　[　]本民族语　　　　　　[　]汉语方言　　　　　　[　]普通话
　　[　]其他语言_____

3. 你觉得在赶场或赶集时使用什么语言最方便？_____
　　[　]本民族语　　　　　　[　]汉语方言　　　　　　[　]普通话
　　[　]其他语言_____

4. 你觉得在学校与同族学生交流时最方便的是：_____
　　[　]本民族语　　　　　　[　]汉语方言　　　　　　[　]普通话
　　[　]其他语言_____

5. 你觉得在外打工时与老乡交流时使用什么语言最方便？
　　[　]本民族语　　　　　　[　]汉语方言　　　　　　[　]普通话
　　[　]其他语言_____

6. 你在外跟本民族同胞交流时，对方改用汉语，你会觉得
　　[　]很反感　　　　　　[　]有点不舒服　　　　　　[　]很自然
　　[　]也跟着改用汉语

7. 子女上学回家用汉语跟你交流，你会觉得
　　[　]很反感　　　　　　[　]有点不舒服　　　　　　[　]很自然
　　[　]也跟着改用汉语

8. 子女从外地打工回家跟你用汉语交流，你会觉得
　　[　]很反感　　　　　　[　]有点不舒服　　　　　　[　]很自然
　　[　]也跟着改用汉语

9. 村里有人外出当兵、工作或打工回家完全改说汉语，你觉得
　　[　]很反感　　　　　　[　]有点不舒服　　　　　　[　]很自然
　　[　]无所谓

10. 在学校/县城/外打工时听到本民族语会感觉：_____
　　[　]很亲切　　　　　　[　]有点亲切　　　　　　[　]没什么特殊感觉
　　[　]感到别扭

11. 你觉得你接触到的语言里最好听的是：_____
　　[　]本民族语　　　　　　[　]汉语方言　　　　　　[　]普通话
　　[　]其他语言_____

12. 有其他族的人向你学习本民族语时，你会_____
　　[　]很高兴地教对方　　　　[　]教对方一些简单词语
　　[　]不愿意教对方

四、对瑶语言使用的态度

1. 你会说瑶族的语言吗，熟练程度如何？

　　[　]能熟练交谈　　　　[　]能基本交谈　　　　[　]能听懂但不太会说

　　[　]只能听懂一些日常用语　　　　　　　　　　[　]完全听不懂

2. 你跟瑶族交往多吗？

　　[　]经常交往　　　　[　]有时交往　　　　[　]偶尔交往

　　[　]从不交往

3. 你觉得跟瑶族人交谈时使用什么语言最方便？

　　[　]本族语　　　　[　]汉语方言　　　　[　]瑶语

　　[　]普通话　　　　[　]其他

4. 你觉得在本地语言中哪种最实用？

　　[　]布依语　　　　[　]水语　　　　[　]汉语方言

　　[　]瑶语　　　　[　]其他

5. 你认为本地学校应该用什么语言教学？

　　[　]布依语　　　　[　]水语　　　　[　]汉语方言

　　[　]瑶语　　　　[　]其他

调查对象的普通话程度：

　　[　]非常流利　　　　[　]比较流利　　　　[　]一般

　　[　]会说一点　　　　[　]听得懂但不会说

调查员姓名：

调查员使用语言：

　　[　]普通话　　　　[　]地方汉语　　　　[　]少数民族语言

附录三　荔波县三个点瑶族语言词汇对照表

序号	汉语	白裤瑶支系	青瑶支系	长衫瑶支系
1.	天	ŋkəu^{24}	ŋuŋ^{55}	si^{33}kuŋ^{315}
2.	太阳	vən^{21}ho^{33}	m̥^{21}ŋaŋ^{33}	kəi^{55}ta^{51}
3.	月亮	vən^{21}ɬa^{31}	nthə^{33}	ti^{31}ɬo^{31}
4.	云	tak^{55}ʔɔŋ^{33}	ʔɑu^{513}	həu^{51}
5.	风	tɕi^{51}	mpi^{31}	ka^{51}tɕi^{51}
6.	雷	tho^{33}	phɑu^{33}	pau^{51}
7.	雨	naɯ^{31}	nɑŋ^{11}	nən^{31}
8.	水	ʔɔŋ^{33}	ʔɑu^{33}	ʔɔŋ^{51}
9.	山	ɣai^{51}	ɣan^{11}	səu^{31}
10.	河	po^{33}	həi^{24}	hæn^{24}
11.	井	vu^{51}	wəi^{33}	kə^{31}vu^{51}
12.	田	tau^{24}	tu^{55}	tu^{55}
13.	地	lɔŋ^{51}kha^{33}	lɑu^{33}	lɔŋ^{51}
14.	石头	ɣəi^{33}	vəi^{513}	zai^{51}
15.	年	sɔŋ^{51}	tso^{33}	tsɔŋ^{51}
16.	月	nthau^{51}	və˞^{33}	ɬo^{31}
17.	日	ŋkəu^{21}	ŋ̥ɑŋ^{11}	ŋ̥aŋ^{33}
18.	今年	sɔŋ^{51}na^{21}	tso^{33}nəi^{24}	tɕɔŋ^{51}nən^{33}
19.	明年	kwa^{21}m̥a^{51}	khɑi^{51}tso^{33}	tɕɔŋ^{31}tæi^{51}
20.	今天	ho^{33}na^{21}	ŋɑŋ^{11}nəi^{24}	ŋ̥aŋ^{55}nən^{33}
21.	明天	ho^{33}kwa^{24}	ku^{33}khə˞^{51}	ʔi^{33}kwæi^{55}
22.	昨天	ho^{51}nəu^{33}	nɑu^{31}nɑŋ^{513}	ŋ̥aŋ^{55}ɬa^{31}
23.	白天	kən^{51}ho^{33}	tən^{51}ŋ̥ɑŋ^{33}	ŋ̥aŋ^{55}nə^{33}
24.	晚上	ta^{51}m̥a^{33}	nuŋ^{31}hɑi^{33}	tɕa^{51}m̥a^{31}
25.	早上	tə^{55}kəu^{33}	ɕɑu^{11}kə˞^{513}	ɬe^{55}ku^{24}
26.	黄牛	wu^{33}	zəu^{51}	zəu^{11}
27.	水牛	ȵo^{24}	ȵuŋ^{55}	ȵɯ^{55}
28.	马	ȵi^{21}hoŋ^{33}	mu^{51}	mo^{11}
29.	猪	mpa^{33}	mpɑi^{33}	pe^{51}（mpe^{51}）

续表

序号	汉语	白裤瑶支系	青瑶支系	长衫瑶支系
30.	狗	ɬai³³	kja²⁴	ka³³
31.	猫	mio³¹	mjɑu⁵¹	mjeu³³
32.	猴子	tɕo³³	lan¹¹	kə³³lai⁵¹
33.	耗子	nai³³	nan³³	næi¹¹
34.	乌鸦	ʔau⁵¹	ʔɚ⁵⁵	tlai¹¹
35.	鸡	ka³³	ka³³	ka⁵¹
36.	鸭	ʔo⁵¹	ʔɑu⁵⁵	ʔau⁵⁵
37.	鹅	kəi³³	ʔɑu⁵⁵ŋan¹¹	hæŋ²⁴
38.	蛇	ŋa³³	ŋan³³	næi⁵¹
39.	蜜蜂	mu²¹wu²⁴	m̥uŋ²⁴	li³¹məɯ²⁴
40.	蚊子	tɕi³³ʑuŋ²¹	ʑɑu²⁴	kə³¹ʑo³³
41.	蚂蟥	tɕin³³ɬi³³	tɕi⁵¹	kə³¹li³¹
42.	树	ntɔŋ⁵¹	ntɑu³³	to⁵¹（nto⁵¹）
43.	杉树	ntɔŋ⁵¹sɿ²⁴muŋ²¹	ntɑu⁵¹tɕi³³	借汉
44.	竹子	tɕo⁵¹ɣo³³	kan⁵⁵	pjɔŋ⁵¹
45.	水稻	thəu³¹	kɑŋ²⁴tu⁵⁵	ʔɔŋ⁵¹
46.	包谷	ʑɔŋ²⁴	tsu³³	zim⁵¹（ziu⁵¹）
47.	豆子	to⁵¹	təu⁵¹	təu³³
48.	瓜	kua³³	pu³¹ku³³	ko⁵¹
49.	黄瓜	ku³³ŋkaɯ⁵¹	ku³³n̥o⁵¹	kə³³taŋ³¹
50.	蔬菜	ɣa³³	ɣe²⁴	ʑaŋ³³vəi⁵¹
51.	葱	ɣam⁵¹ha⁵¹tɕo²⁴	wu³¹tɕiaŋ⁵⁵	ʑaŋ³³ntæi⁵¹
52.	蒜	ɣam³³ha³³mu³³	wu³³kɚ³³	借汉
53.	姜	tlhau³³	kju²⁴	kiu²⁴
54.	辣椒	mpiu⁵¹	ziaŋ⁵⁵	lək¹¹mæn³¹（借布依）
55.	桃子	phi³¹sa²⁴	phjai⁵⁵	vəi³¹ke²⁴
56.	草	ŋkau³³	nie⁵⁵	ka³³tja³³
57.	茅草	ŋkau³³tɕən³¹n̥o³³	nɑu³³	ŋəu⁵⁵
58.	稻草	n̥a²¹³	na⁵⁵ŋ³³	ȵiaŋ⁵⁵
59.	种子	n̥u³³thəu³¹	n̥ɑu⁵¹³	n̥ɔŋ⁵⁵
60.	花	pæ²⁴	pan⁵⁵	pæi⁵⁵

续表

序号	汉语	白裤瑶支系	青瑶支系	长衫瑶支系
61.	身体	tɕi³¹tau³³	tɕe²⁴tuŋ⁵¹³	tɕai⁵¹tɕɔŋ³³
62.	头	hua²¹³	khan³³	khæi³³
63.	脸	kə³³mə³¹	mən⁵¹¹	kə²⁴mə³¹
64.	眼睛	ka²¹maɯ³¹	luŋ⁵¹maŋ¹¹	lə⁵⁵kuŋ⁵⁵
65.	鼻子	kam³¹tɕɯ³¹	mpi⁵¹¹	lə⁵⁵viu⁵¹
66.	嘴巴	kən³³tɕo²⁴	kə³¹lɑu³³	kə³³ləu⁵¹
67.	耳朵	mie²⁴	mjɑi⁵⁵	kə³³pai⁵⁵
68.	牙齿	m²¹hai³³	mphai²⁴	ɣe²⁴
69.	眉毛	tɕin³³tla³¹maɯ³³	kjəu²⁴maŋ¹¹	tlu⁵⁵kuŋ⁵⁵
70.	头发	tɕəu⁵¹fa³³	kju³³kaŋ³³	tlu⁵⁵khæi⁵⁵
71.	肩膀	tɕi³¹pɯ³¹	pəi⁵¹¹	pəu³¹pəu⁵¹
72.	肝	tɕi³³mpjɯ³¹	mi¹¹	viu³¹
73.	肺	tɕe⁵¹tsau³³	pɑŋ¹¹	pə³¹
74.	肠子	tɕhia³³	ko²⁴n̥uŋ⁵⁵	n̥aɯ²⁴
75.	手	pi³³	pa⁵¹³	pa³¹
76.	手指	ka³³tau⁵¹pi³³	tuŋ⁵¹¹pa⁵¹³	tuŋ⁵⁵pa³¹
77.	肚子	tɕhia³³	ŋ̥ɑŋ²⁴	n̥aɯ²⁴
78.	腰	pu²¹ɬu³³	tjɑu²⁴	tjɔŋ⁵¹
79.	腿	ku³¹pa³³	kjai⁵¹³	kə³³pe⁵¹
80.	膝盖	wu³¹tɕɯ³¹	tɕu⁵¹¹	pu³³lo³³kai²⁴
81.	脚	tau⁵¹	tə³³	zəu⁵¹（z̥əu⁵¹）
82.	皮肤	ɬjaɯ⁵¹	tli³³	tləu⁵¹
83.	骨头	ku³¹tho³³	saŋ²⁴	kə³³tshaŋ²⁴
84.	血	n̥tɕhia³³	tɕhan²⁴	ŋ̥aŋ²⁴
85.	汗	kə³³phau³³	nan³³	n̥iu³¹tai⁵¹
86.	人	nau²⁴	nu⁵⁵	nuŋ⁵⁵
87.	老人	tə⁵¹ɬio³³	nu⁵⁵vɚ⁵¹³	nuŋ⁵⁵lu³³
88.	小孩	tə³¹ʑo⁵¹	tuŋ⁵¹¹ŋɚ⁵¹	nuŋ⁵⁵ve³³
89.	朋友	sɿ³³ʑɯ⁵¹	nu²⁴ʑi¹¹, nu²⁴ʑi¹¹	tɔŋ⁵⁵ʑu³¹
90.	客人	nau²⁴ɣəi⁵¹	nu⁵⁵khai³³	nuŋ⁵⁵ʑai³¹
91.	主人	nau²⁴phie³³	nu⁵⁵pjɑi²⁴	nuŋ⁵⁵pəi³³

续表

序号	汉语	白裤瑶支系	青瑶支系	长衫瑶支系
92.	瞎子	nau³¹təu³³mə³³	mɑŋ³¹kja⁵¹	tuŋ¹¹
93.	聋子	nau³¹ləŋ³³mpi²⁴	la²⁴	ləŋ⁵⁵
94.	官	to⁵¹	nu⁵⁵mɑi⁵¹	tsɿ²⁴tau³¹
95.	兵	nau³¹vəi⁵¹lien³³	tuŋ³¹pjan³³	naŋ⁵⁵kə³¹li²⁴
96.	汉族	khai³³	tjo²⁴kha²⁴	kha²⁴
97.	布依族	kjɔŋ³³，tɕɔŋ³³	tjo²⁴jɑi²⁴	kjɔŋ³³，kə³³ka²⁴zəi³³
98.	苗族	khai³³kun⁵⁵to³¹	kəu²⁴ntau³¹	ku³³ɕəu³¹
99.	瑶族	təu⁵¹m̥o³³	mu⁵¹m̥ɑu³³	tən³³m̥o⁵⁵
100.	水族	kə³¹tshaɯ³¹	kəu²⁴ɕi⁵¹	kə³³ɕəu³¹
101.	父亲	po³³	po²⁴	po³³
102.	母亲	mɑi⁵¹	mɑi³³	me³³
103.	祖父	kɔŋ⁵¹	ko⁵⁵kəu³³	zi³³ljɔŋ²⁴
104.	祖母	wəi³³	wa²⁴kəu³³	va⁵¹
105.	姑父	ku³³ʑəu³¹	ta⁵¹pə²⁴	tə³³ʑo³¹
106.	姑母	ku³³ta⁵¹	ta⁵¹	to³³
107.	岳父	pu³¹ʑəu³¹	kɑu⁵⁵	kɔŋ²⁴ta³³
108.	岳母	wo⁵¹ta³³	wa²⁴	va³³ta⁵⁵
109.	舅父	nəu³³ɬio³³	nɑŋ⁵¹	nəu³¹
110.	舅母	tə³¹mu³¹ɬio³³	nɑŋ⁵¹ŋai³³	təu³³məu³¹
111.	儿子	təu³³	ŋo³¹tɕan¹¹	tɔŋ⁵¹
112.	女儿	təu³³	ŋo²¹wa²⁴	tə³³va⁵⁵
113.	媳妇	təu³³n̠ai³³	ŋan³³	n̠aŋ⁵¹
114.	女婿	wa³³	wu²⁴	tɔŋ⁵¹vu³³
115.	孙子	ɬæŋ³³	kju³³	tləu⁵¹
116.	家	phie³³	pjɑi²⁴	ku⁵⁵pəi³³
117.	房子	phie³³	pjɑi²⁴	pəi³³
118.	柱子	n̠tɕe²⁴	tjəu⁵¹	kə³¹tɕai⁵⁵
119.	墙	pəu⁵¹	phu³³	tɕai⁵⁵tɕai³¹
120.	门	ka⁵¹tɕɔŋ³³	tjo⁵¹	tjo⁵⁵
121.	寨子	ɣaŋ³³	ɣe⁵¹	zæŋ³¹
122.	衣服	tshaŋ⁵¹	m̥ɑu³³	sæŋ³¹

序号	汉语	白裤瑶支系	青瑶支系	长衫瑶支系
123.	裤子	tɕaɯ³³	kji³³	tɕu⁵⁵
124.	鞋子	tɕhaɯ⁵¹	tɕhi³³	ha³¹
125.	袜子	li³¹tɕhau⁵¹	ȵɑu³¹ma³¹	mæt²⁴（借布依）
126.	被子	paɯ³³	kɑu⁵¹³	mpo⁵⁵（音近似ʔbo⁵⁵）
127.	床	to³¹tɕhau⁵¹	tsaŋ⁵¹	tɕo³¹
128.	席子	lai³¹	la²⁴	la³³
129.	布	nta³³	ntu³³	nto⁵⁵
130.	米	tshəu⁵¹	tso²⁴ȵan²¹³	tsuŋ²⁴
131.	饭	ɬio⁵⁵	kjɑŋ²⁴	tai⁵¹
132.	油	tɕi³³ntu²¹	ȵiɑu¹¹	ləu³¹
133.	盐	zəi³¹	ȵtɕɑi²⁴	ȵtɕɑi³³
134.	肉	ŋka²⁴	ŋa⁵⁵	ŋka⁵⁵
135.	菜	ɣa³³	ɣe²⁴	
136.	酒	tɕəu³³	kja²⁴，kja²⁴kjɑŋ²⁴米酒	tɕo³³
137.	糍粑	ȵtɕo²¹	tɕu²⁴	tɕɯ³³
138.	斧头	ta⁵¹	tu³³	tɕo³¹
139.	柴刀	tsia²⁴	tsɑi³³	tɕəi⁵¹
140.	镰刀	li³³	lien⁵¹³	liam¹¹（借布依）
141.	犁头	tɕhi⁵¹lɔŋ⁵¹	kuɑi²⁴，ȵiɑi⁵¹kuɑi²⁴（铧口）	kuai³³
142.	锄头	kua³¹	mpəi²⁴	khe⁵⁵
143.	织布机	ɣən³¹tu²¹	tjəu⁵⁵ntɑu⁵⁵	liau²⁴（音近似³⁵）
144.	锯子	tɕo⁵¹	tɕu³³	tɕəu⁵¹
145.	针	tɕoŋ³³	tɕɑu³³	tɕoŋ⁵⁵
146.	线	phuə³³	phɑu²¹³	phau²⁴
147.	绳子	ɬo⁵¹	kjɑu³³	tɕau⁵¹
148.	枪	ȵau³³	tan⁵¹³	tsuŋ⁵⁵
149.	棍子	ɬa²⁴	tɕu⁵⁵	tə⁵⁵niu³¹
150.	鞭子	tɕim²¹tɕi³³	tɕi⁵¹mphjɑi³³	tɕu²⁴pai²⁴
151.	撮箕	tɕi²¹tɕi⁵¹	kji³³	kə²⁴tɕi³³
152.	簸箕	va³³	wan³³	væi⁵¹
153.	筛子	sai²⁴mə³³	he³³	zæŋ⁵¹

序号	汉语	白裤瑶支系	青瑶支系	长衫瑶支系
154.	磨子	ɣəi³¹ləi⁵¹	hɑi⁵¹³kwan³³	mo¹¹
155.	碓	tɕu³³	tɕɑu⁵¹³	tɕəu¹¹
156.	扁担	tɕi²¹kau³³	ki²⁴ŋan³³	ɣa⁵⁵
157.	锁	tɕa³¹pəi³¹	ɕi¹¹	tɕəu⁵¹
158.	钥匙	ȵa⁵⁵pəi³¹	po²⁴ɕi¹¹	lə²⁴tɕi³¹
159.	锅	wəi³³ntɔŋ³¹	vɑi⁵¹³	ve¹¹
160.	灶	ka³³thu³³	sɑu³³	kə³³tsun³³
161.	桶	tau³³, thɔŋ⁵¹	tɔŋ⁵¹³	taŋ¹¹
162.	盆	pən³¹	pən¹¹	pun³¹
163.	碗	tɕau⁵¹	tu³³	
164.	筷子	tɕəu³¹	tja¹¹	tiu⁵¹
165.	盘子	pæ³¹ɬje⁵⁵	pɚ¹¹	kən³¹
166.	桌子	tɕɔŋ²⁴	ɕiŋ³¹tjɑu⁵¹	keu³¹
167.	椅子	tɕɔŋ²⁴ȵa³³	ȵe⁵¹³ɕɔŋ³¹ku⁵¹	tso³¹
168.	箱子	lɔŋ³³	tɑu⁵¹	lɔŋ¹¹
169.	梳子	ɣəi³¹	ɣi¹¹	ʑi⁵¹
170.	柴	təu³³	to⁵¹	təu³¹
171.	路	ti³¹ki³³	kəi²⁴	tɕi³¹kai³³
172.	桥	tɕau²¹³	tʂa⁵⁵	to⁵⁵
173.	集市	tɕe³³	ke⁵¹³, pu¹¹ke⁵¹³赶集	tə³¹kai³³
174.	钱	tsai²⁴（音近似tθai²⁴）	tsɑi²⁴	phiau²⁴
175.	纸	ntau³¹	no²⁴	nto³³（近ʔdo³³）
176.	笔	tɕɯ²⁴	tɕi⁵¹no²⁴	pi³¹
177.	书	ntau³¹təu³³	no²⁴	nto³³（近ʔdo³³）
178.	歌	tshau³¹	ŋuŋ¹¹ti¹¹	huæi⁵¹
179.	唢呐	tsɿ⁵¹tɕi²⁴tsɿ⁵¹ho³³	phiu³³	thiu⁵⁵
180.	铜鼓	ŋau²⁴	ŋu⁵⁵	ljɔŋ⁵⁵
181.	药	tɕu³³	tɕɑu³³	tɕau⁵¹
182.	话	tɕe³³tha²¹	tɕo¹¹lɑu³³	wu³³
183.	声音	ho³³	nɔŋ³¹lɑu³³	ku⁵⁵ɕiu⁵⁵
184.	力气	wo³¹	ɣɑu¹¹	kə³³ʐəu³¹

序号	汉语	白裤瑶支系	青瑶支系	长衫瑶支系
185.	事情	kɔ⁵⁵tɕai³³	sɿ²⁴sa²⁴	ku⁵⁵tsɿ³¹tsɿ³¹tsəŋ⁵¹
186.	姓	thæ⁵¹	ɕiŋ⁵⁵	ku²⁴tshən²⁴
187.	名字	mpəi⁵¹	mpa³³	ku⁵⁵mpa⁵¹
188.	东西	ka⁵⁵tɕəi³³	tɕi³³pən³³	ku²⁴tɕi³¹hau²⁴
189.	梦	mpa³¹	mu⁵⁵	ku²⁴fæŋ³¹
190.	神	ɬjai³³	pu³¹ɕin⁵¹	tɕi²⁴pjɔŋ²⁴
191.	鬼	ɬjai³³	kjan³³	lian²⁴to³¹
192.	看	hai⁵¹	məi¹¹	ku²⁴huai³¹
193.	听	tɕi³³m̥o³³	m̥uŋ³³	ljɔŋ²⁴
194.	吃	no³¹	nɑu⁵⁵	nən²⁴
195.	喝	ho⁵⁵ʔɔŋ³³	fu⁵⁵	təu³¹
196.	咬	ɬjaɯ⁵¹	tɑu⁵¹	tau²⁴
197.	啃	tu⁵⁵	ȵu⁵⁵	nəu⁵⁵
198.	吞	ŋkau⁵¹	ŋuɔ³³	ŋo⁵¹
199.	吐	ɬau²¹³	ntu²⁴	ljo²⁴
200.	说	tɕe³³	tʂɑu¹¹	tɕɔŋ³¹
201.	读	təu³³	ntuɚ²⁴	to²⁴
202.	闻	ntlæ⁵⁵	ȵan³³	m̥æi⁵¹
203.	拿	mo³³	kjɔ³³	mɔŋ⁵⁵
204.	拍（桌）	ta⁵¹	puŋ¹¹	va³³
205.	握	tæ³¹ɬio²¹	tɑi²⁴	ke³³
206.	搓	ɬo³³ɬo⁵¹	khjɑu³³	he³³tlau⁵¹
207.	拉	ɬi³³	mjan¹¹	lo³¹
208.	推	kæ⁵¹	phjan³³	kæi⁵¹
209.	踩	zəu²⁴	tɑi⁵¹	te⁵¹
210.	跳	tɕɯ³¹lja⁵⁵	ljɑi⁵¹	ljau²⁴
211.	站	tshau³¹	ɕia²⁴	so²⁴
212.	走	ɬjɯ³¹	kjəu¹¹	tlo²⁴
213.	跑	tɕi³¹lja⁵⁵	ɕɑu⁵⁵	lai⁵¹
214.	坐	ȵa³³	ȵe³³	ȵæŋ⁵⁵
215.	钻	kəu³³	phi⁵⁵	khiu⁵⁵

序号	汉语	白裤瑶支系	青瑶支系	长衫瑶支系
216.	靠	ʔeŋ³³	ɕiəŋ⁵¹¹	tsai³¹
217.	睡	ɬau³³	pəi³³	pu⁵¹
218.	做	tæu⁵¹	sɿ¹¹kɑŋ²⁴（做饭），sɿ¹¹kɑu³³（干活）	tsɿ³¹
219.	修	səi³³	li⁵¹	tuŋ³³
220.	打（铁）	nta⁵¹tho⁵⁵	lɔ¹¹	ntaŋ⁵¹hau²⁴
221.	搬	ɬja³¹	nan³³	pən³³
222.	挑	tæ⁵¹	ŋan³³	tai⁵¹
223.	扛	kjaɯ³¹	ky²⁴	tɕəu³³
224.	犁	tɕhi³³lɔŋ⁵¹	kuɑi²⁴	kuai³³
225.	挖	mpaŋ⁵¹³	mpəi²⁴	ko²⁴
226.	种	tɕam³¹tɔŋ³¹	tɕi⁵¹	tsɔŋ²⁴
227.	割	ȵa⁵⁵səu³³（s音近似θ）	nu³¹	niu⁵¹
228.	砍	pəu⁵⁵	muə³¹	tɔŋ⁵¹
229.	拔	tho⁵¹ljau⁵¹	ŋian¹¹	təi³¹
230.	放牛	sa⁵⁵kə³¹tau³³	tɕəi³³tɕhɑu²⁴	taŋ⁵¹
231.	织布	lən³¹to³³	ntɑu⁵⁵nu³³	tsɿ³¹
232.	买	maɯ³³	mɒŋ¹¹	maŋ³¹
233.	卖	maɯ³¹	mɒŋ⁵¹³	maŋ⁵¹
234.	数（东西）	hai³³	njɑi¹¹	ŋəi³¹
235.	教	wai⁵¹	ɕe¹¹	khi⁵⁵
236.	擦	væʔ⁵¹ʔam³³（有轻微塞音韵尾）	ɕe³³	ɕæŋ³¹
237.	煮	ha⁵⁵	sɿ¹¹（做）	nau¹¹
238.	炒	ki³³ɣa³³	kɑu³³	ti⁵¹
239.	蒸	tsə³³ɬio⁵⁵	tɕəŋ³³	tɕɔŋ³³
240.	烤（衣服）	haŋ⁵¹nthau³³	khan³³	tæp⁵⁵
241.	杀	to⁵¹³	puŋ¹¹	kuŋ³¹
242.	切（菜）	hɔŋ³³ŋka³¹	hɑu³³（ɣe²⁴）	ta³³
243.	缝	fɔŋ³³tɕe⁵¹tshan⁵¹	mo²⁴	fɔŋ²⁴
244.	磨（刀）	phuə³³	haə²⁴	hau²⁴
245.	簸	pjɔŋ³¹thəu³¹	ni³¹	pjau⁵¹

序号	汉语	白裤瑶支系	青瑶支系	长衫瑶支系
246.	舀水	tɕe³³ʔɔŋ³³	tɕɑi⁵¹ʔɑu³³	tɕe⁵¹
247.	穿衣	tæ³¹tshaŋ³¹	ŋam⁵¹ho³³	na²⁴sæŋ³¹
248.	戴帽	nto³¹mo⁵⁵	no³³mɑu⁵¹	lɔŋ⁵¹mo³¹
249.	脱衣	thu³¹	hɚ⁵⁵ɕie³³	lo²⁴sæŋ³¹
250.	洗手	tæ²¹pəi³³	tɕɑi²⁴pɒ⁵¹	ze³³pa³¹
251.	洗衣	zɯ²¹tshaŋ⁵¹	ʑi¹¹m̥ɑu²⁴	ze³¹sæŋ³¹
252.	补（衣服）	fɔŋ³³tɕe⁵¹tshaŋ⁵¹	mɚ²⁴m̥ɑu²⁴	ho²⁴mɔŋ³³
253.	扫地	tɕhi⁵⁵phi³³	tɕhe¹¹pjɑi²⁴	tshe³³pəi³¹
254.	挂	kwæi²⁴	kwai⁵⁵	ve²⁴
255.	捆	khæ³³	kha³³	kha⁵⁵
256.	埋	po²¹³	tu⁵⁵	pɑɯ⁵⁵
257.	藏	ɣa⁵¹	ɣɑi⁵⁵	ɕiaŋ⁵¹
258.	要	mau³³	muŋ³³	muŋ⁵⁵ləu²⁴
259.	得	to⁵⁵ntau³³	təi³³	təu⁵¹mai²⁴
260.	找	tɕhau³³	tʂhəu³³	la⁵¹
261.	用	tə³³	zioŋ⁵¹³	zɔŋ¹¹
262.	问	ham²⁴	hɚn³³	ham⁵⁵（借布依）
263.	答	tai³³	tɕɑu³¹	ʔaɯ³¹
264.	借	sa²⁴ntau³³	tsa⁵⁵	vu³¹
265.	还	thai⁵⁵ntau⁵¹	tɕhi³³	tɕhi³¹
266.	给	ho⁵¹ntau³³	kuɚ²⁴	puŋ³³
267.	嫁	tɕo⁵¹tɯ³³mpha⁵¹	tɕa⁵⁵（ʈa⁵⁵）	tɕaɯ⁵¹
268.	娶	mo³³n̥ai³³	muŋ³³	tɕɯ³³
269.	欠	sa³³ ntau³³	n̥i²⁴	ve²⁴
270.	赔	waŋ³¹	tɕhi³³	tɕhi³¹
271.	骂	nthai⁵¹	ɬju³³	pa⁵⁵
272.	追	kjaŋ⁵¹³	tʂɑu⁵⁵	tsau³¹
273.	偷	tu³¹n̥i³¹	n̥i¹¹	n̥i⁵¹
274.	笑	tɕu⁵¹	təu⁵⁵	tɕau⁵¹
275.	哭	n̥e²¹³	kɒi⁵⁵	ke⁵⁵
276.	知道	pa³³	pu³³ma²⁴	ʔo⁵⁵mai³³

续表

序号	汉语	白裤瑶支系	青瑶支系	长衫瑶支系
277.	想	ɕiŋ⁵¹	khu³³	nai³¹
278.	恨	tɕi⁵¹ntlho³³	ŋ̣a²⁴	ʔəi⁵¹n̠iŋ²⁴
279.	怕	pə⁵⁵ntsha⁵¹	n̠tɕhɑi³³	ʐo³¹sai³³
280.	敢	kæm³³	kjɑu⁵⁵	kæm⁵⁵（借布依）
281.	会	pa³³	pu³³	po⁵¹
282.	是	tɕɯ³¹	ta³³	ɕin³³
283.	不是	ma⁵¹tɕɯ³¹	mu⁵¹ta³³	ha³¹ɕin³³
284.	有	ŋ̣au³³	nje³³	ŋ̣əu²⁴
285.	没有	ma⁵¹ŋ̣au³³	mu⁵¹nje³³	ha³¹ŋ̣əu²⁴
286.	来	lo³³	lɑu⁵¹	lau¹¹
287.	去	m³³	muŋ⁵¹	muŋ¹¹
288.	进	ɣai⁵¹	lɑu⁵¹	heu⁵⁵
289.	出	m³³	muŋ⁵¹	ʔu⁵¹tau⁵⁵
290.	在	ŋ̣a³³	ŋ̣e³³	niaŋ³³
291.	刮风	tɕhie⁵¹tɕi²¹	ki³³mi⁵¹	tau²⁴kua²⁴tɕi⁵¹
292.	打雷	pho⁵⁵kæ²¹	taŋ¹¹phɑu³³	tau²⁴phəu⁵⁵
293.	打闪电	ʐa⁵⁵pho³³	tsɑi⁵⁵phɑu³³	lai³³fau⁵⁵
294.	流	ʔɔŋ³³tlɯ³³	ɕəu⁵¹	tjeu³¹
295.	沉	ɣau²⁴	tɑi⁵¹	tsam⁵¹
296.	转	pan²⁴	kuɑi¹¹	tsuan⁵⁵
297.	掉	sæ²¹（s音近似θ）	pɑu³³	po³³
298.	断（绳子）	ɬjau⁵¹	（tuŋ³³）kjɑu³³	tlo⁵¹tuŋ³¹
299.	断（棍子）	ɬjau⁵¹	（lɑu²⁴）tɕi⁵⁵	tuŋ³¹
300.	破（坛子）	ŋwæ⁵¹	（ntso¹¹）wɑi⁵⁵	zɔŋ³¹
301.	漏	ɬo²⁴	kjoŋ⁵⁵	lauɯ³¹
302.	病	tɕi³³ntsha⁵¹	tɕi⁵⁵pjan³¹	ki²⁴paŋ³¹
303.	发抖	tɕi⁵¹tɕhəu³³	khəi³³	khai⁵⁵
304.	肿	taŋ⁵¹	pu²⁴	lu⁵⁵paɯ⁵⁵
305.	死	tu³¹	tɑu¹¹	tau³¹
306.	飞	*ʑai⁵¹	ʑai³³	ʑaŋ⁵¹
307.	狗叫	ɬai²¹tɕo³³	ɬa²⁴kjaŋ³³	tla³³lju¹¹

序号	汉语	白裤瑶支系	青瑶支系	长衫瑶支系
308.	鸡叫	ɬau³³	ka³³kɑu⁵¹	ka⁵⁵lu¹¹
309.	开花	pu⁵¹pæ²¹	təu³¹pan⁵⁵	po²⁴mbæi²⁴
310.	结果	phi⁵¹phi³³	pi³³pi²⁴	mæi³³mæi³³
311.	枯	kwa²¹	tɑu³¹	ɬɯ²⁴
312.	烂	lo²⁴	ləi⁵⁵	lu²⁴
313.	大	ɬio³³	lo⁵¹³	lu¹¹
314.	小	ʑo⁵¹	ʑɑŋ²⁴	ve³³
315.	高	hai³³	hy³³	həi⁵⁵
316.	矮	kəu³³	ko⁵¹	ku¹¹
317.	深	tu⁵⁵	kɑu³³	tau⁵⁵
318.	浅	ɬi³³	ŋi⁵¹³	li³¹
319.	长	tai³³	nta²⁴	nta³³
320.	短	ləu³³	luŋ²⁴	luŋ³³
321.	粗	ɬio³³	lo⁵¹	lu¹¹
322.	细	ʑo⁵¹	tshɑi²⁴	ve³³
323.	厚	tæ³³	tɑi³³	te³³
324.	薄	ȵai³³	ŋan⁵¹	ȵaŋ¹¹
325.	宽	ɬio³³	kwan²⁴	kwæi³³
326.	窄	ʑio⁵¹	ŋa⁵¹	ŋa³³
327.	远	kwai³³	kwa¹¹	kwa⁵⁵
328.	近	ɣəi⁵¹	ɣɑi³³	ʑai⁵¹
329.	多	to⁵¹	təi³³	tu⁵¹
330.	少	səu³¹	ça³¹	çəu⁵¹
331.	直	tɕuŋ³³tɕi³¹	tjaŋ¹¹	tjau⁵⁵
332.	平	pjai⁵¹	pjan¹¹	paŋ³¹
333.	轻	khwæ³³	khuɑi³³	
334.	重	ȵo³³	ȵaŋ²⁴	
335.	硬	tæi³³	kjəu⁵⁵	te³³
336.	亮	kwæ²⁴	kwan⁵⁵	ʔæŋ⁵⁵
337.	红	læ³³	lan³³	læi³³
338.	黄	kwa²⁴	kwan⁵⁵	kwæi²⁴

序号	汉语	白裤瑶支系	青瑶支系	长衫瑶支系
339.	绿	mpio²⁴	miu⁵⁵hɑi¹¹	tɕɯ²⁴
340.	白	ɬau³³	kuə³³	tlo³³
341.	黑	ɬo³³	kjoŋ³³	tluŋ³³
342.	胖	tɕiaŋ⁵¹	tuŋ¹¹	
343.	瘦	ntɯ³¹	ntsu¹¹	
344.	干净	kuə⁵¹	kɒu³³	
345.	脏	ɬən³³tɕai³³	lɑi⁵¹³	
346.	年轻	tə³³nəu³³	ntɑŋ⁵⁵	
347.	好	ɣɔŋ⁵¹	ɣo³³	zo⁵¹
348.	坏	ma³¹ɣɔŋ⁵¹	pəu⁵¹³	ha³¹zo⁵¹
349.	快	zəu³³	he³³	ʑi³¹hæŋ²⁴
350.	慢	tuaŋ³³	wɑi¹¹	mo²⁴
351.	干（衣服）	ŋkhæ³³	m̩oŋ¹¹khɑi¹¹	
352.	湿	ntau³³	n̠əu³¹	
353.	新	tshai³³	ɕi³³	
354.	早	haŋ³³	kan³³	
355.	贵	mpjai³³	mjan¹¹	ntɔŋ⁵⁵
356.	便宜	sen³³	tɕen⁵¹³	ɕin²⁴
357.	松	ma³¹man³³	kjoŋ⁵¹¹	sɔŋ²⁴
358.	紧	man³³	ɣə²⁴	tɕi⁵⁵
359.	热	tsho³³	ɕəu²⁴	khjuŋ³³
360.	冷	ŋkəu³¹no⁵¹	san⁵¹³	nəu³¹
361.	甜	ka³³	kan³³	ka³³
362.	苦	ʔai³³	ŋɑi³³	ʔe³³
363.	辣	mpiu⁵⁵	mja⁵¹	
364.	咸	ɬjau⁵¹	kja³³	tlo⁵¹
365.	醉	tlio³¹tɕəu⁵¹	tɑu¹¹	wəi²⁴
366.	穷	hau³³	ɕəu³³	həi²⁴
367.	富	ɬjaŋ⁵¹	kja¹¹	zɔŋ⁵¹
368.	一	ʔɕi³³	tɕi³³	ʔi⁵¹
369.	二	ʔuə³³	ʔɚi¹¹	ʔu⁵¹

续表

序号	汉语	白裤瑶支系	青瑶支系	长衫瑶支系
370.	三	pəi^{33}	pa^{24}	pa^{51}
371.	四	ła^{33}	tlo^{33}	tlo^{51}
372.	五	phiu^{33}	pja^{33}	piu^{51}
373.	六	tɕo^{51}	tju^{33}	tiu^{51}
374.	七	sə^{31}	ɕaŋ^{11}	ɕiaŋ^{31}
375.	八	ʑəu^{513}	tja^{51}	ʑo^{11}
376.	九	tɕo^{24}	tju^{55}	tɕo^{55}
377.	十	tɕəu^{55}	tju^{31}	tɕaɯ^{33}
378.	十一	tɕəu^{51}ʔi^{33}	tju^{31}ʔi^{33}	tɕaɯ^{24}ʔi^{51}
379.	二十	ȵai^{33}tɕəu^{51}	ȵaŋ^{31}tju^{31}	ȵiaŋ^{33}tɕaɯ^{51}
380.	百	ʔi^{31}pæk^{51}	pɑi^{33}	ʔi^{33}pe^{51}
381.	千	tshai^{33}（音近似tθhai^{33}）	sɑi^{11}	ʔi^{33}tshe^{51}
382.	万	ʔi^{31}vaŋ^{33}	fan^{513}	ʔi^{55}væn^{11}
383.	一个（人）	lə^{21}	tɕi^{31}lu^{33}	ləu^{33}
384.	一个（碗）	lə^{21}	tɕi^{31}luŋ^{33}	mjæi^{33}
385.	一棵（树）	fən^{33}	tɕi^{31}faŋ^{33}	hau^{33}
386.	一只（鸡）	tau^{33}	mɑi^{51}ka^{33}	tɔŋ^{11}
387.	一把（刀）		pha^{33}təu^{31}	ka^{33}
388.	一件衣服	tai^{24}	lɔŋ^{33}m̥au^{33}	væn^{51}
389.	一庹	łjai^{31}	kjan^{33}	ʔi^{51}tɕaɯ^{51}tau^{31}
390.	一拃	ło^{51}	kjɑu^{33}	ʔi^{33}tlau^{31}
391.	尺	siak^{31}	tɕə^{213}	tsaɯ^{24}
392.	我	kau^{31}	tɕɔŋ^{24}	ku^{55}
393.	你	kɯ^{24}	kui^{51}	tɕuŋ^{33}
394.	他	naɯ^{55}	nəi^{51}	ni^{33}
395.	我们	ʔəi^{33}	po^{31}ta^{11}	ta^{31}ʔa^{55}
396.	你们	na^{33}	man^{55}ta^{11}	ti^{33}m̥o^{51}
397.	他们	məu^{33}	nəi^{51}ta^{11}	ma^{51}
398.	这	na^{31}	ku^{11}nən^{51}	kə^{51}nəŋ^{51}
399.	那	ʔo^{31}	ku^{11}ʑi^{51}	kə^{51}ʑi^{31}
400.	哪	laɯ^{51}	ʑu^{33}mi^{24}	lu^{51}khæŋ^{55}

附录四　荔波县地莪布依族锦话、方村布依族莫话基本词汇对照表

序号	汉语	播尧锦话	方村莫话
1.	天	mən^{31}	ju^{31}ʔbən^{24}
2.	地	tla^{33}（ła^{33}）	la^{51}ʔbən^{24}
3.	太阳	ʔda^{31}van^{31}	ja^{24}van^{24}（ða^{24}）
4.	月亮	la^{33}nian^{51}	nin^{31}
5.	星星	ʔda:u^{33}ʔdəi^{55}	ʔda:u^{33}ʔdəi^{55}
6.	云	va^{24}	va^{33}
7.	风	ləm^{31}	lum^{24}
8.	雷	pja^{33}	tə^{31}pja^{33}
9.	雨	vin^{31}	tə^{31}mum^{24}
10.	水	nam^{33}	nam^{33}
11.	雪	lui^{31}	nui^{24}
12.	山	sa:n^{24}，po^{31}	po^{24}
13.	河	ni^{31}	ni^{33}
14.	沟	tɕui^{33}	tɕui^{33}
15.	井	ʔbən^{24}	ʔbən^{55}
16.	田	ja^{24}	ja^{24}
17.	地	ʔda:i^{24}	ja:i^{24}
18.	石头	tui^{51}	tui^{31}
19.	泥巴	ləm^{24}	lum^{24}
20.	年	ve^{31}	ʔbe^{24}
21.	月	nin^{31}	nin^{31}
22.	日	van^{31}	van^{24}
23.	今年	ve^{31}nai^{24}	ʔbe^{31}na:i^{33}
24.	明年	ve^{31}za^{51}	ʔbe^{31}za^{51}
25.	去年	ve^{31}ȵuŋ^{22}	ʔbe^{31}ȵuŋ^{33}
26.	正月	nin^{51}ʔet^{35}	siŋ^{33}la:u^{51}
27.	二月	nin^{51}ȵai^{11}	nin^{31}ȵəi^{33}
28.	今天	van^{31}nai^{24}	van^{31}nai^{33}

序号	汉语	播尧锦话	方村莫话
29.	明天	van³¹mo⁵⁵	van³¹mo³³
30.	前天	van³¹kun⁵⁵	van³¹kun⁵⁵
31.	后天	van³¹na³³	van³¹na³³
32.	昨天	van³¹ȵuŋ²²	van³¹ȵuŋ³³
33.	白天	ta³¹van⁵¹	tɕa⁵⁵van³¹
34.	晚上	tə³³ȵam²⁴	tə³³ȵam²⁴
35.	早上	tə⁵⁵ɣet⁵⁵	tə⁵¹het⁵⁵
36.	黄牛	tə³¹pəu⁵¹	tə³¹po⁵¹
37.	水牛	tə³¹həi³¹	tə³¹həi³¹
38.	马	ma⁵¹	tə³¹ma⁵¹
39.	猪	m̥əu²⁴（有轻微清化特征）	tə³¹məu²⁴
40.	狗	tə³¹m̥a¹¹	tə³¹ma²⁴
41.	猫	tə³¹meu⁵¹	tə³¹meu⁵¹
42.	猴子	tə³¹liŋ³¹	tə³¹liŋ³¹
43.	耗子	tə³¹n̥u³³（清化不明显）	tə³¹no³³
44.	乌鸦	tə³¹ʔa¹¹	tə³¹ʔa²⁴
45.	斑鸠	nok¹¹kau³¹	nok¹¹kau³¹
46.	鸡	kai²⁴	tə³¹kai²⁴
47.	鸭	ʔet⁵⁵	tə³¹ʔep³³
48.	鹅	ŋa:ŋ²⁴	tə³¹ŋa:n²⁴
49.	蛇	zui⁵¹	tə³¹zui³¹（ðui³¹）
50.	蜜蜂	tə³¹taŋ²⁴	tə³¹taŋ³¹
51.	跳蚤	tə³¹m̥at⁵⁵（有轻微清化）	tə³¹mat⁵⁵
52.	蚊子	tə³¹ȵuŋ⁵¹	tə³¹ȵuŋ⁵¹
53.	曲蟮	tə³¹zan⁵¹（有闪音成分）	tə³¹zan⁵¹
54.	蚂蟥	tə³¹piŋ²²	tə³¹piŋ²⁴
55.	树	mai⁵¹	ko²⁴mai⁵¹
56.	杉树	mai⁵¹fa:t⁵⁵	mai⁵¹wa:t³³
57.	柳树	va³¹ləu⁵¹	wa¹¹ləu⁵¹
58.	竹子	mai⁵¹tem³³	mai⁵¹ta³³
59.	水稻	ko³¹həu³³	həu³³ja²⁴

序号	汉语	播尧锦话	方村莫话
60.	包谷	ʔəu³³tuk⁵⁵	həu³³pja³³
61.	甘蔗	toŋ³¹ʔoi³³	hoŋ³¹ʔoi³³
62.	高粱	ʔəu³³liaŋ⁵¹	həu³³liaŋ⁵¹
63.	豆子	lək³³təu¹¹	lək¹¹thau¹¹
64.	花生	təu¹¹ləm²⁴	thau¹¹luŋ³³
65.	黄瓜	lək³³piŋ³¹	lək³³piŋ³³
66.	蔬菜	ma³¹	ma²⁴su⁵¹
67.	白菜	ma³¹pəu⁵¹	ma²⁴pəu⁵¹
68.	萝卜	lək³³pəu³¹	pəu³¹tɕai²⁴
69.	葱	ʔbəu⁵⁵	ʔbəu²⁴
70.	蒜	ɕiaŋ³³liu³¹	təu³³ho²⁴
71.	姜	siŋ³¹	siŋ²⁴
72.	辣椒	lək³³lian²⁴	lək¹¹lin²⁴
73.	桃子	lək³³ta:u³¹	lək¹¹ta:u³¹
74.	葡萄	lək³³ʔet⁵⁵	lək³³ʔet⁵⁵
75.	烟	jin³¹	jin²⁴
76.	草	ɲiŋ³³	ɲiŋ³³
77.	茅草	ku¹¹ja¹¹	ja²⁴
78.	稻草	vaŋ²²	vaŋ²⁴
79.	种子	van³¹ʔəu³³	ʔəu³³van²⁴tɕi³³
80.	叶子	va²⁴mai⁵¹	va²⁴
81.	花	hua³¹	wa²⁴
82.	身体	tə³¹ʔdun³¹	hau⁵¹ʔdun³¹
83.	头	tɕau³³	kə³¹tɕau³³
84.	脸	na³³	kə⁵¹na³³
85.	眼睛	ʔda³¹	ʔdja²⁴
86.	鼻子	naŋ³¹	naŋ³³
87.	嘴巴	pa:k⁵⁵	ʔbuk⁵⁵
88.	耳朵	tɕha³¹	kə⁵¹tɕha²⁴
89.	牙齿	jəu³³	jeu³³
90.	脖子	ku⁵¹	ho²⁴

续表

序号	汉语	播尧锦话	方村莫话
91.	眉毛	zun³¹ʔda³¹	zun¹¹ʔda¹¹
92.	头发	pjam³³tɕau⁵⁵	pjam²⁴
93.	肩膀	ʔəu³¹ha³¹	ha²⁴
94.	胸口	na³³tak⁵⁵	na³³tak⁵⁵
95.	肝	tap⁵⁵	tap⁵⁵
96.	肺	pət⁵⁵	pət⁵⁵
97.	手	mi³¹	mi²⁴
98.	手指	lak³³mi³¹	məi⁵¹mi²⁴
99.	指甲	zut²⁴mi³¹	zət⁵⁵mi²⁴
100.	肚子	loŋ⁵¹	loŋ³¹
101.	腰	koŋ³¹	pə³¹lən²⁴
102.	腿	ka³¹	ka²⁴
103.	膝盖	tɕau³³kau⁵⁵	ka²⁴kau⁵⁵
104.	脚	tin³¹	tin²⁴
105.	皮肤	pəi⁵¹	ja²⁴
106.	骨头	ʔda:t⁵⁵	ʔduat⁵⁵
107.	血	phja:t³³	phja:t³³
108.	汗	sɪk⁵⁵	sɪt⁵⁵
109.	人	ʔai²⁴tɕin³¹	ʔai³³tɕin²⁴
110.	男人	ʔai²⁴pan³¹	ʔai³³ʔba:n³¹
111.	女人	lək³³ʔbik⁵⁵，ɕi³¹ja⁵¹	ɕi³¹ja⁵¹
112.	老人	ʔai³³la:u⁵¹	ʔai³³tɕe²⁴
113.	小孩	lək³³təi³³	ɕok⁵⁵təi³³
114.	客人	ʔai³³hek⁵⁵	tɕai²⁴lak⁵¹
115.	主人	ʔai³³sau³³	ʔai³³sau³³
116.	瞎子	ʔda³¹vət⁵⁵	na³¹ʔbət⁵⁵
117.	疯子	tə³¹ŋan⁵⁵	ʔbak⁵⁵
118.	哑巴		借汉
119.	官	tau⁵¹	ʔai³³ʔbuŋ³³
120.	兵	lian³¹	lian²⁴
121.	汉族	ʔai³³tɕin³¹	ʔai³³tɕin³³

序号	汉语	播尧锦话	方村莫话
122.	布依族	ʔai³³jai³³，ʔai³³mak⁵¹（莫家），ʔai³³tɕam³¹（锦家）	ʔai³³mak⁵¹，ʔai³³jai³³
123.	苗族	ʔai³³jəu⁵¹	ʔai³³hiu³¹
124.	水族	ʔai³³sui³³	ʔai³³sui³³
125.	侗族	ʔai³³toŋ²⁴	ʔai³³thoŋ³³
126.	母亲	ma³³	nəi⁵¹
127.	祖父	kuŋ³³	koŋ²⁴tɕe²⁴
128.	祖母	nai³³	nai³³tɕe²⁴
129.	姑父	ku³³ji⁵¹	ku³³ji⁵¹
130.	姑母	ku³³nai³³（大于父亲），ɲaŋ³³（小于父亲）	ku³³ma³³
131.	外祖父	kuŋ²⁴ta³¹	koŋ²⁴ta³³
132.	外祖母	ja³³te³¹	ja⁵⁵te³³
133.	岳父	kuŋ²⁴ta³¹	koŋ²⁴ta³³
134.	岳母	ja³³te³¹	ja⁵⁵te³³
135.	舅父	tɕəu²⁴ji⁵¹	tɕəu²⁴ji⁵¹
136.	舅母	tɕəu²⁴ma³³	tɕəu²⁴ma³³
137.	儿子	tə³¹lak³¹	lak³³
138.	女儿	lək³³ʔbik⁵⁵	lak³³ʔbik⁵⁵
139.	媳妇	lək³¹li³³	lak³³li⁵⁵
140.	孙子	lək³¹lak³¹	la:n²⁴
141.	家	ja:n³¹	za:n²⁴
142.	房子	ʔdan³³ɣa:n³¹	za:n²⁴
143.	柱子	zau³¹	ko³³zau²⁴
144.	墙	ziŋ⁵¹	ziŋ³¹
145.	门	pə³¹tu³¹	to³³
146.	窗户	səŋ³¹suaŋ³³	səm³¹suaŋ³³
147.	瓦	ŋua⁵¹	ŋua⁵¹
148.	寨子	ma:n³³	ha²⁴ʔba:n³³
149.	衣服	lok⁵⁵	jok⁵⁵
150.	帕子	fi³³kan²⁴	fi³³kan²⁴
151.	帽子	mau²⁴	mau³³

续表

序号	汉语	播尧锦话	方村莫话
152.	裤子	va^{24}	wa^{24}
153.	鞋子	$ja{:}i^{31}$	$ja{:}i^{11}$
154.	袜子	$ma{:}t^{51}$	$ma{:}t^{51}$
155.	蚊帐	$sən^{33}$	$sən^{33}$
156.	被子	$mian^{51}$	min^{31}
157.	枕头	$tɕau^{33}ɲuan^{31}$	$tɕau^{55}ŋun^{33}$
158.	床	$ta{:}u^{31}$	$tɕuaŋ^{31}$
159.	席子	$ʔbin^{33}$	$ʔbin^{33}$
160.	布	$ʔi^{31}$	$ʔi^{33}$
161.	米	$ʔəu^{51}$	$ʔəu^{33}$
162.	饭	$məm^{33}$	$ŋa{:}i^{31}$
163.	稀饭	$tɕi^{55}noŋ^{51}$	$tɕi^{33}noŋ^{31}$
164.	油	man^{51}	man^{31}
165.	盐	lu^{31}	jua^{33}
166.	肉	$na{:}n^{51}$	$na{:}n^{51}$
167.	菜	ma^{31}	ma^{33}
168.	酒	lau^{33}	lau^{33}
169.	斧头	kut^{31}	$tɕau^{51}kun^{33}$
170.	柴刀	pja^{24}	pja^{33}
171.	镰刀	lim^{51}	lim^{51}
172.	犁头	$tɕuai^{31}$	$tɕuai^{33}$
173.	锄头	$tɕau^{33}kuək^{55}$	kua^{31}
174.	织布机	$zuŋ^{51}$	$zuŋ^{31}tam^{33}zip^{33}$
175.	锯子	$tɕu^{24}$	$tɕu^{24}$
176.	针	$səm^{31}$	$səm^{24}$
177.	线	mai^{51}	mai^{24}
178.	绳子	za^{24}	zak^{33}
179.	枪	$suŋ^{55}$	$suŋ^{24}$
180.	箭	na^{24}	$keŋ^{24}lam^{33}$
181.	棍子	mai^{51}	$mai^{51}təŋ^{51}$
182.	撮箕	$tak^{55}tɕai^{51}$	$tak^{55}tɕai^{33}$

续表

序号	汉语	播尧锦话	方村莫话
183.	簸箕	ʔdoŋ³³	wa²⁴ʔdoŋ⁵⁵
184.	筛子	zai⁵¹	wa²⁴zai³¹
185.	磨子	mu⁵¹	mu⁵¹
186.	碓	toi⁵⁵	toi²⁴
187.	扁担	mai⁵¹ŋaːn⁵¹	mai⁵¹ɣaːn¹¹
188.	钥匙	mi³¹zi⁵¹	mi³¹zi⁵¹
189.	扫把	tɕi⁵⁵ʔda⁵¹	tɕi⁵⁵ʔda³³
190.	锅	tɕhik⁵⁵	tɕik⁵⁵
191.	灶	zau⁵¹	sau²⁴
192.	桶	thoŋ³³	thoŋ³³
193.	盆	pən⁵¹	pən³¹
194.	碗	wən³³	ʔun³³
195.	筷子	suəŋ³¹	sun²⁴
196.	盘子	ɕian³³	sin³³
197.	椅子	taŋ²⁴neŋ³³	taŋ²⁴niŋ³³
198.	凳子	taŋ²⁴	taŋ²⁴
199.	梯子	ʔbak⁵⁵le³³	ʔbak⁵⁵tɕe³³
200.	箱子	səŋ³¹	səŋ²⁴
201.	镜子	sau³¹tɕin³¹	tsau²⁴tɕin²⁴
202.	梳子	tɕhəi³¹	tɕhəi²⁴
203.	灯	vəi³¹taŋ³¹	vəi³¹taŋ³³
204.	蜡烛	lə⁵¹sok⁵⁵	laak⁵⁵sok⁵⁵
205.	柴	ʔdet⁵⁵	ʔdit⁵⁵
206.	碳	thaːn⁵⁵	thaːn²⁴
207.	路	khun³¹	tək⁵⁵khun²⁴
208.	桥	tɕiu³¹	tɕiu³¹
209.	集市	tɕi⁵¹	tɕe⁵¹
210.	钱	tɕe³¹ʔəu³³	zi⁵¹
211.	字	le³¹	le¹¹
212.	书	pa⁵¹le³¹	le¹¹
213.	唢呐	li²⁴le³³	li²⁴le³³

续表

序号	汉语	播尧锦话	方村莫话
214.	锣	lua³¹	lua³¹
215.	鼓	ljoŋ³¹	lə⁵⁵tɕoŋ²⁴
216.	铜鼓	ȵa:n²⁴	ȵa:n¹¹
217.	药	za³¹	tsa³¹
218.	话	ha:u²⁴	tɕa:i³¹
219.	声音	ʔju³¹	jo³¹
220.	力气	jiŋ³¹	ziŋ²⁴
221.	事情	naŋ³³zai²⁴	zai³³
222.	姓	siŋ²⁴	siŋ²⁴
223.	名字	ʔda³³	ʔda:n³³
224.	东西	toŋ³³se³³	toŋ³³se²⁴
225.	梦	fin³¹za:n³¹	tə³¹za:n²⁴
226.	神	pu³¹sa³³（菩萨）	hai⁵⁵siŋ²⁴
227.	鬼	ma:ŋ³¹	ma:ŋ²⁴
228.	看	kau⁵⁵	ʔdjom³³
229.	看见	kau⁵⁵ʔdo²⁴	ʔdjom³³
230.	闭	lap⁵⁵ʔda⁵¹	lap⁵⁵ʔdja²⁴
231.	听	kə³¹tɕha³¹	tɕin³³tsha²⁴
232.	吃	ɕin³¹	sin³³
233.	喝	zəm²⁴	zəm³³
234.	咬	tɕam³³	jin²⁴
235.	舔	ta:u³¹	zi²⁴
236.	含	ka:m³¹（有轻微浊音）	ka:m²⁴
237.	吐	phu²⁴	ʔdum⁵¹
238.	吹	pu²⁴	zəp³³
239.	说	tɕa:ŋ³³	vat³³tɕai³¹
240.	读	to³¹	thok⁵¹
241.	喊	jeu²⁴	ŋa:u³³
242.	闻	ȵun⁵¹	nun⁵¹
243.	拿	tai⁵¹	tai⁵¹
244.	握	sau³¹	sau⁵¹

序号	汉语	播尧锦话	方村莫话
245.	捡	səp⁵⁵	kat⁵⁵
246.	伸	ʔit⁵⁵	ʔit³³mi²⁴
247.	推	ȵan⁵¹	ȵan⁵¹
248.	捏	sau⁵¹	sau⁵¹
249.	抱	ʔəm³³	ʔəm³³
250.	踢	thek⁵⁵	thek⁵⁵
251.	跪	kui²⁴	khui³³
252.	跳	sat⁵⁵	jok³³
253.	站	jun³¹	jun³³
254.	走	sa:m³³	sa:m³³
255.	跑	lje⁵¹	jwa:u²⁴
256.	坐	zui²⁴	zəi²⁴
257.	背（东西）	ʔam⁵⁵	ʔam²⁴
258.	爬	ljon³¹	pa³³，pin³³（爬树）
259.	靠	neŋ³³	niŋ³³
260.	睡	nun⁵¹	nun³¹
261.	做	ve¹¹	ve⁵¹
262.	修	ləi⁵¹	ləi⁵¹
263.	打（铁）	tui³¹	tui³¹lit⁵⁵
264.	抬	ta:p⁵⁵	ta:p⁵⁵
265.	扛	ŋjon	ŋun³³
266.	犁	tɕoi³¹	tɕuai²⁴
267.	挖	kut⁵⁵	kut³³
268.	种	zu⁵¹	zo³¹
269.	浇	joŋ³¹	suan²⁴
270.	割	kon³¹	kun²⁴
271.	砍	te⁵⁵	te²⁴
272.	劈	ma:t⁵⁵	ma:t³³
273.	拔	ljon³¹	tɕun³¹
274.	放牛	la:m²⁴	la:ŋ²⁴
275.	喂	si³¹	si³¹

序号	汉语	播尧锦话	方村莫话
276.	阉	tɕau³³（劁）	tuan³³（阉牛、鸡），kat⁵⁵（阉猪）
277.	织布	tam³³ʔbik⁵⁵	tam³³mik³³
278.	买	ɬjai¹¹	jai³³
279.	卖	tɕe³¹	je³³
280.	数（东西）	tɕai²⁴（有轻微浊音）	tɕai²⁴
281.	称（东西）	ʔdaŋ²⁴（音近似全浊）	
282.	教	son³¹	son²⁴
283.	写	ça³³	ça³³
284.	擦	wut⁵⁵	ʔut³³
285.	贴	təp⁵⁵	tap³³
286.	煮	tuŋ³¹	tuŋ³³
287.	炒	sau³³	sau³³
288.	蒸	ʔda:u²⁴	ʔdja:u³³
289.	烤（衣服）	heŋ³¹	heŋ³¹
290.	杀	ha³³	ha³¹
291.	切（菜）	sa:p³¹	sa:p³¹ma²⁴
292.	剁	mat⁵⁵	ȵat⁵⁵
293.	剪	kat⁵⁵	kat⁵⁵
294.	缝	tep⁵⁵	tep⁵⁵
295.	插	ȵoŋ⁵⁵	ȵoŋ³³
296.	磨（刀）	tɕan³¹	pjan³¹
297.	簸	tu⁵⁵ʔəu³³	po²⁴
298.	穿衣	tan³³	tan³³
299.	戴帽	tan³³	tan³³
300.	脱衣	tot⁵⁵	thot³³
301.	洗手	zok³³mi⁵¹	zuk⁵⁵mi²⁴，zuk⁵⁵ma²⁴（洗菜）
302.	洗衣	zok³³luk⁵⁵	zak⁵⁵tɕuk⁵⁵，jaan²⁴ʔun³³（洗碗）
303.	补（衣服）	pu³³luk³³	po³³tɕuk⁵⁵
304.	扫地	kwa:t³³	kwa:t³³ta⁵⁵la³
305.	开门	hai³¹tu³¹	hai³¹to³³
306.	挂	kwen³¹	wen²⁴

序号	汉语	播尧锦话	方村莫话
307.	捆	zuk⁵⁵	ʔbo²⁴
308.	装	saŋ³¹	tɕaŋ³³
309.	塞	nan⁵¹	sak⁵⁵
310.	埋	muk⁵⁵	mok⁵⁵
311.	藏	tɕha³³	tɕha³³
312.	选	le²⁴	le²⁴
313.	点（灯）	tim³¹	tim³³
314.	要	ta:u³¹	ʔau³³
315.	得	ʔdai³³	ʔdai³³
316.	找	kha:ŋ²⁴	kha:ŋ⁵⁵
317.	用	joŋ²⁴	joŋ³³
318.	玩	ve³³loi⁵¹	ve⁵¹vin³³
319.	唱歌	zəu²⁴wən³¹	le⁵⁵ʔun³³, siŋ²⁴
320.	问	sa:i³³	sa:i³³
321.	答	jən³¹	hin²⁴
322.	借	tɕhim²⁴	tɕhin²⁴
323.	还	ti²⁴	he²⁴
324.	给	hai³¹	sai²⁴
325.	嫁	tɕa²⁴	tɕa²⁴
326.	婆	tɕa³³	ʔau³³
327.	帮助	paŋ³³koŋ³¹	paŋ³³
328.	欠	khau²⁴	sa³³
329.	赔	thi²⁴	phe²⁴
330.	等	tɕa³³	tɕa³³
331.	骂	zi²⁴	kwe³³
332.	打架	tuŋ⁵¹mat⁵¹	tuŋ³¹mat³¹
333.	追	tiat⁵⁵	tɕhan³³
334.	偷	ljak⁵⁵	lak⁵⁵
335.	笑	tɕu³¹	tɕu³³
336.	哭	ȵi³³	ȵe³³
337.	知道	jo³³	zo³³

序号	汉语	播尧锦话	方村莫话
338.	猜	zuai²⁴	siŋ³¹
339.	忘记	la:m³¹	
340.	想	ɕiŋ³¹	ɕiŋ³¹
341.	怕	tai³¹lju³¹	lu²⁴
342.	敢	ka:m³³	ka:m³³
343.	会	ju³³	ha:ŋ³³
344.	是	sen³¹	sin²⁴
345.	有	naŋ³¹	naŋ³³
346.	来	taŋ³¹	taŋ²⁴
347.	去	pai³¹	pai²⁴
348.	回	pan²⁴	ta:u⁵⁵
349.	到	thau⁵⁵	thau²⁴
350.	过	ta²⁴	tha³³
351.	上	vəi³¹ʔu³¹	pə³¹jəu²⁴
352.	下	taŋ³¹la³³	pə³¹la³³
353.	进	ve³¹ʔa:u³³	pə³¹ha:u³³
354.	出	taŋ³¹nuk⁵⁵	pə³¹nuk⁵⁵
355.	晒	sa⁵⁵	sa²⁴
356.	下雨	taŋ³¹vin³¹	tok⁵⁵vən²⁴
357.	刮风	ləm³¹la:u⁵¹	ləm¹¹la:u⁵¹
358.	打雷	vin³¹pja³³	tɕoŋ³³pja³³
359.	流	lui³¹	lui²⁴
360.	倒（下）	təm²⁴	koŋ³³
361.	转	pan²⁴	sun⁵⁵
362.	掉	tok⁵⁵	tok⁵⁵
363.	断（绳子）	tjəu⁵⁵	tjəu²⁴
364.	破（坛子）	ʔoŋ²⁴jak⁵⁵	jak⁵⁵
365.	漏	ʑu²⁴	ləu²⁴
366.	发抖	se³³	se³³
367.	肿	phau³³	pəu³³
368.	死	tai³¹	tai³³

续表

序号	汉语	播尧锦话	方村莫话
369.	飞	vin²⁴	vin³³
370.	狗叫	ȵau⁵⁵	tɕhau²⁴（音近似ȵ）
371.	鸡叫	tɕan⁵¹	tɕan³³
372.	下蛋	ʔəu⁵⁵tɕai²⁴	ʔok⁵⁵tɕai²⁴
373.	发芽	tai²⁴ŋa⁵¹	tai⁵⁵ŋa:t⁵¹
374.	枯	tjəu³³	fai³³ka:n³³
375.	烂	tjəu²⁴	na:u³³
376.	大	la:u⁵¹	la:u⁵¹
377.	小	təi³³	təi³³
378.	高	vəŋ³¹	ɣuŋ²⁴
379.	矮	ʔdam²⁴	jam²⁴
380.	深	jam³¹	jam³³
381.	浅	ʔdjai²⁴	ʔdjai²⁴
382.	尖	ly³¹	phe²⁴
383.	圆	ʔdun³¹	ʔdun³³
384.	方	səi³³kak⁵⁵	səi²⁴kak⁵⁵
385.	长	jai³³	jai³³
386.	短	ʔden²⁴	ʔdin³³
387.	粗	la:u⁵¹	la:u⁵¹
388.	细	təi³³	təi³³
389.	厚	na³¹	na¹¹
390.	薄	ʔba:ŋ³¹	ʔba:ŋ¹¹
391.	宽	ʔba⁵⁵	ʔba²⁴
392.	窄	niak⁵⁵	nak⁵⁵
393.	远	ləi³¹	tɕəi³³
394.	近	thjai⁵⁵	thjai²⁴
395.	多	kuŋ⁵¹	kuŋ³¹
396.	少	ɕeu³³	ɕiu³³
397.	直	ziaŋ³¹	zaŋ⁵¹
398.	弯	kau⁵¹	kau³¹
399.	横	hua:ŋ³¹	wa:ŋ²⁴

序号	汉语	播尧锦话	方村莫话
400.	平	piŋ³¹	piŋ³¹
401.	陡	tiŋ²⁴	tiŋ²⁴
402.	歪	kau⁵¹	ȵeŋ²⁴kai³¹
403.	轻	za²⁴	za³¹
404.	重	zan³¹	zan²⁴
405.	硬	la³³	ʔdoŋ³³
406.	晴	liŋ³³	liŋ³³
407.	亮	la:ŋ³³	tɕa:ŋ²⁴
408.	暗	ʔdjam⁵⁵	lap⁵⁵
409.	红	ʎaŋ³¹	laŋ²⁴
410.	黄	ŋa:n³³	ŋa:n³³
411.	绿	tɕhəu³¹（有轻微浊音）	jəu²⁴
412.	蓝	tɕhəu³¹（有轻微浊音）	jəu²⁴
413.	白	pə⁵¹	puk⁵¹
414.	黑	nam³¹	lam³³
415.	花	ʔda:ŋ²⁴	wa²⁴
416.	美丽	khan²⁴	ʔda³³jai³¹
417.	丑	zui⁵¹	səu³³
418.	胖	vəi⁵¹	vəi³¹
419.	瘦	jim³¹	jim²⁴
420.	干净	seu²⁴	seu²⁴
421.	脏	ja³³	ja³³
422.	老	tɕe²⁴	tɕe⁵⁵
423.	嫩	nom³³	nom³³
424.	年轻	nom³³	nom³³
425.	好	ʔdai³¹	ʔdai²⁴
426.	坏	zui⁵¹	wai²⁴
427.	快	ziu⁵⁵	jaŋ³³
428.	慢	ton²⁴	ton³³
429.	干（衣服）	tɕhəu⁵⁵	tɕhəu⁵⁵
430.	湿	jak⁵⁵	jak⁵⁵

序号	汉语	播尧锦话	方村莫话
431.	新	m̥ai⁵⁵	mai²⁴
432.	旧	ka:u⁵⁵	kau²⁴
433.	生	ʔdip⁵⁵	təp⁵⁵
434.	快（刀）	ʔda:u³³	ʔda:u³³
435.	钝（刀）	ljo⁵¹	məi⁵¹ʔda:u³³
436.	早	sam³¹	sam²⁴
437.	迟	lun⁵¹	tok⁵⁵lən³¹
438.	真	sən³³	sən³³na²⁴
439.	假	məi⁵¹sən³³（或借汉）	zo⁵¹
440.	贵	ʔbiŋ³¹	ʔbiŋ³³
441.	便宜	zian²⁴	zin³³
442.	容易	hui³¹	wəi³¹wa:ŋ⁵⁵
443.	难	na:n³¹	na:n³¹
444.	松	ʔboŋ³¹	ʔboŋ³³
445.	紧	net⁵⁵	net³³
446.	热	ʔdau²⁴	ʔdjau³³
447.	冷	n̥it⁵⁵	n̥it⁵⁵
448.	凉快	liŋ⁵¹	liŋ³¹
449.	酸	səm³³	suŋ³³
450.	甜	khan³¹	khan²⁴
451.	苦	kam³¹	kam²⁴
452.	辣	liŋ²⁴	liŋ²⁴
453.	咸	laŋ²⁴	ʔdaŋ²⁴
454.	香	n̥u³¹ʔdaŋ³¹	n̥əu³¹ʔdaŋ²⁴
455.	臭	n̥əu³¹	n̥əu²⁴
456.	饱	lja³¹	taŋ⁵⁵
457.	饿	jək⁵⁵	ʔiŋ³³
458.	渴	tɕhəu³¹pa⁵⁵	tɕhəu²⁴ʔbuk⁵⁵
459.	醉	me³¹	taŋ²⁴lau³³
460.	痒	tɕam³³	tɕam³³
461.	痛	tɕik⁵⁵	tɕik⁵⁵

序号	汉语	播尧锦话	方村莫话
462.	勤快	jak⁵⁵	jak⁵⁵
463.	懒	lət⁵⁵	lət⁵⁵
464.	穷	ho³³	ho³³
465.	富	kwaŋ³¹	tɕwa:ŋ³³
466.	一	ʔdeu³³	ʔdeu²⁴
467.	二	ja³³	za²⁴
468.	三	sa:m³³	sa:m²⁴
469.	四	səi²⁴	səi⁵⁵
470.	五	ŋu⁵¹	ŋo⁵¹
471.	六	ljok³¹	lok³¹
472.	七	set⁵⁵	set⁵⁵
473.	八	pa:t⁵⁵	pa:t³³
474.	九	tɕəu¹¹	tɕəu³³
475.	十	zək³³	zip³¹
476.	百	pek⁵⁵ʔdeu³³	pek³³ʔdeu²⁴
477.	千	ɕen³³ʔdeu³³	ɕin³¹ʔdeu²⁴
478.	万	va:n¹¹ʔdeu³³	wa:n³³ʔdeu²⁴
479.	第一	te³¹ʔet⁵⁵	te⁵⁵ʔet⁵⁵
480.	半	ʔdən²⁴ʔdeu³¹	ʔdən²⁴ʔdeu³³
481.	一个（人）	ʔai³³	ʔai³³jin³¹ʔdeu³³
482.	一个（碗）	ʔdan²⁴	ʔdan²⁴wun⁵¹ʔdeu³³
483.	一只（鸡）	tə³¹kai²⁴ʔdeu³¹	tə³¹kai²⁴ʔdeu³³
484.	一把（刀）	fak⁵⁵	mot⁵⁵mit³¹ʔdeu²⁴
485.	一张（纸）	va²⁴	va²⁴sa¹¹ʔdeu³³
486.	一双（鞋）	səi²⁴	səu²⁴ja:i³¹ʔdeu³³
487.	一庹	thi²⁴	he²⁴ʔdeu³³
488.	一拃	za:p²⁴	za:p³³ʔdeu²⁴
489.	寸	zin³¹	zin³¹ʔdeu²⁴
490.	尺	set⁵⁵	sit⁵⁵ʔdeu²⁴
491.	我	ʔəu⁵¹	ʔe³¹
492.	你	ŋ¹⁵¹	ŋ¹³¹

序号	汉语	播尧锦话	方村莫话
493.	他	mo^{31}	təu^{33}
494.	我们	ça:u^{33}ʔduɯ^{31}	sau^{33}lja^{24}
495.	你们	ça:u^{33}si^{31}	sau^{33}çi^{24}
496.	他们	ça:u^{33}mo^{31}	sau^{33}təu^{24}
497.	这	ʔdə^{55}nai^{31}	nia^{11}
498.	那	ʔdə^{55}si^{24}	təu^{33}
499.	哪样	kə^{55}ma^{51}	pan^{33}nau^{24}
500.	全部	pə^{33}liu^{51}	vit^{55}liu^{51}

附录五　云南省罗平县长底乡布依语基本词汇表

发音人[①]：上木特（刘某）、下木特（杨吉森）　　　民族成分：布依族
　　　　　大补笼（董进香）、以则（吴天学）
母语：布依语　　　　　　　　　　　　　　　　第二语言：汉语
调查点：云南罗平长底乡上木特、下木特、大补笼、以则

序号	汉语	上木特	下木特	大补笼	以则
1.	天	ʔbɯn³³	pu⁴²ʔbɯn³³	ʔbɯn³³	ʔbɯn³³
2.	地	ðɯi¹¹	la³⁵ðiŋ¹¹	la⁴²liŋ²⁴	la⁴²liŋ²⁴
3.	太阳	ʔdet³⁵	tuŋ³⁵ŋuan³¹	toŋ⁴²wan³¹	taŋ³³ŋuan³¹
4.	月亮	ʔda:n³³ʔdun³³	ʔdan³³ʔdun³³	ʔdan³³ʔdun³³	ðuaŋ¹¹
5.	星星		ʔdo³³ʔdɯi²⁴	tə³¹ɬai³³	说不出
6.	云		tɕa⁴²vu³⁵		
7.	风	ðɯŋ³¹	ðɯm³¹	ðɯm³¹	
8.	雨	vɯn³³	vɯn³³	wɯn³³	vɯn³³
9.	水	ðaŋ⁴²	ðam⁴²	ðam⁴²	ðam⁴²
10.	山	po³³	po³³	pu³¹po³³	po³³
11.	河	ta¹¹	ta¹¹	ʔdan³³ta¹¹	ta¹¹
12.	沟	ta¹¹ni³³	ðɯi⁴²	ʔdan³³puaŋ⁴²	ðɯi³⁵
13.	田	na³¹	na³¹	na³¹	na³¹
14.	地	ðɯi	ðɯi⁴²	ðɯi¹¹	ðɯi¹¹
15.	石头	pau⁴²ðɯn³³	kam⁴²ðɯn³³	kə³¹ðɯn³³	ðɯn³³
16.	泥巴	na:ŋ¹¹	na:m¹¹	na:n¹¹	na:m¹¹
17.	年	pɯi³³	pɯi³³	pɯi³³	pɯi³³
18.	月	ʔdun³³	ʔdun³³	ʔdun³³	ʔdun³³
19.	今年	pɯi³³ni⁴²	pɯi³³ni⁴²	pɯi³³nɯi⁴²	pɯi³³nɯi⁴²

---

① 发音人基本情况：上木特发音人，刘某，54 岁，男，母语水平熟练，掌握基本词汇 80%左右，日常用语比较熟练，其父系村中"布摩"，母语比较熟练。下木特发音人，杨吉森，男，73 岁，母语水平比较熟练，掌握基本词汇 95%以上，系村中布摩。大补笼发音人，董进香，女，68 岁，母语水平一般，娘家均为布依族，也使用布依语，但母语氛围不浓，很少有人讲布依语，嫁到大补笼后母语环境稍好一些，与丈夫说布依语的机会也多一些。以则发音人，吴天学，男，55 岁，母语水平比较熟练，掌握基本词汇 90%以上，日常用语比较流利，系以则村"布摩"。

序号	汉语	上木特	下木特	大补笼	以则
20.	明年	puɯi³³mu³³	puɯi³³mu³³		puɯi³³mu³³
21.	正月	ʔdun³³ɕiŋ³³	ʔdun³³ɕiŋ³³	ʔdun³³ɕin³³	ʔdun³³ɕiŋ³³
22.	二月	ʔdun³³ŋuɯi¹¹	ʔdun³³ŋuɯi¹¹	ʔdun³³ŋuɯi¹¹	ʔdun³³ŋuɯi¹¹
23.	今天	ŋua:n³¹nuɯi⁴²	ŋuan³¹nuɯi⁴²		ŋuan³¹nuɯi⁴²
24.	明天	ŋua:n³¹to¹¹	ŋuan³¹to¹¹		ŋuan³¹tuŋ¹¹
25.	昨天		ŋuan³¹lun³¹	wan³¹lun³¹	ŋuan³¹lun³¹
26.	白天	ka:ŋ³³ŋua:n⁴²	ka:ŋ³³ŋuan³¹		ka:ŋ³³ŋuan³¹
27.	晚上	ka:ŋ³³xa:ŋ¹¹	ka:ŋ³³xam¹¹		ka:ŋ³³xam¹¹
28.	早上	ka:ŋ³³xat³⁵	ka:ŋ³³xat³⁵		ka:ŋ³³xat³⁵
29.	黄牛	tə³¹suɯ³¹	tu³¹ɕuɯ³¹	ɕiu³¹jen⁴²	ɕuɯ⁴²
30.	水牛	tə³¹ve³¹	ve³¹ðam⁴²		vie³¹
31.	马	tə³¹mæ⁴²	tu³¹mæ⁴²		ma⁴²
32.	猪	tə³¹məu³³	tu³¹məu³³	tə³¹məu³³	tə³¹məu³³
33.	狗①	tə³¹mæ³³, tə³¹ʔe³⁵	tə³¹mæ³³		tə³¹mæ³³②
34.	猴子③	tə³¹liŋ³¹	tu³¹liŋ³¹	tə³¹lin⁴²	təu³¹liŋ³¹
35.	耗子④	tə³¹nai³⁵	tu³¹nai³⁵		tə³¹nai³
36.	乌鸦	tə³¹ʔæ³³	tu³¹ʔæ³³		tə³¹ʔa³³
37.	鸡	tə³¹kai³⁵	tu³¹kai³⁵		tə³¹kai³³
38.	鸭	tə³¹pit³⁵	tu³¹pit³⁵	tə³¹pit³⁵	tə³¹pit³⁵
39.	鹅	tə³¹xen³³	tu³¹xen²⁴		tə³¹xin³³
40.	蛇	tə³¹ŋuɯ⁴²	tu³¹ŋuɯ³¹		tə³¹ŋuɯ⁴²
41.	蜜蜂	tə³¹tiŋ³¹	tə³¹tiŋ³¹		tuɯn³¹
42.	黄蜂	tə³¹tuɯn³¹	tə³¹tuɯn³¹		
43.	树	vai⁴²	vai⁴²		vai⁴²
44.	杉树	pu³¹ðau³¹	借汉		vai⁴²θa:n³³
45.	竹子	pu³¹luai³³	pu³¹luai³³	vai⁴²luai³³	pu⁴²luai³³
46.	斑竹	vai⁴²ve³¹			

---

① 也叫tə³¹ʔe³⁵、ðiŋ³³tɕen³¹。

② 亦作tə³¹ðaŋ³⁵, tə³¹ʔe³³。

③ 下木特也叫tu³¹lek¹¹。

④ 下木特也叫tu³¹θi²⁴jau⁴²。

序号	汉语	上木特	下木特	大补笼	以则
47.	金竹	vai⁴²ðat¹¹			
48.	笋子	ða:ŋ³¹luai³³	ða:ŋ³¹luai³³		luai³³ʔun³³
49.	水稻	xø³³na³¹	ʔa:u³³na³¹		xø³³ka³³
50.	稻谷	ʔa:u³³ka³³	ʔa:u³³ka³³		
51.	包谷	puŋ³¹	ʔa:u³³puŋ⁴²		ʔa:u⁴²puŋ³¹
52.	花生	tu¹¹na:ŋ¹¹	tu¹¹na:m¹¹		tu¹¹na:m¹¹
53.	瓜	tə³¹vak¹¹	tə³¹vak¹¹		tə¹¹vak¹¹
54.	黄瓜	tə³¹tiŋ³³	lək¹¹tiŋ³³	tə³¹tiŋ³³	lək¹¹tiŋ³³
55.	白菜	pu³¹xø³³	pu³¹xø³³	pu³¹xe³³	pak³⁵xø³³
56.	青菜	pu³¹jau³³	pu³¹jau³³		pak³⁵jau³³
57.	葱	pu³¹ʔbəu³⁵	ʔbəu³⁵		ʔbəu³⁵
58.	蒜	suai³⁵	θuai³⁵		θuai³⁵
59.	姜	jiŋ³³	jiŋ³³	jin³³	jiŋ³³
60.	辣椒	tə³¹men¹¹	tə³¹men¹¹		lək¹¹min¹¹①
61.	桃子	mæ³³tɯi⁴²	ma²⁴tɯi³¹		ma³¹tɯi⁴²
62.	芭蕉	mæ³³ðuŋ⁴²	ma³¹tɕuai³⁵		ma³³ʔduŋ³⁵
63.	烟	jɛn³³	jɛn³³		jɛn³³
64.	草	ȵa³³	ȵa³³		ȵa³³
65.	茅草	ȵa³³xæ³¹	ȵa³³xæ³¹	ȵa³³	ȵa³³xa³¹
66.	稻草	ȵa³³vɯŋ³¹xø⁴²	ȵa³³vɯŋ³¹xø⁴²		ȵa³³vuŋ³¹
67.	种子	va:n³³	ʔa:u⁴²van³³	ʔdə³³va:n³³	va:n³³
68.	花	ʔdu³³	ʔdu³³		ʔdu³³
69.	身体	ʔda:ŋ³³	ʔda:ŋ³³	ʔdə³³ʔda:ŋ³³	ʔdə³⁵ʔdaŋ³³
70.	头	kau³⁵	kau⁵³		kau³⁵
71.	脸	na⁴²	pu³¹na⁴²		na⁴²
72.	眼睛	ta³³	lək¹¹ta³³	tə³¹ta³³	lək¹¹ta³³
73.	鼻子	ʔdaŋ³³	pu³⁵ʔdaŋ³³		ʔdaŋ³³
74.	鼻涕	ʔdaŋ³³muk¹¹			
75.	嘴巴	soŋ¹¹pæ³³	soŋ¹¹pæ³³	soŋ¹¹pa³³	soŋ¹¹pæ³³
76.	耳朵	ʔbɑ³³ðɯ⁴²	ʔbɑ³³ðɯ⁴²		ʔbɑ³³ðɯ⁴²

---

① 有时也学八大河口音讲lək¹¹ma:n¹¹。

续表

序号	汉语	上木特	下木特	大补笼	以则
77.	牙齿	jau⁴²	jau⁴²		jau⁴²
78.	犬牙	jau⁴²ve³¹			
79.	门牙	jau⁴²pa³³taŋ³³			
80.	磨齿	van³¹ðɯn³³ka³¹			
81.	脖子	ʔi³³ɣo³¹	ʔi³³ɣo³¹		ʔi³³ɣo³¹
82.	眉毛	pɯn³³ta³³	pɯn³³ta³³		pɯn³³ta³³
83.	头发	pɯn³³kau⁴²	pɯn³³kau⁴²		pɯn³³kau³⁵
84.	肩膀	ʔbæ³⁵	ʔbe³³ʔbæ²⁴	pi³⁵ʔba³³	kau³⁵tɕen³³
85.	肝	tap³⁵①	tap³⁵		tap³⁵
86.	肺	pɯt³⁵	pɯt³⁵		pɯt³⁵
87.	肠子	sai³⁵	θai³⁵	sai⁴²	θai³⁵
88.	手	vuŋ³¹②	vɯŋ³¹		vɯŋ³¹
89.	肚子	tuŋ⁴²			tuŋ³⁵
90.	腰	vut³⁵	vut³⁵	lək³³ʔut³⁵	说不出
91.	腿	ka³³pɯi⁴²③	ʔba:ŋ²⁴ka³³		ka³³pɯi³¹
92.	脚	tɯn³³④	tɯn³³		
93.	皮肤	naŋ³³	naŋ³³		naŋ³³
94.	骨头	kə³³ʔdu³³	kau³⁵ʔdu²⁴		kau³⁵ʔdu³³
95.	人	tə³¹vɯn³¹⑤	tə³¹vɯn³¹		vɯn³¹
96.	男人	ɕau³³pau³³	ɕau³³pau²⁴	ɕau⁴²pau³³	ɕau³³pau³³
97.	女人	ɕau⁴²ja¹¹	ɕau⁴²ja¹¹	ɕau⁴²ja¹¹	ɕau³³ja¹¹
98.	老人	pəu⁴²maŋ³³	pəu⁴²maŋ²⁴		pu⁴²tɕe³³
99.	小孩	pəu⁴²ni³³	pəu⁴²ʔi²⁴		pu⁴²ni³³
100.	主人	θəu³⁵ðen³¹	θəu³⁵ðen³¹	θəu³⁵ðɯn³¹	θəu³⁵ðen³¹
101.	瞎子	ta³³ɕet³⁵	pəu³¹ta³³θiet³⁵		pu⁴²ta³³lap³⁵
102.	聋子	ðɯ³¹nuk³⁵	ðɯ³¹nuk³⁵		ʔbɑ³³ðɯ³¹ʔduk³⁵

① 经启发后想起。

② 手指：lɯk¹¹vuŋ³¹、拇指：lɯk¹¹vuŋ³¹ lø⁴²、食指：lɯk¹¹vuŋ³¹ ni³³、小指：lɯk¹¹vuŋ³¹ ŋɯi¹¹、指甲：ðip¹¹vuŋ³¹。

③ 别人提示。

④ 脚板：va³⁵tɯn³³。

⑤ 小伙子：ɕau³³ʔbø³³、小姑娘：ɕau³¹θø³³。

序号	汉语	上木特	下木特	大补笼	以则
103.	官	pəu³¹θai³⁵	pəu³¹θai²⁴		θai³³
104.	兵	kun³³xø⁴²kan⁴²	kun³³xø³⁵kat³⁵		说不出
105.	汉族	pəu⁴²xa³³/xæ³³	pəu⁴²xa³³	pu⁴²xa²⁴	pəu⁴²xa³³
106.	布依族	pəu⁴²ʔi⁴²	pəu⁴²ʔi⁴²	pu⁴²ji⁴²ʃ pu⁴²ðau³¹	pəu⁴²ʔi⁴²
107.	苗族	pəu⁴²miau³¹	pəu⁴²miau³¹		pəu⁴²miau³¹
108.	仡佬族				
109.	彝族	pəu⁴²lai³³	pəu⁴²lai³³	pu⁴²lai³³	pu⁴²ʔbuŋ³³
110.	父亲	po¹¹	po¹¹	tie³³ʃ po¹¹	po¹¹
111.	母亲	mie¹¹	mie¹¹	mie¹¹	mie¹¹
112.	祖父	pau³³	pau³³		pau³⁵
113.	祖母	nai³³, ja¹¹	nai³³ʃ ja¹¹		ja¹¹
114.	姑父	ku³³tie³³	ku³³tie³³①	po¹¹le³⁵	po³³ʔa:u³³
115.	姑母	ku³³ma³³	ku³³ma³³	pa³⁵le³⁵	pa³⁵
116.	岳父	pau³⁵ta³³	pau³⁵ta³³	pau³⁵ʔduaŋ³³	pau³⁵ta³³
117.	岳母	ja¹¹te³⁵	ja¹¹te²⁴	ja¹¹ʔduaŋ³³	ja¹¹te²⁴
118.	儿子	lək¹¹θe³³	lək¹¹θe³³	luk¹¹θe³³	lək¹¹θe³³
119.	女儿	luk¹¹ʔbuk³⁵	luk¹¹ʔbuk³⁵	luk¹¹ʔbuk³⁵	iuk¹¹ʔbuk³⁵
120.	媳妇	pɑ⁴²	m⁰pɑ⁴²	m⁰pɑ⁴²	pɑ³⁵
121.	女婿	pau³³kui³¹	pau³³kui³¹	pau³³kui³¹	pau³¹kui³⁵
122.	家	ðen³¹	ða:n³¹	luk¹¹ðun³¹	ðun⁴²
123.	房子	ʔdan³³ðen³¹	ðen³¹		ða:n³¹②
124.	柱子	lək¹¹θau³³	θan³⁵θau³³		θan³⁵θau³³
125.	墙	xun³¹ɕin³¹	xen³¹ɕiŋ³¹	xun³¹ɕin³¹	xiŋ³¹
126.	门	pu³¹təu³³	pu³¹təu³³		pu³¹təu³³
127.	寨子	ʔben⁴²	ʔben⁴²	luk¹¹ʔbit³⁵	ʔbin³⁵
128.	衣服	pu¹¹	koŋ²⁴pu¹¹	koŋ³⁵pu³³	koŋ²⁴pu¹¹
129.	帕子	tə³¹ði⁴²	kə³¹ði⁴²		kə³¹θi³⁵
130.	帽子	ʔdan³³mø¹¹	ʔdan³³mø¹¹③		mø¹¹

---

① 也叫pau²⁴kuŋ³³ðuŋ³¹。

② 有时也学广西口音说ða:n³¹。

③ 也叫ʔdan³³ma:u¹¹。

续表

序号	汉语	上木特	下木特	大补笼	以则
131.	裤子	væ³³	koŋ²⁴va²⁴	koŋ³³va³³	væ³³
132.	鞋子	xe³¹	xe³¹		xe³¹
133.	被子	mok¹¹	mok¹¹		mok¹¹
134.	枕头	kau³⁵θi³¹	kau³⁵θi³¹	kau³⁵θi³¹	kau³⁵θi³¹
135.	床	taŋ³¹	taŋ³¹	lə³⁵ʔbua:n³³床铺	ʔua:n³³
136.	席子	pu³¹θet³⁵	pu³¹θet³⁵	pu³¹θet³⁵	借汉
137.	布	paŋ³¹①	paŋ³¹	paŋ⁴²ü³¹	paŋ³¹
138.	米	xø⁴²θen³³	ʔa:u²⁴θa:n³³		ʔa:u⁴²θen³³
139.	饭	xø³⁵	xø³⁵	xø⁴²	xø⁴²
140.	油	jəu³¹	jəu³¹		jəu³¹
141.	盐	ku³³	ku³³		ku³³
142.	肉	no¹¹	no¹¹	no¹¹	no³¹
143.	菜	pak³⁵	pak³⁵		pak³⁵
144.	汤	təu³¹	θəu³¹		θəu³³
145.	酒	lau³⁵	lau³⁵	lau⁴²	lau⁴²
146.	糌粑	suɯi³¹②	ɕuɯi³¹		ɕuɯi³¹
147.	斧头	kau³⁵ven³³	-	kau³⁵ven³³	ven³³
148.	柴刀		va¹¹ʔi⁴²		ɕa⁴²ʔba³⁵
149.	镰刀	væ²⁴lin³¹	va¹¹lim³¹	va¹¹lin⁴²	tə³¹lin⁴²
150.	犁头	va³⁵tai³³	pa³⁵tai³³		va³³tai³³
151.	锄头	ʔja³³ɕəu⁴²	va¹¹ʔja³⁵	va¹¹ʔja³³	va¹¹ʔja³³
152.	织布机	soŋ³¹ðu³³	soŋ³¹ðu²⁴		说不出
153.	纺纱机	θæ³⁵	θa³⁵		说不出
154.	锯子	væ¹¹kəɯ³⁵	va¹¹kəu²⁴	va¹¹kɯ³³	ʔdan³³kɯ³⁵
155.	针	pu³⁵tɕim³³（二）		naŋ³⁵tɕiŋ³³	tɕiŋ³³
156.	线	mai³³（二）	mai³³	mai³³	mai³³
157.	绳子	ɕa¹¹（二）	ɕa¹¹	lə¹¹ɕa¹¹	ɕa¹¹

① 经调查员提示。

② 糯米ʔa³³ʔi³³、粳米（打饵块粑用）ʔa⁴²ɕin³³。

续表

序号	汉语	上木特	下木特	大补笼	以则
158.	枪	ʔdan³³suŋ³⁵①	ʔdan³³suŋ³⁵	ʔdə³³suŋ³³	suŋ³³
159.	棍子	vai³⁵	vai³⁵	vai⁴²	vai⁴²
160.	鞭子	vai³⁵kam³³pin³³	vai³⁵kam³³pin³³		
161.	撮箕	ve⁴²（二）	借汉	ʔdə³³ve⁴²	ve³⁵
162.	簸箕②	ʔdoŋ⁴²vɯi²⁴	ʔdoŋ⁴²		ʔdoŋ³⁵
163.	筛子	ʔdan³³ðaŋ³³（二）	ʔdan³³ðaŋ³³		ʔdan³³ðaŋ³³
164.	磨子	ðɯn³³ka³¹	ðɯn³³ka³¹	ðɯn³¹ka³¹	ðɯn³³ka³¹
165.	碓③	θæ³³	ʔu³³tuai¹¹		tuai¹¹
166.	扁担	xen³¹	xen³¹		xen³¹
167.	锁④	luŋ³⁵	luŋ³⁵	ɕi³¹luŋ⁴²	luŋ³⁵
168.	钥匙	ɕi³¹luŋ³⁵（二）	ɕi³¹luŋ³⁵		ɕi³¹luŋ³⁵
169.	扫把	pɯt³⁵jen³¹（二）	pat³⁵ði³³		pat³⁵jit¹¹
170.	锅	sø³³lø⁴²	sø³³lø⁴²	ʔdə³³sø³³	ʔdə³³sø³³
171.	灶	θau³³	θau³³		θau³⁵
172.	桶	ʔdɑ³¹thuŋ⁴²（二）	ʔdan³³tuŋ³⁵	借汉	ʔdan³³tuŋ³⁵
173.	盆	pɯn³¹	ʔdan³³vi²⁴		ʔban³³
174.	碗	ti⁴²	ti⁴²		ti⁴²
175.	筷子	tɯ¹¹（təɯ¹¹）	tɯ¹¹	tɯ¹¹	tɯ¹¹
176.	桌子	taŋ³³suaŋ³¹	taŋ³³soŋ³¹		ɕuaŋ³¹
177.	椅子	taŋ³³ve³³（二）	借汉		借汉
178.	凳子	taŋ³³lø⁴²		ʔdə³³taŋ³³	ʔdə³³taŋ³³
179.	梯子	tɕəu³¹liu³³	tɕəu³¹liu³³		ʔdan³³tɕiu³¹
180.	箱子	ji³¹ni³³	借汉		借汉
181.	灯	taŋ³³jəu⁴²	taŋ³³jəu⁴²		taŋ³³jəu³¹
182.	蜡烛	tok¹¹ðɯi³¹	tok¹¹ðɯ³¹	tuŋ³¹ðɯ³¹	说不出
183.	柴	vɯn³¹	vɯn³¹		vɯn³¹
184.	碳①	ten³³	ten²⁴		mak¹¹

① 经提示。

② 晒粮食用的大筐：ʔdoŋ⁴²lø⁴²、簸米用的小筐：ʔdoŋ⁴²ni³³。

③ 春碓：tam³³θæ³³。

④ 上锁：tap³⁵luŋ³⁵。

续表

序号	汉语	上木特	下木特	大补笼	以则
185.	路	tiau⁴²ðan³³	ðan³³		ka³³ðan³³
186.	桥	tɕəu³¹	tɕəu³¹	tɕiu⁴²	ʔdan³³tɕiu³¹
187.	集市②	（xau³⁵）xɯ³³	（xau³⁵）xɯ³³		xɯ³³
188.	钱	pu³¹ɕen³¹	mə³³ɕen³¹	ɕen³¹	ɕen³¹
189.	纸	θæ³³	θa³³	θa³³	θa³³
190.	笔		pin³³mak¹¹		pi³¹
191.	字	səɯ³³	ta³³θəu³³		θɯ³³
192.	歌	借汉	借汉		ku¹¹taēn³¹
193.	唢呐	pu³³lie³¹	pu³³lie³¹	pu³³le⁴²	ðe⁴²
194.	锣	la³¹	la³¹	la³¹（tɯi³¹la³¹敲锣）	la³¹
195.	鼓	kuaŋ³³	kuaŋ³³		说不出
196.	药	ʔjɯ³³	ʔjɯ³³	ʔjɯ³³	ʔjɯ³³
197.	话	tɯk³⁵taŋ³¹	tɯk³⁵taŋ³¹		
198.	声音	ʔdaŋ³³	jiŋ³³		
199.	力气	ðiaŋ³¹	ðiaŋ³¹		ðiaŋ³¹
200.	胆子	ʔok³⁵lø³⁵（大胆）	ʔok³⁵lø³⁵		
201.	姓	ɕin³³	ɕin³³（tsoŋ²⁴广西）	ɕo¹¹（名）	ɕin²⁴
202.	名字	ðai³¹ku¹¹ma⁴²	ɕo²⁴		
203.	东西	ʔiu³⁵ku¹¹ma⁴²	说不清		说不清
204.	鬼	tə³¹vaːŋ³¹	tə³¹vaːŋ³¹	vaŋ³¹	vaŋ³¹
205.	看	mjaɯ⁴²	mjaŋ²⁴	mjaŋ³³	mjaŋ³³
206.	闭	lap³⁵（ta³³）（二）	lap³⁵	ta³³lak³⁵	lap³⁵ta³³
207.	听	ðəu⁴²ȵi³³	ðəu⁴²ȵi³³	ȵi³³	ȵi³³
208.	吃	kɯn³³	kɯn³³	kɯn³³	kɯn³³
209.	喝	θuat³⁵	θuat³⁵		kɯn³³ðam⁴²
210.	吞	θuat³⁵	ʔdun⁴²		ʔdat³⁵
211.	吐	pi³³（二）	pi³³		ðu³¹
212.	说	tɯk³⁵taŋ³¹（二）	taŋ³¹xø²⁴		说不清
213.	读	to¹¹θəu³³	to¹¹θəu³³		do³¹θɯ³³

① 烧炭：pau³³ten⁴²。

② 长底：po⁴²laŋ²⁴taŋ³³、板桥pan³³tɕəu³¹。

续表

序号	汉语	上木特	下木特	大补笼	以则
214.	喊	ðai³¹	ðai³¹	ðai³¹	ðai³¹
215.	闻	ʔdam³³（二）	ʔdɯm³³		xau³³
216.	拿	ʔau³³	ɕiŋ³³		tɯ³¹
217.	拍（桌）	tɯk¹¹（suaŋ³¹）	ma:n¹¹		tɯk¹¹
218.	握	tuŋ⁴²kaŋ³³①、 tuŋ⁴²ɕiŋ³³	ɕiŋ³³vɯŋ³¹		ʔjo³³
219.	搓	xəu²⁴væ²⁴vɯŋ³¹	lan³¹	la:n³¹	ku¹¹sa¹¹
220.	伸	ʔau³³vɯŋ³¹	jin¹¹vɯŋ³¹		ʔjo³³vɯŋ⁴²
221.	拉	tæ⁴²	ɕiŋ³³		ɕiŋ³³
222.	推	taŋ³¹	taŋ³¹	taŋ³¹	说不出
223.	抱	ʔɯŋ⁴²	ʔɯm⁴²		ʔɯm⁴²
224.	踢	ðuaŋ³⁵	ðuaŋ³⁵		ðuaŋ³⁵
225.	踩	min⁴²（二）	men⁴²	min⁴²	说不出
226.	跳	θat³⁵	θat³⁵		θat³⁵
227.	站	ʔdɯn³³	ʔdɯn³³		ʔdɯn³³
228.	走	pie³⁵	pie³⁵	pe⁴²	pai³³
229.	跑	put³⁵	put³⁵		put³⁵
230.	坐	naŋ¹¹⁽²¹⁾	naŋ¹¹	naŋ¹¹	naŋ¹¹
231.	背（东西）	ʔɯ³³②	ʔɯ³³	ʔɯ³¹	ʔɯ³¹
232.	钻	ʔduan⁴²（二）	ʔduan⁴²		pai³³suaŋ¹¹
233.	爬	pin³³	xɯn³⁵		pin³³
234.	靠	ʔiŋ³³va³³	ʔiŋ³³	ʔiŋ³³	说不清
235.	睡	nɯn³¹	nɯn³¹		nɯn³¹
236.	做	ku¹¹	ku¹¹		ku¹¹
237.	搬	ʔau³³	ʔau³³	pin⁴²	pian³⁵
238.	抬	ða:m³³	ða:m³³		ða:m³³
239.	挑		ða:p³⁵		ða:p³⁵
240.	扛	kut¹¹	kut¹¹	kɯət¹¹	kut¹¹

① 经提示。

② 背背篓：ʔɯ³¹kuai³³。

序号	汉语	上木特	下木特	大补笼	以则
241.	犁	tai³³	tai³³（sai³³）		tai³³
242.	挖	ʔbæ³³	ʔba²⁴		ʔba³³
243.	种	tok³⁵, ʔdam³³	tok³⁵、ʔdam³³		ʔdam³³
244.	割	kuan³¹	kuan³¹	kua:n³¹	kuan³¹
245.	砍	vak¹¹	vak¹¹		vak¹¹
246.	放牛	tɑ³¹ve³¹	tɑ³¹ve³¹	tɑ³¹ve³¹	tɑ³¹ve³¹
247.	喂	kɯ³³tə³¹ve³¹	kɯ³³ve³¹		kɯ³³ve³¹
248.	织布	tam³⁵paŋ³¹（二）	tam⁴²ðu²⁴		说不出
249.	买	səu⁴²	səu⁴²	sɯ⁴²	ɕɯ³⁵
250.	卖	ke³³	ke³³	ke³³	ke³³
251.	数（东西）	θuan³³	θuan²⁴	θua:n³³	说不出
252.	称（东西）	saŋ¹¹	saŋ³¹		saŋ¹¹
253.	教	θua:n³³	θua:n³³		θua:n³³
254.	擦	ku¹¹ɣa³⁵te³³θɑ³³	pat³⁵		说不清
255.	煮	ðuŋ³³	ðuŋ³³	ðuŋ³³	ðuŋ³³
256.	炒	ða:ŋ³³	ða:ŋ³³	ðaŋ³³	ðaŋ³³
257.	烤（衣服）	ðiŋ³³, ʔiŋ⁴²	ðiŋ³³		jiŋ³³
258.	烤（烤火）	θau³³vɯi³¹	θau³³vɯi³¹		θau³³vɯi³¹
259.	杀	ka³⁵	ka³⁵	ka⁴²	ka³⁵
260.	切（菜）	ɕa:p¹¹	sa:p¹¹		ɕa:p¹¹
261.	剪	ðat¹¹（二）	ðat¹¹		ðat¹¹
262.	缝	ȵip¹¹（二）	ȵip³³	ȵip¹¹	ȵap¹¹
263.	扎				
264.	插		θiap³⁵		
265.	磨（刀）	pan³¹ʔi³³（二）	pan³¹	pan³¹	pan⁴²
266.	簸	vɯi³³	vɯi³³	vɯi³³	vɯi³³
267.	舀水	tak³³	tak³³		tak³⁵
268.	穿衣	tan³⁵	tan³⁵	tan³⁵	tan³⁵

续表

序号	汉语	上木特	下木特	大补笼	以则
269.	戴帽	tan³⁵（二）	tan³⁵	tan³⁵	tan³⁵
270.	脱衣	tuat³⁵（二）	tuat³⁵		tø³⁵
271.	洗手	θi³³vuŋ³¹	θi³⁵vɯŋ³¹	θi³³vuŋ⁴²	θi³³vuŋ³¹
272.	洗澡①	θi³³ʔda:ŋ³³	θi²⁴ʔda:ŋ³³		θi³³ʔda:ŋ³³
273.	洗衣	θak¹¹pu¹¹	ku¹¹θak¹¹		θak¹¹
274.	补（衣服）		ɣuŋ³³pu³¹		xuŋ³³
275.	梳头	ðuai³³kau³⁵	ðuai³³kau³⁵		ðuai³³kau³⁵
276.	扫地	pat³⁵	pat³⁵ða:n³¹		pat³⁵ðen³¹
277.	开门	ʔæ³⁵təu³³	xe³³təu³³	xe³³təu³³	xe³³təu³³
278.	挂	vai³⁵	vai⁴²		vai³⁵
279.	捆	kuat³⁵	kuat³⁵	kuat³⁵	
280.	装	su³³ʃ lap¹¹	lap¹¹		lap¹¹
281.	要	ʔau³³	ʔau³³	ʔau³³	ʔau³³
282.	得	ʔdai⁴²	ʔdai⁴²		ʔdɑ⁴²
283.	问	kɯk³⁵	kɯk³⁵	kɯk³⁵	说不清
284.	答	xen³³	nau³¹	xen³³	说不清
285.	借	çi³³	ʔjem³³		çi³³
286.	还	xɑ³⁵	tø²⁴		tø²⁴
287.	给	xɑ³⁵	xɑ³⁵	xɑ³⁵	xɑ³⁵
288.	送	θoŋ⁴²	θoŋ²⁴		θoŋ²⁴
289.	嫁	xa³³	xa⁵³	xa⁵³	说不清
290.	娶	səu⁴²pɑ⁴²	səu⁴²		səu⁴²
291.	骂	ta:n³³	ʔda²⁴	ʔda³³	ʔda²⁴
292.	打架	tuŋ⁴²tɯi³¹	tuŋ⁴²tɯi³¹		tuŋ⁴²tɯi³¹
293.	追	lai¹¹⁽²¹⁾	lai¹¹		lai¹¹
294.	偷	ðak¹¹⁽²¹⁾	ðak¹¹	ðak¹¹	ðak¹¹
295.	笑	jəu³³	jəu³³	jəu³³	jəu³³
296.	哭	tai⁴²	tai⁴²	tai⁴²	tai⁴²
297.	知道	ðəu⁴²ʔdi³³	ðəu⁴²ʔdi²⁴	ðo⁴²	ðəu⁴²ʔdi²⁴

---

① 在河中洗澡：ðɯm³¹ta¹¹，牛在塘中滚水：ðɯm³¹tiŋ¹¹。

序号	汉语	上木特	下木特	大补笼	以则
298.	猜		借汉或xø³³		说不出
299.	忘记	lɯm³¹①	lɯm³¹	lɯm³¹	lɯm³¹
300.	想	nɯ³¹ʔdai⁴²（二）	nɯ³¹		nɯ³¹
301.	恨	xɯn³³	借汉		n̠a²⁴
302.	怕	lø³³	lø³³	lø³³	lø³³
303.	敢	（说不清）	mi³¹lø³³		说不清
304.	会	ðəu⁴²	ðo⁴²		ðo⁴²
305.	是	səɯ²⁴	səɯ³¹	sɯ¹¹	çəɯ³³
306.	不是	mɯi⁴²səɯ²⁴	mi³¹səɯ³¹		mi³¹çəɯ³³
307.	有	ʔiu³⁵	ʔiu³⁵	ʔiu³³	ʔiu³³
308.	没有	mɯi³¹ʔiu³⁵	mi³¹ʔiu³⁵		mi³¹ʔiu³³
309.	来	ma³³	ma³³	ma³³	ma³³
310.	去	pai³³	pai³³	pai³³	pai³³
311.	回	ma³³ðen³¹	ma³³ðaēn³¹		pai³³ðen⁴²
312.	到	taŋ³¹	taŋ³¹	taŋ³¹	ma³³ðen⁴²
313.	过		kwa³⁵		pai³³
314.	上	pai³³kɯn³¹、xɯn³⁵	pai³³kɯn³¹、xɯn³⁵	xɯn⁴²	pai³³kɯn⁴²
315.	下	ma³³la⁴²、ðoŋ³¹	ma³³la⁴²、ðoŋ³¹	ðuŋ³¹	pai³³la³⁵
316.	进		pai³³ʔdɑ³³	pai³³ʔdɑ³³	pai³³ʔdɑ³³
317.	出		ʔo³⁵ma³³	ma³³ðo¹¹	pai³³ðo¹¹
318.	下雨	tau³⁵vɯn³³	tau³⁵vɯn³³		tau³⁵vɯn³³
319.	刮风		pu²⁴ðɯm³¹		tau³⁵ðɯm³¹
320.	流		lai³³ðam⁴²	lai³³ðam⁴²	lø³⁵
321.	掉		tok³⁵		tok³⁵
322.	断（绳子）		ket³⁵		ket³⁵
323.	漏		ðuan³¹	ðuan³¹	ðo¹¹
324.	变		pin³⁵		pin³³
325.	长（大）		ma⁴²lø⁴²		lø⁴²
326.	病		pan³¹ʔin³³		pan³¹ʔin³³

① 经提示。

续表

序号	汉语	上木特	下木特	大补笼	以则
327.	发抖		θan²⁴	θan³³	θat³⁵（有误）
328.	肿		pəu⁴²	pəu³⁵	vuk¹¹
329.	死		tai³³/te³³①	te³³	ta:i³³
330.	飞	ʔbin³³	ʔbin³³	ʔbin³³	ʔbin³³
331.	狗叫	ðau³⁵	ðau³⁵		ðau³⁵
332.	鸡叫	tə³¹kai³⁵xan³³	xan³³		kai³⁵xan³³
333.	下蛋	tau³⁵ʔdan³³	tau³⁵		tau³⁵ʔdan³³
334.	发芽		tau³⁵ɲet¹¹		
335.	枯		ðo³¹	ke³³	
336.	烂		nau¹¹/tie³¹		
337.	大	lø⁴²	lø⁴²	lø³⁵	lø³⁵
338.	小	ni³³	ni²⁴	ni³³	ni³³
339.	高	θa:ŋ³³	θa:ŋ³³	θa:ŋ³³	sa:ŋ³³
340.	矮	taŋ³³	tam³³	tam³³	说不清
341.	深	lak¹¹	lak¹¹		ʔu³³（有误）
342.	浅	ʔbok³⁵	ʔbok³⁵		浅
343.	尖		liau³³		liau³³
344.	圆		pau⁴²		pau⁴²
345.	方		pin²⁴		说不出
346.	长	ðai³¹	ðai³¹	ðai³¹	ðai³¹
347.	短	ʔdɯm³³	ʔdɯm³³	lɯn⁴²	lɯn⁴²
348.	粗	lø⁴²	lø⁴²	lø³⁵	lø³⁵
349.	细	ni³³	ni²⁴	ni³³	ni³³
350.	厚	næ³³	næ³³		næ³³
351.	薄	ʔba:ŋ³³	ʔba:ŋ³³		ʔbaŋ³³
352.	宽	la:ŋ¹¹	kwa:ŋ²⁴		kwaŋ³³
353.	窄	ni³³（？）	nak¹¹		ʔi³³
354.	远	kai³³	kai³³	kai³³	kai³³
355.	近	kɑ⁴²	kɑ⁴²	kɑ⁴²	kɑ³⁵
356.	多	le³³	lai³³	le³³	le³³

① ta:i³³为广西口音，te³³为长底本地口音。

序号	汉语	上木特	下木特	大补笼	以则
357.	少	nuai³³	nuai³³	nuai³³	nuai³³
358.	直	θo¹¹	θo³¹		θo³³
359.	弯	kau³¹	kau⁴²		kau³¹
360.	横	wa:ŋ³³ / va:ŋ³³	wa:ŋ³³		说不出
361.	竖	ʔjo³³（动词）	ʔjo³³		说不出
362.	平	piŋ¹¹	piŋ¹¹	pin³¹	pin³¹
363.	陡	xɯn³⁵（动词）	liŋ²⁴	liŋ³³	liŋ³³
364.	歪		ȵaŋ²⁴		说不出
365.	轻	ʔbau³³	ʔbau³³	ʔbau³³	ʔbau³³
366.	重	nak³⁵	nak³⁵	nak³⁵	nak³⁵
367.	软	ʔun³³	ʔun²⁴	ʔun³³	ʔun³³
368.	硬	ʔduaŋ⁴²	ʔduaŋ⁴²	ʔdoŋ⁴²	ʔdoŋ⁴²
369.	阴	pɯm³¹	pɯm³¹		ðiaŋ³⁵（有误）
370.	晴	ðiaŋ⁴²	ðiaŋ³⁵ʔdɯi³³		ðiaŋ³⁵
371.	亮	ðuaŋ¹¹	ðuaŋ¹¹		ðuaŋ¹¹
372.	红	ʔdiŋ³³	ʔdiŋ³³	ʔdiŋ³³	ʔdiŋ³³
373.	黄	jen⁴²	jen⁴²	jen⁴²	jen⁴²
374.	绿	jau³³	jau³³	jau³³	lok³³
375.	蓝	lok¹¹	lok¹¹	lok³³	说不出
376.	白	xø³³	xø³³	xø³³	xø³³
377.	黑	mɯi⁴²	mɯi⁴²	wan⁴²/mɯi⁴²	wan⁴²
378.	花	ðiau³³	ðiau²⁴		ðiau³³
379.	丑	tuai⁴²	tuai³¹	tuai⁴²	tuai⁴²
380.	胖	pɯi³¹	pɯi³¹	pɯi³¹	pɯi³¹
381.	瘦	ðo³¹	kaŋ³¹	kaŋ³¹	ðo³¹
382.	肥	pɯi³¹	pɯi³¹		pɯi³¹
383.	瘦（肉）	sɑ⁵³⁽⁴²⁾/no¹¹sɑ⁵³	kaŋ³¹		说不出
384.	干净	θɑ³³	θɑ³³	θɑ³³	θɑ³³
385.	脏	ʔɯn³³	ma³⁵luə⁴²	（说不出）	ʔɯn³³
386.	老①	tɕi³³	maŋ³³		tɕi³³

①（菜）老：tɕi³³、（人）老：maŋ³³

续表

序号	汉语	上木特	下木特	大补笼	以则
387.	嫩	ʔun³³	ʔun³³		ʔun³³
388.	年轻	ʔun³³	tuai⁴²luə²⁴		pu⁴²liu³¹
389.	好	ʔdɯi³³	ʔdɯi³³	ʔdɯi³³	ʔdɯi³³
390.	坏	tuai⁴²	tuai⁴²	tuai⁴²	tuai⁴²
391.	快	θaŋ³³θie³³	θie³³	kaŋ³³vie³³	liu³¹
392.	慢	pɯŋ¹¹	pɯɯm³¹	pɯɯn³¹	pɯɯn³¹
393.	干（衣服）	xɯ³³	xɯ²⁴		ðo³¹（有误）
394.	湿	ʔdit³⁵	tɯɯm⁴²		tɯɯm³¹
395.	新	mu³³	mu²⁴	mu³⁵	mu³³
396.	旧	kau³³	kau²⁴	kau³³	说不出
397.	生	ʔdik³⁵	ʔdip³⁵		说不清
398.	熟	suk¹¹	suk¹¹		suk¹¹
399.	快（刀）	xau³⁵	xau⁴²	tau³³vie³³	说不出
400.	钝（刀）	mam³¹（二）	mam³¹		
401.	早	sau⁴²	sau⁴²		sau⁴²
402.	迟	luat³⁵	luat³⁵		lap³⁵
403.	贵	piaŋ³¹	piaŋ³¹	pjaŋ⁴²	pjaŋ⁴²
404.	便宜	tɯk¹¹	借汉	tɯʔ¹¹	说不出
405.	容易	（说不出）	借汉		说不出
406.	难	ʔja³³	ʔja²⁴		说不出
407.	松	ðuŋ³³	ðuŋ³³		ðuŋ³³
408.	紧	xan³³	xan³³		xan³³
409.	热	ʔaŋ³³	ðau³⁵	ʔaŋ³³	ʔaŋ³³
410.	冷	nɯt³⁵	nɯt³⁵	nɯt³⁵	nɯt³⁵
411.	凉快	saŋ⁴²	sam⁴²		çam⁴²
412.	酸	θaŋ³⁵	θam³⁵	θam⁴²	θam⁴²
413.	甜	ŋɑ¹¹	ŋɑ¹¹	ŋɑ³¹	ŋɑ³¹
414.	苦	xaŋ³¹	xam³¹	xam³¹	xam³¹
415.	辣	tet¹¹	tet¹¹	tet¹¹	tet¹¹
416.	咸	xan³³	xan²⁴		xan³³
417.	香	xau³³ta:ŋ³³	xau³³ta:ŋ³³		ta:ŋ³³

序号	汉语	上木特	下木特	大补笼	以则
418.	臭	xau³³ʔja³⁵	xau³³nau³¹	nau¹¹	xau³¹ʔu³⁵
419.	饱	taŋ³¹、ʔim³⁵	ʔim³⁵	ʔiŋ³³	ʔim³³
420.	饿	tuŋ⁴²ʔiɯ³⁵	ʔiɯ²⁴	ʔiɯ³³	ʔiɯ³³
421.	渴	ɣo³¹xɯ³³	xɯ³³		tai⁴²
422.	醉	vɯi³¹	vɯi³¹	vɯi³¹	vɯi³¹
423.	痛	tɕip³⁵（tɕet³⁵）	tɕet³⁵	tɕet³⁵	ʔin³³
424.	勤快	ka:n⁴²	kan⁴²	ka:n⁴²	ka:n⁴²
425.	懒	tɕik³⁵	tɕik³⁵	tɕik³⁵	tɕik³⁵
426.	穷	ðɯŋ³¹	ɣo³⁵	ɣo³⁵	ɣo³⁵
427.	富	ʔiu³³	ʔiu²⁴	ʔiu³³	ʔiu³³
428.	一	ðiau³³	ʔdiau³³	jau³³	ʔdiau³³
429.	二	θoŋ³³	θoŋ³³	soŋ³³	θoŋ³³
430.	三	θa:n³³	θa:m³³	sa:n³³	θa:m³³
431.	四	θɯi³⁵	θɯi³⁵	sɯi³⁵	θɯi³⁵
432.	五	xa³⁵	xa⁴²	xa³⁵	xa⁴²
433.	六	ðok³⁵	ðok³⁵	ðok³⁵	ðok³⁵
434.	七	çet³⁵	çet³⁵	çet³⁵	çet³⁵
435.	八	piet³⁵	piet³⁵	pjet³⁵	piet³⁵
436.	九	kəu³⁵	kəu⁴²	kəu³⁵	kəu⁴²
437.	十	səp¹¹	səp¹¹	səu³¹	səp¹¹
438.	十一	səp¹¹ʔit³⁵	səp¹¹ʔit³⁵	səp¹¹ʔi³⁵	səp¹¹ʔit³⁵
439.	二十	ŋɯi¹¹səp¹¹	ŋɯi¹¹səp¹¹	ŋɯi¹¹səp¹¹	ŋɯi¹¹səp¹¹
440.	百	pæ³³ʔdiau³³	pæ³³ʔdiau³³	pa³⁵ʔdiau³³	pæ³³ʔdiau³³
441.	千	ðiaŋ³³	ðiaŋ³¹	ðiaŋ³³ʔdiau³³	ðiaŋ³¹
442.	万	ven¹¹	ven¹¹	ven¹¹ʔdiau³³	ven¹¹
443.	第一	说不清	说不清	ki³⁵ʔdiau³³	说不清
444.	半	vuŋ³⁵ʔdiau³³	vuŋ³⁵	vɯŋ³⁵ʔdiau³³	vuŋ³⁵
445.	一个（人）	pəu³⁵	pəu³⁵	pəu³⁵	pəu³⁵
446.	一个（碗）	ʔdan³³①	ʔdan³³	ʔdaēn³³	ʔdan³³

① 有数量短语后置的现象，如taŋ³³soŋ³¹ ʔdan³³ʔdiau³³ 桌子 + 一张（即一张桌子）。

续表

序号	汉语	上木特	下木特	大补笼	以则
447.	一棵（树）	ko³³	ko³³	ko³³	ko³³
448.	一只（鸡）	tu³¹	tu³¹	tu⁴²	tu³¹
449.	一把（刀）	væ³³⁽¹¹⁾	va³³	va¹¹	va³³
450.	一张（纸）	ʔbɑ³³	ʔbɑ³³	ʔbɑ³³	ʔbɑ³³
451.	一件衣服	koŋ³⁵	koŋ²⁴	kuŋ³⁵	koŋ²⁴
452.	一双（鞋）	kəu¹¹	kəu¹¹	kəu³¹⁽¹¹⁾	kəu¹¹
453.	一庹	θaŋ³³	θam³³	θaŋ³³	θam³³
454.	一拃	xɯk¹¹	xɯp¹¹	xɯp³⁵	xɯp¹¹
455.	寸	借汉	借汉	说不出	借汉
456.	尺	ðø³¹	soŋ²⁴xɯp¹¹	说不出	借汉
457.	升	siŋ³³	ɕiŋ³³	ɕiŋ³³	ɕiŋ³³
458.	斗	puŋ³³	puŋ²⁴	puŋ⁴²	puŋ²⁴
459.	我	kəu³³	kəu³³	kəu³³	kəu³³
460.	你	mɯŋ³¹	mɯŋ³¹	mɯŋ⁴²	mɯŋ³¹
461.	他	te³³	te³³	pu⁴²ku¹¹ma⁴²	te³³
462.	我们	kə³¹ðau³¹	（pu⁴²）ðau³¹	kə³³kəu³³	ðau³¹
463.	你们	kə³⁵kəu³³（有误）	ɣo³⁵θəu³³	kə³⁵mɯŋ³¹	ɣo³⁵θəu³³
464.	他们	pəu³⁵te³³	kun³³te³³	pəu⁴²tsən⁴²	kun³³te³³
465.	这	nɯi⁴²	nɯi⁴²	kə²⁴ma⁴²（有误）	nɯi⁴²
466.	这里	tɕi³¹nɯi⁴²			
467.	这个	pəu⁴²nɯi⁴²			
468.	那	te³³	te³³、kɯi²⁴tsən⁴²		te³³
469.	那里	tɕi³¹te³³			
470.	那个	pəu⁴²te³³		kə²⁴ma⁴²	
471.	哪个	pəu³⁵lɑ³¹	kɯi²⁴lɑ³¹	pəu⁴²tse⁴²	kɯi²⁴lɑ³¹
472.	哪样	kə³¹ma⁴²	kə³¹ma⁴²	kə³³ma³³	kə³¹ma⁴²
473.	哪里	tɕi³¹lɑ³¹	tɕi³¹lɑ³¹	tɕi³¹lɑ³¹	tɕi³¹lɑ³¹
474.	全部	pa⁴²liɛn³¹	tuŋ⁴²səɯ³¹	pa⁴²liɛn³¹	taŋ⁴²ɣo³⁵

附录六　　2010 年、2011 年暑期调研行程

一、2010 年暑期调研行程

（一）第一次调研行程

调研时间：2010 年 7 月 8—17 日

调研地点：云南省罗平县长底布依族乡、鲁布革布依族苗族乡

参加人员：李丽虹、吴海燕、刘朝华、李倩倩、谢娜、王睿、张芳

2010 年 7 月 7 日——学生乘车前往昆明，住军需宾馆。

2010 年 7 月 8 日——我从北京乘飞机前往昆明，当天下午与省民委艾秒副主任联系，洽谈调研事宜，晚上，饭后与云南省布依学会会长罗祖虞等人见面，了解罗平布依族的有关情况。

2010 年 7 月 9 日——在昆明修整，做一些准备工作，中午与云南民族大学民族文化学院刘劲荣院长见面。

2010 年 7 月 10 日上午——从昆明乘长途车前往罗平，11 时左右到达，县民宗局接待，下午派车送至第一个调查点长底乡，3 时许到达，安排住处后，租车下到上木特村里进行调研。

2010 年 7 月 11 日上午——在下木特村调研，顺路返回时又调查了另一个村寨。下午，调研公路边上的一个村寨——"以则"村，晚上 5 点左右结束，顺公路步行返回住地。

2010 年 7 月 12 日——上午走访乡政府附近的村寨大、中、小补笼，下午在长底村调研。

2010 年 7 月 13 日——上午从长底乘车前往鲁布革，与乡政府取得联系之后，下午便前往多依村联系住宿和调研事宜。之后前往多依河的发源地腊者参观，并在该村入户做问卷。

2010 年 7 月 14 日——我留在住处记音，学生前往周边村寨继续做问卷。

2010 年 7 月 15 日——多依村赶集，学生在村里及集市上做问卷。

2010 年 7 月 16 日——学生到距多依 4 公里左右的一个彝族村寨做问卷，结束后绕道鲁布革乡政府所在地返回多依。下午在驻地休整。

2010 年 7 月 17 日——上午在驻地休整，午饭后前往多依河风景区游览。下午，学生前往罗平，我和王睿前往兴义。

2010 年 7 月 18 日——在兴义休整一天，其间前往黔西南州广播电台搜集布
　　　　　　　　　　依语广播资料。

2010 年 7 月 19 日——从兴义前往贞丰，搜集布依族图片资料。

2010 年 7 月 20 日——从贞丰前往贵阳，为下一程调研作准备。

（二）第二次调研行程

时间：2010 年 7 月 21—28 日

地点：贵州省从江县翠里瑶族壮族乡

参加人员：杨波、龙晓雪、欧阳华倩、余筱凤、姚彦琳、田清、龙浩海、
　　　　　马晓、张肖

2010 年 7 月 21 日——学生从北京乘火车抵达凯里，我也于同一天从贵阳抵
　　　　　　　　　　达。

2010 年 7 月 22 日——从凯里前往从江，沿途经雷山和榕江县。下午 4 点多
　　　　　　　　　　抵达从江县，与县民宗局接洽，商谈调研事宜。

2010 年 7 月 23 日——上午，从从江县城前往调查点翠里壮族瑶族乡，与乡
　　　　　　　　　　政府接洽调研事宜，下午前往摆翁村（瑶族村寨）进
　　　　　　　　　　行调研。下午六时返回乡政府所在地翠里，因车出故
　　　　　　　　　　障在途中停留了 3 个多小时。

2010 年 7 月 24 日——前往高文村（壮族村）进行调研。

2010 年 7 月 25 日——前往宰转村（侗族村）进行调研。

2010 年 7 月 26 日——在乡政府所在地翠里进行调研，下午 2 点多钟返回从
　　　　　　　　　　江，途中走访了著名的岜沙苗族村。晚上向县民宗局
　　　　　　　　　　汇报调查情况。

2010 年 7 月 27 日——返回凯里，途中因堵车延误了一个多小时，下午 7 点
　　　　　　　　　　多才到达。

2010 年 7 月 28 日——调研结束，学生各自回家，我返回贵阳，29 日返京。

二、2011 年暑期调研行程

调研时间：2011 年 7 月 4—23 日

调研地点：贵州省荔波县、广西壮族自治区环江毛南族自治县、南丹县、
　　　　　贵州省黔南州史志办、贵州省黔南州民研所等。

参加人员：张景岫、安晓茜、孙华、申建梅、杨娜、欧阳华倩、余筱凤、
　　　　　姚彦琳、田清、王彪、黎梦、杨正辉、黎维丽

由黎梦带领的"水语使用情况"调查组成员包括：黎梦、李芳、张梦婷、
　　　　　覃程

7月4日——部分学生从北京乘火车出发，前往贵阳。

7月5日——项目负责人周国炎从北京出发，前往贵阳。5日晚与学生在贵阳汇合。

7月6日——上午，参与调研的部分学生（本科生）从贵阳出发前往荔波，研究生在贵阳花溪参加由贵阳市布依学会组织召开的"布依族六月六风情节暨布依族人文始祖包龙夺研讨会"。7月6日晚上，全体调研组成员在荔波汇合。

7月7日——上午，从荔波县城出发赴瑶山进行调研。下午，在乡政府附近的拉片村进行入户问卷调查。

7月8日——前往距乡政府约10公里的菇类村调查，共走访该村的4个村民组以及捞村乡的一个村民组。下午，部分学生对乡中心学校进行采访，了解该乡基础教育方面的相关情况。

7月9日——上午，走访拉片村的英盘三个村民组。下午，走访红光村董保组和洞更组。晚上，部分学生对该乡乡长进行访谈。

7月10日——上午，前往该乡拉庆村进行问卷调查。下午，返回荔波县城。

7月11日——上午，从荔波县城出发，前往瑶麓乡进行调研，与该乡负责民族工作的人大主席接洽调研相关事宜。下午，前往该乡的打里一、二组，下韦组等进行入户问卷调查，晚上到茂兰镇住宿。

7月12日——上午，到该乡的洞干组，覃家组、卢家组、欧家组等进行入户问卷调查，对该乡民族小学前校长进行重点访谈，了解该校历史发展与现状，以及民族基础教育的相关情况。下午，参观瑶麓独特的岩洞葬，然后返回县城。

7月13日——上午，从县城出发，前往洞塘乡板寨村瑶寨进行调研，沿途参观红七军一、二纵队会师纪念馆。下午赴瑶寨进行入户调查，当天返回县城，途中参观了该乡新农村建设示范点。

7月14日——上午，从县城出发，赴甲良镇进行调研，与镇政府接洽，商谈调研事宜。下午，前往该镇金对村进行入户问卷调查。

7月15日——上午，继续在甲良镇调查，走访该镇新场村。下午，前往播尧乡地莪村进行调研。

7月16日——上午，从甲良镇出发前往方村乡，与乡政府接洽，商谈调研事宜，中午以前，走访该乡双江村的板平组，下午，前往该村的双江组、交挠组进行入户问卷调查，当天从方村乡返回县城。晚上，部分学生从荔波县城回家。

7月17日——上午，大部分学生结束调研回家，课题负责人周国炎与2011

级博士 2 人前往广西环江和南丹继续调研。2010 级本科生黎梦留在荔波参加另一个课题组的调研。晚上，课题组一行三人到达环江县城，县政协刘主席接待，并安排次日在环江的调研事宜。

7 月 18 日——上午，课题组在环江县政协文史委谭主任的陪同下，到达该县下南乡，了解毛南族语言使用情况。下午，从下南直接到金城江，转车前往南丹。

7 月 19 日——上午，前往县民族局接洽调研事宜，并对该县一位莫姓壮族退休干部进行采访，了解莫姓壮族族源等相关情况。10 点半，赴里湖瑶族乡了解当地白裤瑶的相关情况，重点是语言使用方面。当天晚上前往贵州都匀。

7 月 20 日——课题组在都匀休整，并前往州史志办了解民族文献方面的情况。

7 月 21 日——前往州民族研究所了解民族研究方面的相关情况，互换资料。当天前往贵阳。

7 月 23 日——调研结束，返回北京。

项目负责人：周国炎

2012 年 4 月 20 日

附录七　田野调查照片

课题组成员在瑶山调研当地民族小学的
基础教育和双语教育情况

课题组成员在瑶山董别村调研

荔波县瑶山乡一带的瑶族老年妇女

课题组成员在荔波瑶山调研

课题组负责人在罗平鲁布革乡多依村与
当地布依族群众交流

在荔波瑶山乡，当地乡干部
带领课题组下村调研

2010 年 7 月，课题组在云南省罗平县长底乡调查当地布依语使用情况

课题组负责人与云南罗平鲁布革乡　　　　课题组在罗平县民宗局领导陪同下
领导洽谈调研事宜　　　　　　　　　　到该县鲁布革乡多依村调研

2010 年 7 月下旬，课题组在从江翠里乡调研时乘坐的交通工具

课题组成员与陪同下村调研的荔波县瑶山乡领导在村前合影

课题组在荔波县方村乡交挠村调研时与当地干部和群众合影

课题组在云南省罗平县鲁布革乡与乡政府就课题调研问题进行座谈

课题负责人在云南罗平长底乡下木特村记录当地布依语

课题组负责人与罗平多依村干部座谈

课题组在罗平长底乡调查当地布依语使用现状

课题组成员在云南省罗平调研

课题组成员在云南省罗平县长底乡调查布依语使用现状

课题组成员在云南省罗平县长底乡和鲁布革乡调查当地布依语使用现状

课题组成员在云南省罗平县长底乡调查当地布依语使用现状

课题组成员在贵州省从江县调查当地少数民族语言使用现状

课题组成员在贵州省荔波县瑶山乡调查瑶族语言使用现状

课题组成员在贵州省荔波县调研

课题组成员在贵州省荔波县调研

课题组成员在贵州省荔波县调查当地瑶族语言使用情况

课题组成员在贵州省从江县调研

课题组成员在贵州省荔波县调查当地少数民族语言使用情况

课题组成员在贵州荔波县记录当地瑶族语言

参 考 文 献

[1] http://d.lotour.com/congjiang/lvyoujianjie.

[2] http://www.agri.com.cn/town.

[3] 戴庆厦：《语言和民族》，中央民族大学出版社 1994 年版。

[4] 丁石庆：《社区语言与家庭语言》，民族出版社 2007 年 3 月版。

[5] 冯广艺：《语言和谐论》，人民教育出版社年版。

[6] 《贵州省荔波县地方志》编纂委员会编：《荔波县志》，方志出版社 1997
年 12 月版。

[7] 邝永辉、林立芳、庄补升：《韶关市郊石陂村语言生活的调查》，《方言》
1998 年第 1 期。

[8] 李锦平：《苗族语言与文化》，贵州民族出版社 2002 年版。

[9] 李珏伟：《贵州瑶麓瑶语音位系统》，《贵州民族研究》1983 年第 3 期。

[10] 荔波县政协文史委员会编：《荔波布依族》，中央文献出版社 2011 年 3
月版。

[11] 荔波县政协文史委员会编：《荔波苗族》，中央文献出版社 2010 年 2
月版。

[12] 荔波县政协文史委员会编：《荔波水族》，中央文献出版社 2009 年 1
月版。

[13] 荔波县政协文史委员会编：《荔波瑶族》，中央文献出版社 2010 年 2
月版。

[14] 盘朝月：《瑶族支系及其分布浅谈》，《贵州民族研究》1988 年第 1 期。

[15] 《黔南布依族苗族自治州史志》编纂委员会编：《黔南布依族苗族自治
州志·民族志》，贵州民族出版社 1993 年 4 月版。

[16] 王远新：《湖南省城·县长安营乡长安营村语言使用、语言态度调查》，
《中央民族大学学报》2008 年第 1 期。

[17] 王远新：《论我国民族杂居区的语言使用特点》，《民族语文》2000 年
第 2 期。

[18] 王远新：《论裕固族的语言态度》，《语言与翻译》1999 年第 2 期。

[19] 王远新：《论我国少数民族语言态度的几个问题》，《满语研究》1999

年第 1 期。

[20] 王远新：《中国民族语言学理论与实践》，民族出版社 2002 年版。

[21] 翁燕衡：《贵州省凯里地区少数民族小学生语言态度分析》，1998 年。

[22] 邢公畹：《罗平仲家语言调查》，南开大学边疆人文研究室《边疆人文》，1942 年。

[23] 熊英：《从土家人的语言态度看土家语濒危——坡脚土家语个案研究之一》，《湖北民族学院学报》2005（4）。

[24] 杨通银：《莫语研究》，中央民族大学出版社 2000 年 11 月版。

[25] 游汝杰、邹嘉彦：《社会语言学教程》，复旦大学出版社 2004 年版。

[26] 张宝贵：《对可能世界的探索与呈现——语言功能的审美归宿》，《文艺理论研究》2008 年第 1 期。

[27] 张公瑾、丁石庆：《文化语言学教程》，教育科学出版社 2004 年版。

[28] 张济民、徐志森、李珏伟：《贵州瑶族的语言》，《贵州民族研究》1983 年第 3 期。

[29] 张明仙、杨文华：《罗平布依族当代语言演变动因——语言接触与语言兼用》，《曲靖师范学院学报》2006 年。

[30] 张伟：《论双语人的语言态度及其影响》，《民族语文》1988 年第 1 期。

[31] 中国科学院少数民族语言研究所主编：《布依语调查报告》，科学出版社 1959 年版。

[32] 周国炎：《布依族语言使用现状及其演变》，商务印书馆 2009 年版。

[33] 周国炎：《近代散居地区仡佬族的双语现象研究》，《贵州民族研究》2003 年第 1 期。

[34] 周国炎：《贞丰县坡帽村仡佬族双语类型转换个案研究》，《中央民族大学学报》2005 年第 1 期。

后　记

　　本书是 2010 年立项的国家民委科研项目"中国西南民族杂居地区语言关系与多语和谐研究"的最终成果。2010 年 7 月，本项目申请书刚刚提交尚未立项，项目负责人便先后两次带领中央民族大学 2009 级硕士生和博士生以及部分本科生分别赴云南省罗平县的长底布依族乡、鲁布革布依族苗族乡和贵州省从江县的翠里瑶族壮族乡，对当地少数民族语言使用现状以及多民族杂居的人文生态环境中各民族语言之间的关系进行调查，2011 年 7 月初，本项目正式获准立项后，担任项目负责人的笔者又组成一个 15 人的课题调研组赴贵州省黔南布依族苗族自治州的荔波县、广西壮族自治区环江毛南族自治县以及南丹县调查当地瑶、布依、水等民族的语言使用状况。

　　本课题将研究的焦点集中在民族杂居地区和国家一级行政区之间的边缘地带各民族的语言生活和语言关系，目的在于考察民族关系对语言关系影响以及省（区）级行政区界线的划分所造成的语言人心理归属对语言使用的影响。通过先后三次全面、深入的田野调查，课题组以问卷调查、重点访谈、实地观察和座谈等形式，搜集到了大量数据和第一手资料，以调查点和观察点作为个案，分别对搜集到的数据和资料进行了系统的分析和研究，并将全部研究成果汇集成这本集子。其中总论部分及语言本体的描写与分析部分由项目负责人撰写，语言使用个案分析则由参与调研的学生来完成。他们中的大多数，尤其是本科生是首次独立撰写调研报告，对问题的观察还不太到位，分析还不够深入，但参与到本课题的调研活动当中对他们来说是一次难得的锻炼机会，在调研过程中他们都表现得非常积极，不辞辛苦，任劳任怨，并以认真负责的态度完成了自己所承担的个案分析。本书最终成稿，多半是他们的功劳。作为本项目的负责人，我向他们表示由衷的感谢。

本书各章节分工撰写情况

周国炎：导论、第一章、第二章、第四章、第七章、附录一至六；田清：第三章第一节；孙华：第三章第二节、第五章第一节；申建梅：第三章第四节、第五章第二节；姚彦琳：第三章第五节；张景嵋：第三章第六节、附录七；余筱凤：第三章第七、第八节、第九章第四节；欧阳华倩：第五章第三节、第九章；杨娜：第五章第四节；安晓茜：第五章第五节；黎梦、李芳、张梦婷、覃程：第六章；李丽虹：第八章第一节；谢娜：第八章第二节；吴海燕：第八章第三节；张芳：第八章第四节；王睿：第八章第五节；李倩倩：第八章第六节。

本项目的设计和成功申报得到了国家民委民族语文办公室李旭练主任、中央民族大学丁石庆教授的悉心指导和大力帮助，在此一并表示感谢。

项目负责人：周国炎

2012 年 4 月 22 日

出版策划：任　明

封面设计：郡　婷

中国西南民族杂居地区
语言关系与多语和谐研究

—— 以滇黔桂毗邻民族杂居地区为研究个案

ISBN 978-7-5161-1985-3

定价：88.00元